Christian Alt (Hrsg.)

Kinderleben – Aufwachsen zwischen Familie, Freunden
und Institutionen

Schriften des Deutschen Jugendinstituts: Kinderpanel
Band 1

Das Deutsche Jugendinstitut e. V. (DJI) ist ein zentrales sozialwissenschaftliches Forschungsinstitut auf Bundesebene mit den Abteilungen „Kinder und Kinderbetreuung", „Jugend und Jugendhilfe", „Familie und Familienpolitik", „Geschlechterforschung und Frauenpolitik" und „Social Monitoring" sowie dem Forschungsschwerpunkt „Übergänge in Arbeit". Es führt sowohl eigene Forschungsvorhaben als auch Auftragsforschungsprojekte durch. Die Finanzierung erfolgt überwiegend aus Mitteln des Bundesministeriums für Familie, Senioren, Frauen und Jugend und im Rahmen von Projektförderung aus Mitteln des Bundesministeriums für Bildung und Forschung. Weitere Zuwendungen erhält das DJI von den Bundesländern und Institutionen der Wissenschaftsförderung.

Christian Alt (Hrsg.)

Kinderleben – Aufwachsen zwischen Familie, Freunden und Institutionen

Band 1:
Aufwachsen in Familien

VS VERLAG FÜR SOZIALWISSENSCHAFTEN

VS VERLAG FÜR SOZIALWISSENSCHAFTEN

VS Verlag für Sozialwissenschaften
Entstanden mit Beginn des Jahres 2004 aus den beiden Häusern
Leske+Budrich und Westdeutscher Verlag.
Die breite Basis für sozialwissenschaftliches Publizieren

Bibliografische Information Der Deutschen Bibliothek
Die Deutsche Bibliothek verzeichnet diese Publikation in der Deutschen Nationalbibliografie;
detaillierte bibliografische Daten sind im Internet über <http://dnb.ddb.de> abrufbar.

1. Auflage April 2005

Der VS Verlag für Sozialwissenschaften ist ein Unternehmen von Springer Science+Business Media.
www.vs-verlag.de

Umschlaggestaltung: KünkelLopka Medienentwicklung, Heidelberg
Druck und buchbinderische Verarbeitung: MercedesDruck, Berlin
Gedruckt auf säurefreiem und chlorfrei gebleichtem Papier
Printed in Germany

ISBN 3-8100-4097-5

Inhalt

Christian Alt
Das Kinderpanel
Einführung

Aussagen über die Lebensumstände von Kindern in Familien zu machen hieß lange Zeit, die Perspektive der Eltern einzunehmen und die familiäre Situation der Kinder als ein vom elterlichen Verhalten bedingtes Phänomen wahrzunehmen. So wurde ausführlich beschrieben, welche Konsequenzen Kinder für die innerfamiliale Arbeitsteilung haben, welche Kosten durch Kinder entstehen, welche Formen der Betreuung innerhalb und außerhalb der Familie zur Verfügung stehen und welche Aufgaben die Eltern im Laufe der Entwicklung der Kinder zu bewältigen haben. Eltern, Mütter wie Väter, wurden aufgefordert, ihre soziale Kompetenz zu erhöhen, wenn im Zeitalter der Individualisierung gefordert wird, dass die Familie jedem die Möglichkeit geben soll, sich nach seinen Möglichkeiten frei zu entfalten (Bundesministerium für Familie und Senioren 1994).

Demgegenüber wurde die Perspektive der Kinder in aller Regel in der Soziologie nicht berücksichtigt (vgl. Nauck 1993a; Bertram 1993; Wilk 1994; Alt/Bender 1998). Die Individualisierung der Lebensführung von Familien hat aber Konsequenzen für alle Mitglieder der Familie, also auch für die Kinder. Dies zeigt sich u.a. an den ökonomischen Bedingungen der Familie, aber auch an der Realisierung von neuen Familienformen. In diesem Zusammenhang sei nur erinnert an Stieffamilien, an Adoptionsfamilien oder andere Formen der multiplen Elternschaft. Hier sind Kinder in gleicher Art und Weise „Betroffene" wie die Eltern, aber zunehmend auch aktive Gestalter ihrer Lebensverhältnisse.

Kinder – so führt Qvortrup (1993) aus – blieben als Gegenstand der Forschung so lange unberücksichtigt wie diese von der Gesellschaft nicht als Quelle sozialer Probleme erkannt wurden. Die Erforschung kindlichen Lebens und die Erfahrungen, die beim Aufwachsen von Kindern gemacht werden, betrafen nur wenige ausgewählte Fragestellungen: Familie, Erziehung oder Sozialisation. Im Wesentlichen sind diese von der Sozialisationsforschung (Hurrelmann/Ulich 1991) oder der Entwicklungspsychologie (Schmidt-Denter 1988) bearbeitet worden. Diesen Umstand erklärt Thorne (1985) damit, dass „soziologische Theorien stark erwachsenenzentriert sind und Kinder nur unter der Frage berücksichtigen, wie sich die soziale Ordnung reproduziert. Die ahistorische, individualistisch und teleologisch geprägte Rahmentheorie von Sozialisation und Entwicklung, die Kinder mehr durch ihr Werden als durch ihr Dasein definiert, hat andere soziologische Zugangsweisen zu Kindheit und Erwachsenheit weitgehend verstellt" (Thorne 1985, S. 695f.).

Eine weitere Ursache für diese Art der Nichtbeachtung liegt in der Art der Gliederung der amtlichen Statistik, die auf Haushalte und nicht auf Familien bzw. ihre Mitglieder abstellt. In der amtlichen Statistik wird man aus diesem Grund nach den Lebensbedingungen der Kinder in Familien vergeblich suchen.

Mit dem wachsenden Interesse an altersübergreifenden Analysen individueller Lebensverläufe rückte die Kindheit als eine die Entwicklungsprozesse im Leben mitstrukturierende Phase in den Vordergrund wissenschaftlicher Forschung. Typische Fragestellungen waren der Einfluss von Trennung und Scheidung der Eltern (Sander 1988; Fthenakis 1993), die Auswirkungen sozialstruktureller Veränderungen auf die Sozialisationsbedingungen, der Bildungserfolg, die Folgen ökonomischer Deprivation (Walper 1988), die Bedeutung der sozialen und räumlichen Mobilität und die Familienbildungsprozesse (vgl. Mayer 1990). Weitere im Kontext dieser Forschungsbemühungen entstandene Fragestellungen befassten sich mit der Bedeutung der Erwerbstätigkeit der Mütter, dem Aufwachsen in unvollständigen Familien, der Situation von Einzelkindern und dem Wertewandel im Kontext der Langzeitfolgen von Kindheitserfahrungen (vgl. Nauck 1991; McLanahan/Bumpass 1988; Grundmann/Huinink 1991; Bertram 1997c).

In diesen Forschungsansätzen Ende der 80er Jahre werden Kinder nicht mehr nur als „Bedingungsfaktoren der Lebensbedingungen von Erwachsenen oder als Objekte sozialpolitischer Sorge betrachtet" (Nauck 1993a, S. 145). Die Perspektive hat sich im Kontext dieser neuen Forschungsvorhaben dahingehend verändert, dass Eltern und Familie, aber auch die Gesamtheit der sozial-ökologischen Bestimmungsfaktoren als Bezugspunkte einer am Kind orientierten Sozialberichterstattung angesehen werden. Als sozialwissenschaftliche Untersuchungen, die mit dieser Perspektive und mit Kindern als Untersuchungseinheit gearbeitet haben, seien hier die Arbeiten von Lang (1985), Wilk/Bacher (1994), Vaskovics u.a. (1997), sowie Zinnecker/Silbereisen (1996) angeführt. Ihnen gemeinsam ist neben dem Alter der Befragungspopulation (die Kinder waren zwischen 8 und 13 Jahre alt) auch das Erkenntnisinteresse an den Bestimmungsfaktoren und Ursachen kindlicher Zufriedenheit bzw. kindlichen Wohlbefindens sowie den Unterschieden der kindlichen Wahrnehmung gegenüber der Wahrnehmung der Eltern. Damit eröffnete sich auch für die Soziologie ein Zugang zu kindlichen Lebenswelten und deren Determinanten.

Voraussetzung dieser Entwicklung ist ein Wandel im Verständnis von Familien und Kindheit. Dieses veränderte sich insofern, als man Familie nicht mehr nur als Ort der Privatheit verstanden wissen wollte, sondern dazu überging, Familie als ein spezielles System zu verstehen mit relativ klaren Grenzen und Mustern auf Grund der den Familien zugeschriebenen Aufgaben um die Sorge und Erziehung von Kindern. Dieser Sachverhalt wurde durch eine Fülle von Studien eindrücklich belegt, in denen auch der sich wandelnde Wert der Kinder für ihre Eltern rekonstruiert wurde (Zelizer 1995). Besondere Bedeutung konnte in diesem Zusammenhang die bürgerliche Familienkonzeption als normatives Deutungsmuster erlangen. Sie wurde gleichsam als „natürliche" Lebensform betrachtet (Gillis 1997; Bertram 1997; Borhard 1999). Vor diesem Hintergrund kam der familien- und kindheitshistorischen Forschung eine wichtige Funktion in der Korrektur von idealisierten Familienbildern bzw. Familienrhetoriken zu (Cyprian 2003; Lüscher 1997).

So darf es nicht wundern, dass erst in der Moderne Familie und Kindheit als sich gegenseitig definierende Einheiten verstanden wurden. Aus diesem gegenseitigen Konstitutions- und Verweisungszusammenhang ist ein nachhaltig diskutiertes „Spannungsfeld Familienkindheit" (Engelbert u.a. 2000) geworden. Eine Reihe von demographischen Strukturumbrüchen, die Pluralisierung familialer und privater Lebensformen sowie die Individualisierung der Lebensweisen werden als Belege dafür ins Feld geführt, dass neben der „Krise der Familie" auch von einer „Krise der Kindheit" gesprochen werden kann.

Kulturkritische Thesen, die einen Zerfall der Familie und von da ausgehend der Kindheit behaupten und die solche Basisdaten selektiv aufgreifen, sind in der Literatur überzeugend widerlegt worden (Nave-Herz 1988,1989; Bertram 1991; Beck-Gernsheim 1998). Sinnvoller erscheint es, die These zu vertreten, dass Familie als anthropologische Aufgabe wahrgenommen werden sollte, insbesondere vor dem Hintergrund des zunehmenden Verlustes der Selbstverständlichkeit von Familie (vgl. Lüscher 2001). Dies verweist auf die modernisierungstheoretischen Argumentationen wie auch auf die damit in Zusammenhang stehende Tatsache einer gesteigerten Reflexivität im Familienalltag. Eltern und Kinder haben sich mit neuen Problemstrukturen der widersprüchlichen Modernisierung auseinanderzusetzen. Vorrangig interessiert hier die Bewältigung des Aufgabenspektrums, das der soziale Wandel mit sich bringt.

Von nachhaltiger Bedeutung für eine Revision der These vom „Zerfall der Familie" ist daher aus wissenschaftssoziologischer Sicht die Ausdifferenzierung einer „Soziologie der Kindheit". Sie wird im internationalen Sprachraum auch mit dem Label „new social studies of childhood" belegt (Corsaro 1997; James/Jencks/Prout 1998; Hengst 2002; Honig 1999; Lange 1995a). Diese Disziplin fand ihre Identität in der Abgrenzung von etablierten Zugängen der Entwicklungspsychologie, Pädagogik und Sozialisationsforschung. Der Fokus lag hier auf der Kritik am Entwicklungs- und Sozialisationsdenken. Es wurde moniert, dass dadurch eine "adultistische", also auf Erwachsene fixierte Sichtweise angelegt wird. Die Ziele, auf die hin erzogen und sozialisiert wird, werden einseitig von der Generation der Erwachsenen definiert. Dem soll eine Betrachtung der unmittelbaren und vor allem eigenständigen Lebensäußerungen der Kinder entgegengestellt werden (Alanen 1997). Deren Strategien und Interessen gilt es vertiefend zu rekonstruieren. Man bemüht sich überdies nachzuweisen, dass Kinder nicht alleine durch die Gesellschaft geprägt werden, sondern dass und wie sie auch selbst an deren Gestaltung beteiligt sind (Prout 2003).

Eine zweite Stoßrichtung der Soziologie der Kindheit war die Auseinandersetzung mit der sich in den Achtzigerjahren dynamisierenden gesellschaftlichen Modernisierung (Honig 1999). Im Zentrum des Interesses standen die Auswirkungen von Phänomenen wie gesellschaftlicher Zeit- und Raumrationalisierung auf das Kinderleben (Zeiher/Zeiher 1994; Zeiher 2001), aber auch die Folgen der Durchdringung der Lebenswelten mit Medienbotschaften. Sie wurden und werden intensiv und kontrovers diskutiert (Lange/Lüscher 1998; Lange 2002). Eine Vielzahl von empirischen Einzelstudien beleuchtet in diesem Zusammenhang übergreifende zeitliche, räumliche und sachbezogene Modernisierungsphänomene im Kinderleben (Büchner/Fuhs/Krüger 1996; Wilk/Bacher 1994). Eine stringente Auseinandersetzung mit soziologischen Gesellschaftsanalysen erfolgte hier nur in Ansätzen.

Drittens wurde eine methodologische Forderung aufgestellt: Man müsse die Perspektive der Kinder, in Anlehnung an die feministische Forschung auch zuweilen als „Standpunkt" beschrieben, systematischer als bisher in die Designs und Konzepte der Forschung integrieren (Honig/Lange/Leu 1999). Mittlerweile hat sich ein breiter Fundus an Methoden zur empirischen Sozialforschung mit Kindern herausgebildet (Heinzel 2003). Qualitative wie quantitative Vorgehensweisen schließen sich gerade in diesem Feld nicht aus, sondern erlauben in ihrer Kombination wichtige Einblicke in die Lebenswelten der Kinder, ihre sozialen Netzwerke und Präferenzen (Grunert 2002; Walper/Tippelt 2002). Parallel zur Aufschlüsselung von Lebensformen und -äußerungen in der gesamten Kinderpopulation entwickelt sich die Forschung in Richtung einer „differenziellen Soziologie der Kindheit" (Lange 1995b), d.h. es werden verstärkt geschlechter- und milieuspezifische Ausprägungen des Kindheitsmusters beachtet.

Nicht zuletzt ging es in enger Tuchfühlung mit diesen methodisch-methodologischen Erwägungen darum, die Kinder systematisch als Bevölkerungsgruppe in die Sozialberichterstattung zu integrieren (Nauck 1995). Diese war lange Zeit erwachsenen- und familienzentriert gewesen, so dass Aussagen über Kinder und wichtige sie betreffende Lebensbereiche nur in abgeleiteter, indirekter Form getroffen werden konnten (Saporiti 1994). Im Verlauf der letzten zehn Jahre hat sich in diesem Bereich die Methodik sowie die Datenlage erheblich verbessert (Joos 2001; Leu 2002). Mittlerweile liegen sehr detaillierte Beschreibungen familialer Strukturen aus der Kinderperspektive vor (Alt 2001, 2003).

Vor dem Hintergrund, sich als eigener wissenschaftlicher Zugriff etablieren und legitimieren zu wollen, wurde die Familienforschung von der neuen Soziologie der Kindheit insgesamt eher kritisch gesehen. Man beargwöhnte sie gewissermaßen als Veranstaltung, in der die Kinder in ihrer Perspektivität und Eigenständigkeit wiederum zu wenig berücksichtigt würden (Lange 1996).

Die „neuen" Perspektiven auf Kinder in ihren Familien lassen sich gewinnbringend nutzen, ohne dass mit diesen neuen Sichtweisen die Notwendigkeit der etablierten Zugänge, insbesondere das Denken in Kategorien der Entwicklung und Sozialisation, obsolet geworden wäre (Herzberg 2003; Krüger/Grunert 2002). Vielmehr öffnet sich gerade durch die themenbezogene Kombination der „alten" und „neuen" Sichtweisen ein wichtiges Fenster auf die Prozesse des „doing family" (Morgan 1996; Jurczyk/Lange 2002) im Rahmen symbolischer und materieller Praktiken in der Kindheit.

Mit dem Begriff des „doing family" ist ein wichtiges familienwissenschaftliches Fundament der hier vertretenen Sichtweise umschrieben: Familien erscheinen als immer wieder neu herzustellende Handlungszusammenhänge, situiert in konkreten Räumen und Zeiten und geprägt durch das unmittelbare Interagieren von unterschiedlichen Geschlechtern und Generationen. Aus den Tätigkeiten und Interaktionen gehen Leistungen vielfältigster Art für die Familienmitglieder selbst, aber auch für die Gesellschaft als Ganzes hervor. Familien erschöpfen sich nicht im Management von Beziehungen. Daher können diesbezügliche neuere Versuche in der Soziologie der Familie, die als Neuorientierung diese Beziehungssicht propagieren, für die Behandlung unseres Themas nicht als sinnvoll erscheinen (vgl. Burkart 2002 als Replik auf Schneider 2002; Jamieson 2003). Vielmehr stehen die alltäglichen Prozesse des Erziehens, Kommunizierens und „Carings" im Mittelpunkt. Dieser Alltag (Hemmings 2002) ist Schauplatz und Drehscheibe der gesellschaftlichen Entwicklungen und Widersprüche der Familienkindheit.

Die Intention des Kinderpanels

Im Kontext dieser Entwicklung hat sich das Deutsche Jugendinstitut dazu entschlossen, eine eigene Erhebung – das DJI-Kinderpanel – durchzuführen und dabei für die Frage des Aufwachsens der Kinder in Deutschland die Perspektive der Kinder einzunehmen. Deren Sichtweisen auf Familie, Peers und Schule als zentrale Dimensionen ihres alltäglichen Lebens stehen im Zentrum des Erkenntnisinteresses dieser Studie. Dies ist schon deshalb zu betonen, als es, wie gezeigt, durchaus nicht selbstverständlich war und ist, Kinder als eigenen Gegenstand von Forschung zu betrachten, die sie als eigenständige Subjekte versteht. Wenn man aber davon ausgeht, dass sich im Kontext des gesellschaftlichen Wandels nicht nur die familialen Lebensformen verändert haben, sondern im Zuge dieser Veränderungen auch die Lebensbedingungen und Lebensverhältnisse der Kinder, so erscheint es an der Zeit, sich auch um deren Aussagen darüber, deren Einschätzungen und Denkweisen zu kümmern.

Betrachtet man sich die Lebensverhältnisse der Kinder, so fällt Folgendes auf: Kinder leben heute, bedingt durch den familienstrukturellen, medizinischen und technischen Wandel, in einer Situation, die ihnen in mancherlei Hinsicht zusätzliche Möglichkeiten bietet (z.B. durch Kommunikationsmedien), in anderer Hinsicht den Möglichkeitsraum verengt (z.b. geringere Geschwisterzahl). Viele Kinder sind früh gefordert, selbständig zu handeln und eigene soziale Bezüge aufzubauen. Wie es ihnen gelingt, ihren Lebensraum und ihre sozialen Beziehungen selbst zu gestalten, ist abhängig von der Entwicklung ihrer Persönlichkeit im Kontext ihrer jeweiligen Lebenslagen. Die sozialen und personalen Ressourcen, auf die sie dabei zurückgreifen können, sind nach wie vor ungleich verteilt. Im Sinne einer Sozialberichterstattung über Kinder sind wir daran interessiert, die Lebenslagen von Kindern differenziert zu beschreiben und die Bedeutung von daraus resultierenden Handlungsspielräumen für die Persönlichkeitsentwicklung der Kinder zu analysieren.

Generell geht es um die Frage: Was fördert, was gefährdet Kinder in ihrer psychosozialen Entwicklung? Welche Schutz- und Risikofaktoren sind für die Kompetenzentwicklung von Kindern von Bedeutung? In welchen Entwicklungskontexten gelingt es ihnen, Anforderungen und Belastungen in ihrem Alltag konstruktiv zu bewältigen und eigene Interessen zu realisieren? Unter welchen Voraussetzungen entwickeln sie Fähigkeiten, soziale Beziehungen aufzubauen und aufrechtzuerhalten, sich in Gruppen zu orientieren und zu positionieren, gemeinsam mit anderen Probleme zu lösen und Konflikte zu bewältigen, soziale Unterstützung zu geben oder zu nutzen? Welche Konstellationen bergen die Gefahr, dass Kinder in ihrer persönlichen und sozialen Entwicklung (z.B. Schulerfolg, persönliche Interessensentfaltung) eingeschränkt werden oder Problemverhalten entwickeln (z.B. Aggressivität, Krankheiten, abweichendes Verhalten)?

Kompetenzen und Belastungen entstehen im Kontext des sozialen Nahumfeldes, in konkreten sozialen Interaktionen vor dem Hintergrund sozialstruktureller Merkmale. Wichtige Sozialisationsinstanzen sind dabei die Familie, Gleichaltrigengruppen und Institutionen wie Kindergarten, Hort und Schule. Diese Lebensbereiche stellen je spezifische Anforderungen an die Kinder. Sie bieten aber auch Handlungsspielräume und Lernchancen. In den Lebensbereichen wird der Blick vornehmlich auf sozioökonomische (materielle) Ressourcen, Infrastrukturen und soziale Ressourcen gerichtet werden.

Diese Faktoren werden als wichtige Sozialisationsinstanzen angesehen. Dabei versucht das Design des Kinderpanel zwei disziplinäre Blickwinkel miteinander zu verknüpfen: den psychologischen und den soziologischen. Die Informationen des Kinderpanels sollen einerseits zur Sozialberichterstattung über Kinder genutzt werden. Andererseits sollen Einflüsse unterschiedlicher Lebenslagen auf die Persönlichkeitsentwicklung von Kindern nachgezeichnet werden. Die Entwicklungsprozesse werden im Zusammenhang mit den Übergängen vom Kindergarten in die

Grundschule sowie von der Grundschule in die Sekundarstufe I untersucht. Bei den jüngeren Kindern wird darüber hinaus die Betreuungssituation zwischen privaten und institutionellen Arrangements aufgezeigt.

Nähert man sich dem Alltag der Kinder auf diese Art und Weise an, so gilt es zunächst, eine Vorstellung davon zu entwickeln, wie dieser Alltag strukturiert sein könnte. Dabei sind grundsätzlich beide Aspekte unserer Untersuchung zu berücksichtigen gewesen, die sozialstrukturellen Bedingungen des Aufwachsens und die Entwicklungen auf der Ebene der Kinder. Eine alles umfassende Theorie oder einen theoretischen Rahmen hierzu gibt es nicht. Wohl aber gibt es Überlegungen dazu, wie die uns interessierenden Aspekte zueinander in Beziehung stehen, wie die dabei vollziehenden Prozesse ablaufen und sich gegenseitig bedingen. Gemeint ist die von Uri Bronfenbrenner (1975, 2000) entwickelte Sozialökologie. In dieser Modellvorstellung vollzieht sich jede Entwicklung als ein Wechselspiel zwischen dem Menschen und seiner sich permanent verändernden Umwelt (vgl. auch Grundmann/Lüscher 2000). Dabei sind sowohl die „objektiven" Merkmale der Umwelt als auch die „subjektiven" Vorgänge bzw. das Erleben dieser Umwelt durch das Individuum von Bedeutung. Eben diesem Aspekt soll durch den Versuch des Kinderpanels Rechnung getragen werden, Elemente der Sozialberichterstattung mit den Fragen der individuellen Entwicklung zu verknüpfen.

Die Sozialökologie unterscheidet dabei bekanntlich vier Kontexte, welche die Entwicklung des Individuums direkt oder indirekt beeinflussen. Dazu gehört zentral im Sinne von unmittelbar das Mikrosystem als Muster zwischenmenschlicher Beziehungen und sozialer Interaktionen. Dieses nutzt das Individuum für seinen unmittelbaren Alltag, sein tägliches Erleben und Handeln. Für Kinder besteht der mikroökologische Kontext aus ihrer jeweiligen Familie bzw. ihrem familialen Netzwerk. Die verschiedenen darüber hinausgehenden Lebensbereiche, an denen das sich entwickelnde Individuum aktiv beteiligt ist, sowie deren Wechselbeziehungen werden als Mesosystem bezeichnet. Zum Mesosystem des Kindes gehören die Peers in der Nachbarschaft, der Kindergarten bzw. die Schule. Der dritte sozialökologische Kontext ist das Exosystem. Es bezieht sich auf jene Lebensbereiche, an denen das Individuum nicht selbst beteiligt, deren Auswirkungen es aber mehr oder minder stark ausgesetzt ist. In Bezug auf die Kinder ist dies etwa die Erwerbssituation der Eltern, deren Arbeitsplatzsituation oder deren Lebensform, Faktoren, die die Erfahrungen und Handlungsmöglichkeiten der Eltern prägen. Wie hinlänglich bekannt ist, wirken sich diese Bedingungen auf die Meinungen, Überzeugungen und das Selbstverständnis der Eltern aus. Damit aber haben sie auch Einfluss auf deren Erziehungsverhalten und bestimmen so auch die Lebensumstände der Kinder. Das Makrosystem schließlich wird von den sozialen Strukturen, sowie kulturellen Normen, Weltanschauungen und Ideologien einer Gesellschaft gebildet.

In diesem Modell der Ökologie menschlicher Entwicklung üben die im Mikrosystem Familie stattfindenden sozialen Interaktionen unmittelbaren Einfluss auf das Kind aus. Auf den weiteren Systemebenen wird der Einfluss mittelbar und damit möglicherweise auch weniger zwingend. Unbestritten ist, dass auf allen Ebenen Bedingungsfaktoren festzustellen sind, die den Prozess der Entwicklung beeinflussen. Um deren Bedeutsamkeit feststellen zu können, benötigt man eine Art Dauerbeobachtung der interessierenden Faktoren und gleichzeitig eine Beobachtung der Veränderungen im Entwicklungsprozess. Dies stellt besondere Anforderungen an das Design einer Studie, die diese Herausforderung annehmen will.

Mit den vorliegenden Daten der ersten Welle können zwar noch keine Aussagen über die Bedeutsamkeit familialer Strukturen für die psychosoziale Entwicklung von Kindern getroffen werden. Hierfür benötigt man längsschnittliche Daten, wie sie die zweite und dritte Welle des Kinderpanels in den nächsten beiden Jahren liefern werden. Dennoch gibt die Beschreibung und Untersuchung der familialen Netzwerke hinsichtlich struktureller und inhaltlicher Charakteristika einen informativen Überblick über die Ausgangsbedingungen der psychosozialen Entwicklung von Kindern in unterschiedlichen familialen Lebensformen.

Zu diesem Zweck wurden im Herbst 2002 insgesamt 2.190 Mütter, etwa die Hälfte davon mit Kindern zwischen fünf und sechs Jahren und zur anderen Hälfte mit Kindern zwischen acht und neun Jahren, befragt. Die ältere Gruppe der Kinder ist zusätzlich selbst interviewt worden. Die Teilnahme der Väter war bei beiden Kohorten optional, so dass die Perspektive der Mutter auf ihre Familie nicht in jedem Fall durch die des Vaters komplettiert ist. Die Erhebung basiert auf einer Zufallsstichprobe der beiden Kindergruppen aus den Einwohnermelderegistern. Die Daten sind repräsentativ für die Befragten beider Kohorten.[1] Durch die Anlage der Erhebung und die Größe der Stichprobe wird es möglich sein, die erhobenen Individualdaten mit den am DJI vorhandenen regionalen Strukturdaten zu verknüpfen. Damit wurde die Voraussetzung geschaffen, Modelle der Mehrebenenanalyse zu bilden, die den tatsächlichen Einfluss der Strukturen auf die individuelle Lebensgestaltung beschreiben. Dies ist im Kontext der Beschreibung kindlicher Lebenswelten bislang noch nicht realisiert worden.

Die Kinder werden insgesamt in drei Erhebungswellen begleitet. Zu jedem Zeitpunkt werden beide Eltern befragt. Die jüngeren Kinder werden erstmals zum dritten Erhebungszeitpunkt mit altersgerechten, standardisierten Methoden selbst befragt. Darüber hinaus wurde aus gegebenem Anlass eine Zusatzstichprobe für die türkischen Migranten und die russischen Aussiedler gezogen. Für diese Stichproben (je 250 Familien mit Kindern in der älteren Kohorte) wurde bis auf die Fragen nach der Integration das identische Befragungsinstrument eingesetzt wie bei der ursprünglichen Befragung. Notwendig wurde diese Untersuchung deshalb,

---

[1] Vgl. auch den Beitrag von Alt und Quellenberg in diesem Band.

weil die z.T. gravierenden Sprachschwierigkeiten die Teilnahme an der Hauptuntersuchung unmöglich machten. Die Instrumente wurden daher in das Türkische und Russische übersetzt.

Einordnung in nationale und internationale Forschungskontexte

Zur Einordnung des DJI-Kinderpanels in die Forschungslandschaft sind insbesondere Parallelen und Unterschiede zu vergleichbaren Studien von Interesse. Es geht um die Frage, inwieweit Überschneidungen und Anknüpfungspunkte zwischen dem DJI-Kinderpanel und schon durchgeführten oder noch laufenden Kindheitsstudien bestehen.

Bislang sind nur wenige Studien durchgeführt worden, die der inhaltlichen Intention und methodischen Anlage des DJI-Kinderpanels entsprechen. Der *Siegener Kindersurvey* (Zinnecker/Silbereisen 1998) weist dabei die größten Ähnlichkeiten auf. So geht es auch in dieser Studie um die Frage, wie Kinder in Deutschland aufwachsen und welche spezifischen Problembereiche und Risiken für die Entwicklung von Kindern eine Rolle spielen. Man konzentrierte sich dabei auf die Frage, welche Interessensgebiete Kinder haben und wie sich in Abhängigkeit davon ihr Alltag in den verschiedenen Lebensbereichen gestaltet. Dabei steht ebenso wie im Kinderpanel die Perspektive von Kindern im Mittelpunkt. Zusätzlich wird die Elternperspektive miteinbezogen. Somit kann die Lebenssituation von Kindern differenziert beschrieben werden. Die individuellen Entwicklungen von Kindern werden beginnend mit dem 10. Lebensjahr in vier Erhebungswellen untersucht. Die erste Erhebungswelle fand zwischen Juni und September 1993 statt und die weiteren Erhebungswellen erfolgten in jährlichem Abstand. Die Kinder wurden in ca. einstündigen standardisierten mündlichen Interviews befragt, wobei auch einzelne offene Fragen eingesetzt wurden. Die Befragung umfasste auch Beobachtungen seitens der Interviewer im Hinblick auf die Interviewsituation, die Einschätzung der Wohnsituation und der Person selbst. Parallel zu den Kindern wurden auch ihre Mütter und Väter schriftlich befragt. Zum Einsatz kamen dabei drei Fragebögen: Mütterfragebogen, Väterfragebogen und ein allgemeiner Fragebogen (Haushaltsbogen) für die Eltern der Kinder, der von einem Elternteil oder von beiden zusammen auszufüllen war. Die Stichprobenziehung erfolgte auf der Grundlage einer Zufallsauswahl von Wohngemeinden in Deutschland (alte und neue Bundesländer), in Zusammenhang mit einer Quotenauswahl nach Alter, Geschlecht und besuchter Schulart. Ausgewählt wurden 703 Kinder. Die Stichprobe kann als repräsentativ für die altersgleiche deutsche Bevölkerung (10- bis 13-jährige Kinder) angesehen werden.

Deutlich anders in seinen Zielsetzungen und seinem Design ist das *LBS-Kinderbarometer* (LBS-Initiative Junge Familie 2002). Zwar gilt auch hier, dass grundsätzlich die Kinderperspektive im Vordergrund des Interesses steht. Inhaltlich aber wird der Schwerpunkt auf gesellschaftspolitische Themen gelegt. Insbesondere geht es darum festzustellen, wie sich das Wohlbefinden der Kinder in verschiedenen Lebensbereichen empirisch darstellt. Zu den einzelnen Lebensbereichen zählen insbesondere Familie, Schule, Freizeit/Freundeskreis und Wohnumfeld. Die Studie ist als querschnittliche Langzeitstudie mit jährlichen Erhebungswellen angelegt; die erste fand 1997 statt. Die Stichprobe umfasst repräsentativ ausgewählte Schüler und Schülerinnen der Altersgruppen 9 bis 14 Jahren (4.-7. Schulklasse) in Nordrhein-Westfalen. Als Instrument des Kinderbarometers wurde ein standardisierter Fragebogen entwickelt, der ein Basis-Set an Fragestellungen beinhaltet und jährlich um aktuelle Themen ergänzt wird. Das Wohlbefinden der Kinder in den verschiedenen Lebensbereichen wird direkt über eine als Barometer gestaltete, siebenstufige Skala erfragt. Für jeden Erhebungszeitraum wurden mehrere hundert Schulen nach einem geschichteten Stichprobenplan zufällig ausgewählt und um Mitarbeit gebeten. Zu den drei Erhebungszeitpunkten seit 1998 wurden insgesamt 5.894 Kinder befragt. Die Eltern der befragten Kinder werden im LBS-Kinderbarometer nicht befragt.

Das Projekt *Kindsein in Österreich* (Wilk/Bacher 1994) hat – ähnlich wie das Kinderpanel – die Zielsetzung, die Lebenswelt von Kindern näher zu beschreiben. Es geht um die Frage, welche Faktoren einen Einfluss auf die Lebenswelten von Kindern haben (Familie, Wohnen, Peers, Schule, Freizeit, Medien). Dabei soll die Perspektive der Kinder selbst, aber auch die von ihren Eltern und ihren Lehrern miteinbezogen werden. Die Untersuchung wurde 1991/92 mit Hilfe standardisierter Fragebögen und ergänzenden mündlichen Interviews durchgeführt. Als dritte Datengewinnungsmethode wurden projektive Verfahren eingesetzt: Ein Teil der mittels standardisierten Fragebögen befragten Kinder wurde aufgefordert, eine begonnene Geschichte zu Ende zu schreiben, einen Aufsatz über die Traumschule oder eine Zeichnung über ihre Familie oder Schule anzufertigen. In den Kinderfragebögen wurden die Lebensbereiche Wohnen und Wohnumgebung, Familie, Schule, Medien, Freunde und Freizeit abgedeckt. Hinzu kam ein allgemeiner Kinderfragebogen, der allgemeine demographische Fragen sowie „Schlüsselvariablen" aus den fünf Lebensbereichen enthielt. Die Länge des allgemeinen Kinderfragebogens war so konzipiert, dass dieser von Vorschulkindern in etwa einer Stunde beantwortet werden konnte. Die Informationen der Eltern wurden durch eine schriftliche postalische Befragung erhoben. Die Eltern erhielten analog zu den Kinderfragebögen einen allgemeinen Fragebogen, der auch die Fragenkomplexe der spezielleren Kinderfragebögen enthielt. Insgesamt wurden 2.745 Kinder (2.446 Volksschulkinder und 299 Sonderschulkinder) mit einem standardisierten Fragebogen in Klasseninterviews und 2.347 Eltern und 218 Lehrer mit einem standardisierten Fragebogen befragt. Zusätzlich wurde mit 98 Kindern ein qualitatives Leitfadeninterview durchgeführt.

Generell kann man sagen, dass viele Studien im Bereich der Kindheits- und Jugendforschung den Nachteil haben, regional begrenzt und somit nicht repräsentativ für ganz Deutschland zu sein, wie z.b. das *Nürnberger Kinderpanel* (Bacher u.a. 1999) oder das *LBS-Kinderbarometer* in Nordrhein-Westfalen (LBS-Initiative Junge Familie 2002).

Es zeigt sich auch, dass standardisierte Befragungen von Kindern meist erst bei älteren Kindern oder Jugendlichen eingesetzt werden. Zudem wird ein Großteil der Studien im Bereich der Kindheitsforschung mittels qualitativer Erhebungsverfahren durchgeführt (vgl. Heinzel 2000). Insofern betritt das DJI-Kinderpanel durch die standardisierte Befragung von 8- bis 9-jährigen Kindern Neuland.

Kindheitsstudien, die eine ähnliche inhaltliche Zielsetzung wie das DJI-Kinderpanel haben, sind meist als Querschnittsstudien angelegt und ermöglichen so keine Aussagen über die Entwicklung von Kindern (vgl. „LBS-Kinderbarometer", LBS-Initiative Junge Familie 2002; „Kindsein in Österreich", Wilk/Bacher 1994). Werden Längsschnitte durchgeführt, beruhen diese meist nur auf einer relativ kleinen Datenbasis (vgl. „Teenie-Welten", Büchner 1998). Mit den Daten des DJI-Kinderpanels hingegen lassen sich auf einer breiten Datenbasis im Längsschnitt detaillierte Aussagen über die Entwicklung von Kindern in Deutschland formulieren.

Im internationalen Bereich findet sich bisher keine Studie, die parallel zum Kinderpanel verläuft; dennoch gibt es einige Überschneidungen hinsichtlich der Altersgruppe der Zielpopulation und den Inhalten der Studie.

Das 1997 in den USA begonnene „Child Development Supplement" ähnelt dem Kinderpanel hinsichtlich des Designs wie auch der Fragestellung. Informationen über etwa 3.563 Kinder wurden seit ihrer Geburt bis zum 12. Lebensjahr hin erhoben. Im Regelfall wurden die Mütter von einem Interviewer befragt. Die zweite im Haushalt lebende Bezugsperson, im Regelfall der Vater, bekam einen schriftlichen Fragebogen. Im Unterschied zum Kinderpanel wurde auch die Sichtweise von Lehrern bzw. anderen zu befragenden Personen durch einen postalischen Fragebogen eingeholt. Da das „Child Development Supplement" auf einer der klassischen amerikanischen Längsschnittstudien, der „Panel Study of Income Dynamics" aufbaut, sind Analysen über Zusammenhänge zwischen Veränderungen in den Lebenslagen der Familien und der Entwicklung der Kinder möglich.

Eine weitere Studie in den USA hat sich zum Ziel gesetzt, die Beziehung zwischen Betreuungsformen von Kindern und ihrer Entwicklung in Verbindung zu bringen. Die von 1991 bis 1994 durchgeführte „NICHD-Study of early child care and youth development" untersuchte in drei Phasen 1.365 Kinder seit der Geburt bis zur 6. Klasse. Ähnlich zum Kinderpanel ging es darum, Übergänge vom Kindergarten in die Schule zu beschreiben und den Einfluss der frühen Kindheit auf den späteren Schulerfolg vorherzusagen.

Die mit einer Stichprobe von 15.000 Kindern arbeitende kanadische „National longitudinal study of children and youth (NLSCY)" begleitet die Kinder seit ihrer Geburt bis zum Erwachsenenalter. Das Design ist so angelegt, dass Überschneidungspunkte mit dem Kinderpanel hinsichtlich des Alters denkbar sind. Bei den Daten, die 1994/95 gesammelt wurden, war die Kohorte der bis elfjährigen Kinder in sieben Altersgruppen aufgeteilt (für das Kinderpanel zum Vergleich geeignete Altersgruppen sind: vier- bis fünfjährige, sechs- bis siebenjährige, acht- bis neunjährige und zehn- bis elfjährige Kinder). Informationen über die Kinder werden nicht nur von den Eltern erhoben, sondern auch von den Kindern selbst; zehn- bis elfjährige Kinder füllten, während ihre Eltern befragt wurden, einen Fragebogen aus. Ähnlich wie beim Kinderpanel geht es um Fragen über Freunde, Familie, Eltern, Schule und Selbstachtung. Ziel ist es, eine nationale Datengrundlage bereitzustellen, die Informationslücken über Charakteristiken und Lebenserfahrungen vom Aufwachsen der Kinder in Kanada bereitstellt.

Die auf der Grundlage zweier Geburtskohorten 2003 ins Feld gegangene „Longitudinal study of australian children" ist in einen theoretischen Rahmen eingebunden, der davon ausgeht, dass die Familie, Schule und Gemeinschaft wie auch die Eigenschaften der Kinder zur kindlichen Entwicklung in komplexen zeitlichen Verläufen beitragen. Es wird versucht, Schlüsselfaktoren der kindlichen Entwicklung zu identifizieren. Jede Geburtskohorte besteht aus etwa 5.000 Kindern, die alle zwei Jahre untersucht werden. Die Geburtskohorte 1 beginnt bei der Geburt bis zum sechsten, siebten Lebensjahr der Kinder, Geburtskohorte 2 beginnt beim vierten, fünften Lebensjahr und endet beim elften, zwölften Lebensjahr der Kinder.

Diese Kurzdarstellung[2] macht deutlich, dass das Kinderpanel sich in einem Forschungskontext bewegt, der insbesondere im internationalen Bereich hohe Relevanz hat. Hier findet sich auch die im Kinderpanel präferierte Vorgehensweise des Kohortenansatzes wieder und die standardisierte Befragung von Kindern unter 10 Jahren. Was das Kinderpanel im nationalen Vergleich noch heraushebt, erweist sich in Bezug auf die internationale Forschungslandschaft als verbindendes Element.

Zu der vorliegenden Veröffentlichung selber ist zu sagen, dass auf Grund der Vielfalt der erfragten Themenbereiche, aber auch um dem Anspruch der Interdisziplinarität gerecht werden zu können, zwei Bände zum Thema Kinder-Leben entstanden sind. In diesem Kontext wäre es nahe gelegen, ein soziologisches und ein psychologisches Buch zu erstellen. Dies aber widerspricht der Anlage der Untersuchung, in der versucht werden soll, den Forschungsgegenstand gemeinsam zu bearbeiten, wenn auch mit den bekannten unterschiedlichen Schwerpunkten. So

---

[2] Eine umfassendere Darstellung auch weiterer Studien finden Sie auf der Homepage des DJI-Kinderpanels.

entstand ein erster Band, in dem das Aufwachsen in Familien im Vordergrund steht, und ein zweiter über das Aufwachsen zwischen Freunden und Institutionen. Im ersten Band wird zum Teil sehr detailliert über die familiale Situation der Kinder berichtet, wie z.b. über die Frage, wer zur Familie gezählt wird, wie das Zusammenleben aus der Sicht von Müttern bzw. Kindern eingeschätzt wird, wie sich das Wohlbefinden der Kinder auch und gerade in unvollständigen Familien darstellt, welche Potentiale für spätere Aggressivität bereits heute beobachtet werden können und welche Nahumwelten von den Kindern und ihren Familien in welcher Weise genutzt werden.

Im zweiten Band wird besonderes Augenmerk auf die außerfamilialen Beziehungen der Kinder gelegt (vgl. das Inhaltsverzeichnis am Ende dieses Bandes). So geht es unter anderem um die Peernetzwerke der Kinder und deren soziales Kapital, aber auch um die institutionellen und privaten Betreuungsformen der Schul- und Vorschulkinder. Einen eigenen Schwerpunkt nehmen die Analysen zum Thema Schule ein. Lernfreude, Lernmotivation, Schulerfolg und Schule als Familienproblem sind jene Bereiche, denen besondere Aufmerksamkeit geschenkt wurde.

Mit dieser Aufteilung versuchen wir dem Anspruch, das Aufwachsen von Kindern in Deutschland im Kontext von Familie, Peers und Schule beschreiben zu können, gerecht zu werden. Dabei ist das Anliegen dieser ersten Veröffentlichung, eine möglichst ausführliche Beschreibung der Lebenssituation der Kinder als Basis für die anstehenden Analysen der im Laufe der nächsten Jahre stattfindenden Entwicklungen zu bieten. Letztendlich geht es darum, mit dem Fortschreiten des Panels detailliert die Zusammenhänge zwischen sozialen Strukturen und der Entwicklung sozialer Kompetenzen aufschlüsseln zu können. Wenn daher in den vorliegenden Texten über Themen wie Bildungserfolg oder Wohlbefinden berichtet wird, dann geschieht dies derzeit noch auf der Basis von Querschnittsdaten. Diese lassen durchaus sehr differenzierte Deskriptionen vorgefundener Verhältnisse zu, doch die Frage nach möglichen Ursachen oder gar nach möglichen Entwicklungen können damit noch nicht beantwortet werden. Dies wird Aufgabe späterer Publikationen sein.

Die Informationen zur Anlage der Untersuchung, zum Design und zu den Daten sind jedem der beiden Bände beigefügt worden. Dies erschien uns als notwendig, damit jeder einzelne Band aus sich heraus verständlich bleibt. Dies gilt umso mehr, als dieser Text auch die verwendeten Indikatoren beschreibt sowie die in den Beiträgen verwendeten Analysemethoden kurz vorstellt.

Literatur

Alanen, Leena (1997): Soziologie der Kindheit als Projekt: Perspektiven für die Forschung. In: Ztschr. f. Sozialisationsforschung und Erziehungssoziologie, 17. Jg., H. 2, S. 162-177

Alt, Christian (2001): Kindheit in Ost und West. Wandel der familialen Lebensformen aus Kindersicht. Opladen

Alt, Christian (2003): Wandel familiärer Lebensverhältnisse minderjähriger Kinder in Zeiten der Pluralisierung. In: Bien, Walter/Marbach, H. Jan (Hrsg.): Partnerschaft und Familiengründung. Ergebnisse der dritten Welle des Familien-Survey. Opladen, S. 219-244

Alt, Christian/Bender, Donald (1998): Kinder in nichtehelichen Lebensgemeinschaften und nach Scheidung – Entwicklung und Sequenzmuster. In: Bien, W./ Schneider, N.F. (Hrsg.): Kind ja – Ehe nein. Opladen, S. 139-176

Beck-Gernsheim, Elisabeth (1998): Was kommt nach der Familie? Einblicke in neue Lebensformen. München

Bertram, Hans (Hrsg.) (1991): Die Familie in Westdeutschland. Stabilität und Wandel familialer Lebensformen. Opladen

Bertram, Hans (1993): Sozialberichterstattung zur Kindheit. In: Markefka/Nauck (Hrsg.): Handbuch der Kindheitsforschung. Neuwied, S. 91-108

Bertram, Hans (1997): Familien leben. Neue Wege zur flexiblen Gestaltung von Lebenszeit, Arbeitszeit und Familienzeit. Gütersloh

Bohrhardt, Reinhard (1999): Ist wirklich die Familie schuld? Opladen

Bronfenbrenner, Urie (1975): Reality and Research in the Ecology of Human Development. Proceedings of the American Philosophical Society, 119, pp. 439-469

Bronfenbrenner, Urie/Morris, Pamela (2000): Die Ökologie des Entwicklungsprozesses. In: Lange, A./Lauterbach, W. (Hrsg.): Kinder in Familie und Gesellschaft zu Beginn des 21sten Jahrhunderts. Stuttgart

Burkart, Günter (2002): Stufen der Privatheit und die diskursive Ordnung der Familie. In: Soziale Welt, 53. Jg., H. 4, S. 397-413

Corsaro, William A. (1997): The Sociology of Childhood. Thousand Oaks: Pine Forge Press

Cyprian, Gudrun (2003): Familienbilder als Forschungsthema. In: Cyprian, G. (Hrsg.): Familienbilder. Interdisziplinäre Sondierungen. Opladen, S. 9-19

Engelbert, Angelika u.a. (2000): Postmoderne Familienkindheit? Anforderungen, Risiken und Chancen. In: Herlth, A. u.a. (Hrsg.): Spannungsfeld Familienkindheit. Neue Anforderungen, Risiken und Chancen. Opladen, S. 7-22

Fthenakis, Wassilios (1993): Kindliche Reaktionen auf Trennung und Scheidung. In: Markefka/Nauck: Handbuch der Kindheitsforschung. Neuwied, S. 601-615

Gillis, John R. (1997): Mythos Familie. Auf der Suche nach der eigenen Lebensform. Weinheim

Grundmann, Mathies/Huinink, Johannes (1991): Der Wandel der Familienentwicklung und der Sozialisationsbedingungen von Kindern. Situation, Trends und einige Implikationen für das Bildungssystem. In: Zeitschrift für Pädagogik. 37, S. 529-544

Grundmann, Mathies/Lüscher, Kurt (2000): Sozialökologische Sozialisationsforschung. Konstanz

Grunert, Cathleen (2002): Methoden und Ergebnisse der qualitativen Kindheits- und Jugendforschung. In: Krüger, Heinz-Hermann/Grunert, Cathleen (Hrsg.): Handbuch Kindheits- und Jugendforschung. Opladen, S. 225-248

Heinzel, Friederike (2003): Methoden der Kindheitsforschung – Probleme und Lösungsansätze. In: Prengel, A. (Hrsg.): Im Interesse von Kindern? Forschungs- und Handlungsperspektiven in Pädagogik und Kinderpolitik. Weinheim/München, S. 123-135

Hemmings, Sue/Silva, Elisabeth B./Thompson, Kenneth (2002): Accounting for the Everyday. In: Bennett, T./Watson, D. (Eds.): Understanding Everyday Life. Oxford: Blackwell, pp. 272-304

Hengst, Heinz (2002): Ein internationales Phänomen: Die neue soziologische Kindheitsforschung. In: Soziologie, Jg., H. 2, S. 57-77

Herzberg, Irene (2003): Kindheit, Kinder und Kinderkultur. Zum Verhältnis ,alter' und ,neuer' Perspektiven. In: Stickelmann/Frühauf (Hrsg.): Kindheit und sozialpädagogisches Handeln. Auswirkungen der Kindheitsforschung. Weinheim/München, S. 37-77

Honig, Michael-Sebastian (1999): Entwurf einer Theorie der Kindheit. Frankfurt/M.

Honig, Michael-Sebastian/Lange, Andreas/Leu, Hans-Rudi (Hrsg.) (1999): Eigenart und Fremdheit. Kindheitsforschung und das Problem der Differenz von Kindern und Erwachsenen. In: Honig/Lange/Leu (Hrsg.): Aus der Perspektive von Kindern? Zur Methodologie der Kindheitsforschung. Weinheim/München, S. 9-32

Hurrelmann, Klaus/Ulich, Dieter (Hrsg.) (1991): Neues Handbuch der Sozialisationsforschung. Weinheim/Basel

James, A./Jenks, C./Prout, A. (1998): Theorizing Childhood. Oxford

Jamieson, Lynn 2003): Intimität im Wandel? Eine kritische Betrachtung der ,reinen Beziehung'. In: Lenz, K. (Hrsg.): Frauen und Männer. Zur Geschlechtstypik persönlicher Beziehungen. Weinheim/München, S. 279-297

Joos, Magdalena (2001): Die soziale Lage der Kinder. Sozialberichterstattung zu den Lebenslagen von Kindern in Deutschland. Weinheim/München

Jurczyk, Karin/Lange, Andreas (2002): Familie und die Vereinbarkeit von Arbeit und Leben. In DISKURS 3/2002, München

Krüger, Heinz-Hermann/Grunert, Cathleen (2002): Geschichte und Perspektiven der Kindheits- und Jugendforschung. In Krüger, H.-H./Grunert, C. (Hrsg.): Handbuch Kindheits- und Jugendforschung. Opladen, S. 11-40

Lang, Sabine (1985): Lebensbedingungen und Lebensqualität von Kindern. Frankfurt/N.Y.

Lange, Andreas (1995): Eckpfeiler der sozialwissenschaftlichen Analyse von Kindheit heute. In: Sozialwissenschaftliche Literatur Rundschau, 18. Jg., H. 30, S. 55-68

Lange, Andreas (1995b): Medienkinder, verplante Kinder? Die Sichtweise einer zeitdiagnostisch informierten Kindheitsforschung. In: Familiendynamik, 20. Jg., H. 3, S.252-274

LBS-Initiative Junge Familie (Hrsg.) (2002): Kindheit 2001. Das LBS-Kinder-barometer. Was Kinder wünschen, hoffen und befürchten. Opladen

Leu, Hans-Rudolf (2002): Sozialberichterstattung über die Lage von Kindern – ein weites Feld. In: Leu (Hrsg.): Sozialberichterstattung zu Lebenslagen von Kindern. Opladen, S. 9-33

Lüscher, Kurt (1997): Familienrhetorik, Familienwirklichkeit und Familienforschung. In: Vaskovics, L. A. (Hrsg.): Familienleitbilder und Familienrealitäten. Opladen. S. 50-69

Lüscher, Kurt (2001): Soziologische Annäherungen an die Familie. Konstanz

Mayer, Karl Ulrich (Hrsg.) (1990): Lebensverläufe und sozialer Wandel. Sonderheft 31 der Kölner Zeitschrift für Soziologie und Sozialpsychologie. Opladen

McLanahan, Sara S./Bumpass, Larry (1988): Intergenerational Consequences of Marital Disruption, In: American Journal of Sociology, Vol. 94, pp. 130-152

Morgan, D. (1996): Family Connections. An Introduction to Family Studies. Cambridge

Nauck, Bernhard (1991): Familien- und Betreuungssituation im Lebenslauf von Kindern. In: Bertram (Hrsg.): a.a.O., S. 389-428

Nauck, Bernhard (1993): Sozialstrukturelle Differenzierung der Lebensbedingungen von Kindern in West- und Ostdeutschland. In Markefka/Nauck (Hrsg.): a.a.O., S. 143-164

Nauck, Bernhard (1995): Kinder als Gegenstand der Sozialberichterstattung. Konzepte, Methoden und Befunde im Überblick. In: Nauck, B./Bertram, H. (Hrsg.): Kinder in Deutschland. Lebensverhältnisse von Kindern im Regionalvergleich. Opladen, S. 11-87

Nave-Herz, Rosemarie (1988): Kontinuität und Wandel in der Bedeutung, in der Struktur und Stabilität von Ehe und Familie in der Bundesrepublik Deutschland. In: Nave-Herz, R. (Hrsg): Wandel und Kontinuität der Familie in der Bundesrepublik Deutschland. Stuttgart, S. 61-94

Nave-Herz, Rosemarie (1989): Zeitgeschichtlicher Bedeutungswandel von Ehe und Familie in der Bundesrepublik Deutschland. In: Nave-Herz/Markefka (Hrsg.): Handbuch der Familien- und Jugendforschung. Bd. 1. Frankfurt/M., S. 211-222

Prout, Allan (2003): Kinder-Körper: Konstruktion, Agency und Hybdridität. In: Hengst, H./Kelle, H. (Hrsg.): Kinder – Körper – Identitäten. Theoretische und empirische Annäherungen an kulturelle Praxis und sozialen Wandel. Weinheim/München, S. 33-50

Qvortrup, Jens (1993): Die soziale Definition von Kindheit. In Markefka/Nauck (Hrsg.): Handbuch der Kindheitsforschung. S. 109-124

Sander, Elisabeth (1988): Überlegungen zur Analyse fördernder und belastender Bedingungen in der Entwicklung von Scheidungskindern. In: Zeitschrift für Entwicklungspsychologie und pädagogische Psychologie. S. 77-95

Saporiti, Angela (1994): A methodology for making children count. In: Qvortrup, J. u.a. (Hrsg.): Childhood matters. Social theory, practice and politics. Aldershot, pp. 189-210

Schmidt-Denter, Ullrich (1988): Soziale Entwicklungen. Ein Lehrbuch über soziale Beziehungen im Laufe des menschlichen Lebens. München/Weinheim

Thorne, Barrie (1985): Putting a Price on Children. In: Contemporary Sociology, 14/6, pp. 695-698

Vascovics, Laszlo A. u.a. (1997): Lebensverläufe in der Moderne: Nichteheliche Lebensgemeinschaften – eine Längsschnittstudie. Opladen

Walper, Sabine (1988): Familiäre Konsequenzen ökonomischer Deprivation. München

Walper, Sabine/Tippelt, R, 2002: Methoden und Ergebnisse der quantitativen Kindheits- und Jugendforschung. In: Krüger/Grunert (Hrsg.): a.a.O., S. 189-224

Wilk, Liselotte (1994): Kindsein in „postmodernen" Gesellschaften. In: Wilk/Bacher (Hrsg.): Kindliche Lebenswelten. Opladen, S. 1-32

Wilk, Liselotte (1996): Die Studie „Kindsein in Österreich". Kinder und ihre Lebenswelten als Gegenstand empirischer Sozialforschung – Chancen und Grenzen einer Surveyerhebung. In: Honig, M.-S./Leu, H.-R./Nissen, U. (Hrsg.): Kinder und Kindheit. Soziokulturelle Muster – sozialisationstheoretische Perspektiven. Weinheim, S. 55-76

Wilk, Liselotte/Bacher, Johannes (Hrsg.) (1994): Kindliche Lebenswelten. Opladen

Zeiher, Helga (2001): Folgen des Wandels gesellschaftlicher Zeitbedingungen für Kinder. Expertise für die Hans-Böckler-Stiftung. Berlin

Zeiher, Helga/Zeiher, Hartmut (1994): Orte und Zeiten der Kinder. Soziales Leben im Alltag von Großstadtkindern. Weinheim/München

Zelizer, Viviana (1995): Pricing the Priceless Child. The Changing Social Value of Children. New York

Zinnecker, Jürgen/Silbereisen, Rainer K. (1998): Kindheit in Deutschland. Aktueller Survey über Kinder und ihre Eltern. 2. Aufl. Weinheim/München

Claudia Vorheyer
Wer gehört zur Familie?
Strukturelle Eigenschaften der familialen Netzwerke von Kindern

Einleitung

Den theoretischen Hintergrund für die Untersuchung der Familiennetze von Kindern bildet die Verbindung des sozialökologischen Ansatzes mit der sozialen Netzwerkanalyse. Sowohl in der Sozialökologie als auch in der Theorieperspektive der sozialen Netzwerkanalyse werden über- bzw. untersozialisierte Subjektmodelle durch die Synthese von Akteur- und Handlungstheorien mit Theorien über Institutionen, Strukturen und Systemen relativiert.[1]

In der sozialökologischen Perspektive nach Bronfenbrenner vollzieht sich Entwicklung als Wechselspiel zwischen menschlichem Organismus und seiner sich permanent verändernden Umwelt. Daher sind sowohl die „objektiven" Merkmale der Umwelt als auch die „subjektiven" Vorgänge bzw. das Erleben dieser Umwelt durch das Individuum von Bedeutung. Das Forschungsdesign und die Daten des DJI-Kinderpanels bieten sowohl in Bezug auf die Sozialbericht-erstattung als auch im Hinblick auf die Netzwerkanalyse entscheidende Vorteile. Zum einen bleibt die Sozialberichterstattung über Kinder nicht auf eine Außensicht beschränkt, sondern stellt infolge der Berücksichtigung der subjektiven Wahrnehmung und Bewertung der sozialen Lebenslagen von Kindern auch eine Sozialberichterstattung durch Kinder dar. Zum anderen beruhen die Aussagen zum Familiennetzwerk nicht nur auf einer egozentrierten Perspektive, sondern erfassen durch die Befragung von Müttern, Vätern und Kindern vollständige soziale Netze.[2]

Nach Bien/Marbach (1994) eröffnet die Sicht der Familie als Netz von gelebten Beziehungen ein differenzierteres Bild des Zusammenlebens als die herkömmliche Beschreibung von Familienhaushalten. Unter dem Begriff Familie werden sowohl im alltäglichen Leben als auch in der Wissenschaft unterschiedliche Konstellationen einer sozialen Lebensform verstanden, die nach Geschlecht und Generation differenziert ist und auf einer dauerhaften inneren Solidarität und persönlichen Verbundenheit beruht. In dieser Definition ist nicht die Zugehörigkeit zu einer gemeinsamen Verwandtschaftslinie, sondern das spezifische wechselseitige Kooperations- und Solidaritätsverhältnis der den Familienverband bildenden Individuen von grundlegender Bedeutung. Daher können zu den real gelebten und kognitiv wahrgenommenen Familienstrukturen eines Individuums neben den traditionellen familialen und den verwandtschaftlichen Beziehungen im weiteren Sinne auch Personen gehören, die familienähnliche Funk-

---

[1] Zum Verweis auf die Integration von mikro- und makrotheoretischen Ansätzen in der Netzwerkanalyse Jansen 1999, S. 11ff.
[2] Da die Teilnahme der Väter in der Befragung optional war, ist die Perspektive der Mütter und Kinder nicht in jedem Fall durch die des Vaters komplettiert.

tionen erfüllen und in der subjektiven Sichtweise des sozialen Akteurs als Familienmitglied wahrgenommen werden. Das soziale Kapital der Familiensolidaritäten besteht vor allem in den von Coleman (1988) hervorgehobenen *strong ties*, den starken, engen, häufig reziproken Beziehungen. Die Einbindung in soziale Netzwerke gilt in der Social Support-Forschung (Nestermann/Stiehler 1998; Niepel 1994) als bedeutender Schutz- und Bewältigungsfaktor und als zentrale Variable für die Sicherung und Erhaltung des physischen und psychischen Wohlbefindens, für die Vermittlung von Wertschätzung sowie für die Ermöglichung von Identität und Sozialität. Deshalb ist es von Interesse, die familialen Netzwerke von Kindern zu untersuchen, die je nach Ausprägung ihrer Struktur- und Beziehungseigenschaften für die Entwicklung von Kindern sowohl eine Ressource als auch einen Risikofaktor darstellen können.

Struktureigenschaften der Familiennetzwerke von Kindern

In diesem Kapitel werden die strukturellen Eigenschaften der familialen sozialen Netzwerke von Kindern beschrieben. Dabei werden zwei Arten des Familiennetzes unterschieden, die vom Subjekt wahrgenommene Familie und das darin enthaltene familiale Wahlnetz, d.h. alle Familienmitglieder, mit denen sich das Individuum nach eigenen Angaben sehr gut oder gut versteht. Neben der Größe der wahrgenommenen Familie und des familialen Wahlnetzes geht es auch um die Dichte der Netzwerkbeziehungen, welche an der Häufigkeit des Zusammentreffens der Familie zu gemeinsamen Mahlzeiten, sowie den gemeinsamen Aktivitäten der einzelnen Familienmitglieder gemessen werden soll. Zur Vergleichbarkeit der kindlichen, mütterlichen und väterlichen Perspektive beziehen sich alle Ergebnisse auf die Kohorte der 8- bis 9-jährigen Kinder.

Um den Einfluss der verschiedenen sozialökologischen Kontexte auf die familialen Netzwerkstrukturen zu berücksichtigen, wurden in die Analyse sowohl familiale und psychosoziale Indikatoren als auch sozioökonomische und regionale Indikatoren einbezogen. Zu den im Mikrosystem berücksichtigten Faktoren gehören das Geschlecht des Kindes, die psychosozialen Eigenschaften von Mutter und Kind, sowie die familiale Lebensform und der Migrationshintergrund der Familie. Die Erwerbssituation der Eltern und die damit verbundene sozioökonomische Situation der Familie (Einkommen, Armutsbetroffenheit, sozialer Status) werden als Einflüsse des Exosystems erfasst. Anhand der sozialen und wirtschaftlichen Situation der Region, dem Urbanisierungsgrad und der Belastung des Wohnumfelds und dem Leben in Ost- bzw. Westdeutschland wird die Wirkung des Makro-Kontextes untersucht.

1. Größe der familialen Netzwerke

Wie groß sind die Familiennetze, in welche die Kinder in der individualisierten und pluralisierten Gesellschaft eingebunden sind? Welche Unterschiede zeigen sich zwischen den verschiedenen familialen Lebensformen unter Berücksichtigung der psychosozialen Befindlichkeit von Eltern und Kind, sowie im Zusammenhang mit sozioökonomischen und regionalen Faktoren? Bestätigen sich die in der sozialen Netzwerkforschung bekannten geschlechtsspezifischen Unterschiede?

Die Angaben zur Größe des wahrgenommenen Familiennetzwerkes unterscheiden sich sowohl bei den 8- bis 9-jährigen Kindern als auch bei den Müttern signifikant in Bezug auf die familiale Lebensform, die Erwerbssituation und die sozioökonomischen Verhältnisse der Familie.[3] Außerdem scheinen die psychosozialen Merkmale des Kindes Einfluss auf den Umfang des wahrgenommenen familialen Netzwerkes zu haben.[4]

Abb. 1: Größe der wahrgenommenen Familie aus Eltern- und Kindersicht nach Geschlecht

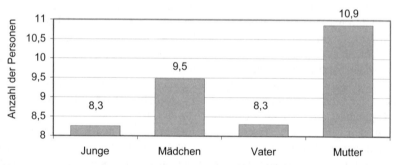

Fälle: N = 1019, Jungen N = 515, Mädchen N = 504, p = .000; Väter N = 578 Mütter N = 2000; Quelle: DJI, 1. Welle Kinderpanel, eigene Berechnungen

Nach Belle (1989) zeigen sich in den Netzwerkbeziehungen schon sehr früh geschlechtsspezifische Unterschiede. Auch die subjektive Wahrnehmung der

---

[3] In der Wahrnehmung des familialen Netzwerkes der Väter wurden hinsichtlich der genannten Indikatoren keine signifikanten Unterschiede gefunden.
[4] Zur Ausprägung geschlechtsspezifischer Unterschiede in sozialen Netzwerken auch Nestmann (1999, S. 229ff.).

familialen Netzwerkgröße ist deutlich von Geschlechterdifferenzen geprägt. Unter den 8- bis 9-jährigen Kindern zählen Mädchen mit 9,5 Personen über eine Person mehr zu ihrer Familie als Jungen mit 8,3. Somit deuten sich schon im Kindesalter die im Erwachsenenalter noch stärker ausgeprägten geschlechtsspezifischen Unterschiede in der Wahrnehmung von Familie an, denn auch die Mütter definieren mit 10,9 Personen im Vergleich zu den Vätern mit einem Durchschnittswert von 8,3 deutlich mehr Personen als Familienmitglieder (vgl. Abb. 1).

Daneben bestehen zwischen den psychosozialen Merkmalen des Kindes „positives Selbstbild" und „soziale und kommunikative Aufgeschlossenheit" und dem subjektiv wahrgenommenen Familiennetzwerk statistisch signifikante Unterschiede (vgl. Abb. 2). Kinder, die über ein positives Selbstbild verfügen, geben mit durchschnittlich 9,2 Personen ein deutlich größeres Familiennetz an als Kinder, die eher nicht durch ein positives Selbstbild gekennzeichnet sind und durchschnittlich 6,7 Personen zur Familie zählen. Auch das familiale Beziehungsgefüge von sozial und kognitiv aufgeschlossenen Kindern wird von mehr Personen getragen als das von nicht aufgeschlossenen Kindern.

Abb. 2:   Größe der wahrgenommenen Familie in Abhängigkeit vom Selbstbild des Kindes

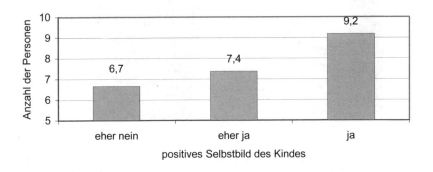

Fälle: Kind N = 1042: eher nein N = 3, eher ja N = 195, ja N = 844, p = .000;
Quelle: DJI, 1. Welle Kinderpanel, eigene Berechnungen

Die Angaben zur Größe des familialen Netzwerkes der 8- bis 9-jährigen Kinder und deren Mütter unterscheiden sich bei den familialen Indikatoren im Hinblick auf den Familienstand (Abb. 3) und die Partnerschaftsform der Mutter (Abb. 4) sowie dem Migrationshintergrund der Familie (Abb. 5). Im Vergleich zu verheiratet getrennt lebenden, ledigen, geschiedenen oder verwitweten Müttern nehmen verheiratet zusammenlebende Mütter und deren Kinder deutlich mehr Personen als Familienmitglieder wahr. Interessant erscheinen außerdem die Differenzen in den Familienangaben von verwitweten Müttern und deren Kindern: Zwischen den verwitweten Müttern und den verheiratet getrennt lebenden Müttern besteht im Hinblick auf die wahrgenommene Familiengröße kein Unterschied, während sich für Kinder eine Trennung der Eltern signifikant vom Tod des Vaters unterscheidet, da Kinder verwitweter Mütter mit 5,6 Personen deutlich weniger zur Familie zählen als Kinder von verheiratet getrennt lebenden Müttern, deren subjektives Familiennetzwerk sich im Durchschnitt aus 7,3 Mitgliedern zusammensetzt.

Abb. 3:   Größe der wahrgenommenen Familie aus Mutter- und Kindperspektive in Abhängigkeit vom Familienstand der Mutter

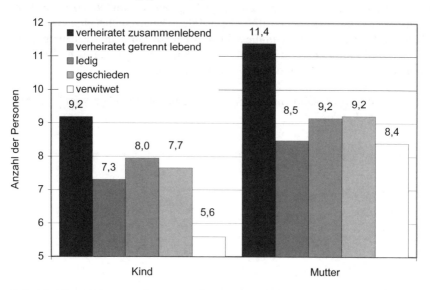

Fälle: Kind N = 1042: verheiratet zusammen lebend N = 820, verheiratet getrennt lebend N = 54, ledig N = 57, geschieden N = 101, verwitwet N = 10, p = .000; Fälle Mutter N = 963: verheiratet zusammenlebend N =757, verheiratet getrennt lebend N = 50, ledig N = 55, geschieden N = 91, verwitwet N = 10, p = .000; Quelle: DJI, 1. Welle Kinderpanel, eigene Berechnungen

Wie der Familienstand der Mutter wirkt sich auch deren Partnerschaftsform bei Müttern und Kindern auf die subjektive Definition von Familie aus. Das Familiennetzwerk verheirateter Mütter und deren Kindern setzt sich im Vergleich zu nicht allein lebenden und zu alleinerziehenden Müttern aus mehr Personen zusammen (vgl. Abb. 4).

Abb. 4: Größe der wahrgenommenen Familie aus Mutter- und Kindperspektive in Abhängigkeit der Partnerschaftsform der Mutter

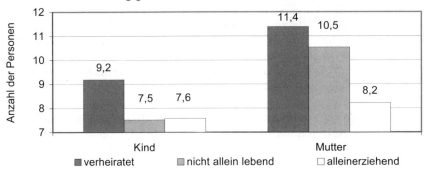

Fälle: Kind N = 1042: verheiratet N = 820, nicht allein lebend N = 71, alleinerziehend N = 151, p = .000; Fälle Mutter N = 1963: verheiratet N = 757, nicht allein lebend N = 67, alleinerziehend N = 139, p = .000; Quelle: DJI, 1. Welle Kinderpanel, eigene Berechnungen

Abb. 5: Größe der wahrgenommenen Familie aus Mutter- und Kindperspektive in Abhängigkeit vom Migrationshintergrund des Kindes

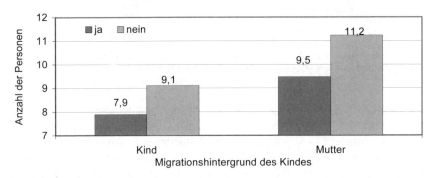

Fälle: Kind N = 1038: nein N = 814, ja N = 224, p = .001; Fälle Mutter N = 980: nein N = 758, ja N = 202, p = .000; Quelle: DJI, 1. Welle Kinderpanel, eigene Berechnungen

Dabei lässt sich hinsichtlich der wahrgenommenen Größe des Familiennetzes zwischen Kindern nicht allein lebender und alleinerziehender Mütter kaum ein Unterschied feststellen, während aus Sichtweise der Mütter die Partnerschaftsform „nicht allein lebend" mit einem, im Vergleich zu den Alleinerziehenden, um zwei Personen höheren familialen Netzwerk verbunden ist. Bei einer Interpretation dieser Differenzen dürfen aber die typischen Strukturen der unterschiedlichen Familienformen nicht außer Acht gelassen werden, beispielsweise

die im Vergleich zur „Normalfamilie" allgemein geringere Kinderzahl alleinerziehender Eltern, die sich deutlich auf die Wahrnehmung der Familiengröße
auswirkt.
Im Vergleich zur Nichterwerbstätigkeit bzw. Teilzeittätigkeit ist die volle Be-
rufstätigkeit der Mutter für sie selbst wie für ihr Kind mit einem subjektiv kleineren Familiennetzwerk verbunden (vgl. Abb. 6). Möglicherweise fehlen der
Mutter bei einer Vollzeitbeschäftigung die zeitlichen Ressourcen zur intensiven
Pflege der familialen Beziehungen.

Abb. 6: Größe der wahrgenommenen Familie aus Mutter- und Kindperspektive in Abhängigkeit von der Erwerbssituation der Mutter

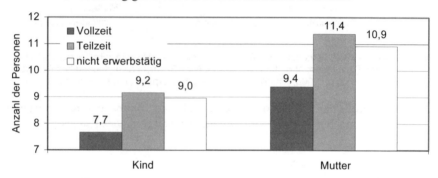

Fälle: Kind N = 1040: Vollzeit N = 164, Teilzeit N = 379, nicht erwerbstätig N = 497,
p< .005; Fälle Mutter N = 961: Vollzeit N = 150, Teilzeit N = 353, nicht erwerbstätig
N = 458, p = .001; Quelle: DJI, 1. Welle Kinderpanel, eigene Berechnungen

Das familiale Beziehungsnetz scheint für Mütter und Kinder größer zu sein,
wenn die Mütter Teilzeit arbeiten oder nicht erwerbstätig sind (vgl. Abb. 7).
Auch hinsichtlich der sozioökonomischen Indikatoren Einkommen und sozialer
Status unterscheiden sich die Angaben der 8- bis 9-jährigen Kinder sowie deren
Mütter zur Größe des familialen Netzwerkes statistisch signifikant. Vor allem in
der obersten Einkommensschicht zählen die Kinder signifikant mehr Personen
zum subjektiven Familiennetzwerk als in anderen Schichten Abb. 8).
Dieser Eindruck verstärkt sich auch in der Betrachtung der familialen Netz-
werkgrößen im Hinblick auf soziale Statusunterschiede (vgl. Abb. 9). Mit steigendem sozialen Status nimmt die Größe des subjektiven Familiennetzes zu,
wobei die Differenzen zwischen den Müttern mit unterschiedlichem Sozialstatus
noch stärker ausgeprägt sind als zwischen den Kindern aus Familien mit unterschiedlichem Sozialstatus. In den nachfolgenden Datenwellen könnte beobachtet
werden, inwieweit sich der unterschiedliche Umfang an ökonomischem und

kulturellem Kapital auch auf die familialen Netzwerkressourcen der Kinder weiterhin auswirkt.

Abb. 7:   Größe der wahrgenommenen Familie aus Mutter- und Kindperspektive in Abhängigkeit von der Erwerbssituation der Familie

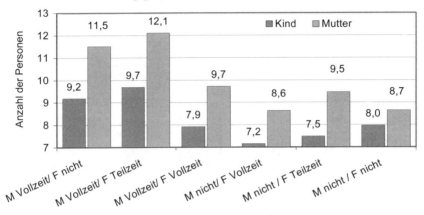

Erwerbssituation der Familie

Fälle: Kind N = 1035: Mann Vollzeit/ Frau nicht N = 385, M Vollzeit/ F Teilzeit N = 281, M Vollzeit/ F Vollzeit N = 102, M nicht/ F Vollzeit N = 56, M nicht/ F Teilzeit N = 71, M nicht/ F nicht N = 104, M Teilzeit/ F nicht N = 36, p = .000; Fälle Mutter N = 956: M Vollzeit/ Frau nicht N = 355, M Vollzeit/ F Teilzeit N = 261, M Vollzeit F/ Vollzeit N = 96, M nicht/ F Vollzeit N = 49, M nicht/ F Teilzeit N = 66, M nicht/ F nicht N = 95, M Teilzeit/ F nicht N = 34, p = .000; Quelle: DJI, 1. Welle Kinderpanel, eigene Berechnungen

Abb. 8:   Größe der wahrgenommenen Familie 8- bis- 9-jähriger Kinder in Abhängigkeit von der Einkommenssituation

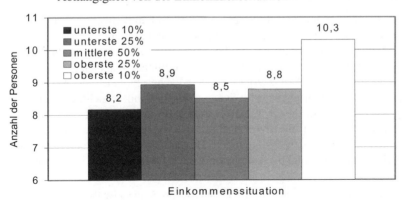

Einkommenssituation

Fälle: N = 981, unterste 10% N = 102; unterste 25% N = 160, mittlere 50% N = 460, oberste
25% N = 140; oberste 10% N = 119, p < .005
Quelle: DJI, 1. Welle Kinderpanel, eigene Berechnungen

Abb. 9: Größe der wahrgenommenen Familie aus Mutter- und
Kindperspektive in Abhängigkeit des sozialen Status

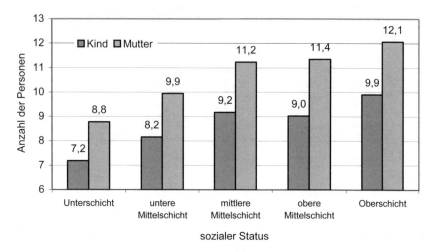

Fälle: Kind N = 1042, Unterschicht N = 90, untere Mittelschicht N = 232, mittlere Mittelschicht N = 344, obere Mittelschicht N = 235, Oberschicht N = 141, p = .000; Fälle Mutter
N = 963, Unterschicht N = 80, untere Mittelschicht N = 217, mittlere Mittelschicht N = 319,
obere Mittelschicht N = 220; Oberschicht N = 127, p = .000
Quelle: DJI, 1. Welle Kinderpanel, eigene Berechnungen

2. Die Größe des familialen Wahlnetzes

Da in der Untersuchung zur Größe des subjektiven Familiennetzes zwischen den
einzelnen Indikatoren, außer hinsichtlich des Gesamtumfangs, keine gravierenden Unterschiede zwischen der Mutter- und Kindperspektive zu beobachten
waren, bleibt die Betrachtung der Größe des familialen Wahlnetzes größtenteils
auf die Sichtweise der 8- bis 9-jährigen Kinder beschränkt.[5] Die Angaben zur
Anzahl der Familienmitglieder, mit denen sich das Kind versteht, divergieren in
Bezug auf das Geschlecht des Kindes, auf dessen psychosoziale Merkmale und
Familienstrukturen, auf die Erwerbssituation der Familie und auf die sozioökonomischen und regionalen Bedingungen. Da das familiale Wahlnetz des Kindes
eine Teilmenge der subjektiv wahrgenommenen Familie bildet, ist zu hinterfra-

---

[5] Das von der Mutter wahrgenommene familiale Netzwerk überstieg das subjektive Familiennetz des Kindes konstant, aber in der Wirkungsrichtung der beobachteten Einflussfaktoren bestand aber grundsätzliche Übereinstimmung.

gen, ob die signifikanten Unterschiede Ausdruck von strukturellen oder qualitativen Merkmalen des familialen Netzwerkes sind.

Wie beim wahrgenommenen familialen Netzwerk zeigen sich auch in den Angaben zum familialen Wahlnetz geschlechtsspezifische Differenzen. Die 8- bis 9-jährigen Mädchen haben aus ihrer Sicht zu durchschnittlich 6,5 Familienmitgliedern eine gute Beziehung, während Jungen im selben Alter ein mit 5,9 Personen kleineres familiales Wahlnetz beschreiben. Vergleicht man aber die kindlichen Aussagen zum Familiennetz mit denen zum familialen Wahlnetz, besteht bei den Jungen eine geringere Differenz als bei den Mädchen.

Bei den psychosozialen Merkmalen bestehen hinsichtlich der Größe der Familienwahlnetze des Kindes keine signifikanten Unterschiede. Allerdings wirkt sich das Selbstbild des Kindes auf dessen Wahrnehmung der Familienbeziehungen aus. Kinder mit einem positiven Selbstbild geben mit durchschnittlich 6,3 die meisten Personen an. Sie verstehen sich mit mehr Familienmitgliedern gut als Kinder, die tendenziell nicht durch ein positives Selbstbild gekennzeichnet sind und deren familiales Wahlnetz sich aus nur 5 Personen zusammensetzt (vgl. Abb. 10).

Abb. 10: Größe des Wahlnetzes des Kindes in Abhängigkeit vom positiven Selbstbild des Kindes

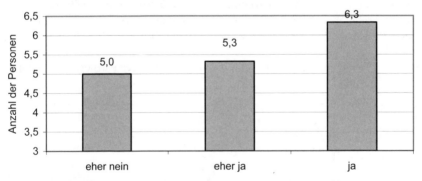

Fälle: Kind N = 1042: eher nein N = 3, eher ja N = 195, ja N = 844, p = .000
Quelle: DJI, 1. Welle Kinderpanel, eigene Berechnungen

Neben dem Selbstbild hat auch die soziale und kognitive Aufgeschlossenheit Einfluss auf die Größe des Familienwahlnetzes. Während sozial und kognitiv aufgeschlossene Kinder angeben, zu 6,7 Familienmitgliedern eine gute Beziehung zu haben, verstehen sich sozial und kognitiv tendenziell nicht aufgeschlossene Kinder nach eigenen Angaben nur mit 5,4 Familienmitgliedern gut (vgl. Abb. 11).

Abb. 11:   Wahlnetz des Kindes in Abhängigkeit von der sozialen und kognitiven Aufgeschlossenheit des Kindes

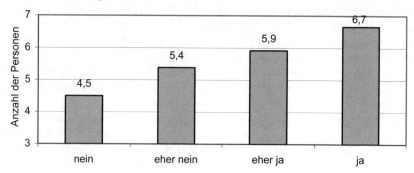

Fälle: Kind N = 1029: nein N = 2, eher nein N = 95, eher ja N = 554, ja N = 380, p = .000
Quelle: DJI, 1. Welle Kinderpanel, eigene Berechnungen

Die Angaben des Kindes zu seinem familialen Wahlnetz unterscheiden sich auch
statistisch signifikant in Bezug auf die Partnerschaftsform der Mutter, die familiale Lebensform und den Migrationshintergrund der Familie. Dabei sind aber die
strukturellen Einflüsse der vom Kind subjektiv wahrgenommenen Familie zu
berücksichtigen, welche den Rahmen für das familiale Wahlnetz des Kindes
bilden. Als interessant erweist sich der Vergleich der Angaben zum familialen
Wahlnetz hinsichtlich der Partnerschaftsform der Mutter (vgl. Abb. 12).

Abb. 12:   Wahlnetz des Kindes in Abhängigkeit von der Partnerschaftsform der
Mutter

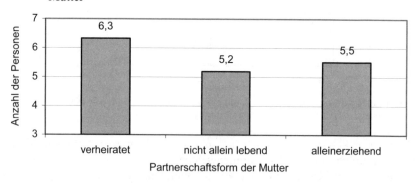

Fälle: Kind N = 1042: verheiratet N = 820, nicht allein lebend N = 71, alleinerziehend N =
151, p = .000; Quelle: DJI, 1. Welle Kinderpanel, eigene Berechnungen

Kinder, deren Mütter verheiratet sind, pflegen mit durchschnittlich 6,3 Personen zu mehr Familienmitgliedern eine gute soziale Beziehung als Kinder nicht allein lebender Mütter, bei denen sich aus Sicht der Kinder im Vergleich zu den Kindern alleinerziehender Mütter trotz eines existierenden Partners der Mutter weder die wahrgenommene Familiengröße noch das familiale Wahlnetz vergrößern. Obwohl sich die wahrgenommene Familiengröße bei Kindern nicht allein lebender und alleinerziehender Eltern kaum voneinander unterscheidet, geben die Kinder der Alleinerziehenden mit 5,5 Familienmitgliedern ein größeres familiales Wahlnetz an als Kinder nicht allein lebender Mütter, die nur 5,2 Personen zu ihrem Wahlnetz zählen.

Abb. 13: Wahlnetz von Mutter und Kind in Abhängigkeit von der Familienform

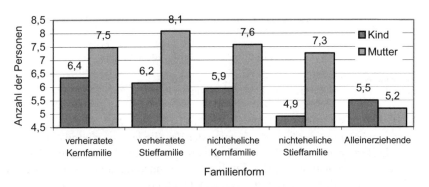

Fälle: Kind N = 1042: verheiratete Kernfamilie N = 745, verheiratete Stieffamilie N = 58, nichteheliche Kernfamilie N = 17, nichteheliche Stieffamilie N = 53, Alleinerziehende N = 144, p = .001; Fälle Mutter N = 1017: verheiratete Kernfamilie N = 745, verheiratete Stieffamilie N = 58, nichteheliche Kernfamilie N = 17, nichteheliche Stieffamilie N = 53, Alleinerziehende N = 144, p = .000; Quelle: DJI, 1. Welle Kinderpanel, eigene Berechnungen

Diese Tendenz spiegelt sich auch in dem Vergleich der familialen Netzwerkgröße innerhalb der verschiedenen Familienformen wider (vgl. Abb. 13). Die Anzahl der Familienmitglieder, zu denen das Kind eine gute Beziehung unterhält, ist in nichtehelichen Stieffamilien mit 4,9 Personen am geringsten. Innerhalb der Familienform „nichteheliche Stieffamilie" bestehen hinsichtlich des familialen Wahlnetzes zwischen der Mutter- und Kindperspektive die größten Differenzen. Im Gegensatz zum Kind ist die familiale Lebensform, die für die Mutter mit dem kleinsten Familienwahlnetz einhergeht, nicht die nichteheliche Stieffamilie, sondern das Alleinerziehen.

Hinsichtlich des Migrationshintergrunds der Familie unterscheiden sich nicht nur die Größe des familialen Netzwerkes, sondern auch die Angaben über die Anzahl der Personen, zu denen das Kind eine gute Beziehung hat, statistisch signifikant. Kinder mit familialem Migrationshintergrund verfügen im Vergleich zu Kindern ohne Migrationshintergrund über ein im Durchschnitt um eine Person geringeres Familienwahlnetz (vgl. Abb. 14).

Abb. 14: Wahlnetz des Kindes in Abhängigkeit vom Migrationshintergrund des Kindes

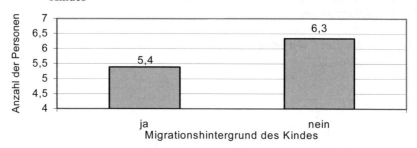

Fälle: Kind N = 1038: nein N = 814, ja N = 224, p = .000
Quelle: DJI, 1. Welle Kinderpanel, eigene Berechnungen

Die statistisch signifikanten Unterschiede im familialen Wahlnetz der Kinder im Zusammenhang mit der Erwerbssituation der Familie lassen sich mit den strukturellen Differenzen innerhalb der wahrgenommenen Familiengröße erklären. Da auch die Wirkungsrichtung des Einflussfaktors übereinstimmt, kann an dieser Stelle auf eine nähere Ausführung verzichtet werden.

Abb. 15: Wahlnetz des Kindes in Abhängigkeit vom Einkommen der Familie

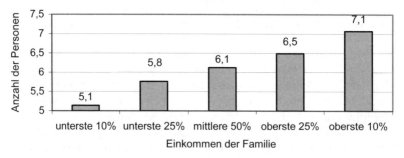

Fälle: N = 981, unterste 10% N = 102; unterste 25% N = 160, mittlere 50% N = 460, oberste 25% N = 140; oberste 10% N = 119, p = .000
Quelle: DJI, 1. Welle Kinderpanel, eigene Berechnungen

Einen starken Einfluss auf den Umfang des kindlichen Familienwahlnetzes scheinen die sozioökonomischen Merkmale der Familie auszuüben. Mit dem Einkommen der Familie steigt in den Augen des Kindes auch deutlich die Anzahl der Familienmitglieder, zu denen es eine positive soziale Beziehung hat (vgl. Abb. 15). Diese Unterschiede zeichnen sich im familialen Wahlnetz deutlicher ab als in der wahrgenommenen Familiengröße. Das Familienwahlnetz von Kindern aus Familien, die hinsichtlich ihres Einkommens zu den unteren 10% gehören, besteht aus durchschnittlich zwei Personen weniger als bei Kindern aus Familien, die nach ihrem Einkommen zu den oberen 10 % zählen.

Dieser Eindruck bestätigt sich auch in der vergleichenden Betrachtung der familialen Wahlnetze von Kindern, die hinsichtlich der Einkommenssituation ihrer Familie von Armut betroffen sind, und von Kindern aus nicht armutsbetroffenen Familien. Im Hinblick auf die Armutsbetroffenheit bestehen in der subjektiven Wahrnehmung der Familiengröße keine statistisch signifikanten Unterschiede, wie aber Abbildung 16 darstellt, verbindet Kinder aus armen Familien im Durchschnitt mit einem Familienmitglied weniger eine gute soziale Beziehung als Kinder aus nicht armen Familien.

Abb. 16: Wahlnetz des Kindes in Abhängigkeit von der Armutslage der Familie

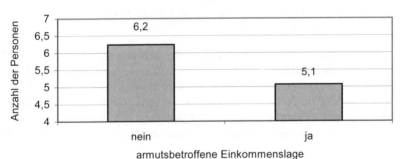

Fälle: N= 981: nein N = 891, ja N = 90; p = .000
Quelle: DJI 1. Welle Kinderpanel, eigene Berechnungen

Die statistisch signifikanten Unterschiede im familialen Wahlnetz des Kindes hinsichtlich des sozialen Status der Familie, zusammengesetzt aus Einkommen, Bildung und Beruf, sind mit denen der wahrgenommenen Familie vergleichbar und müssen deshalb an dieser Stelle nicht weiter ausgeführt werden. Der Zusammenhang zwischen der wahrgenommenen Familie und dem familialen Wahlnetz beträgt nach dem Pearsonschen Korrelationskoeffizienten .664 (p = .001). Festzuhalten ist, dass vor allem die Kinder der Unterschicht und der unteren Mittelschicht sowohl über ein kleineres familiales Netzwerk verfügen als auch zu weniger Familienmitgliedern eine gute Beziehung unterhalten als Kinder aus der mittleren bzw. oberen Mittelschicht, sowie der Oberschicht. Auch regionale Faktoren beeinflussen die Größe des kindlichen Familienwahlnetzes. Kinder, deren Wohnumfeld mehrfach belastet ist, haben nach eigenen Angaben zu weniger Familienmitgliedern eine gute Beziehung als Kinder aus einem durchschnittlich belasteten bzw. positiven Wohnumfeld (vgl. Abb. 17).

Abb. 17: Wahlnetz des Kindes in Abhängigkeit von der Bewertung der Wohnung und des Wohnumfeldes

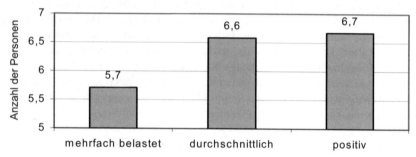

Fälle: N= 543: mehrfach belastet N = 159, durchschnittl. N = 175, positiv N =209; p < .005
Quelle: DJI, 1. Welle Kinderpanel, eigene Berechnungen

Da hinsichtlich dieses Indikators innerhalb der wahrgenommenen Familiengröße keine statistisch signifikanten Unterschiede bestehen, scheint es, als würde die Belastung der räumlichen Umgebung auch zu einer Belastung sozialer Beziehungen führen. Zwischen Ost und West sowie hinsichtlich des Urbanisierungsgrades (geringe, mittlere und starke Verdichtung) und der sozialen und wirtschaftlichen Situation der Region sind dagegen keine statistisch signifikanten Unterschiede festzustellen.[6]

3.   Das Zusammentreffen der Familie zu gemeinsamen Mahlzeiten

Im Fragebogen der Kinderpanel-Untersuchung werden die Mütter gefragt, wie oft die Familie beim Frühstück, Mittagessen und Abendessen vollzählig zusammen ist. Aus den Antwort-Items der Mütter wurde ein Summenscore gebildet, der über die Häufigkeit des Zusammentreffens der Familie zu den Mahlzeiten

---

[6] Der Indikator soziale und wirtschaftliche Situation der Region bezieht sich auf eine Kombination aus Bildungsniveau, Arbeitslosen- und Sozialempfängerquote sowie dem kommunalen Verhältnis von Schulden zu Einnahmen und differenziert zwischen belasteten, durchschnittlichen und positiven Kreisen.

Auskunft gibt.[7] Den Antworten der Mütter zufolge nehmen 81% der befragten Familien die Mahlzeiten häufig gemeinsam ein (Modus und Median werden von der Indexzahl 2 gebildet). Nur in 4% der Familien werden die Mahlzeiten nur selten zur gemeinsamen familialen Interaktion genutzt. Die Häufigkeit des Zusammentreffens der Familie zu den Essenszeiten variiert hinsichtlich des Summenscores nach familialen und sozioökonomischen Indikatoren sowie der Erwerbssituation der Familie und den psychosozialen Merkmalen des Kindes.

In Familien, deren Kinder aus Müttersicht über ein positives Selbstbild verfügen, werden die Mahlzeiten häufiger in Gemeinschaft aller Familienmitglieder eingenommen als in Familien, deren Kinder von ihren Müttern eher nicht durch ein positives Selbstbild charakterisiert werden (durchschnittliche Indexzahl 1,81 bzw. 1,50; Signifikanzniveau = .002). Auch im Hinblick auf die Partnerschaftsform und den Familienstand der Mutter sowie auf die familiale Lebensform bestehen hinsichtlich der Interaktionsmöglichkeiten zu den Mahlzeiten signifikante Unterschiede. Alleinerziehenden gelingt es im Vergleich zu den anderen familialen Lebens- und Partnerschaftsformen etwas häufiger, zu den Mahlzeiten vollzählig zusammenzukommen, was sich wohl aber vor allem aus der geringeren Anzahl an Familienmitgliedern erklären lässt (durchschnittlicher Summenscore 10,2 im Vergleich zu verheirateten Müttern 9,2 und nichehelichen Lebensgemeinschaften 9,2; Signifikanzniveau = .000).

Dies spiegelt sich auch in Bezug auf die Anzahl der Personen im Haushalt wider, denn in Haushalten mit nur zwei Personen gelingt es öfter, sich vollzählig zu den gemeinsamen Mahlzeiten einzufinden (Summenscore 10,2) als in Familien mit drei (Summenscore 9,4), vier oder fünf und mehr Mitgliedern (Summenscore 9,30, Signifikanzniveaus = .004). Daneben hat auch die Erwerbssituation der Mutter bzw. ihres Partners Einfluss auf die Häufigkeit der gemeinsamen familialen Interaktion zu den Essenszeiten, denn, wie zu erwarten, finden sich die Familienmitglieder öfter zu gemeinsamen Mahlzeiten zusammen, wenn die Mutter oder beide Elternteile keiner Erwerbstätigkeit nachgehen (der Summenscore beträgt bei nichterwerbstätigen Müttern 10,1 und bei teilzeit- bzw. vollzeittätigen 9,3 und 9,2; Signifikanzniveau = .000). Möglicherweise differiert auch aus diesem Grund die Interaktionshäufigkeit der Familienmitglieder zu den Mahlzeiten zwischen Familien mit unterschiedlichem sozialem Status. In der Unterschicht kommt es im Vergleich zu den Mittel- und Oberschichten öfter zu

---

[7] Der Summenscore besteht aus mindestens 3 und maximal 12 Punkten. Pro Mahlzeit wurden 4 Punkte vergeben, wenn die Familie dazu täglich vollzählig zusammentrifft, 3 Punkte, wenn dies mehrmals pro Woche der Fall ist, sowie 2 und 1 Punkt, wenn eine gemeinsame familiale Interaktion zu den Mahlzeiten mehrmals im Monat bzw. seltener zustande kommt. Aus dem Summenscore sind die Indexzahlen 0 (3-6 Punkte), 1 (6-9 Punkte) und 2 (9-12 Punkte) entwickelt wourden. Demnach stehllt die 0 für seltenes und die 2 für eine häufiges Zusammen-kommen der Familie zu den Mahlzeiten.

gemeinsamen Mahlzeiten (Summenscore Unterschicht: 10,0; untere Mittelschicht: 9,3; mittlere Mittelschicht: 9,3; obere Mittelschicht: 9,2; Oberschicht
9,5; Signifikanzniveaus = .003).

4. Die gemeinsamen Aktivitäten der Familienmitglieder

Im Rahmen der Kinderpanel-Untersuchung werden die 8- bis 9-jährigen Kinder
gefragt, wie oft und mit wem sie bestimmte Aktivitäten ausüben, z.b. Computer
spielen, fernsehen, Sport, ins Kino gehen, musizieren oder Ausflüge unternehmen. Um eine Auskunft über die Häufigkeit der gemeinsamen Interaktionen
zwischen dem Kind und den übrigen Familienmitgliedern (Mutter, Vater, Geschwister und Großeltern) treffen zu können, wurde aus den Antwort-Items des
Kindes eine Summenscore und daraus eine Indexzahl gebildet.[8]
Insgesamt betrachtet liegen die Werte im mittleren bis unteren Punktescore-
bzw. Indexzahlenbereich. Demzufolge kommt es zwischen den befragten Kindern und ihren Familienmitgliedern im Rahmen der erhobenen Aktivitäten tendenziell nicht so oft zu gemeinsamen Interaktionen. Bei einem Vergleich der
verschiedenen Familienmitglieder weist sowohl der Summenscore als auch die
Indexzahl darauf hin, dass die 8- und 9-jährigen Kinder die genannten Aktivitäten am häufigsten mit ihren Geschwistern (durchschnittlicher Summenscore
10,3; durchschnittliche Indexzahl 0,72) und Freunden (Summenscore 9,9 und
Indexzahl 0,62) ausüben. Daneben sind die Mutter (Summenscore 9,5; Indexzahl 0,53) und der Vater (Summenscore 9,5; Indexzahl 0,51) am nächst häufigsten an den gemeinschaftlichen Unternehmungen und Beschäftigungen des Kindes beteiligt. Auch die Großeltern sind hinsichtlich der abgefragten Aktivitäten
für das Kind noch relevante, wenn auch deutlich seltener kontaktierte Interaktionspartner (Summenscore 7,6; Indexzahl 0,13).
Die Häufigkeit der gemeinsamen Interaktionen des Kindes mit der Familie variiert aber nicht nur im Hinblick auf den Personenstatus des familialen Interakti-
onspartners, sondern auch hinsichtlich regionaler und sozioökonomischer Indikatoren, sowie familialer Strukturen, dem Migrationshintergrund und den psychosozialen Charakteristika des Kindes.
    Bezüglich der Häufigkeit der gemeinsamen Aktivitäten zwischen dem be-
fragten Kind und seinen Geschwistern bestehen im Zusammenhang mit der Anzahl der Kinder und Personen im Haushalt signifikante Unterschiede. Wie zu

---

[8] Dabei wurden für jede Aktivität 3 Punkte vergeben, wenn diese oft gemeinsam mit dem
jeweiligen Interaktionspartner ausgeübt wird, 2 Punkte, wenn dies nicht so oft und 1
Punkt, wenn dies nie der Fall ist. Somit ist ein Summenscore mit einer minimalen Punktzahl von 6 und einer maximalen Punktzahl von 18 entstanden, die zu gleichen Anteilen
auf die Indexzahlen 0, 1 und 2 verteilt wurden. Die Indexzahl 2 steht demzufolge für eine
häufig stattfindende soziale Interaktion zwischen dem Kind und dem jeweiligen Familienmitglied.

erwarten ist, steigt mit der Anzahl der Geschwister auch die Frequenz der gemeinsamen Aktivitäten. Die Indexzahl beträgt bei einem Kind im Haushalt 0,31, bei zwei Kindern 0,64 und erreicht bei drei bzw. vier und mehr Kindern einen Wert von 0,86 bzw. 0,90 (Signifikanzniveau = .000). Hinsichtlich der Erwerbstätigkeit der Mutter ist zu beobachten, dass Kinder, deren Mütter Teilzeit beschäftigt sind, mit einem Summenscore von 10,2 mehr Aktivitäten mit ihren Geschwistern teilen als Kinder vollzeitbeschäftigter bzw. nicht erwerbstätiger Mütter (Summenscore 9,2 und 9,6; Signifikanzniveau = .004). Ein großer Unterschied besteht außerdem zwischen Kindern mit und ohne Migrationshintergrund, da Kinder aus Migrationsfamilien seltener gemeinsam mit ihren Geschwistern Computer spielen, fernsehen, Sport treiben, ins Kino gehen etc. (Summenscore 8,7) als Kinder aus Familien mit nicht vorhandenem Migrationshintergrund (Summenscore 10,0; Signifikanzniveau = .000). Auf welchen Ursachen diese Differenz basiert, auf familialen Strukturen oder sozioökonomischen Faktoren, bleibt an dieser Stelle unklar.

Auch bei den gemeinsamen Aktivitäten mit der Mutter sind diese Unterschiede deutlich zu beobachten. Bei Kindern aus Migrationsfamilien kommt es hinsichtlich der erhobenen Aktivitäten deutlich seltener zur sozialen Interaktion mit den Müttern (Summenscore 7,6 bzw. Indexzahl 0,56) als bei Kindern ohne familiale Migrationshintergründe (Summenscore 9,4 bzw. Indexzahl 0,36; Signifikanzniveau = .000). Drüber hinaus scheint es im Hinblick auf die Erwerbssituation der Mutter bei Teilzeittätigkeit am häufigsten zu gemeinsamen Aktivitäten zwischen Mutter und Kind zu kommen (Summenscore 9,5).

Überraschenderweise nehmen sich aber vollbeschäftigte Mütter (Summenscore 8,6) mehr Zeit für gemeinsame Aktivitäten mit ihren Kindern als nicht erwerbstätige Mütter (Summenscore 7,7; Signifikanzniveau = .000). Dieses Ergebnis weist möglicherweise darauf hin, dass für gemeinsame Aktivitäten zwischen Mutter und Kind nicht nur verfügbare Zeit, sondern auch ökonomischen Ressourcen notwendig sind, und Familien, in denen die Mutter keiner Erwerbstätigkeit nachgeht, damit im Durchschnitt schlechter ausgestattet sind. Denn neben dem Einflussfaktor „Erwerbstätigkeit der Mutter" bestehen signifikante Unterschiede hinsichtlich der Einkommenssituation der Familie: Je höher das Einkommen der Familie, desto häufiger kommt es zu gemeinsamen Aktivitäten zwischen Mutter und Kind. Bei den untersten 10% der Einkommensschichten beträgt der Summenscore 7,9 und bei den obersten 15% liegt der durchschnittliche Summenscore bei 9,7 (Signifikanzniveau = .000).

Diese Differenzen spiegeln sich auch zwischen den Familien mit unterschiedlichem sozialem Status wider. Kinder aus den unteren gesellschaftlichen Schichten geben seltener gemeinsame Aktivitäten mit ihren Müttern an (Summenscore 8) als Kinder der Oberschicht (Summenscore 9,7; Signifikanzniveau = .000). Neben den sozioökonomischen Faktoren haben auch regionale Bedingungen Einfluss auf die Häufigkeit der untersuchten Aktivitäten zwischen Mutter und Kind, denn zum einen sinkt mit dem Belastungsfaktor der Region die Häufigkeit der familialen sozialen Interaktion vom Summenscore 9,5 in positiv bewerteten Gebieten auf einen Wert von 8,6 in mehrfach belasteten Regionen (Signifikanzniveau = .003), und zum anderen finden die häufigsten gemeinsamen Aktivitäten zwischen Mutter und Kind in Regionen statt, die durch einem mittleren Verdichtungsgrad gekennzeichnet sind (Signifikanzniveau = .004). Diese Ergebnisse bringen möglicherweise die infrastrukturellen und sozioökonomischen Voraussetzungen für die untersuchten Aktivitäten zum Ausdruck.

Besonders interessant ist der statistisch signifikante Zusammenhang zwischen der Häufigkeit der sozialen Interaktion mit der Mutter und den psychosozialen Merkmalen des Kindes. Kinder, die nach Angaben ihrer Mütter über ein positives Selbstbild verfügen, üben mit diesen auch deutlich öfter gemeinsame Aktivitäten (Summenscore 9,2) aus als Kinder, die eher nicht zu einem positiven Selbstbild tendieren (Summenscore 4,3; Signifikanzniveau = .000).

Hinsichtlich der sozialen und kommunikativen Aufgeschlossenheit des Kindes zeigt sich allerdings ein anderes Bild, denn sozial und kommunikativ aufgeschlossene Kinder üben mit ihren Müttern deutlich seltener gemeinsame Aktivitäten aus (Summenscore 8,9) als sozial und kommunikativ nicht aufgeschlossenen Kinder (Summenscore 11; Signifikanzniveau = .000), welche die sozialen Interaktionen mit der Mutter möglicherweise als Kompensation der geringeren Kontakte zu Gleichaltrigen u.a. nutzen. In diesem Zusammenhang ist allerdings zu beachten, dass auch Kinder mit den wenigsten gemeinsamen Aktivitäten mit ihrer Mutter tendenziell eher nicht sozial und kommunikativ aufgeschlossen sind, so dass für die psychosoziale Entwicklung von 8- bis 9-jährigen Kindern ein mittleres Maß an gemeinsamen Aktivitäten mit der Mutter am förderlichsten scheint.

Hinsichtlich der gemeinsamen Aktivitäten mit dem Vater zeigen sich ähnliche Zusammenhänge wie bei der Mutter. Zu den Einflussfaktoren gehören auch hier regionale und sozioökonomische Bedingungen sowie die Erwerbssituation, Familienindikatoren, der Migrationshintergrund und die psychosozialen Merkmale des Kindes. Soziale Interaktionen zwischen Kindern und ihren Vätern, im Rahmen der in die Untersuchung einbezogenen Aktivitäten, variieren bezüglich der Häufigkeit nach der familialen Lebensform. Den geringsten Kontakt zu ihren Vätern haben, im Vergleich zu Kindern aus verheirateten bzw. nichtehelichen Kern- oder Stieffamilien, die Kinder der überwiegend weiblichen Alleinerziehenden (Summenscore 7,5 bei einem Gesamtdurchschnitt von 8,7; Signifikanzniveau = .000). Interessanterweise besteht ein statistisch signifikanter Zusammenhang zwischen der Interaktionsfrequenz zwischen Vater und Kind und dem positiven Selbstbild des Kindes (aus Kindersicht), denn Kinder mit einem positiven Selbstbild üben im Vergleich zu Kindern, die tendenziell nicht über ein positives Selbstbild verfügen, mit dem Vater deutlich öfter gemeinsame Aktivitäten aus (Summenscore 8,9 vs. 3,6; Signifikanzniveau = .000). Auch die Häufigkeit der gemeinsamen Aktivitäten des Kindes mit den Großeltern scheint im Zusammenhang mit den psychosozialen Charakteristika des Kindes relevant zu sein. Kinder, die von ihren Müttern als sozial und kommunikativ aufgeschlossen beschrieben werden bzw. sich auch selbst so beschreiben, berichten im Rahmen der untersuchten Aktivitäten öfter über soziale Interaktionen mit ihren Großeltern als sozial und kommunikativ unaufgeschlossene Kinder (Summenscore, 7,5 vs. 5,7; Signifikanzniveau = .001). Zudem verfügen Kinder mit häufigerem Kontakt zu den Großeltern (Summenscore 6,4) öfter über ein positives Selbstbild als Kinder, die selten gemeinsame Aktivitäten mit den Großeltern ausüben (Summenscore 3,3).

Zusammenfassung

Die Untersuchung der strukturellen Eigenschaften der familialen Netzwerke von Kindern hat gezeigt, dass ein großes Familiennetz, gute familiale Beziehungen sowie regelmäßige Interaktionen und gemeinsame Aktivitäten im Familienverband für die psychosoziale Entwicklung von Kindern als Ressource angesehen werden können. Kinder, die in einem großen Familiennetzwerk aufwachsen, zu vielen Familienmitgliedern ein gutes Verhältnis haben und mit diesen gemeinsamen Aktivitäten nachgehen, verfügen über ein positives Selbstbild und sind sozial und kommunikativ aufgeschlossen. Innerhalb eines Vergleichs der unterschiedlichen familialen Lebensformen, scheint für Kinder das Aufwachsen in verheirateten Kernfamilien am günstigsten zu sein, denn dort sind sie in ein großes Familiennetzwerk eingebunden und verfügen über die meisten positiven Beziehungen zu anderen Familienmitgliedern. Dagegen sind die Familiennetze der Kinder von Alleinerziehenden vergleichsweise klein und die familialen Beziehungen der Kinder in nichtehelichen Stieffamilien verhältnismäßig belastet. Auch die familiale Sozialisation von Kindern mit Migrationshintergrund vollzieht sich im Vergleich zu Kindern ohne Migrationshintergrund unter weniger optimalen Bedingungen, da ihre Familiennetzwerke kleiner, durch eine geringere Anzahl an positiven familialen Beziehungen und seltenere gemeinsame Aktivitäten der Familienmitglieder gekennzeichnet sind.

Daneben verdeutlicht die Analyse der Familiennetzwerke von Kindern den Einfluss sozialökologischer Kontexte auf die familialen Beziehungsstrukturen. Zu den relevanten Einflussfaktoren gehören u. a. die Erwerbssituation der Familie und deren sozioökonomische Situation. In den größten familialen Netzwerken wachsen Kinder auf, deren Väter einer Vollzeitbeschäftigung nachgehen und deren Mütter teilzeit bzw. nicht erwerbstätig sind. Auf die Häufigkeit von gemeinsamen Aktivitäten mit dem Kind scheint sich allerdings eine Teilzeitbeschäftigung der Mutter am positivsten auszuwirken. Der Umfang und die Qualität der Beziehungen im kindlichen Familiennetz werden zudem von einer finanziell prekären Lebenssituation der Familie negativ beeinflusst. Auch die Belastung des Wohnumfeldes führt zu einer Verschlechterung der Beziehungen im familialen Netzwerk des Kindes.

Literatur

Belle, Deborah (1989): Gender Differences in Children´s Social Networks. In: Belle, Deborah (Hrsg): Children´s Social Networks an Social Support. New York, S. 173-190

Bien, Walter (2003): Familie - „Begriff" versus „Netzwerk-System-Lebensraum". In: Erwägen, Wissen, Ethik, Heft 3, Jg. 14, S. 504-512

Bien, Walter/Marbach, Jan H. (1994): Eigeninteresse oder Solidarität. Beziehungen in modernen Mehrgenerationenfamilien. DJI-Familiensurvey 3, Opladen

Bronfenbrenner, Urie (1981): Die Ökologie der menschlichen Entwicklung. Natürliche und geplante Experimente. Stuttgart

Coleman, James (1988): Social capital and the creation of human capital. American Journal of Sociology 94, S. 95-120

Honig, Michael-Sebastian/Leu, Hans Rudolf/Nissen, Ursula (1996): Kinder und Kindheit. Soziokulturelle Muster - sozialisationstheoretische Perspektiven, Reihe Kindheiten, Band 7. Weinheim

Leu, Hans Rudolf (2002):Sozialberichterstattung zu Lebenslagen von Kindern, DJI Reihe Kinder, Band 11, Opladen

Nestmann, Frank (1999): Familie als soziales Netzwerk und Familie im sozialen Netzwerk. In: Böhnisch, Lothar/Lenz, Karl (Hrsg.): Familie. Eine interdisziplinäre Einführung, 2. Aufl. Weinheim, S. 213-234

Nestmann, Frank/Stiehler, Sabine (1998): Wie allein sind Alleinerziehende? Soziale Beziehungen alleinerziehender Frauen und Männer in Ost und West. Opladen

Niepel, Gabriele (1994): Soziale Netze und soziale Unterstützung alleinerziehender Frauen. Eine empirische Studie. Opladen

Walper, Sabine (1999): Wenn Kinder arm sind. Familienarmut und ihre Betroffenen, in: Böhnisch, Lothar/Lenz, Karl (Hrsg.): Familie. Eine interdisziplinäre Einführung, 2. Aufl. Weinheim, S. 265-281

Wilk, Liselotte (1994): Familienstruktur und Benachteiligung, In: Christoph Badelt (Hrsg.). Familien zwischen Gerechtigkeitsidealen und Benachteiligungen, Sozialpolitische Schriften, Band 3. Wien/Köln/Weimar, S. 99-126

Anna Brake
Wohlfühlen in der Familie
Wie Mütter und 8- bis 9-jährige Kinder ihr Zusammenleben bewerten

1. Einleitung

In einer Reihe von Beiträgen dieses Bandes wird im Einzelnen aufgezeigt, inwieweit dem Kind zur Verfügung stehende Ressourcen aus unterschiedlichen Quellen Einfluss nehmen auf seine psychosoziale Entwicklung, sein Wohlbefinden und seine schulische Bildungssituation. So wird z.b. untersucht, inwieweit die Wohnumwelt, die Erwerbssituation der Eltern, das soziale und kulturelle Kapital innerhalb der Familie relevante Faktoren für einen positiven Entwicklungsverlauf des Kindes darstellen. In diesem Beitrag wird eine Ressource in den Blick genommen, die aus der Mutter-Kind-Beziehung hervorgeht: das Ausmaß, in dem Mütter und Kinder in der Wahrnehmung ihres Familienalltags übereinstimmen. Elterliches (=erwachsenes) und kindliches Wahrnehmen, Denken und Fühlen folgen jeweils einer eigenen „Logik" und laufen daher verschiedenartig ab, deshalb ist es alles andere als selbstverständlich, dass Kinder und Eltern in ihrer Bewertung gemeinsamer Erlebnisse zu ähnlichen Ergebnissen kommen. Wenn etwa Mütter der Überzeugung sind, dass in ihrer Familie über alles gesprochen werden könne, so sagt dies nichts darüber aus, inwieweit diese Einschätzung auch von den Kindern geteilt wird. So weiß man z.b. seit langem aus der mehrgenerationalen Familienforschung, dass Eltern und erwachsene Kinder bei der Bewertung ihrer wechselseitigen Beziehung in spezifischer Weise nicht übereinstimmen. Diese als „Intergenerational-stake-Hypothese" bekannt gewordene systematische Wahrnehmungsverzerrung besagt, dass Eltern von erwachsenen Kindern generell dazu tendieren, das Ausmaß ihres Verständnisses für die Ansichten der Kinder und die Stärke des gegenseitigen Einvernehmens sowie die Enge der Beziehung insgesamt eher zu überschätzen. Eltern im mittleren und höheren Lebensalter berichten danach verglichen mit ihren Kindern über eine größere emotionale Nähe, einen ausgeprägteren Wertekonsens sowie weniger Konflikte und Meinungsverschiedenheiten in der Eltern-Kind-Beziehung (Giarrusso/Stallings/Bengtson 1995; Schneewind/Ruppert 1995; Szydlik 1995).

Als Erklärung dieser Beobachtung gehen Bengtson und seine Mitarbeiter davon aus, dass die Generationen unterschiedliche Interessen haben und unterschiedliche Investitionen in die Beziehung tätigen. Eltern tendierten dazu, den intergenerationalen Zusammenhalt überzubetonen und Konflikte mit ihren Kindern herunterzuspielen. Für sie stünde die Weitergabe derjenigen Werte, Kenntnisse und Muster der Lebensführung im Vordergrund, die sich für ihr eigenes Leben bewährt hätten. In dem Wunsch nach Weitergabe dieses kulturellen Erbes der Familie seien sie stärker interessiert an einer engen Beziehung zu der Familie, die sie gegründet haben. Jungen Erwachsenen sei hingegen im Zuge der Entwicklung einer eigenen persönlichen und kulturellen Identität mehr daran gelegen, sich von ihren Eltern in Bezug auf Werthaltungen und Lebensführung abzugrenzen. Sie tendierten also

dazu, den intergenerationalen innerfamilialen Zusammenhalt unter- und die intergenerationalen Konflikte überzubewerten.

Giarrusso u.a. (1995) machen dagegen eine austauschtheoretisch orientierte
Erklärung für den Intergenerational-stake-Effekt verantwortlich. Danach rechtfer-
tigen Eltern ihre höheren „Investitionen" in die Kinder subjektiv durch ein positiveres Bild von der Beziehung. Auch ein generalisierter „Nachsichtigkeits-Effekt"
wurde als weiterer Erklärungsansatz von Winkeler/Filipp/Boll (2000) angeführt,
wonach ältere Menschen generell in der Bewertung sozialer Beziehungen zu positiveren (milderen) Urteilen neigten.

Diese mit der „Intergenerational-stake-Hypothese" erklärten Perspektivenver-
schiebungen wurden bei Eltern und ihren erwachsenen Kindern beobachtet. Doch
wie sieht es bei Eltern mit Kindern im Grundschulalter aus? Lassen sich auch hier
– bezogen auf verschiedene Aspekte der wahrgenommenen Qualität von Familienbeziehungen – systematische Unterschiede aufzeigen zwischen den Wahrnehmungen von Müttern und ihren 8- bis 9-jährigen Kindern? Und falls es Unterschiede
gibt, lässt sich eine Systematik erkennen? Bewerten Eltern von Grundschulkindern
– ähnlich wie Eltern von erwachsenen Kindern – die Beziehung zu ihren Eltern
positiver als ihre Kinder es tun? Und wenn solche systematischen Bewertungsun-
terschiede deutlich werden, lassen sich Mutter-Kind-Konstellationen identifizieren,
bei denen eine diskrepante Wahrnehmung besonders stark ausgeprägt ist?

Diesen beiden Fragen geht der vorliegende Beitrag nach. Dabei geht es aber
nicht etwa darum, die von den Kindern gemachten Angaben auf ihre Zuverlässigkeit zu überprüfen und sie mit den (gar als richtig gesetzten) Angaben der Mutter
abzugleichen. Vielmehr wird das Ausmaß an Übereinstimmung zwischen der kindlichen und elterlichen Wahrnehmung als eine wichtige Ressource für die psychosoziale Entwicklung des Kindes verstanden: "The social capital of the family is the
relation between children and parents" (Coleman 1988, S. 110). Und eine zentrale
Voraussetzung für eine Beziehungsgestaltung, die für das Kind eine förderliche
Umgebung darstellt, ist die Fähigkeit (und auch Bereitschaft) der Eltern, sich in
sozialen Situationen vom elterlichen Standpunkt lösen und die Perspektive des
Kindes übernehmen zu können. Wenn Situationen, die für das Kind eine Belastung
darstellen, von den Eltern nicht als solche erkannt werden (können), haben diese
auch keine Veranlassung, in die Situation verändernd einzugreifen. Eng damit
zusammen hängt auch ein Aspekt, den Büchner/Fuhs (1996, S. 184ff.) als relevant
in Bezug auf die jeweils gegebene Machtbalance zwischen Eltern und Kind her-
ausgearbeitet haben: die Respektierung kindlicher Interessensäußerungen. Denn
neben der Fähigkeit, sich in die Wahrnehmung des Kindes einzudenken, kommt
als wichtige weitere Voraussetzung die Bereitschaft zur gegenseitigen Rücksicht-
nahme und zur diskursiven Entscheidungsfindung hinzu, die dem Kind angemessenen Raum gibt, seine Sichtweisen und Interessen zu artikulieren. Dass Eltern
und Kinder miteinander reden bzw. die Kinder für sich die Überzeugung haben,

dass ihre Perspektive interessiert und gehört wird innerhalb ihrer Familie, ist eine notwendige Voraussetzung dafür, dass Eltern und Kinder eine gemeinsame Perspektive auf die (Familien-)Welt entwickeln können. Weil die ganz alltägliche Ausgestaltung der innerfamilialen Beziehungen u.a. davon abhängig ist, inwieweit sich die Generationen in ihren Sichtweisen treffen bzw. sich darüber verständigen können, ist in der vergleichenden Analyse der Sichtweisen von Eltern und Kindern ein wichtiger Aspekt in der Auswertung von dyadisch angelegten Datenmengen zu sehen. Besonders deutlich wird diese Notwendigkeit in Konfliktsituationen, die unvermeidbarer Bestandteil des Familienlebens sind. Daher soll im Folgenden zunächst diese Seite des familialen Zusammenlebens näher betrachtet werden. Dabei geht es jedoch nicht darum, Streithäufigkeit und Streitanlässe genauer inhaltlich zu untersuchen (vgl. dazu den Beitrag von Schneider in Band 2), sondern darum, das Ausmaß der Übereinstimmung in der Wahrnehmung von Eltern und Kindern in diesem Zusammenhang näher zu bestimmen.

2. Wahrnehmung von Konflikten in der Familie

In jeder Familie gibt es Konflikte, Streitereien und Auseinandersetzungen, die sehr häufig von verschiedenen Familienmitgliedern unterschiedlich wahrgenommen werden. Wann fängt in den Augen von Kindern ein Streit an? Was stellt sich aus Sicht der Mütter als Konflikt dar? Wie stark decken sich in dieser Frage die Wahrnehmungen von Kindern und Müttern? Um hier näheren Aufschluss zu gewinnen, bieten die Daten des DJI-Kinderpanels gute Voraussetzungen: Mütter und Kinder wurden jeweils gefragt, wann es das letzte Mal zu einem Konflikt zwischen ihnen gekommen sei, bei dem das Kind – auf Wunsch oder Forderung der Mutter – etwas machen sollte, was es nicht machen wollte. Die Antwortmöglichkeiten erstreckten sich auf „gestern", „vor ein paar Tagen", „ist schon länger her", „ich hatte keinen Streit" (in der Kind-Version des Fragebogens) bzw. „ich hatte keinen Konflikt dieser Art" (in der Mütter-Version des Fragebogens) und „ich weiß nicht".

Bei insgesamt 998 Mutter-Kind Dyaden[1] liegen sowohl vom 8- bis 9-jährigen Kind als auch von der Mutter gültige Angaben zu dieser Frage vor. Es zeigt sich, dass insgesamt in lediglich knapp der Hälfte der Fälle (49%) eine übereinstimmende Angabe gemacht wurde.

---

[1] Zu dieser Gruppe werden auch 19 alleinerziehende Väter gezählt, die den Mütter-Fragebogen ausfüllten.

Abb. 1:   Zeitpunkt des letzten Streits/Konflikts aus Sicht der Kinder und Mütter

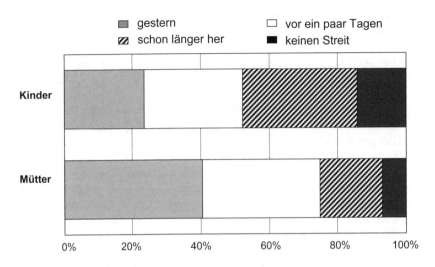

Nun könnte man vermuten, dass diese relativ geringe Zahl dadurch zustande kommt, dass die Kategorien „vor ein paar Tagen" und „ist schon länger her" möglicherweise nicht gut zu trennen sind und insofern ein Großteil der abweichenden Antworten auf diese beiden Kategorien entfallen. Schaut man jedoch allein auf die Antwortkategorie „kein Streit", so berichten interessanterweise mit knapp 14% doppelt so viele Kinder, dass es keinen Streit gegeben habe, im Vergleich zu nur 7% der Mütter. Die 8- bis 9-jährigen Kinder scheinen also in geringerem Maß Streit/Konflikt wahrzunehmen als die Mütter oder eine geringere Neigung zu haben, darüber zu berichten. Es sind mehrere Erklärungen für diese Beobachtung denkbar: So könnte es sein, dass die in der Mütter-Frage verwendete Formulierung „Konflikt" etwas anderes abruft als der in der Kinder-Frage gewählte Begriff „Streit". Möglicherweise interpretieren Kinder etwas erst dann als Streit, wenn laute Wortwechsel hin- und hergehen, während dies aus Sicht der Mütter bei einem Konflikt nicht der Fall sein muss. Eine weitere mögliche Erklärung könnte darin bestehen, dass Kinder in ihrem Antwortverhalten in stärkerem Maß der sozialen Erwünschtheit folgen als ihre Mütter. Eine Annahme, die zu plausibilisieren jedoch einige Mühe bereitet.

Will man aber dieses Ergebnis nicht allein als Methodenartefakt deuten, sondern ihm eine inhaltliche Bedeutung beimessen, so würde dies bedeuten, dass die Eltern-Kind-Beziehungen von den Müttern eher als konflikthaft beschrieben werden in dem Sinn, dass Mütter sich häufiger an konfliktive Vorfälle erinnern oder aber Aushandlungsprozesse als Konflikte deuten. Die Antwortkategorie „Ich hatte keinen Streit/Konflikt dieser Art." ist zeitlich nicht genau spezifiziert, so dass also möglicherweise auch Erinnerungseffekte beteiligt sein könnten. Demgegenüber kann bei der Antwortkategorie „gestern" angenommen werden, dass der Zeitraum des vorangegangenen Tages sowohl für Kinder als auch Mütter noch recht überschaubar ist.

Aber auch bei dieser zeitlichen Einschränkung zeigt sich, dass in Bezug auf den Zeitpunkt des letzten Konflikts insgesamt wenig Übereinstimmung in der Wahrnehmung von Müttern und ihren Kindern besteht. Untersucht man lediglich diejenigen Konflikte, die die befragten Mütter und Kinder für den Vortag angeben, so fällt auch hier auf, dass deutlich mehr Mütter (40%) berichten, dass es einen Konflikt gegeben habe, weil das Kind etwas nicht machen wollte, was es aus Sicht der Mutter machen sollte. Dagegen sind es nur knapp 24% der Kinder, die sich an einen solchen „gestrigen" konfliktiven Vorfall erinnern bzw. ihn berichten. Da man davon ausgehen kann, dass die Gedächtnisleistungen von 8- bis 9-jährigen Kindern so weit entwickelt sind, dass Geschehnisse des Vortages zuverlässig erinnert werden können,[2] müssen andere Faktoren am Zustandekommen dieser unterschiedlichen Wahrnehmung von Müttern und Kindern beteiligt sein.

Abb. 2:   Anzahl der berichteten Streitanlässe aus Sicht der Kinder und Mütter

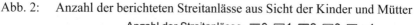

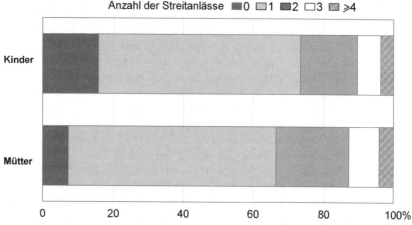

Und welche Ergebnisse zeigen sich bezogen auf den Anlass des berichteten konfliktiven Vorfalls? Lässt sich hier zumindest bei den Mutter-Kind-Dyaden, die beide übereinstimmend einen Konflikt der beschriebenen Art berichten, Stimmig-

---

[2] Die Tatsache, dass nur etwa 1% der befragten Kinder nicht in der Lage waren, auf diese Frage zu antworten („weiß nicht"), weist in diese Richtung.

keit in der Frage feststellen, worum es dabei ging? Dazu wurden die Mütter und Kinder gebeten, jeweils für die Streitanlässe „Helfen im Haushalt", „Aufräumen des Zimmers", „Lernen für die Schule", „Zeitpunkt des Ins-Bett-Gehens", „Kleidung" und „etwas anderes" anzugeben, ob dieses der Anlass für den in der Vorfrage berichteten Streit gewesen sei. War es bei der Konstruktion des Fragebogens intendiert gewesen, Angaben über einen konkreten Streit/Konflikt zwischen Mutter und Kind zu bekommen, so zeigt das Antwortverhalten, dass sich dieses in den angegebenen Streitanlässen keinesfalls so ausdrückt, dass jeweils nur ein Grund spezifiziert wird, worum es in dem Streit/Konflikt gegangen sei. Ein beträchtlicher Teil sowohl der Mütter als auch der Kinder geben mehrere Konfliktthemen als Anlass für Streit an.

Dass mehr als doppelt so viele Kinder im Vergleich zu den Müttern berichten, dass es keinen Streit gegeben habe, wurde oben schon erwähnt. Abbildung 2 zeigt darüber hinaus, dass Mütter häufiger als ihre Kinder angeben, dass es zwei oder drei verschiedene Streitanlässe gegeben habe. Insgesamt berichten Kinder im Schnitt 1,26 und Mütter 1,44 Anlässe für konfliktive Auseinandersetzungen in der Frage, dass das Kind etwas machen soll, was es nicht machen will.

Generell gilt es hier festzuhalten, dass Kinder sich insgesamt weniger an konfliktive Auseinandersetzungen erinnern und diese – wenn sie erinnert werden – tendenziell weiter zurück in die Vergangenheit platziert werden, wie an der deutlich häufiger gewählten Kategorie „ist schon länger her" bei Kindern ersichtlich wird. Beides zusammen kann als Ausdruck für das Bedürfnis des Kindes gelesen werden, die Konflikthaftigkeit und -häufigkeit herunterzuspielen und die Beziehung zur Mutter harmonischer darzustellen, als diese von der Mutter selbst geschildert wird. Wenn tatsächlich ein solches Motiv der „Beziehungsharmonisierung" das Antwortverhalten der Kinder stärker beeinflusst als das Antwortverhalten der Mütter, dann ist auch für Items, die das familiale Miteinander beschreiben, zu erwarten, dass die Kinder wiederum ein positiveres Bild zeichnen als dies die Mütter tun.

3. Wahrnehmung des familialen Binnenklimas

Das für Eltern und ihre erwachsenen Kinder beobachtete Phänomen des „Intergenerational-stake" beschreibt die Tendenz der Eltern, die Beziehung zu ihren Kindern dadurch zu „schönen", dass weniger Streit wahrgenommen und das Verhältnis als positiver beschrieben wird als es sich aus Sicht der erwachsenen Kinder darstellt. Auch dieser zweite Aspekt soll für Mütter und ihre Kinder im Grundschulalter anhand von fünf Items, die mit gleichem Wortlaut bei Kindern und Müttern das familiale Binnenklima erfragen, genauer untersucht werden. Zunächst wird im Überblick das Antwortverhalten beider Generationen miteinander verglichen.

Abb. 3: Bewertung verschiedener Aspekte des Familienklimas (Quartildarstellung)

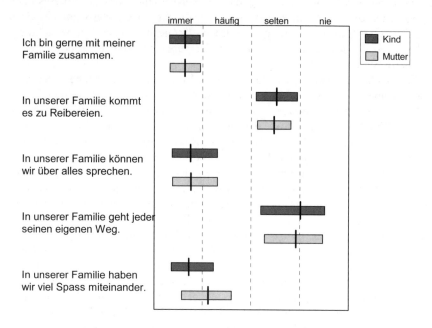

In Abbildung 3 wird deutlich, dass Kinder und Mütter im Durchschnitt sehr ähnliche Bewertungen vornehmen. Lediglich in der Einschätzung, dass man in der Familie viel Spaß miteinander habe, scheinen Kinder zu einer positiveren Einschätzung zu kommen: 70% der befragten 8- bis 9-jährigen Kinder, jedoch lediglich 44% der Mütter sagen von ihrer Familie, dass dieses „immer" so sei. Bei den zwei negativ formulierten Items wird eine etwas geringere Streuung in der Stichprobe der befragten Kinder deutlich, sie lassen also in ihrem Antwortverhalten eine größere Homogenität erkennen als die befragten Mütter. Wird eine Skala „Wohlfühlen in der Familie" gebildet als Summenwert über die fünf Items zur familialen Beziehungsqualität, so zeigen sich hochsignifikante Unterschiede zwischen den Summenwerten der Mütter und denjenigen der Kinder. Allerdings sind diese Ergebnisse, wie auch die in Abbildung 3 dargestellten Antwortmuster, aggregiert und beziehen sich auf die Verteilungen in den jeweiligen Teilstichproben. Sie sagen zunächst wenig darüber aus, inwieweit Mutter und Kind derselben Familie in ihren Bewertungen übereinstimmen. Schaut man hier zunächst auf das Ausmaß der Kongruenz innerhalb der Mutter-Kind-Dyaden mit Hilfe des Rangkoeffizienten Spearmans rho, so zeigt die nachfolgende Tabelle, dass die Zusammenhänge zwar infolge der großen Stichprobe durchgehend signifikant werden, gleichzeitig aber auch die Stärke der Zusammenhänge durchweg gering ausfällt.[3]

Tab. 1:   Übereinstimmung in der Bewertung verschiedener Aspekte des Familienklimas bei Kindern und Müttern

Item	n	rho	s_e	p
Ich bin gerne mit meiner Familie zusammen.	1030	.19	.034	.000
In unserer Familie kommt es zu Reibereien.	1025	.23	.029	.000
In unserer Familie können wir über alles sprechen.	1026	.22	.030	.000
In unserer Familie geht jeder seinen eigenen Weg.	993	.31	.028	.000
In unserer Familie haben wir viel Spaß miteinander.	1024	.26	.028	.000

Die im Schnitt nur bei etwa rho = .23 liegenden Korrelationen zwischen den Angaben von Müttern und Kindern verdeutlichen, dass beide Generationen mit einer jeweils eigenen Brille auf die Qualität des familialen Miteinanders blicken und die beiden Sichtweisen dabei alles andere als kongruent sind. Wenn es so wäre, dass diese Zusammenhänge deswegen durchgehend in geringer Höhe liegen, weil es eine systematisch verzerrte Wahrnehmung auf das Zusammenleben in der Familie von Mutter und Kind gibt, dann wäre besonders interessant, wenn sich eine solche geringe Übereinstimmung bereichsspezifisch zeigte, also z.B. bezogen auf den Bereich Schule eine größere Übereinstimmung zwischen Kindern und Müttern beobachtet würde. Und in der Tat: untersucht man den Zusammenhang zwischen der kindlichen Zustimmung zu der Aussage „Ich bin gerne in der Schule" und der mütterlichen Zustimmung zu der Aussage „Mein Kind geht gerne in die Schule", dann zeigt sich hier mit rho =.42 ein deutlich stärkerer Zusammenhang.

Ähnliches gilt für die Einschätzung des Verhältnisses des Kindes zu seinen Lehrern und Lehrerinnen. Hier beträgt die Korrelation zwischen der kindlichen Selbstauskunft und der mütterlichen Einschätzung rho = .32.[4] Bezogen auf die soziale Integration des Kindes in der Schulklasse zeigt sich allerdings ein schwä-

---

[3] Diese Art der Korrelationskoeffizienten sind so konstruiert, dass sie den Wert 1,0 annehmen, wenn es einen perfekten Zusammenhang zwischen zwei Variablen gibt, in unserem Fall also eine vollständige Übereinstimmung zwischen den Angaben der Mütter und denen der Kinder gegeben wäre. Je näher der Wert gegen null geht, desto weniger hängt das Antwortverhalten der Mütter mit dem der Kinder zusammen und umgekehrt.

[4] Beim Kind wurde dieses erfragt über die Zustimmung zu der Aussage „Unsere Lehrer und unsere Lehrerinnen sind nett." und bei den Müttern lautete das Item „Mein Kind kommt mit dem jetzigen Lehrer oder der Lehrerin gut aus."

cherer Zusammenhang von rho = .26, wobei dieser auch zum Teil den unterschiedlichen Itemformulierungen geschuldet sein kann. Beim Kinder-Fragebogen lautet das Item „In meiner Klassengemeinschaft fühle ich mich wohl" und im Mütter-Fragebogen heißt es „Mein Kind versteht sich gut mit seinen/ihren Klassenkameraden". Es lassen sich also vorläufige Hinweise auf eine tendenziell stärker übereinstimmende Bewertung von schulbezogenen Aspekten im Vergleich zu den familienbezogenen Einschätzungen bei Müttern und Kindern finden.

Dies könnte damit zusammenhängen, dass die Erfahrungen des Kindes in der Schule nicht nur deshalb ein häufiger angesprochenes Thema sind, weil Schule insgesamt ein Familienthema von großer Bedeutung ist (vgl. hierzu auch den Beitrag von Stecher in Bd. 2 dieses Readers), sondern auch weil Schule ein Lebensort von Kindern ist, zu dem die Mütter über die alltäglichen Erzählungen der Kinder Zutritt haben oder auch nicht (sieht man von den wohl mehrheitlich eher sporadischen Kontakten zu Lehrern und von Elternversammlungen ab). Insofern mag also eine Rolle spielen, dass die Erfahrungen des Kindes in der Schule häufiger Gegenstand von verbalisierter Kommunikation zwischen Eltern und Kindern sind, während die kindliche Wahrnehmung der innerfamilialen Beziehungsqualität wohl eher selten selbst thematisiert wird, sondern in stärkerem Maße erschlossen werden muss.

Doch womit hängt die relativ geringe Übereinstimmung in der Bewertung der wechselseitigen Beziehungsqualität darüber hinaus noch zusammen? Variieren die Aussagen von Mutter und Kind unsystematisch? Zeichnet mal das Kind ein positiveres Bild von der Beziehung und sind es dann wieder die Mütter, die die wechselseitige Beziehungsqualität harmonischer wahrnehmen als ihr Kind? Oder lassen die Ergebnisse die Vermutung zu, dass auch bei Eltern und ihren Kindern im Grundschulalter von einer systematisch verzerrten Bewertung der Beziehungsqualität auszugehen ist?

Um hier näheren Aufschluss zu erhalten, wurde für jedes der Items zum Familienklima berechnet, wie hoch die jeweiligen Anteile an den befragten Dyaden sind, bei denen eine übereinstimmende Einschätzung, eine positivere Bewertungen durch das Kind und eine positivere Bewertung durch die Mutter erfolgt. Abbildung 4 zeigt die Ergebnisse.

Interessanterweise wird die höchste Übereinstimmung (73%) bei einem Item beobachtet, das aus der Ich-Perspektive des Kindes bzw. der Mutter danach fragt, wie gerne man mit der eigenen Familie zusammen ist. Eine Formulierung also, die dezidiert die eigene subjektive Positionierung einfordert. Bei den anderen Items werden Mutter und Kind um die Bewertung des gemeinsamen Lebensortes Familie gebeten, so dass man hier ein höheres Maß an Übereinstimmung erwarten könnte im Vergleich zu einem Item, das speziell auf das jeweils eigene subjektive Erleben abzielt. Wie der jeweilige Anteil der übereinstimmenden Einschätzungen von Mutter und Kind jedoch zeigt, ist genau das Gegenteil der Fall: Der höchste Anteil an Übereinstimmungen findet sich, wenn Mutter und Kind jeweils in Selbstauskunft ihre eigene Befindlichkeit bewerten.

Abb. 4:   Ausmaß der Übereinstimmung in der Bewertung verschiedener Aspekte des familialen Binnenklimas bei Mutter und Kind

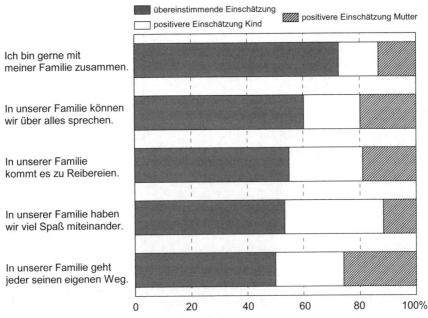

Die Polung der Items wurde bereits berücksichtigt.[5]

Abbildung 4 zeigt erwartungsgemäß bei dem Item „In unserer Familie haben wir viel Spaß miteinander" das deutlichste Übergewicht positiver Bewertungen bei den Kindern, aber auch bei der Frage nach Reibereien in der Familie sind es mehr Kinder, die positiver urteilen (26%) als ihre Mütter (gegenüber 19% der Mütter, die positiver urteilen als ihre Kinder). Vielleicht ist es dabei kein Zufall, dass die Items „Spaß haben" und „Reibereien" – gemessen am Anteil übereinstimmender Bewertungen – die diskrepantesten Wahrnehmungen bei Mutter und Kind zeigen.

---

[5] Es mag überraschen, dass trotz dieser jeweils mehr als 50%igen Übereinstimmungen zwischen Mutter und Kind die berechneten Korrelationskoeffizienten in Tab. 1 vergleichsweise niedrig ausfallen. Hier ist zu bedenken, dass in die Korrelationsberechnung das Ausmaß der Abweichung eingeht, in der Grafik hingegen lediglich abgebildet ist, ob eine Abweichung beobachtet wird oder nicht.

Möglicherweise sind sie diejenigen Items, die mehr als die anderen das unmittelbare Erleben der familialen Situation erfassen.

Abb. 5:   Summierte Abweichungen zwischen Mutter und Kind bei familienbezogenen Items

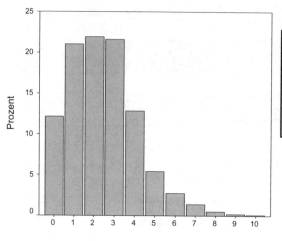

Summe der Abweichungen

Deskriptive Statistik	
	Summe der Abweichung
n	980
Minimum	,00
Maximum	10,00
Mittelwert	2,4200
Standard-abweichung	1,69970

Bei dieser Art der Betrachtung wird lediglich zugrunde gelegt, ob eine der beiden Generationen ein positiveres Bild von der eigenen Familie zeichnet. Wie stark die jeweilige Abweichung in der Einschätzung dabei ist, wird nicht berücksichtigt. Um auch diese Information einzubeziehen, wird für alle Mutter-Kind-Dyaden eine Differenz berechnet zwischen der vom Kind vorgenommenen Bewertung und derjenigen der Mutter. Anschließend werden die Absolutbeträge der Differenzen über alle fünf Items aufaddiert, wobei sich die oben dargestellte Verteilung ergibt.

Bei gut drei Viertel der Mutter-Kind-Dyaden über die fünf familienbezogenen Items wird keine oder eine (mit ein bis drei Skalenpunkten) eher geringe Abweichung zwischen Mutter und Kind deutlich. Knapp ein Viertel der befragten Kinder und Mütter zeigen hingegen eine größere Diskrepanz in der Wahrnehmung der familialen Beziehungsqualität. Womit hängt eine solche unterschiedlich stark ausgeprägte Wahrnehmungsdifferenz zusammen?

Korreliert man diese summierten Abweichungen zwischen den Bewertungen der Mütter und der Kinder mit der Skala „Wohlfühlen in der Familie" (gebildet als Summenscore über die fünf Items zur familialen Beziehungsqualität), dann ergibt sich eine Korrelation von $r = -.32$. Mit anderen Worten: Je positiver das Miteinander in der Familie bewertet wird, desto geringer ist die Abweichung zwischen den Antworten der Kinder und denen der Mütter. Diskrepante Wahrnehmungen korrelieren also mit einer eher als ungünstig wahrgenommenen familialen Beziehungsqualität. Lassen sich darüber hinaus andere Faktoren identifizieren, die das Ausmaß der Wahrnehmungsdiskrepanz beeinflussen? Wir sind damit bei der Frage angelangt, womit das Ausmaß der Abweichungen in den Wahrnehmungen von Mutter und Kind zusammenhängt. Sind es eher Eigenschaften des Kindes, Merkmale der Mutter, sind es Be- und Erziehungserfahrungen in der Familie oder stärker sozio-strukturelle Gegebenheiten, denen in diesem Zusammenhang eine Erklärungskraft zukommt? Im Folgenden soll der Einfluss einiger ausgewählter Merkmale auf das Ausmaß diskrepanter Wahrnehmungen untersucht werden.

4. Determinanten diskrepanter Wahrnehmung

Zunächst einmal kann man überprüfen, ob das Geschlecht des Kindes eine Rolle spielt, ob also Mütter und ihre Töchter sich in ihren jeweiligen Wahrnehmungen stärker treffen als Mütter und ihre Söhne. Nimmt man hier zum einen die summierten absoluten Abweichungen der fünf familienbezogenen Items und vergleicht Mutter-Tochter-Paare (n=474) mit Mutter-Sohn-Dyaden (n=485), dann zeigt sich, dass der beobachtete Unterschied keine statistische Bedeutsamkeit erreicht. Dies gilt ebenso für die Anzahl der genannten Konfliktanlässe. Allgemein besteht zwar die Tendenz, dass Mütter mehr Anlässe für Konflikte benennen als ihre Kinder, diese unterschiedliche Wahrnehmung findet sich jedoch bei Müttern und ihren Töchtern in gleicher Weise wie bei Müttern und ihren Söhnen. Auch in der Frage, ob es überhaupt zu einem Konflikt/Streit gekommen ist, weichen die Angaben von Müttern und Söhnen nicht stärker voneinander ab als die Angaben von Müttern und ihren Töchtern (obwohl insgesamt Mütter von Söhnen und die Söhne selbst mehr Konflikte berichten).

Einleitend wurde darauf hingewiesen, dass das Ausmaß kongruenter Wahrnehmung zwischen Mutter und Kind als Ressource verstanden werden kann, weil sich darin u.a. die Fähigkeit und Bereitschaft ausdrückt, als Ergebnis von Austauschprozessen eine gemeinsame, geteilte Perspektive zu entwickeln. Wenn eine solche Überlegung angemessen ist, könnte man die Erwartung haben, dass dieses Konstrukt „Ausmaß kongruenter Wahrnehmung" mit psychosozialen Merkmalen des Kindes zusammenhängt. Und in der Tat zeigen sich solche Zusammenhänge: So ergeben sich hochsignifikante Unterschiede in Bezug auf ein positives Selbstbild des Kindes (aus der Sicht sowohl des Kindes als auch seiner Mutter, jedoch nicht aus der Sicht des Vaters).[6] Gleiches gilt für die sozialen und kognitiven Fähigkeiten des Kindes. Auch hier zeigen sich sowohl für die diesbezügliche Selbstbewertung des Kindes als auch für die entsprechende Einschätzung der Mutter hochsignifikante Unterschiede zwischen den nach dem Ausmaß der Kongruenz gebildeten Gruppen von Kindern. Wiederum trifft dies nicht zu für die vom Vater vorgenommene Einschätzung der sozialen und kognitiven Fähigkeiten des Kindes. Wie deutlich sich also Mutter und Kind in ihrer jeweiligen Sicht auf die Qualität der familialen Beziehungen treffen, hängt damit zusammen, wie positiv und sozialkompetent sich das Kind selbst beschreibt und wie es diesbezüglich von der Mutter beschrieben wird.

Die entsprechenden väterlichen Einschätzungen des positiven Selbstbildes und der sozialen und kognitiven Kompetenzen des Kindes erweisen sich hingegen als unabhängig vom Ausmaß der Wahrnehmungsunterschiede von Mutter und Kind. Gleiches gilt für die dem Kind vom Vater zugeschriebene Problembewältigungskompetenz, die sich auf die Fähigkeit des Kindes bezieht, schwierige Situationen lösen zu können.[7] Auch in Bezug auf diese Variable ergibt sich kein Zusammenhang zu den beobachteten Diskrepanzen in der Wahrnehmung des familialen Miteinanders von Mutter und Kind. Hier mag sich in Teilen ausdrücken, dass die Bewertung der psychosozialen Eigenschaften des Kindes durch die Väter eine andere (schwächere?) empirische Basis insofern hat, als Väter – auch wenn sie zunehmend Erziehungs- und Betreuungsaufgaben wahrnehmen und stärker am Leben ihrer Kinder teilhaben wollen – durch das ganz überwiegende Festhalten an der traditionellen beruflich-familialen Arbeitsteilung insgesamt weniger Zeit mit ihren Kindern verbringen und dabei möglicherweise auch andere Ausschnitte des kindlichen Alltags erleben.

Es sind also die Einschätzungen des Kindes selbst und diejenigen seiner Mutter hinsichtlich des Selbstbildes und der sozialen und kognitiven Kompetenzen des Kindes, die einen Zusammenhang aufweisen zu der beobachteten Wahrnehmungsdifferenz. Die Variable Ängstlichkeit/Unsicherheit des Kindes lässt hingegen generell keinen Zusammenhang zu den Wahrnehmungsunterschieden zwischen Mutter und Kind erkennen: Weder die entsprechende Selbstauskunft des Kindes noch die diesbezüglichen Einschätzungen von der Mutter und vom Vater stehen in einem Zusammenhang damit. Interessant ist, dass sich solche Zusammenhänge nicht nur bezogen auf die Wahrnehmung von innerfamilialen Aspekten des Zusammen-

---

[6] Alle drei Inventare (Kind, Mutter, Vater) erhielten gleichlautende Items, die sich auf die (Selbst-)Beschreibung des Kindes richteten. So ergibt sich jeweils eine Beschreibung durch das Kind selbst, eine Beschreibung aus Müttersicht und eine Beschreibung aus Vätersicht.

[7] Da hier nur die Vätersicht erhoben wurde, kann nicht überprüft werden, ob die entsprechenden Angaben vom Kind selbst und von der Mutter einen Zusammenhang zeigen.

lebens andeuten, sondern auch Beziehungen zu Art und Umfang des Freundeskreises eines Kindes zu bestehen scheinen.

Zwar zeigt das an Granovetters Konzept der „weak ties" orientierte Sozialkapital des Kindes in Form der Quantität (Breite) des Netzwerks Unterschiede zwischen den Diskrepanz-Gruppen, nicht aber das an der Qualität der Peer-Beziehungen orientierte soziale Kapital nach Coleman. Wenngleich diese Unterschiede auch nicht sehr stark ausgeprägt sind, so wird in Abbildung 6 doch deutlich, dass es hier einen systematischen Zusammenhang gibt: Je breiter das Netzwerk der Gleichaltrigen eines Kindes ist, desto wahrscheinlicher ist es, dass dieses Kind eine zur Mutter diskrepante Wahrnehmung auf die innerfamiliale Beziehungsqualität zeigt.

Abb. 6:   Zusammenhang zwischen Wahrnehmungsdiskrepanz Mutter-Kind und peer-bezogenem sozialen Kapital des Kindes

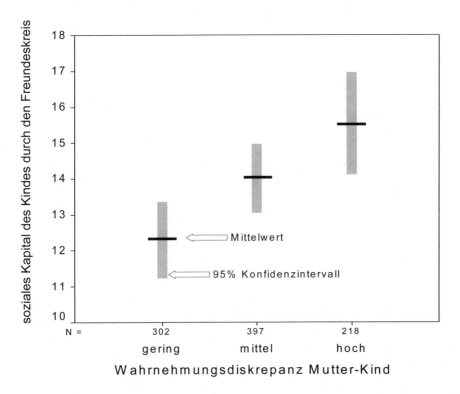

In der Frage, wie sich ein solcher Zusammenhang vermittelt, hat Schweizer darauf hingewiesen, dass ein zu starkes Übergewicht enger Beziehungen durchaus auch

mit Nachteilen verbunden sein kann: „Je mehr starke Beziehungen ein Akteur aufweist, desto schwächer ist er in das Gesamtnetzwerk eingebunden, weil die kohäsive Subgruppe viel Zeit und Energie verbraucht. Je mehr schwache Beziehungen hingegen ein Akteur unterhält, desto besser kann er die Beschränktheit kohäsiver Kreise überwinden, desto mehr unterschiedliche Informationen erhält er und desto besser ist seine Einbindung in das gesamte Netzwerk" (Schweizer 1996, S. 118 f).

Ob es tatsächlich die durch einen großen Freundeskreis an das Kind herangetragenen unterschiedlichen Informationen und andere Perspektiven sind, die dazu beitragen, die Wahrnehmungsdiskrepanz von Mutter und Kind zu vergrößern, oder ob andere Variablen im Hintergrund wirksam werden, kann an dieser Stelle nicht entschieden werden. Auf jeden Fall handelt es sich hier um ein spannendes Ergebnis, das einer weiteren Analyse bedarf.

Darüber hinaus wurden eine Reihe weiterer soziostruktureller Hintergrundvariablen in Bezug auf ihren Einfluss auf das Ausmaß diskrepanter Wahrnehmung überprüft. Weder für den sozialen Status der Familie, die Erwerbsituation der Mutter (erwerbstätig: ja/nein und Anzahl der durchschnittlichen Wochenstunden), das Ausmaß ihrer Belastungen noch für die Betreuungssituation des Schulkindes ergeben sich hier signifikante Zusammenhänge. Dies gilt auch für die Variable „Anzahl der Geschwister": Einzelkinder unterscheiden sich in dem Ausmaß der Wahrnehmungsdiskrepanz nicht von 8- bis 9-Jährigen mit Geschwisterkindern (unabhängig davon wie viele).

Tab. 2:   Mittlere Abweichung zwischen Mutter und Kind nach Familienform

Familienform	x	s	N
Kernfamilie verheiratet	2,36	1,63	742
Kernfamilie unverheiratet	1,93	1,44	27
Stiefvaterfamilie verheiratet	2,15	1,64	26
Stiefvaterfamilie unverheiratet	2,61	1,76	38
alleinerziehende Mutter mit Partner LAT	2,43	1,48	35
alleinerziehende Mutter ohne Partner	3,03	2,27	92

Hingegen scheint die Familienform in diesem Punkt von Bedeutung zu sein. Kinder mit alleinerziehenden Müttern ohne Partner weisen die höchsten Abweichungswerte bei den Items zum Familienklima auf. Bei diesen Mutter-Kind-Dyaden werden über die fünf Items hinweg im Schnitt drei Skalenpunkte Abweichung beobachtet. Gleichzeitig ist in dieser Gruppe – wie Tabelle 2 zeigt – die Streuung besonders hoch, was darauf hindeutet, dass zu dieser Gruppe Mutter-Kind-Dyaden gehören, bei denen eine besonders stark ausgeprägte Diskrepanz in den Wahrnehmungen auftritt.

Zusammenfassend lässt sich sagen, dass soziostrukturelle Merkmale insgesamt nur einen geringen Einfluss auf das Ausmaß der Übereinstimmungen von mütterlichen und kindlichen Wahrnehmungen haben. Sie können nur wenig dazu beitragen, die diskrepante Wahrnehmung von Mutter und Kind zu erklären. Es sind in stärkerem Maße die psychosozialen Eigenschaften des Kindes (aus eigener und aus Sicht der Mutter, nicht jedoch des Vaters), die einen Zusammenhang erkennen lassen zu dem Ausmaß, mit dem Kind und Mutter das Zusammenleben in der Familie unterschiedlich wahrnehmen.

5. Ausblick

Zu den zentralen Forderungen der neueren Kindheitsforschung gehört es, Kinder als Personen mit eigenem Recht anzuerkennen und dabei ihrer Eigenwelt und Eigenart genügend Raum zu geben. Die Umsetzung einer solchen Forderung – so eine der Schlussfolgerungen aus den berichteten Ergebnissen – kann sich dabei nicht nur darauf beziehen, die Differenz zwischen (forschenden) Erwachsenen und Kindern angemessen zu berücksichtigen (und statt einer Forschung über Kinder eine Forschung mit Kindern zu betreiben), sondern muss auch beinhalten, die Spezifität des kindlichen gegenüber dem erwachsenen Blick hinreichend zu würdigen. Dabei sind auch die entwicklungsabhängigen Unterschiede in Bedürfnisstrukturen und Entwicklungsaufgaben von Eltern und Kindern in Rechnung zu stellen. Beispielsweise könnte es die einseitige Abhängigkeit des Kindes von den Eltern sein, die zu einer stärkeren Notwendigkeit auf Seiten des Kindes führt, das Gefühl der Zusammengehörigkeit und enger Verbundenheit zu betonen.

Lüscher (1999, S. 139) hat mit seinem Konzept der Ambivalenz von Generationenbeziehungen einen Ansatz vorgestellt, bei dem die Gegensätzlichkeiten des Fühlens, Denkens und Wollens als zentrales Bestimmungselement der Generationenbeziehungen im Mittelpunkt stehen. Erst mit deren systematischer Aufarbeitung – so Lüscher – sei eine Grundvoraussetzung für ein angemessenes Verständnis der Generationenbeziehung geschaffen. Durch das Eingeständnis dieser Zwiespältigkeiten werde ein von Idealisierungen befreiter Blick möglich, der auch für die Familienforschung unverzichtbar ist. Möglicherweise sind diese Ambivalenzen auch der Schlüssel zu einem besseren Verständnis der generationenspezifischen Wahrnehmung der innerfamilialen Beziehungsqualität von Kindern im Grundschulalter und ihren Müttern.

Besonders spannend wird sein, wie sich die hier berichteten Ergebnisse im Längsschnitt darstellen. Wird es mit zunehmendem Alter der Kinder zu einer Angleichung der Perspektiven von Müttern und Kindern kommen? Oder werden sich im Zuge der zunehmenden Peer-Orientierung die Wahrnehmungsdifferenzen verstärken? Die Auswertung der zwei noch folgenden Wellen des DJI-Kinderpanels werden es zeigen.

Literatur

Büchner, Peter/Fuhs, Burkhard (1996): Der Lebensort Familie. Alltagsprobleme und Beziehungsmuster. In: Büchner, Peter/Fuhs, Burkhard/Krüger, Heinz-Hermann (Hrsg.): Vom Teddybär zum ersten Kuss. Opladen, S. 159-200

Giarrusso, Roseanne/Stallings, Michael/Bengtson, Vern L. (1995): The "Intergenerationalstake" Hypothesis Revisited. Parent-Child Differences in Perceptions of Relationships 20 Years Later. In: Bengtson, Vern L./Schaie, K. Warner/Burton, Linda M. (Hg.): Adult Intergenerational Relations. Effects of Societal Change. New York, S. 227-263

Lüscher, Kurt (2000): Die Ambivalenz von Generationenbeziehungen – eine allgemeine heuristische Hypothese. In: Kohli, Martin/Szydlik, Marc (Hrsg.): Generationen in Familie und Gesellschaft. Opladen, S. 138-161

Schneewind, Klaus A./Ruppert, Stefan (1995): Familien gestern und heute: ein Generationenvergleich über 16 Jahre. München

Schweizer, Thomas (1996): Muster sozialer Ordnung. Berlin

Szydlik, Marc (1995): Die Enge der Beziehung zwischen erwachsenen Kindern und ihren Eltern – und umgekehrt. In: Zeitschrift für Soziologie, 24, (2), S. 75-94

Winkeler, Markus/Filipp, Sigrun-Heide/Boll, Thomas (2000): Positivity in the aged's perception of intergenerational relationships: A "stake" or "leniency" effect? International Journal of Behavioral Development, 24, (2), S. 173-182

Markus J. Teubner

Brüderchen komm tanz mit mir …
Geschwister als Entwicklungsressource für Kinder?

1. Einleitung und Fragestellung

Die herausragende Bedeutung der Familie als Ort primärer Sozialisation ist unbestritten. Auffallend ist jedoch, dass sich die Sozialisationsforschung lange Zeit hauptsächlich mit der Eltern-Kind-Beziehung und hier wiederum mit der Bedeutung der Mutter für die Entwicklung von Kindern befasste (Lamb/Sutton-Smith 1982). Geschwistern wurde dagegen wenig Aufmerksamkeit geschenkt. Dies erstaunt, da die Bedeutung der Geschwisterbeziehung für die individuelle Sozialisation und Persönlichkeitsentwicklung – besonders während der Kindheit und Jugendjahre – evident ist. Aken/Asendorpf/Wilpers (1996) konnten zeigen, dass Geschwister zu den wichtigsten Interaktionspartnern im Alltag von 12-jährigen Kindern gehören, zumindest was die Dauer gemeinsam verbrachter Zeit betrifft. Die meiste Zeit verbringen Kinder mit ihrer Mutter. Auf Platz zwei folgen die Geschwister, dann der Vater und schließlich die Gruppe der Gleichaltrigen. Im Alter von drei bis fünf Jahren verbringen Geschwister sogar doppelt soviel Zeit miteinander als mit den Eltern (Bank/Kahn 1976 zitiert nach Kasten 1993, S. 21). Geschwister zu haben heißt also alltäglich von Spiel- und Streitgefährten umgeben zu sein. Geschwister teilen Geheimnisse, sie helfen einander und können sich gegen die Eltern solidarisieren. Auf der andern Seite tragen sie Konflikte miteinander aus, ärgern sich gegenseitig und konkurrieren um die Gunst der Eltern. Geschwister wirken – ob sie sich dessen bewusst sind oder nicht – aufeinander ein und beeinflussen damit – ob sie dies wollen oder nicht – die Entwicklung des jeweils anderen (Liegle 2000, S. 108). Folglich können Geschwister neben Eltern, Lehrern und Erziehern, Freunden und Verwandten als einflussreich für die Persönlichkeitsentwicklung und Sozialisation von Kindern angesehen werden.

In diesem Beitrag werden drei zentrale Lebensbereiche von Kindern, nämlich Familie, Schule und Freunde (Peers), beschrieben und auf mögliche entwicklungsrelevante Unterschiede hin untersucht. Dahinter steht die Frage, ob Geschwister die soziale Entwicklung von Kindern fördern – oder anders ausgedrückt, ob Geschwister eine entwicklungsrelevante Ressource für Kinder darstellen. Für die Beantwortung dieser Fragestellung benötigt man Längsschnittdaten, wie wir sie erst nach Beendigung der dritten Welle vorliegen haben werden. Die erste Welle des DJI-Kinderpanels bietet aber die Möglichkeit, die drei genannten Lebensbereiche mit Hilfe eines aktuellen und für Deutschland repräsentativen Datensatzes detailliert zu beschreiben und Unterschiede zwischen Einzel- und Geschwisterkindern aufzuzeigen und damit die unterschiedlichen Ausgangsbedingungen für deren Entwicklung darzustellen. So kann man bereits jetzt die Freundschaftsnetzwerke der Kinder analysieren und die Frage klären, ob es Geschwisterkindern leichter fällt, Freundschaften zu schließen und sich in

Peergroups zu integrieren. Sollte dies der Fall sein, dann wäre dies ein Hinweis darauf, dass Geschwisterbeziehungen eine Art Lernfeld für das Ausprobieren von Handlungsweisen und -strategien bieten, die für den Erwerb sozialer Kompetenzen förderlich sind.

Die Auswertungen stützen sich auf die Daten der Kinder der älteren Kohorte sowie auf die Informationen ihrer Mütter.[1] Der Beitrag ist folgendermaßen aufgebaut: Zunächst gebe ich einen kurzen Überblick über zentrale Ergebnisse empirischer Geschwisterstudien und skizziere den Forschungsstand. Anschließend werden einige grundlegende Informationen zu Einzel- und Geschwisterkindern präsentiert, wie sie die amtliche Statistik, aber auch die Daten des DJI-Kinderpanels liefern, um vor diesem Hintergrund dann die in erster Linie deskriptiven Ergebnisse für die Bereiche Familie, Freundschaftskreise (Peers) und Schule für Kinder mit und ohne Geschwister vorzustellen. Abschließend werden die Ergebnisse zusammengefasst und diskutiert.

2. Zum Forschungsstand

Geschwisterbeziehungen gehören zu den intensivsten menschlichen Beziehungen überhaupt, für die folgende Merkmale kennzeichnend sind (Kasten 2002, S. 3): (1) Geschwisterbeziehungen sind die längsten d.h. zeitlich ausgedehntesten sozialen Beziehungen im Leben von Menschen. Sie beschränken sich nicht auf die Kindheitsphase, sondern entwickeln sich während des gesamten Lebens. (2) Ähnlich wie die Beziehung zu den Eltern besitzen Geschwisterbeziehungen etwas Schicksalhaftes, man kann sie sich nicht aussuchen, sondern wird in sie hineingeboren. (3) Geschwisterbeziehungen sind unkündbar und wirken selbst dann weiter, wenn zwischen den Geschwistern kein Kontakt mehr besteht. (4) Das Aufwachsen in „einem Nest" kann dazu führen, dass die Beziehung zwischen Geschwistern durch ein Höchstmaß an Intimität geprägt ist. (5) Schließlich ist für die meisten Geschwisterbeziehungen eine tiefwurzelnde emotionale Ambivalenz kennzeichnend, der sich die Beteiligten oftmals nicht bewusst sind.

Ein Thema, mit dem sich die Geschwisterforschung seit jeher intensiv befasst hat, ist der Einfluss des Geburtenrangplatzes auf die psycho-soziale Entwicklung des Menschen. Zentral ist dabei die Annahme, „dass mit einer bestimmten Position in der Geschwisterreihe typische Erziehungs- und Sozialisationseinflüsse verbunden sind, welche die Persönlichkeit des Kindes entscheidend formen" (Kasten 1998, S. 46). Als Pionier der Geburtenrangplatzforschung gilt Alfred

---

[1] Eine ausführliche Stichprobenbeschreibung findet sich in dem Beitrag von Alt/Quellenberg in diesem Band.

Adler, der bereits in den 20er Jahren des letzten Jahrhunderts die These vertrat, dass Erstgeborene durch die Geburt des zweiten Kindes eine Art Schock erleiden. Erstgeborene sind es gewohnt, im Mittelpunkt der Familie zu stehen, und müssen mit der Geburt des Geschwisters plötzlich die Fürsorge und Aufmerksamkeit der Eltern teilen. Diese einschneidende Erfahrung bewirkt, dass das ältere Geschwister dem jüngeren mit Eifersucht, Ablehnung oder Aggression begegnet. Das so genannte Entthronungstrauma wird als eine wesentliche Ursache für die Geschwisterrivalität gesehen. Es belastet nicht nur die Beziehung zwischen den Geschwistern, sondern auch das Verhältnis des erstgeborenen Kindes zu seinen Eltern, vor allem das Verhältnis zur Mutter wird durch dieses Trauma getrübt (Adler 1996; Kasten 1998; Schmidt-Denter 1988). Letztlich aber wirkt sich die Erfahrung der Entthronung – so die Hypothese – auf das gesamte Sozialverhalten des erstgeborenen Kindes aus.

Abgesehen von der Position des Erstgeborenen gilt auch die von Einzelkindern und vor allem die so genannte Sandwich-Position mittlerer Kinder als eher ungünstig. Während Erstgeborene und jüngste Kinder die Eltern zumindest für eine gewisse Zeit ganz für sich haben (vor Geburt des zweiten Kindes bzw. nach Auszug der älteren Geschwister) müssen mittlere Kinder die elterliche Aufmerksamkeit und Liebe fortwährend teilen. Dadurch laufen mittlere Kinder Gefahr, weniger Beachtung und Zuwendung zu erhalten; und erleben sich, wie Kasten (1998, S. 53) schreibt „zumindest phasenweise, als zurückgesetzt und vernachlässigt". Die Gefahr einer negativen Entwicklung besteht vor allem dann, wenn es dem mittleren Kind nicht gelingt, ein Feld für sich zu finden, auf dem es sich profilieren und Anerkennung finden kann, bzw. dann, wenn außerhalb der Familie Freunde oder andere enge Bezugspersonen (Mentoren) fehlen, die eine Art Gegengewicht zum Erleben in der Familie bilden. Bereits in den 60er und 70er Jahren kamen empirische Untersuchungen zu dem Ergebnis, dass Erstgeborene und Einzelkinder in der Schule bessere Leistungen als andere Kinder erzielen (Oberlander/Jenkins 1967; Skouholt/Moore/Wellman 1973; Kasten 1998, S. 67 f.). Für den beruflichen Bereich konnten Toman und Toman (1970, zitiert nach Schmidt-Denter 1988, S. 69) zeigen, dass Einzelkinder und Erstgeborene besonders häufig zu den Personen gehören, die herausragende Leistungen vollbringen. Begründet wird dies zum einen damit, dass Einzelkinder wie auch Erstgeborene von den Eltern mehr Aufmerksamkeit, Zuwendung und damit Förderung erfahren. Zum anderen entwickeln Erstgeborene – nach Ansicht von Tiefenpsychologen – einen besonderen Leistungsehrgeiz, um so der durch die Entthronung erlebten Kränkung entgegenzuwirken.

Nachfolgend geborenen Kindern werden eher Vorteile bei der Entwicklung sozialer Kompetenzen zugeschrieben. Laut einer Studie von Miller und Maruyama (1976) übertreffen später geborene Geschwister erst- oder früher geborene Geschwister, was ihre Beliebtheit bei Gleichaltrigen (Peers) angeht. Später geborene Kinder werden häufiger als Spielkamerad oder Banknachbar gewählt. Dieser Effekt ist unabhängig von der Größe der Familie und deren sozioökonomischen Status. Die Autoren führen die Unterschiede darauf zurück, dass jüngere Kinder von klein auf gezwungen sind, sich mit ihren älteren, mächtigeren Geschwistern zu arrangieren. Dadurch erlernen sie früh Fähigkeiten wie Vermittlungsgeschick, Überzeugungskraft, Kompromissbereitschaft oder Anpassungsfähigkeit, die ihnen die Integration in Gruppen erleichtern.

Zu einem völlig anderen Ergebnis gelangen die beiden Schweizer Psychiater Ernst und Angst (1983). Nach Überprüfung einschlägiger Studien kommen sie zu dem Schluss, dass es keine sicheren Hinweise dafür gibt, dass sich Erstgeborene in ihrem Sozialverhalten von später geborenen Geschwisterkindern unterscheiden. Die immer wieder festgestellten Unterschiede hätten ursächlich nichts mit dem Geburtenrangplatz zu tun, sondern ließen sich nach Ansicht von Ernst und Angst auf Hintergrundfaktoren – wie die Familiengröße, schichtspezifisches Erziehungsverhalten, Erwerbstätigkeit der Eltern, Belastungen im Elternhaus etc. – zurückführen. Die Autoren kommen zu dem Ergebnis, dass es der Geschwisterforschung bisher kaum gelungen ist, verallgemeinerbare Zusammenhänge zwischen dem Geburtenrangplatz und der Persönlichkeitsentwicklung nachzuweisen.

Ein entwicklungspsychologisch wichtiger Aspekt der Geschwisterbeziehung ist die Pionier-Funktion, welche ältere Kinder für ihre jüngeren Geschwister leisten (Schmidt-Denter 1988, S. 73; ders. 1993, S. 345).[2] Indem ältere Kinder – vor allem Erstgeborene – die von den Eltern gesetzten Grenzen austesten und gegen Regeln verstoßen, erweitern sie den eigenen Handlungsspielraum, aber auch die Handlungsmöglichkeiten nachfolgender Kinder. Die jüngeren Geschwister müssen nicht mehr so sehr um Freiräume (z.B. länger aufbleiben) kämpfen. Durch die Pionier-Funktion werden nicht nur jüngere Geschwister direkt beeinflusst, sondern vor allem auch das Erziehungsverhalten der Eltern und damit die Eltern-Kind-Beziehung. Die Erfahrungen, die Mütter und Väter mit dem Erstgeborenen gesammelt haben, führen dazu, dass sich Eltern zweiten und dritten Kindern gegenüber gelassener und insgesamt permissiver verhalten.

Ein weiterer Aspekt der Geschwisterbeziehung, der in engem Zusammenhang mit der eben erläuterten Pionier-Funktion steht, ist die Vorbild-Funktion. Geschwister dienen einander als Rollenmodelle, die nachgeahmt werden. Dies konnten Cicirelli (1976) und Lamb (1978) nachweisen. In erster Linie sind es die älteren Geschwister, die als Vorbild für die jüngeren dienen und diese so zu kognitivem und sozialem Lernen anregen. Es finden sich aber auch Belege da-

---

[2] Ein ausführlicher Überblick über die Funktion von Geschwistern aus psychoanalytischer Sicht findet sich bei Henri Parens 1988, S. 34ff.

für, dass jüngere Kinder von ihren älteren Geschwistern nachgeahmt werden. Interessanterweise werden Schwestern genauso oft imitiert wie Brüder. Dies ist insofern überraschend, da sich ältere Schwestern im Vergleich zu älteren Brüdern gegenüber Geschwistern prosozialer und weniger aggressiv verhalten. Andere Studien konnten zeigen, dass sich Einzelkinder sowie Mädchen und Jungen, die aus geschlechtshomogenen Geschwisterreihen stammen, besonders geschlechtstypisch verhalten (Kasten 1998, S. 64 f.). Mädchen, die ohne Brüder aufwachsen, betonen häufig Eigenschaften des weiblichen Rollenklischees, wie auch Jungen, die ohne Schwestern aufwachsen das männliche Rollenstereotyp besonders betonen. Weniger klischeehaft verhalten sich dagegen Kinder, die ein älteres gegengeschlechtliches Geschwister haben. Aufgrund der Vorbildfunktion des älteren Geschwisters übernehmen in solchen Konstellationen Mädchen Verhaltensweisen ihrer älteren Brüder, und Jungen interessieren sich auch für Dinge, mit denen sich ihre älteren Schwestern beschäftigen.

Eine dritte Funktion, die ältere Geschwister in allen Kulturen ausüben, ist die des Betreuens und Lehrens, oder wie Liegle (2000, S. 111) schreibt: „Ältere Geschwister wirken erzieherisch." Ähnlich wie Erwachsene sind sie in der Lage, sich auf das Entwicklungsniveau jüngerer Geschwister einzustellen. Ältere Geschwister bringen den jüngeren Dinge aus verschiedensten Lebensbereichen bei. Sie nehmen gewissermaßen die Rolle eines Tutors oder Lehrers ein und sind dabei manchmal erfolgreicher als erwachsene Bezugspersonen. Ältere Geschwister geben den jüngeren beim Erlernen der Sprache Anregungen und Hilfestellungen, die diese benötigen, um in ihrer Entwicklung voranzuschreiten. Aber auch im Bereich des Spiel- und Sozialverhaltens wurden Lehr-Lern-Effekte mehrfach nachgewiesen (Kasten 1993b, S. 47; Kasten 1995, S. 97 f.). Anfänglich profitieren davon in erster Linie die jüngeren Geschwister. Sie lernen, wie man telefoniert, Karten spielt oder zählt etc. Längerfristig profitieren aber auch die älteren Geschwister von ihrer Rolle als Lehrer und letztlich sogar stärker als die jüngeren. Lehr-Lern-Situationen gibt es in fast allen Geschwisterbeziehungen. Besonders häufig treten solche Interaktionen auf, wenn zwischen den Geschwistern ein Altersabstand von zwei bis fünf Jahren besteht.

Eine spezielle Form der Lehrfunktion ist die Hausaufgabenhilfe. Einer amerikanischen Studie zufolge (Bryant 1982) werden in den USA etwa 78% der Kinder bei den Schularbeiten von ihren Geschwistern unterstützt, und zwar in allen sozialen Schichten. Dabei nehmen Kinder leichter Hilfe von Geschwistern an, die wesentlich älter sind, und Schwestern werden im Vergleich zu Brüdern eher als Lehrerfigur akzeptiert. Cicirelli (1975) führt den Umstand, dass Kinder von älteren Schwestern mehr lernen, zum einen darauf zurück, dass Schwestern dem Bild der Mutter und Lehrerin stärker ähneln, und zum andern darauf, dass Mädchen im Vergleich zu Jungen weniger störende Konkurrenz- und Rivalitätselemente in die Lernsituation einbringen. Dies heißt jedoch nicht, dass der von Brüdern häufig initiierte Wettbewerb nur negative Auswirkungen hat. Wettbewerb in Lernsituationen kann sich hemmend, aber eben auch stimulierend auf die intellektuelle Entwicklung des jüngeren Geschwisters auswirken (ebd.). Ein weiterer Punkt, der im Zusammenhang mit der Betreuungs- und Lehrfunktion genannt werden muss, ist das Hüten jüngerer durch ältere Geschwister. Allerdings weist Liegle (2000, S. 112 f.) völlig zu Recht darauf hin, dass die erzieherische Bedeutung der Geschwister in der Moderne zurückgegangen ist.

Die Prozesse der Pädagogisierung der Kindheit haben dazu geführt, dass die erzieherische Verantwortung der Eltern gestärkt wurde und dass für immer längere Phasen im Lebenslauf professionelle Erzieher/innen Verantwortung tragen. Zudem haben gleichaltrige Kinder außerhalb der Familie (Peers) an Bedeutung gewonnen. Auf der anderen Seite lässt aber die steigende Erwerbstätigkeit von Müttern Geschwister zu wichtigen Betreuungspersonen werden, vor allem wenn das Angebot institutioneller Betreuungsangebote nicht ausreichend ist. Anhand einer deutschen Stichprobe konnte Schmidt-Denter (1984, S. 143) zeigen, dass immerhin 15% der 1- bis 5-Jährigen von ihren älteren Geschwistern gehütet werden, wenn die Eltern abends ausgehen, wobei der Anteil in den unteren sozialen Schichten erheblich höher ist als in den oberen. Studien zum Erziehungsverhalten haben festgestellt, dass sich Brüder und Schwestern kaum in ihrem Erziehungsverhalten voneinander unterscheiden. Verglichen mit Eltern betreuen Kinder ihre Geschwister weniger fürsorglich und greifen häufiger zu physischen Strafen. Insofern kann es nicht überraschen, dass jüngere Kinder die Versorgung durch die Eltern präferieren, während sie der Betreuung durch ältere Geschwister oft ablehnend gegenüberstehen (Kasten 1998, S. 107).

Ein weiterer Bereich, mit dem sich die Geschwisterforschung intensiv befasst, ist die Rivalität zwischen Geschwistern. Eine Ursache, die in diesem Zusammenhang immer wieder genannt wird, ist das bereits zuvor erwähnte *Entthronungstrauma*. Vor allem psychoanalytisch orientierte Forscher vertreten die Auffassung, dass die Geschwisterrivalität ihre Wurzeln im Kampf um die Aufmerksamkeit, Zuwendung und Liebe der Eltern hat (Kasten 1998, S. 36f.). Einige Studien (Bryant/Crockenberg 1980; Lasko 1954) kommen zu dem Ergebnis, dass zweitgeborene Kinder im Vergleich zu Erstgeborenen mehr mütterliche Fürsorge erhalten, während andere Untersuchungen (z.B. Rothbart 1971) genau das Gegenteil behaupten. Wieder andere Wissenschaftler vertreten die Auffassung, dass Eltern Vergleichsprozesse, die zwischen Geschwistern stattfinden, verstärken und dadurch die Rivalität zwischen ihnen fördern. Eine weitere Ursache für die Geschwisterrivalität sind möglicherweise Abgrenzungsprozesse. Um eine eigene Identität entwickeln zu können, müssen sich Geschwister voneinander abgrenzen und als anders bzw. eigen erleben (Schachter 1976).

Auch wenn das Ziel der Abgrenzung die Herausbildung der eigenen Persönlichkeit und damit die Beendigung der Geschwisterrivalität ist, gehen die De-Identifikationsprozesse mit konflikthaften Auseinandersetzungen zwischen den Geschwistern einher. Besonders groß ist die Geschwisterrivalität zwischen Brüdern mit geringem Altersabstand. Dagegen erleben Mädchen und Kinder mit einem Abstand von mehr als drei Jahren weniger Rivalität in ihrer Geschwisterbeziehung. Obwohl es bisher keine eindeutigen Belege gibt, spricht heute vieles für die Annahme, dass die Rivalität zwischen Geschwistern im Laufe der mittleren Kindheit – also etwa mit dem Schuleintritt – abnimmt (Kasten 1993, S. 42ff; Schmidt-Denter 1988, S. 77ff.; Schütze 1989, S. 317ff.).

Wichtig festzuhalten ist, dass die Rivalität zwischen Geschwistern einen durchaus positiven Einfluss auf die kindliche Entwicklung haben kann. Hartup (1978) hat darauf hingewiesen, dass Geschwister gezwungen sind, Lösungsmöglichkeiten für aufgestaute Wut, Ärger und Enttäuschung zu finden, denn sie müssen täglich miteinander auskommen. Gleichzeitig bieten Geschwisterbeziehungen aber auch ein überaus günstiges Übungsfeld, um verschiedene Möglichkeiten der Kontrolle aggressiven Verhaltens auszuprobieren. Denn im Gegensatz zu Freundschaften können Geschwisterbeziehungen nicht beendet werden. Geschwister sind gezwungen zu lernen, mit ihrer Rivalität umzugehen.

Geschwisterbeziehungen sind nicht nur von Konflikten und Rivalität geprägt, sondern sie sind meist höchst ambivalent. Geschwister sind zugleich Rivalen und Vertraute. Laut einer Studie (Prochaska/Prochaska 1985) mit Jungen und Mädchen im Alter von 10 bis 12 Jahren, berichten Kinder täglich von vier bis fünf Konflikten, die sie mit ihren Geschwistern haben, und die jeweils etwa acht Minuten dauern. Auf der anderen Seite berichten sie über doppelt so viele Situationen, in denen sie Spaß mit ihren Geschwistern hatten. Andere Untersuchungen liefern ebenfalls Hinweise auf die insgesamt positive Qualität der meisten Geschwisterbeziehungen. So entspricht die Wichtigkeit, die Geschwistern von 10- bis 13-jährigen Kindern beigemessen wird, der guter Freunde und Freundinnen. Dabei schätzen Jungen Brüder höher ein, und Mädchen messen Schwestern eine etwas höhere Bedeutung bei (Zinnecker/Strzoda 1998). Auch als Spielpartner sind Geschwister füreinander wichtig. Rund die Hälfte der von Herzberg (1992) untersuchten Geschwisterkinder spielt häufig mit ihren Brüdern bzw. Schwestern, wobei das Interesse am gemeinsamen Spiel mit steigendem Alter und zunehmendem Altersabstand abnimmt. Auch für die Spielkontakte gilt, dass Jungen häufiger mit Brüdern spielen, während Mädchen keine geschlechtsspezifischen Vorlieben erkennen lassen.

Abschließend sollen Untersuchungen zur Persönlichkeit von Einzel- und Geschwisterkindern angesprochen werden. Lange Zeit wurden Einzelkinder als kontaktärmer, introvertierter, verwöhnter und insgesamt unsozialer angesehen. Zum einen wurde argumentiert, dass Einzelkindern der alltägliche, weitgehend gleichberechtigte Kontakt mit Gleichaltrigen fehle und sie deshalb Entwick-lungsnachteile gegenüber Geschwisterkindern hätten, was sich in einem geringe-ren Einfühlungsvermögen und Anschlussbedürfnis äußere. Auf der anderen Seite wurde argumentiert, dass Einzelkinder sich in nahezu allen Bereichen den Eltern unterlegen erlebten und keine für sie positiven Vergleiche mit jüngeren Geschwistern ziehen könnten. Die Übermacht der Eltern solle sich negativ auf das Durchsetzungsvermögen und Selbstbewusstsein von Einzelkindern auswir-ken. Kasten (1995, S. 81ff.; 1998, S. 44ff.) kommt zu dem Schluss, dass die Geschwisterforschung nur wenige belastbare Hinweise dafür liefert, dass sich Einzelkinder in ihrer Persönlichkeit wesentlich von Geschwisterkindern unter-scheiden. Zudem könnten eine Reihe festgestellter Unterschiede auf andere Fak-toren als die fehlende Geschwisterbeziehung zurückgeführt werden – z.b. auf Unterschiede in den Einkommensverhältnissen, die schulische und berufliche Bildung der Eltern, die unterschiedliche Erwerbsbeteiligung der Eltern, die Ver-schiedenheit der Erziehungsstile sowie das unterschiedliche Ausmaß an inner-familialen Konflikten.

Tatsächliche Unterschiede konnten lediglich für zwei Persönlichkeitsmerk-male festgestellt werden. Einzelkinder bilden eine stärkere interne Kontrollüber-zeugung bzw. Selbstwirksamkeit aus (Kasten 1995, S. 141ff.). Sie haben in einem hohen Maße das Gefühl, Kontrolle über Ereignisse zu haben, die sie selbst betreffen. Dagegen erleben sich jüngere Geschwister stärker fremdbestimmt bzw. neigen dazu, andere für Vorkommnisse verantwortlich zu machen. Zwei-tens schätzen sich Einzelkinder etwas extravertierter, d.h. aufgeschlossener und interessierter an zwischenmenschlichen Begegnungen ein. Auf der Grundlage des gegenwärtigen Forschungsstands muss die Ansicht, dass Einzelkinder ei-genbrödlerisch und kontaktarm seien, als Vorurteil zurückgewiesen werden.

3. Allgemeine statistische Informationen

Nachfolgend soll anhand der Daten der amtlichen Statistik sowie der ersten Welle des DJI-Kinderpanels ein kurzer Überblick über die Häufigkeit von Ein-zel- und Geschwisterkindern gegeben und deren familialer Hintergrund in eini-gen zentralen Aspekten beleuchtet werden.

Zur Häufigkeit von Einzel- und Geschwisterkindern

In Deutschland werden immer weniger Kinder geboren. Kamen 1990 auf dem Gebiet der heutigen Bundesrepublik 905.000 Kinder zur Welt, so waren es im Jahr 2000 noch 770.000, und für das Jahr 2003 meldet das Statistische Bundesamt 715.000 Geburten (Statistisches Bundesamt 2004). Diese Entwicklung wird fälschlicherweise oftmals so gedeutet, als führe der Geburtenrückgang zu einem Anstieg der Einzelkinder. Laut amtlicher Statistik waren im Jahr 2002 31,5% der unter 18-Jährigen Einzelkinder, d.h. sie lebten in Haushalten, in denen es keine weiteren Kinder gab. 44,9% hatten ein Geschwister und 23,6% lebten mit mindestens zwei Geschwistern zusammen. Damit ist der Anteil an Einzelkindern seit 10 Jahren stabil – 1991 betrug er 31,4% (Statistisches Bundesamt 2003, S. 269[3]). Stellt man in Rechnung, dass ein Teil der jüngeren Kinder erst noch Geschwister bekommen wird und ein Teil der älteren nur deshalb als Einzelkinder ausgewiesen wird, weil deren Geschwister bereits erwachsen sind oder in eigenen Haushalten leben, dann wird deutlich, dass der Anteil an Kindern, der zeitlebens geschwisterlos bleibt, erheblich unter 30% liegen dürfte. Im Jahr 2002 wuchsen von den Kindern im Alter zwischen 6 und 9 Jahren – die kaum noch (weitere) Geschwister bekommen werden[4] – nur 19% ohne Geschwister auf. Jedes zweite Kind dieser Altersgruppe hatte ein Geschwister und annähernd jedes dritte sogar zwei oder mehr Geschwister (Statistisches Bundesamt 2003, S. 190[3]). Diese Zahlen machen deutlich, dass trotz des Geburtenrückgangs die ganz überwiegende Mehrheit der Kinder nach wie vor mit Geschwistern aufwächst, die meisten mit einem. Der seit Jahren anhaltende Geburtenrückgang schlägt sich bisher also nicht in einer prozentualen Zunahme an Einzelkindern nieder, sondern führt in erster Linie zu einem Anstieg Kinderloser und zu einer Abnahme der Zahl von Familien mit drei und mehr Kindern.

Die Stichprobe des DJI-Kinderpanels deckt sich nahezu exakt mit den Zahlen der amtlichen Statistik. Von den mehr als 2.000 Kindern im Alter von 5 bis 6 bzw. 8 bis 9 Jahren sind 19% Einzelkinder, jedes zweite Kind hat ein Geschwister, jedes fünfte hat zwei Geschwister und 8,5% wachsen mit drei oder mehr Geschwistern auf. Dabei zeigen sich signifikante Unterschiede zwischen West- und Ostdeutschland. In Ostdeutschland gibt es mehr Einzelkinder als in Westdeutschland (26% vs. 18%) und weniger Kinder mit mehreren Geschwistern. Am deutlichsten differiert die Zahl bei Kindern mit mindestens drei Geschwistern. In Ostdeutschland haben 5,5% der 6- bis 9-Jährigen drei oder mehr Geschwister, in Westdeutschland sind es immerhin 9%.

---

[3] Eigene Berechnungen auf Basis der dort angegebenen Häufigkeiten
[4] Kinder im Alter zwischen 5 und 9 Jahren, die mit einem Geschwister aufwachsen, weisen durchschnittlich einen Altersabstand von 46 Monaten zu ihrem Geschwister auf. Quelle: Kinderpanel, 1. Welle.

Zur Familienform von Einzel- und Geschwisterkindern

Eltern zu haben, die verheiratet sind, ist für Kinder im Vor- und Grundschulalter nach wie vor die Regel. Allerdings verteilen sich Einzel- und Geschwisterkinder nicht gleichmäßig über die verschiedenen Familienformen.[5] Einzelkinder wachsen etwa dreimal so häufig bei alleinerziehenden Müttern und Vätern auf wie Kinder mit Geschwistern. Sie erleben häufiger als andere die Trennung der Eltern und sind folglich auch häufiger mit den emotionalen Belastungen und wirtschaftlichen Folgen von Trennung und Scheidung konfrontiert.[6] Diese unterschiedlichen Erfahrungen gilt es zu bedenken, wenn man Einzel- und Geschwisterkinder vergleicht.

Abb. 1:   Familienformen 5- bis 9-jähriger Kinder in Abhängigkeit von der Anzahl der Geschwister (in %)

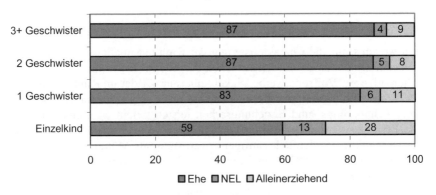

Anzahl der Fälle: N = 2.145
Quelle: DJI, 1. Welle Kinderpanel, eigene Berechnungen

Einzelkinder wachsen auch etwa doppelt so oft bei Eltern auf, die eine nichteheliche Lebensgemeinschaft führen (NEL). Für Kinder mit Geschwistern zeigen sich dagegen kaum Unterschiede bezüglich der Familienform. Unabhängig von der Anzahl der Geschwister leben rund 85% der 5- bis 9-jährigen Geschwister-

---

[5] Es wird zwischen drei Familienformen unterschieden: 1. Ehen: Die Eltern sind verheiratet und leben zusammen. 2. Nichteheliche Lebensgemeinschaften (NEL): Die Eltern leben unverheiratet in einem gemeinsamen Haushalt. 3. Alleinerziehende: Dies sind in erster Linie Mütter, die entweder keinen Partner haben, oder der Partner lebt in einem eigenen Haushalt.
[6] 36% der Einzelkinder im Alter zwischen 5 bis 9 Jahren leben in reorganisierten Familien, d.h. bei Alleinerziehenden oder in Stieffamilien. Von Kindern mit Geschwistern tun dies 20%. Quelle: Kinderpanel, 1. Welle.

kinder bei Eltern, die verheiratet sind, etwa 5% haben Eltern, die unverheiratet zusammenleben, und etwa 10% leben bei alleinerziehenden Müttern oder Vätern. Diese Beschreibung verdeckt jedoch nach wie vor bestehende Unterschiede zwischen West- und Ostdeutschland. In Westdeutschland wachsen sowohl Einzel- wie auch Geschwisterkinder häufiger in Familien auf, bei denen die Eltern verheiratet sind (Einzelkinder West 61% vs. Ost 52%, Geschwisterkinder West 87% vs. Ost 72%). Zum anderen zeigen sich in Westdeutschland nur zwischen Einzel- und Geschwisterkindern Unterschiede. Dagegen steht die Anzahl der Geschwister (ob eins oder mehrere) in keinem Zusammenhang mit der Partnerschaftsform der Eltern. In Ostdeutschland nimmt der Anteil von Kindern, der bei alleinerziehenden Eltern lebt, mit jedem Geschwisterkind ab. Kein Zusammenhang zeigt sich für Kinder in nichtehelichen Lebensgemeinschaften. Einzelkinder leben im Osten ähnlich häufig bei unverheirateten Eltern wie Kinder mit Geschwistern.

Zur Erwerbstätigkeit von Müttern mit Einzel- und Geschwisterkindern

Ein weiteres, für die Charakterisierung der Familiensituation von Kindern relevantes Merkmal ist die Erwerbssituation der Eltern.[7] Da es für Väter selten eine Alternative zur Vollzeiterwerbstätigkeit gibt (nur 4% der im Kinderpanel befragten Väter sind teilzeiterwerbstätig) und sie nur einen geringen Teil der alltäglichen Betreuungs- und Erziehungsarbeit leisten, reicht es, wenn wir uns auf die Erwerbssituation der Mutter konzentrieren. Wie zu erwarten, sind Mütter von Einzelkindern deutlich häufiger erwerbstätig als Mütter von Geschwisterkindern (68% vs. 43%). Dabei nimmt die Erwerbstätigkeit mit der Zahl der Kinder stetig ab.

Besonders stark ist dieser Zusammenhang bei vollzeiterwerbstätigen Müttern. Jede vierte Mutter mit einem Kind arbeitet Vollzeit, von den Müttern mit zwei Kindern ist es etwa jede achte und von den Müttern mit vier oder mehr Kindern sogar nur gut jede zwanzigste. Anzumerken ist jedoch, dass ein Teil der Mütter mit mehreren Kindern (noch) nicht erwerbstätig sein dürfte, weil sie Kinder im Baby- bzw. Kleinkindalter haben. Erst im Längsschnitt wird sich zeigen, wie sich die Erwerbsbeteiligung über die Zeit verändert und ob es möglicherweise zu einer Annäherung der Erwerbsmuster von Müttern mit einem bzw. mehreren Kindern kommt. Festzuhalten bleibt aber, dass Geschwisterkinder der hier betrachteten Kohorten eher damit rechnen können, dass die Mutter nicht erwerbstätig ist, zumal dann, wenn sie aus großen Geschwisterreihen stammen.

---

[7] Der Erwerbstatus hat drei Ausprägungen: 1. vollzeiterwerbstätig (Selbsteinschätzung), 2. teilzeiterwerbstätig (Selbsteinschätzung) 3. nicht erwerbstätig: hierzu zählen alle Personen, die angeben, nicht erwerbstätig zu sein (Hausfrauen/-männer, Arbeitslose, Auszubildende, Studenten, Schüler, Rentner etc.) oder geringfügig beschäftigt sind.

Abb. 2:   Erwerbstätigkeit von Müttern mit Kindern im Alter von 5 bis 9 Jahren
           in Abhängigkeit von der Anzahl der Kinder im Haushalt (in %)

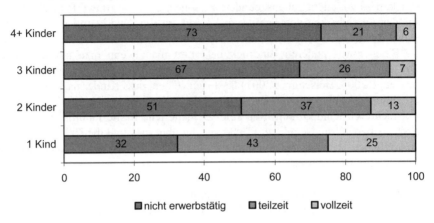

Anzahl der Fälle: N = 2.141
Quelle: DJI, 1. Welle Kinderpanel, eigene Berechnungen

Die Mütter in Ostdeutschland sind nach wie vor häufiger erwerbstätig als die
Mütter im Westen, was in erster Linie auf einen mehr als doppelt so hohen Anteil Vollzeiterwerbstätiger im Osten zurückzuführen ist (28% vs. 11%). Interessanterweise unterscheiden sich in Ostdeutschland die Erwerbsmuster von Frauen
mit einem bzw. zwei Kindern wenig voneinander (jeweils 34% sind vollzeiterwerbstätig), während in Westdeutschland gerade zwischen diesen beiden Gruppen die größten Unterschiede feststellbar sind – von den Müttern mit einem Kind
sind 23% vollzeiterwerbstätig, von den Müttern mit zwei Kindern 9%.

*Zum sozialen Status von Familien mit Einzel- und Geschwisterkindern und deren
ökonomischer Situation*

Der soziale Status setzt sich aus Bildungsaspekten (schulische Bildung, berufliche
Stellung) und der finanziellen Situation der Familie (gewichtetes Haushaltsein-
kommen) zusammen.[8] Er ist eine der zentralen Variablen, wenn es darum geht, die
Position von Personen in hierarchisch strukturierten Gesellschaften zu bestimmen.
Zwischen der Kinderzahl und dem sozialen Status besteht ein signifikanter Zu-
sammenhang. Sowohl Familien mit einem Kind wie auch mit mehr als drei Kin-
dern gehören häufiger niedrigen sozialen Schichten an, während Familien mit drei
Kindern besonders oft aus höheren Schichten stammen. Dagegen verteilen sich

---

[8] Eine ausführliche Beschreibung der Konstruktion des sozialen Status findet sich im
Beitrag von Alt/Quellenberg in diesem Buch.

Familien mit zwei Kindern proportional über die verschiedenen Schichten. Die gefundenen Unterschiede sind jedoch insgesamt eher gering. Der verbreitete Eindruck, dass vor allem gut ausgebildete Personen, quasi als Antwort auf die Probleme der Vereinbarkeit von Familie und Beruf, zu Ein-Kind-Familien neigen, lässt sich mit den Daten des Kinderpanels widerlegen.

Einen etwas anderen Eindruck bekommt man, wenn man nur das Haushaltseinkommen betrachtet. In Übereinstimmung mit anderen Studien (z,B. Butterwegge 2003; Beisenherz 2001) lässt sich zeigen, dass Kinder nach wie vor ein erhebliches Armutsrisiko in Deutschland darstellen, von dem besonders Familien mit mehreren Kindern betroffen sind. Beinahe jede fünfte Familie mit Kindern im Vor- bzw. Grundschulalter (18%) verfügt über maximal die Hälfte des durchschnittlichen Haushaushaltseinkommens und ist damit nach den Richtlinien der OECD armutsgefährdet.[9]

Abb. 3:   Anteil armutsgefährdeter Familien mit 5- bis 9-jährigen Kindern in Abhängigkeit von der Anzahl der Kinder im Haushalt (in %)

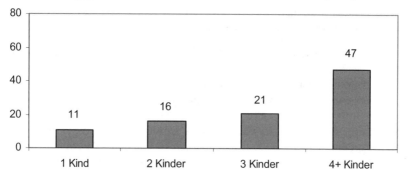

Anzahl der Fälle: N = 2.020
Quelle: DJI, 1. Welle Kinderpanel, eigene Berechnungen

Das Risiko, von einer prekären Einkommenssituation betroffen zu sein, steigt stetig von 11% für Familien mit einem Kind auf 21% für Familien mit drei Kindern. Von den Familien mit vier und mehr Kindern ist sogar fast jede zweite (47%) armutsgefährdet. Dies bedeutet, dass Geschwisterkinder (vor allem wenn sie mit mehreren Geschwistern aufwachsen) häufiger mit den Folgen von Armut – wie weniger Wohnraum, schlechter ausgestatteten Wohnungen, eingeschränkten Möglichkeiten der Förderung und Freizeitgestaltung etc. – konfrontiert sind.

---

[9] Eine ausführliche Beschreibung des Indikators für armutsgefährdete Einkommenslagen findet sich im Beitrag von Alt/Quellenberg in diesem Buch.

Die bisherigen Ausführungen lassen sich folgendermaßen zusammenfassen: Die ganz überwiegende Mehrheit (80%) der Kinder im Vor- und Grundschulalter wächst mit Geschwistern auf. Verglichen mit Einzelkindern leben Geschwisterkinder häufiger in Familien, die dem traditionellen Bild entsprechen. Sie haben häufiger verheiratete Eltern und ihre Mütter sind erheblich seltener erwerbstätig als die von Einzelkindern. Des Weiteren ist festzuhalten, dass Geschwisterkinder deutlich häufiger in wirtschaftlichen Verhältnissen groß werden, die als prekär zu bezeichnen sind, vor allem wenn sie mehrere Geschwister haben.

4. Empirische Befunde

Für die Beantwortung der Frage, ob Geschwister eine entwicklungsrelevante Ressource für Kinder darstellen, ist ein Vergleich zwischen Einzel- und Geschwisterkindern nicht ausreichend. Geschwisterkonstellationen sind höchst unterschiedlich, was die Anzahl der Geschwister, deren Geschlecht oder Alter angeht. Insofern ist zu vermuten, dass sich der Einfluss von Geschwistern nicht auf alle Kinder gleich auswirkt, sondern von Randbedingungen abhängig ist. Diese sind: der Geburtenrangplatz (ältestes, mittleres, jüngstes Kind), die Größe der Geschwisterreihe (Anzahl der Geschwister, mit denen das Kind aufwächst), die Geschlechterkonstellation (wächst das befragte Kind ausschließlich mit gleich- bzw. gegengeschlechtlichen Geschwistern auf oder hat es Brüder und Schwestern) und der Abstand zum altersnächsten Geschwister. Diese vier Aspekte bilden die Grundlage für die Analysen.

Die nachfolgend dargestellten Ergebnisse beziehen sich auf die Kohorte der 8- bis 9-Jährigen, mit denen voll standardisierte Interviews geführt wurden. Insgesamt wurden 1.042 Kinder befragt. 26 Interviews mussten von den Analysen ausgeschlossen werden, da entweder Zweifel an der Zugehörigkeit zur Alterskohorte bestanden (das Geburtsdatum der Kinder lag um mehr als ein Jahr außerhalb der Kohortengrenzen) oder weil sie nicht im Haushalt des mündlich befragten Elternteils (Mutter bzw. alleinerziehender Vater) lebten. Folglich basieren die Analysen auf den Angaben von 1.016 Kindern und ihren Müttern/alleinerziehenden Vätern. Abweichungen von dieser Stichprobengröße sind durch fehlende Angaben verursacht.[10]

---

[10] Für die Berechnung des Geburtenrangplatzes wurden 42 Interviews ausgeschlossen, da die Kinder entweder selbst ein Zwillingsgeschwister haben oder mit Zwillingen aufwachsen. Für die Berechnung des Altersabstands zum nächsten Geschwister wurden 30 Interviews mit Zwillingen ausgeschlossen.

4.1 Familie

In der ersten Welle des DJI-Kinderpanels wurde das subjektive Familiennetzwerk aus Sicht der Kinder erhoben. Die 8- bis 9-Jährigen wurden gebeten all jene Personen zu nennen, die sie zu ihrer Familie zählen. Dabei stand es den Kindern frei, auch Freunde, Nachbarn, Tagesmütter, Lehrer etc. als Familienmitglieder anzugeben. Anschließend wurde für jede genannte Person das Verwandtschaftsverhältnis geklärt, also ob es sich um die leibliche Mutter, die Schwester, den Cousin etc. oder um eine nicht verwandte Person handelt. Schließlich wurden die Kinder gebeten mit Hilfe einer vierstufigen Skala einzustufen, wie gut sie sich mit den einzelnen Personen verstehen.

Die Familiendefinition von Kindern geht weit über die Grenzen des elterlichen Haushalts hinaus. Im Durchschnitt zählen Kinder 8,9 Personen zu ihrer Familie, wobei Mädchen eine Person mehr nennen als Jungen. Es kann kaum überraschen, dass Geschwisterkinder über etwas größere Netze berichten als Einzelkinder (9 Personen vs. 8 Personen). Auch die Tatsache, dass Kinder mittlerer Geburtenrangplätze signifikant mehr Familienmitglieder nennen als Erst- oder Letztgeborene (Erstgeborene 8,9 Personen, Mittlere 10,0 Personen, Letztgeborene 8,8 Personen), dürfte in erster Linie darauf zurückzuführen sein, dass mit der Geschwisterzahl die Größe des familialen Netzwerks zunimmt, und mittlere Kinder mit vergleichsweise mehr Geschwistern aufwachsen als Kinder anderer Geburtspositionen. Dagegen ist das Ergebnis, dass Geschwisterkinder, die bei verheirateten Eltern leben, insgesamt größere Familiennetze angeben als Geschwisterkinder unverheiratet zusammenlebender oder alleinerziehender Eltern, nicht auf Unterschiede bei der Zahl der Geschwister zurückzuführen. (Unabhängig von der Partnerschaftsform der Eltern leben Geschwisterkinder durchschnittlich mit 1,5 weiteren Kindern zusammen.)

Während im Fall von Kindern Alleinerziehender das häufige Fehlen des außerhalb lebenden Vaters ursächlich für die geringere Größe des Familiennetzwerks sein dürfte (30% nennen keinen leiblichen Vater), spielen bei Kindern nichtehelich zusammenlebender Eltern regionale Effekte eine Rolle. Kinder, deren Eltern eine nichteheliche Lebensgemeinschaft führen, leben besonders häufig in Regionen mit hoher Arbeitslosigkeit und leeren öffentlichen Kassen. In diesen Regionen zählen Kinder im Durchschnitt eine Person weniger zur Familie als in Gegenden mit einer besseren sozialen und wirtschaftlichen Lage. Für Einzelkinder zeigen sich ähnliche Unterschiede, die allerdings aufgrund der geringeren Fallzahl nicht signifikant sind.

Darüber hinaus hat der soziale Status – also die Einkommens- Erwerbs- und Bildungssituation der Familie – Einfluss auf die Größe des Familiennetzwerks von Kindern. Kinder aus höheren Schichten zählen vergleichsweise mehr Personen zu ihrer Familie als Kinder aus niedrigen Schichten. Dies gilt für Einzel- wie für Geschwisterkinder. Während sich für die Gruppe der Geschwisterkinder lediglich Unterschiede zwischen Kindern aus unteren und höheren Schichten zeigen (nicht aber im Vergleich zur Mittelschicht), haben Einzelkinder aus unteren sozialen Schichten sowohl im Vergleich mit Kindern aus der Mittelschicht wie auch mit Kindern aus höheren sozialen Schichten signifikant kleinere Familiennetzwerke. Für Geschwisterkinder lässt sich zudem zeigen, dass die Größe des Familiennetzwerks in Zusammenhang mit der Erwerbsbeteiligung der Mutter steht. Wenn die Mutter vollzeiterwerbstätig ist, nennen Geschwisterkinder signifikant weniger Familienmitglieder, als wenn die Mutter teilzeit- bzw. nicht erwerbstätig ist. Dieser Zusammenhang zeigt sich für Einzelkinder nicht. Er ist in erster Linie darauf zurückzuführen, dass die Erwerbsbeteiligung der Mütter mit steigender Kinderzahl stetig zurückgeht.

Abb. 4:   Rangposition der erstgenannten Schwester/des erstgenannten Bruders im Familiennetzwerk 8- bis 9-jähriger Kinder in Abhängigkeit von der wirtschaftlichen Lage der Familie

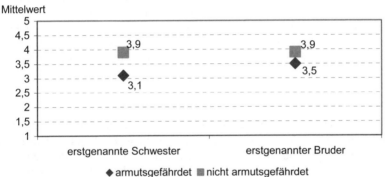

Anzahl Fälle: erste genannte Schwester N = 484, p < .001; erster genannter Bruder N = 474, p = n. s.; Quelle: DJI, 1. Welle Kinderpanel, eigene Berechnungen

Geht man davon aus, dass die Reihenfolge, in der die Familienmitglieder genannt werden, nicht beliebig ist, sondern dass wichtige Personen vor jenen stehen, die eher unwichtig sind, dann kann der Rangplatz als Indikator für die Bedeutsamkeit einzelner Familienmitglieder interpretiert werden. Als erstes nennen Einzel- wie auch Geschwisterkinder die Eltern – im Durchschnitt steht die leibliche Mutter auf Rangplatz 2,1 vor dem leiblichen Vater auf Platz 2,9. Ihnen folgt das erste Geschwister auf Platz 3,5 und dann Großmütter (Platz 4,3), Großväter (Platz 5,3), sonstige Personen (Platz 7,6) vor Tanten, Onkel, Cousinen, sonstigen Verwandten und Cousins, die auf Position 9,6 landen. Diese Rangreihe zeigt, dass Geschwister zu den wichtigsten Personen im Familiennetz von Kindern gehören. Insgesamt lassen sich jedoch nur wenige Zusammenhänge zwischen dem Rangplatz von Geschwistern und anderen Strukturvariablen feststellen. So hat weder die Partnerschaftsform der Eltern noch die Erwerbstätigkeit der Mutter oder der soziale Status der Familie Einfluss darauf, an welcher Position Kinder ihre Geschwister im Familiennetz nennen. Interessant im Zusammenhang mit der Diskussion um die Betreuungsfunktion von Geschwistern ist, dass jüngste Kinder Schwestern tendenziell früher nennen als mittlere und älteste Kinder (das übliche Signifikanzniveau mit einer Irrtumswahrscheinlichkeit von 5% wird knapp verfehlt). Dagegen zeigt sich zwischen dem Geburtenrangplatz des befragten Kindes und der Position des zuerst genannten Bruders kein Zusammenhang.

Ein hoch signifikanter Zusammenhang besteht zwischen der wirtschaftlichen Lage der Familie und dem Rangplatz der erstgenannten Schwester im Familiennetzwerk. Kinder, die in Familien mit prekären Einkommensverhältnissen aufwachsen, nennen die Schwester früher als Kinder, die nicht armutsgefährdet sind. Interessanterweise zeigt sich für Brüder kein signifikanter Zusammenhang. Eine mögliche Erklärung ist, dass Mädchen in einkommensschwachen, kinderreichen Familien in stärkerem Maße Aufgaben der Kinderbetreuung übernehmen und deshalb von ihren Geschwistern früher genannt werden als Mädchen in gut situierten Familien. Dies würde auch erklären, weshalb sich für Brüder kein signifikanter Unterschied zeigt.

Die Qualität der Beziehung zu Mutter, Vater und Geschwistern

Kinder im Grundschulalter bewerten die Beziehung zu ihren Eltern ganz überwiegend sehr positiv. Auf die Frage „Wie gut verstehst du dich mit deinem Vater?" antworten drei von vier Kindern „sehr gut" und weitere 20% „gut" (auf einer Skala von 1 „sehr gut" bist 4 „sehr schlecht" beträgt das arithmetische Mittel 1,3). Noch besser wird die Beziehung zur Mutter eingeschätzt. Hier geben sogar vier von fünf Kindern an, dass sie sich sehr gut verstehen (Mittelwert 1,2). Es lassen sich weder Unterschiede zwischen Jungen und Mädchen feststellen, noch zwischen Einzel- und Geschwisterkindern. Gleiches gilt für Variablen, die die Geschwisterkonstellation charakterisieren. Ob ein Kind mit vielen oder wenigen Geschwistern aufwächst, ob es ältestes, mittleres oder jüngstes Kind in der Geschwisterreihe ist, ob es altersnahe oder -ferne Geschwister hat, steht in keinem Zusammenhang mit der Qualität der Beziehung zu den Eltern. Dieses Ergebnis ist insofern überraschend, da es im Widerspruch zu Überlegungen von Adler steht. Adler hatte angenommen, dass das Verhältnis des erstgeboren Kindes zu seinen Eltern durch das Entthronungstrauma belastet sei, was vor allem in einer problematischen Beziehung zur Mutter zum Ausdruck käme. Auch die

Hypothese, dass sich Erfahrungen, welche Mütter und Väter mit dem ersten Kind sammeln, positiv auf die Eltern-Kind-Beziehung zu zweiten und dritten Kindern auswirken, findet – zumindest aus Sicht der Kinder – keine Bestätigung. Die Qualität der Beziehung zu den Eltern steht ebenfalls nicht im Zusammenhang mit sozialstrukturellen Merkmalen wie Schichtzugehörigkeit, Erwerbsbeteiligung der Mutter oder Armutsbetroffenheit der Familie. Allerdings ist festzustellen, dass bei Geschwisterkindern die Partnerschaftsform der Eltern einen Einfluss auf die Qualität der Vater-Kind-Beziehung hat. Kinder, deren Eltern verheiratet sind, schätzen die Beziehung zu ihrem Vater positiver ein als Kinder, deren Eltern unverheiratet zusammenleben oder alleinerziehend sind. Dieses Ergebnis ist insofern plausibel, da Kinder Alleinerziehender nahezu ausschließlich bei der Mutter leben und folglich i.d.r. kein alltäglicher Kontakt zum Vater besteht. Bei Kindern, deren Eltern unverheiratet zusammenleben, dürfte die etwas schlechter bewertete Vaterbeziehung in erster Linie auf den vergleichsweise hohen Anteil von Stieffamilien zurückzuführen sein.[11] Da es sich bei den allermeisten Stieffamilien heutzutage um so genannte Stiefvaterfamilien handelt, beschreiben die Kinder aus nichtehelichen Lebensgemeinschaften oftmals die Beziehung zum außerhalb lebenden leiblichen Vater. Für Einzelkinder zeigen sich keine signifikanten Zusammenhänge.

Auch die Beziehung zu ihren Geschwistern bewerten 8- bis 9-jährige Kinder überwiegend positiv, wenn auch nicht ganz so positiv wie die zu den Eltern. Annähernd jedes zweite Kind (40%) versteht sich sehr gut mit seinen Geschwistern, 40% verstehen sich insgesamt gut und weitere 20% geben an, dass sie sich eher nicht bzw. überhaupt nicht mit ihren Geschwistern verstehen.[12] Dabei zeigen sich keine Unterschiede zwischen der Beziehung zu Brüdern bzw. Schwestern. Beide Arten von Geschwisterbeziehungen werden durchschnittlich mit 1,8 bewertet. Allerdings verstehen sich Mädchen (p=.05) wie auch Jungen (p=.07) mit Geschwistern des gleichen Geschlechts besser als mit gegengeschlechtlichen Geschwistern. Die Anzahl der Geschwister, der Geburtenrangplatz und der Altersabstand haben dagegen keinen Einfluss auf die Qualität der Geschwisterbeziehung. Folgt man der These, wonach Brüder in einem besonderem Konkurrenzverhältnis zueinander stehen und die Rivalität zwischen altersnahen Brüdern besonders groß ist, dann überrascht es, dass bei Jungen, die mit einem Bruder aufwachsen, der Altersabstand keinen Einfluss auf die Bewertung der Geschwis-

---

[11] Drei Viertel der in der Stichprobe enthaltenen nichtehelichen Lebensgemeinschaften sind Stieffamilien, wobei das befragte Kind aber nicht immer ein Stiefkind sein muss.
[12] Die im Familiennetzwerk erfragte Beziehungsqualität lässt sich nicht immer einzelnen Geschwisterkindern zuordnen. Zwar kann zwischen der Beziehung zu Brüdern und Schwestern unterschieden werden; nennt ein Kind aber mehrere Geschwister des selben Geschlechts, dann wurde der Mittelwert gebildet.

terbeziehung hat. Auch sozialstrukturelle Faktoren wie Status, Familienform, Einkommenssituation oder Erwerbstätigkeit der Mutter stehen in keinem Zusammenhang mit der Qualität der Geschwisterbeziehung.

Familienklima

Wie bewerten nun Kinder insgesamt das Klima in ihren Familien? Fühlen sich Geschwisterkinder wohler als Einzelkinder, weil sie mit Spielkameraden zusammen aufwachsen und möglicherweise weniger unter der Kontrolle der Eltern stehen, oder führen die unvermeidlichen Auseinandersetzungen mit Brüdern und Schwestern dazu, dass Geschwisterkinder weniger gern mit der Familie zusammen sind? Das Familienklima wurde mit fünf Items erhoben, die mit Hilfe einer 4-stufigen Skala bewertet werden sollten. Sie wurden zu einem Index zusammengefasst, der theoretisch von 0 „sehr schlecht" bis 3 „sehr gut" reicht. Tatsächlich wurden Werte zwischen 1 und 3 erreicht.[13]

Die überwiegende Mehrheit der Kinder fühlt sich in der Familie wohl bzw. sehr wohl (Mittelwert 2,5). Dieses Ergebnis steht in Einklang mit der insgesamt positiven Bewertung der Eltern-Kind- sowie der Geschwisterbeziehung. Jeweils 49% der 8- bis 9-Jährigen empfindet das Klima in der eigenen Familie als „sehr gut" oder zumindest als „gut", wobei Mädchen zu noch besseren Bewertungen kommen als Jungen. Nur 2% aller befragten Kinder beurteilen das Familienklima negativ. Dabei hat die Tatsache, ob Kinder mit Geschwistern aufwachsen oder nicht, keinen Einfluss. Im Durchschnitt fühlen sich Einzelkinder in ihren Familien genauso wohl wie Geschwisterkinder. Auch sozialstrukturelle Faktoren wie die Partnerschaftsform der Eltern, der soziale Status der Familie oder die Erwerbsbeteiligung der Mutter bzw. regionale Randbedingungen wie Stadt-Land-Unterschiede haben keinen Einfluss auf das Familienklima. Jedoch lässt sich für die Gruppe der Geschwisterkinder zeigen, dass zwischen der Qualität der Geschwisterbeziehung und dem Familienklima ein hoch signifikanter Zusammenhang besteht. Je besser sich Kinder mit ihren Geschwistern verstehen, desto wohler fühlen sie sich in ihren Familien.[14] Ansonsten zeigen sich keine signifikanten Zusammenhänge mit geschwisterrelevanten Variablen.

---

[13] Eine ausführliche Beschreibung des Index findet sich im Beitrag von Alt in diesem Buch.

[14] Über die Richtung des Zusammenhangs – also ob eine gute Geschwisterbeziehung dazu führt, dass man sich in der Familie wohl fühlt, oder ob ein positives Familienklima Voraussetzung ist, damit sich Geschwister gut verstehen – kann nichts gesagt werden.

Abb. 5: Durchschnittliche Bewertung zweier Items zum Familienklima durch Einzel- und Geschwisterkinder im Alter von 8 bis 9 Jahren

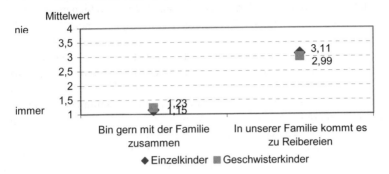

Anzahl der Fälle: erstes Item N = 1.001, p < .05; zweites Item N = 999, p < .05
Quelle: DJI, 1. Welle Kinderpanel, eigene Berechnungen

Auch wenn sich Einzel- und Geschwisterkinder nicht in der Gesamtbewertung des Familienklimas unterscheiden, so zeigen sich doch interessante Unterschiede bei zwei Einzelitems.

Wie aus Abbildung 5 ersichtlich ist, sind Einzelkinder häufiger als Geschwisterkinder gern mit der Familie zusammen und erleben seltener innerfamiliale Konflikte. Einzelkinder müssen sich nicht mit Geschwistern auseinandersetzen oder um die Aufmerksamkeit der Eltern rivalisieren und erleben wahrscheinlich deshalb die Familie etwas harmonischer. Ein anderer Erklärungsansatz könnte die höhere Erwerbsbeteiligung von Müttern mit einem Kind sein. Erwerbstätige Mütter sind vergleichsweise weniger zu Hause und möglicherweise deshalb in höherem Maße bestrebt, Konflikte innerhalb der Familie zu vermeiden.

4.2 Peers

Um Einblick in die Welt der Gleichaltrigen zu gewinnen, wurden die 8- bis 9-Jährigen gebeten, die Namen von Kindern zu nennen, mit denen sie „öfter etwas zusammen machen". Sie konnten maximal zwölf Kinder angeben. Geschwisterkinder waren von der Aufzählung ausgeschlossen. Zur Ermittlung der Beziehungsintensität wurde anschließend für jedes genannte Kind gefragt, ob es sich um einen Spielkameraden/eine Spielkameradin handelt – d.h. um jemanden, mit dem man etwas macht – oder um einen guten Freund/eine gute Freundin.[15]

---

[15] Aus Gründen der besseren Lesbarkeit wird nachfolgend nur die männliche Form verwendet.

Im Durchschnitt geben die Kinder 5,7 Gleichaltrige an, mit denen sie sich in Schulpausen oder am Nachmittag treffen (Freunde und Spielkameraden). Dabei haben Mädchen signifikant größere Peernetze als Jungen. Mädchen nennen im Schnitt eine halbe Person mehr (6,0 Personen vs. 5,5 Personen).[16] Zwischen Einzel- und Geschwisterkindern zeigen sich keine signifikanten Unterschiede, was die Anzahl der Spielkameraden und Freunde betrifft. Dieses Ergebnis ist ein weiterer Beleg dafür, dass es sich bei dem verbreiteten Stereotyp des eigenbröd-lerischen, kontaktschwachen Einzelkinds um ein Vorurteil handelt.[17] Auch sozi-alstrukturelle bzw. regionale Faktoren stehen nicht im Zusammenhang mit der Zahl der Spielkameraden/Freunde. Kinder alleinerziehender Eltern nennen ge-nauso viele Peers wie Kinder, deren Eltern verheiratet sind bzw. unverheiratet zusammenleben. Zudem hat weder die finanzielle Situation der Familie, noch die Erwerbstätigkeit der Mutter oder die wirtschaftliche und soziale Lage der Region Einfluss auf die Größe der Peernetzwerke von Kindern im Grundschulalter.

Bei Geschwisterkindern zeigt sich für Jungen ein Zusammenhang zwischen dem Geburtenrangplatz und der Zahl der Peers. Letztgeborene nennen mehr Peers als Erstgeborene oder mittlere Kinder, unterscheiden sich aber nicht von Einzelkindern. Bei Mädchen hat der Geburtenrangplatz dagegen keinen Einfluss auf die Größe des Peernetzwerks.

Dieses Ergebnis stützt für Jungen die These, dass ältere Kinder durch ihre Funktion als Tutor jüngeren Geschwistern den Zugang zu Peergruppen erleich-tern. Darüber hinaus lässt sich für Jungen ein schwacher negativer Zusammen-hang zwischen der Zahl der Geschwister und der Größe des Peernetzes feststel-len. Jungen aus großen Geschwisterreihen tendieren dazu, weniger Freunde und Spielkameraden zu haben als solche, die aus kleinen Geschwisterreihen stammen (r=-.10; p<.05). Man könnte vermuten, dass Kinder, die mit einem altersnahen Geschwister aufwachsen, kleinere Peernetzwerke angeben. Schließlich haben sie ja bereits einen Spielkameraden im Haushalt. Oder man könnte vermuten, dass das Bedürfnis nach Kontakten mit Gleichaltrigen geringer ist, wenn sich Ge-schwister gut miteinander verstehen. Hierfür liefern die Daten aber keine Hin-weise. Weder der Altersabstand noch die Qualität der Geschwisterbeziehung hat einen Einfluss auf die Zahl der Gleichaltrigen, mit denen sich Kinder in ihrer Freizeit zum Spielen etc. treffen. Auch die Geschlechterkonstellation in der Geschwisterreihe wirkt sich nicht auf die Größe des Peernetzes aus. Jungen, die

---

[16] Eine ausführliche Analyse der Peerbeziehungen findet sich im Beitrag von Traub in Band 2.

[17] Auch die Hypothese, dass Einzelkinder möglicherweise nur deshalb gleich viele Spiel-kameraden/Freunde haben, weil sie häufiger in Vereinen oder Freizeitgruppen aktiv sind, kann mit den Daten widerlegt werden. Zwar haben Kinder, die in Sportvereine, Musik-schulen etc. gehen, tatsächlich größere Peernetzwerke, allerdings sind Einzel- und Ge-schwisterkinder gleich häufig in solche Freizeitgruppen eingebunden.

mit Schwestern aufwachsen, nennen gleich viele Peers wie ihre Geschlechtsgenossen aus rein männlichen Geschwisterreihen. Für Mädchen hat die Geschlechterkonstellation der Geschwister ebenfalls keinen Einfluss auf die Größe des Peernetzwerks.

Abb. 6:   Durchschnittliche Anzahl der Freunde und Spielkameraden von 8- bis 9-jährigen Jungen in Abhängigkeit vom Geburtenrangplatz

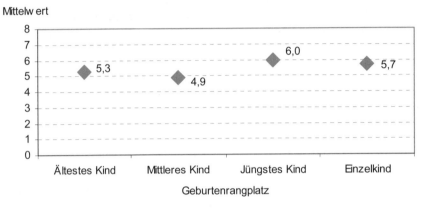

Anzahl der Fälle: Ältester N = 151; Ältester/Mittlerer n.s.; Ältester/Jüngster p < .05, Ältester/ Einzelkind n.s. Mittlerer N = 66 ; Mittlerer/Jüngster p < .05; Mittlerer/Ältester n.s.; Mittlerer/ Einzelkind n.s. Jüngster N = 171 Jüngster/Mittlerer p < .05, Jüngster/Ältester p < .05; Jüngster/ Einzelkind n.s. Einzelkind N = 87
Quelle: DJI, 1. Welle Kinderpanel, eigene Berechnungen

Betrachtet man nur die guten Freunde, dann zeigt sich, dass Einzelkinder genauso viele gute Freunde haben wie Geschwisterkinder (durchschnittlich 3,7) und dass Jungen, die den letzten Platz in der Geburtenreihe einnehmen, signifikant mehr gute Freunde angeben als Kinder anderer Geburtenrangplätze.[18] Darüber hinaus ist festzustellen, dass Jungen stärker zu gleichgeschlechtlichen Freund-

---

[18] Auch die soziale und wirtschaftliche Lage einer Region hat Einfluss darauf, wie viele gute Freunde Kinder im Grundschulalter haben. So nennen Kinder in privilegierten Regionen durchschnittlich mehr Freunde als Kinder in wirtschaftlich und sozial durchschnittlichen Regionen. Dagegen besteht zwischen sozialstrukturellen Faktoren wie der Partnerschaftsform der Eltern, der Erwerbsbeteiligung der Mutter oder dem sozialen Status der Familie auf der einen Seite und der Anzahl der Freunde auf der anderen Seite kein signifikanter Zusammenhang. Allerdings konnte Traub (in Band 2) zeigen, dass bei Mädchen die finanzielle Situation der Familie sehr wohl Auswirkungen auf deren Integration in Freundeskreise hat. So haben von Armut betroffene Mädchen nicht so viele gute Freundinnen wie Mädchen aus nicht armutsbetroffenen Familien.

schaften neigen. 77% haben ausschließlich Jungen als gute Freunde, während von den Mädchen 71% ausschließlich Freundinnen nennen. Es lässt sich zudem zeigen, dass es bei Mädchen einen Einfluss auf die Geschlechterzusammensetzung des Freundeskreises hat, ob sie mit oder ohne Geschwister aufzuwachsen. Verglichen mit Einzelkindern haben Geschwisterkinder häufiger nur weibliche Freunde (73% vs. 60%). Des Weiteren hat – auch wiederum nur bei Mädchen – der Altersabstand zum nächsten Geschwister einen Einfluss auf die Geschlechterzusammensetzung der Freunde. Mädchen mit altersnahen Geschwistern (maximal 2 Jahre) haben signifikant häufiger rein weibliche Freundeskreise.

Beschränkt man die Analysen auf die Gruppe der Freunde, mit denen sich die Kinder häufig – d.h. mindestens einmal pro Woche – treffen, dann zeigt sich, dass das Aufwachsen mit altersnahen Geschwistern zumindest bei Jungen dazu führt, dass sie weniger enge Freunde haben. Jungen mit altersnahen Geschwistern nennen durchschnittlich 1,7 enge Freunde, Jungen mit einem Abstand von mehr als zwei Jahren geben durchschnittlich 2,2 enge Freunde an. Für Mädchen zeigt sich dieser Zusammenhang nicht.

Freundschaften schließen und der Wunsch nach mehr Spielkameraden

Fragt man Kinder danach, wie leicht oder schwer sie es finden, Freundschaften zu schließen, dann geben zwei Drittel der Jungen wie auch der Mädchen an, dass ihnen dies „eher leicht" fällt. Interessanterweise berichten Einzelkinder häufiger als Geschwisterkinder, dass es für sie nach eigenem Empfinden unproblematisch ist, Freunde kennen zu lernen (siehe Abb. 7).

Auch dieses Ergebnis widerspricht der These, wonach Geschwisterkinder aufgrund der täglichen Auseinandersetzungen mit dem Bruder oder der Schwester mehr soziales Feingefühl entwickeln und deshalb Vorteile im Umgang mit Peers haben. Vielmehr scheint es so zu sein, dass Einzelkinder, gerade weil sie keine Geschwister haben, die sie jederzeit relativ leicht als Spielpartner gewinnen können, geübter in der Kontaktaufnahme mit fremden Kindern sind. Kontrolliert man das Geschlecht, so stellt man fest, dass der gefundene Zusammenhang nur auf das Verhalten der Mädchen zurückzuführen ist. Für Jungen hat die Tatsache, mit oder ohne Geschwister aufzuwachsen, keinen Einfluss darauf, wie leicht oder schwer sie Freundschaften schließen.

Was die Anzahl der Kontakte mit Gleichaltrigen betrifft, sind Einzel- und Geschwisterkinder gleichermaßen zufrieden. Gut ein Drittel (37%) wünscht sich mehr Kinder zum Spielen, während knapp zwei Drittel diesen Wunsch nicht haben. In Verbindung mit sozialstrukturellen bzw. regionalen Variablen weisen zwei signifikante Zusammenhänge in dieselbe Richtung. Zum einen wünschen sich Kinder, die in finanziell prekären Verhältnissen leben, häufiger als ihre Altersgenossen (45% vs. 35%) weitere Kinder, mit denen sie sich in ihrer Freizeit treffen können, zum anderen wird der Wunsch nach zusätzlichen Spielkameraden mit steigender Schichtzugehörigkeit seltener. 45% der Kinder aus niedrigen sozialen Schichten wünschen sich mehr Kinder zum Spielen, während es von den Kindern aus höheren Schichten nur 30% sind. Mädchen sind insgesamt zufriedener mit der Zahl der Freunde und Spielkameraden, nur 31% wünschen sich mehr Kinder zum Spielen, unter den Jungen sind es 42%.

Abb. 7:   8- bis 9-jährige Einzel- und Geschwisterkinder nach Geschlecht und Leichtigkeit der Kontaktaufnahme zu Gleichaltrigen (in %)

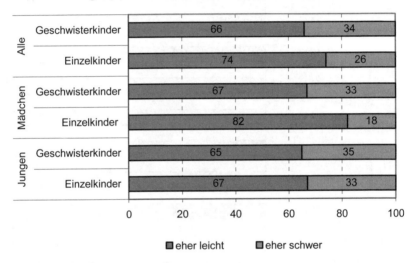

Anzahl der Fälle: Alle N = 931, p < .05; Mädchen N = 447, p < .05; Jungen N = 484, n.s.
Quelle: DJI, 1. Welle Kinderpanel, eigene Berechnungen

Kinder, die mit Geschwistern aufwachsen, die nur wenig jünger bzw. älter sind als sie selbst, haben seltener den Wunsch nach weiteren Spielkameraden als jene, bei denen der Altersabstand mehr als zwei Jahre beträgt. Allerdings ist dieser signifikante Zusammenhang ausschließlich bei Jungen festzustellen. Bei Mädchen – sie wünschen sich insgesamt seltener weitere Spielkameraden – spielt der Altersabstand keine Rolle. Dieses Ergebnis kann kaum überraschen. Zum einen ist es plausibel, dass Kinder, die bereits mit Gleichaltrigen aufwachsen, weniger das Bedürfnis haben, neben den Geschwistern und den i.d.R. bereits vorhandenen Freunden und Spielkameraden noch weitere Kinder kennen zu lernen. Zudem korrespondiert es mit dem vorherigen Befund, dem zufolge Jungen mit altersnahen Geschwistern nicht so viele enge Freunde in ihren Peernetzen haben.

Abb. 8:   Wunsch 8- bis 9-jähriger Geschwisterkinder nach weiteren Spielka-
           meraden, in Abhängigkeit von Geschlecht und Altersabstand zum
           nächsten Geschwister (in %)

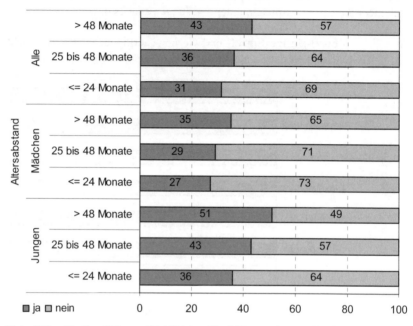

Anzahl der Fälle: Alle N = 798, p < .05; Mädchen N = 386, n.s.; Jungen N = 395, p < .05
Quelle: DJI, 1. Welle Kinderpanel, eigene Berechnungen

4.3 Schule

Eine Untersuchung von Miller und Maruyama (1976), die immer wieder als
Beleg dafür herangezogen wird, dass nachgeborene Geschwisterkinder Vorteile
in Bezug auf die Entwicklung sozialer Fähigkeiten haben, kommt zu dem
Schluss, dass Kinder, die ältere Geschwister haben, in der Schule häufiger als
Spielkamerad oder Banknachbar gewählt werden als Erstgeborene und Einzelkinder. Die Daten des DJI-Kinderpanels bieten die Möglichkeit, dieses Ergebnis
ansatzweise zu prüfen. Die Kinder wurden nämlich gefragt, wie sie ihre eigene
Beliebtheit in der Klasse einschätzen, und gebeten, sich auf einer Skala von 1
„wenig beliebt" bis 6 „sehr beliebt" einzustufen. Auch wenn es sich hierbei um
eine subjektive Selbsteinschätzung handelt, die nicht immer mit dem Urteil der

Klassenkameraden übereinstimmen muss, kann doch eine weitgehende Deckungsgleichheit beider Perspektiven unterstellt werden. Denn einem Kind, das von den Mitschülern gering geschätzt oder abgelehnt wird, dürfte es schwer fallen, sich als jemanden zu erleben, der sehr beliebt ist.

Abb. 9:   Beliebtheit 8- bis 9-jähriger Geschwisterkinder bei den Mitschülern und Altersabstand zum nächsten Geschwister (in %)

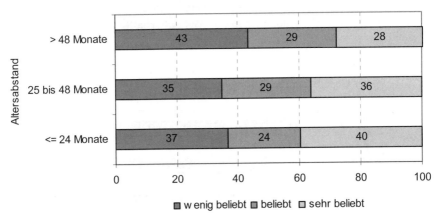

Anzahl der Fälle: N = 796, p < .05
Quelle: DJI, 1. Welle Kinderpanel, eigene Berechnungen

Insgesamt schätzt sich die Mehrheit der befragten Kinder als „sehr beliebt" (34%) oder zumindest „beliebt" (29%) ein. Nur 3% sind der Ansicht, dass sie in der Klasse ausgesprochen unbeliebt sind. Die extrem linksschiefe Verteilung hat ein arithmetisches Mittel von 4,7. Dabei fühlen sich Mädchen noch etwas beliebter als Jungen.[19] Entgegen der eingangs zitierten Untersuchung zeigen sich zwischen Einzel- und Geschwisterkindern keine Unterschiede. Jeweils gut 60% sind der Meinung, sie seien unter den Mitschülern „sehr beliebt" bzw. „beliebt". Auch der Geburtenrangplatz hat weder bei Jungen noch bei Mädchen Einfluss auf die Beliebtheit in der Klasse. Erstgeborene erfahren nach eigenem Empfinden gleich viel Anerkennung und Wertschätzung wie nachgeborene Kinder. Zumindest für die hier untersuchte Kohorte der 8- bis 9-Jährigen können die Ergebnisse von Miller und Maruyama nicht bestätigt werden. Auch die Partnerschaftsform der Eltern, die Erwerbstätigkeit der Mutter, die Schichtzugehörigkeit der Familie oder regionale Aspekte wie die soziale und wirtschaftliche Lage des

---

[19] Der T-Test ergab folgende Werte: arithmetisches Mittel Mädchen 4,9; arithmetisches Mittel Jungen 4,6 p=.000

Wohnorts stehen in keinem Zusammenhang damit, wie beliebt Kinder unter ihren Mitschülern sind. Im Rahmen dieser sozialstrukturellen Aspekte lässt sich allerdings zeigen, dass Jungen aus armutsgefährdeten Familien – diesen Familien steht maximal die Hälfte des Durchschnittseinkommens aller Familien zur Verfügung – sich signifikant häufiger als Schüler einschätzen, die in der Klasse sehr beliebt sind (armutsgefährdet 45% vs. nicht armutsgefährdet 26%). Für Mädchen besteht dieser Zusammenhang nicht.

Interessant ist auch, dass zwischen dem Altersabstand zum nächsten Geschwister und der Beliebtheit in der Klasse ein signifikanter Zusammenhang besteht.

Abb. 10: Beliebtheit 8- bis 9-jähriger Jungen in der Schulklasse und Qualität der Geschwisterbeziehung (in %)

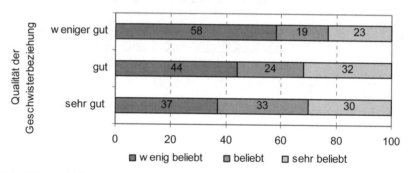

Anzahl der Fälle: n=402, p<.05
Quelle: DJI, 1. Welle Kinderpanel, eigene Berechnungen

Kindern, deren Geschwister maximal 2 Jahre älter bzw. jünger sind als sie selbst, wird mehr Anerkennung entgegengebracht als jenen mit altersmäßig weiter entfernten Geschwistern. Während wenig beliebte Schüler nur unter jenen Kindern deutlich stärker vertreten sind, die Geschwister mit einem Altersabstand von mindestens 48 Monaten haben (43%), nimmt der Anteil sehr beliebter Kinder mit sinkendem Altersabstand kontinuierlich zu (siehe Abb. 9). Eine mögliche Erklärung hierfür könnte sein, dass Kinder mit altersnahen Geschwistern im alltäglichen Umgang miteinander Verhaltensstrategien erlernen, die bei Gleichaltrigen besser ankommen bzw. altersadäquater sind als jene Verhaltensweisen, die Kinder in der Auseinandersetzung mit altersfernen Geschwistern anwenden. Beispielsweise ist es relativ leicht, sich gegenüber einem deutlich jüngeren Geschwister allein aufgrund der eigenen physischen Überlegenheit durchzusetzen. Im Fall von Meinungsverschiedenheiten unter Gleichaltrigen kann dies aber eine Strategie sein, die weder adäquat noch Erfolg versprechend ist.

Nicht nur der Altersabstand, sondern auch die Qualität der Geschwisterbeziehung steht zumindest für Jungen in Zusammenhang damit, wie anerkannt sie unter ihren Mitschülern sind. Verstehen sich Jungen gut mit ihren Geschwistern, dann fühlen sie sich häufiger sehr beliebt, als wenn die Geschwisterbeziehung schwierig ist – oder anders ausgedrückt, eine problematische Geschwisterbeziehung wirkt sich für Jungen (nicht aber für Mädchen) negativ auf die Beliebtheit in der Schule aus. Eine mögliche Erklärung könnte sein, dass schwierige Geschwisterbeziehungen in höherem Maße durch Rivalität gekennzeichnet sind und Jungen, die mit ihren Geschwistern rivalisieren, diese Verhaltensweisen auch verstärkt in der Interaktion mit Klassenkameraden zeigen, die ihrerseits dieses konkurrierende Verhalten missbilligen.

Auch zwischen der Eltern-Kind-Beziehung und der Beliebtheit in der Schule besteht ein Zusammenhang, der in dieselbe Richtung weist. Kinder, die ihre Beziehung zur Mutter bzw. zum Vater sehr positiv erleben, fühlen sich auch in der Schule anerkannter als jene, die die Beziehung zu den Eltern weniger positiv erleben. Dieser Befund ist erneut nur für Jungen mit Geschwistern signifikant. Bei weiblichen Geschwisterkindern besteht dieser Zusammenhang nicht. Bei Einzelkindern zeigt sich der Tendenz nach dasselbe Ergebnis. Aufgrund der geringen Fallzahl wird jedoch das übliche Signifikanzniveau deutlich verfehlt.

Schulleistungen

In der Geschwisterforschung findet sich eine Reihe von Untersuchungen, die belegen, dass Einzelkinder und Erstgeborene bessere schulische Leistungen erreichen als andere Kinder. Begründet wird dies zum einen damit, dass Einzelkinder und Erstgeborene vergleichsweise mehr Aufmerksamkeit von Seiten der Eltern erhalten, und zum anderen mit dem besonderen Leistungsehrgeiz von Erstgeborenen, mit dem sie versuchen, die durch das Entthronungstrauma ausgelöste Verunsicherung zu kompensieren. Andererseits erhält – wie Bryant (1982) zeigen konnte – die überwiegende Mehrheit der Geschwisterkinder bei den Schularbeiten von ihren Brüdern bzw. Schwestern Unterstützung, eine Hilfe, die Einzelkindern fehlt. Insofern ist zu prüfen, ob Geschwisterkinder, vor allem wenn sie mit älteren Schwestern aufwachsen, Vorteile gegenüber Einzelkindern haben, oder ob nicht doch Einzelkinder wegen der höheren Aufmerksamkeit von Seiten der Eltern bessere schulische Leistungen erzielen. Diese Frage soll anhand der Fächer Lesen und Rechnen/Mathematik geprüft werden.[20]

---

[20] Die Kinder wurden gebeten, anhand einer 4-stufigen Skala anzugeben, wie gut sie sich in den Fächern Rechnen/Mathematik, Rechtschreiben, Lesen, Sport, Musik, Zeichnen/ Kunst sowie Heimat- und Sachkunde einstufen. Auf den Einsatz einer an Schulnoten orientierten 6-stufigen Skala wurde bewusst verzichtet, da ein Teil der Kinder noch keine Noten bekommt.

Abb. 11: Selbsteinschätzung der Leistung im Fach Rechnen/Mathematik von
          8- bis 9-jährigen Mädchen in Abhängigkeit von der Qualität der
          Geschwisterbeziehung (in %)

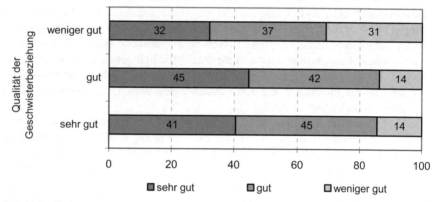

Anzahl der Fälle: N = 376, p < .05
Quelle: DJI, 1. Welle Kinderpanel, eigene Berechnungen

Was die eigene Leistung betrifft, stufen sich die befragten Kinder in beiden
Fächern überaus positiv ein.[21] Über die Hälfte der Grundschüler ist der Ansicht,
dass sie im Lesen sehr gut sind, (56%) und knapp die Hälfte (48%) schätzt sich
im Rechnen sehr gut ein. Wie bereits in einer Reihe anderer Studien festgestellt
wurde, schneiden Mädchen bei der Leseleistung signifikant besser ab als Jungen,
während es sich im Fach Rechnen umgekehrt verhält (Stanat/Kunter 2001). In
Hinblick auf sozialstrukturelle und regionale Faktoren (Partnerschaftsform der
Eltern, Erwerbstätigkeit der Mutter, Urbanität, soziale und wirtschaftliche Lage
der Region) zeigen sich keine Zusammenhänge mit der Lese- bzw. Rechenleis-
tung. Wie zu erwarten ist, hat aber sowohl der soziale Status als auch die finanzielle Situation der Familie Einfluss auf die Selbstwertung der Schulleistungen.
Je höher der soziale Status der Eltern ist, desto besser schätzen Mädchen und
Jungen ihre Leistungen im Lesen und Rechnen ein. Dagegen wirkt sich eine
prekäre Einkommenslage nur auf die Selbsteinschätzung von Mädchen aus. Sie
beurteilen ihre Lese- und Rechenleistungen schlechter als Mädchen, deren Familien nicht armutsgefährdet sind.
    Auch zwischen Einzel- und Geschwisterkindern zeigen sich insgesamt nur
wenige Unterschiede. Lediglich im Fach Rechnen schätzen sich Mädchen, die
mit Geschwistern aufwachsen, signifikant häufiger als sehr gute Schülerinnen

---

[21] Zu Unterschieden in der Einschätzung von Schulleistungen aus Sicht von Kindern,
Müttern und Vätern siehe den Artikel von Stecher in Band 2.

ein (Mädchen mit Geschwistern 41% vs. Mädchen ohne Geschwister 26%), aber etwa gleich häufig als eher schlechte Schülerinnen (Geschwisterkinder 18% vs. Einzelkinder 19%). Dagegen steht weder die Position in der Geschwisterreihe noch die Geschlechterkonstellation oder der Umstand, ob Kinder mit älteren oder jüngeren Geschwistern aufwachsen, in Zusammenhang mit der Einschätzung der eigenen Leistung in den Fächern Lesen und Mathematik. Die Frage, ob dieses insgesamt überraschende Ergebnis darauf zurückzuführen ist, dass tatsächlich keine Unterschiede zwischen verschieden strukturierten Geschwisterkonstellationen bestehen, oder vielmehr darauf, dass die 8- bis 9-jährigen Kinder nicht nach Zeugnisnoten gefragt werden konnten, muss an dieser Stelle offen bleiben.

Interessanterweise hat nur im Fach Rechnen die Qualität der Geschwisterbeziehung einen Einfluss auf die Einschätzung der eigenen Leistung. Dies trifft ausschließlich auf Mädchen zu. Für Jungen zeigt sich kein Zusammenhang.

Mädchen, die sich mit ihren Geschwistern weniger gut verstehen, schätzen sich doppelt so oft als eher schlechte Schülerinnen ein als Mädchen, die mit ihren Geschwistern insgesamt gut auskommen. Ob eine schwierige Geschwisterbeziehung dazu führt, dass Kinder wenig Hilfe und Unterstützung bei Hausaufgaben etc. von Seiten ihrer Geschwister erhalten, und dies möglicherweise ursächlich für den gefundenen Zusammenhang ist, kann an dieser Stelle nicht geklärt werden.

Auch die Beziehung zu den Eltern hat einen Einfluss auf die Leistung im Fach Rechnen. Mädchen, die sich mit ihrer Mutter bzw. ihrem Vater gut verstehen, beurteilen auch ihre schulischen Leistungen besser als jene Kinder, die eine eher schwierige Eltern-Kind-Beziehung haben. Dieser Zusammenhang besteht nur bei Mädchen, die mit Geschwistern aufwachsen. Für Jungen hat die Tatsache, ob sie sich eher gut oder schlecht mit ihren Eltern verstehen, keinerlei Auswirkungen auf ihre Leistungen im Fach Rechnen.

Für das Fach Lesen lässt sich zeigen, dass bei Jungen eine positive Bewertung ihrer schulischen Leistung mit einer positiven Vater-Kind-Beziehung einhergeht, während bei Mädchen eine gute Beziehung zur Mutter einen positiven Einfluss auf die Beurteilung der Leseleistung hat. Dagegen zeigt sich für die Qualität der Geschwisterbeziehung kein Effekt. Die Frage, worauf die sehr geschlechtsspezifischen Zusammenhänge letztlich zurückzuführen sind, kann zum jetzigen Zeitpunkt noch nicht beantwortet werden. Die zweite Welle wird hier bessere Möglichkeiten bieten. Zum einen sind die Kinder dann in der vierten Klasse und werden sich bei der subjektiven Beurteilung ihrer schulischen Leistungen eng an Schulnoten orientieren. Zum anderen werden in der zweiten Welle die Schulnoten für die Fächer Mathematik, Deutsch und Sport direkt erfragt, so dass hier ein Vergleich zwischen subjektiver Einschätzung und Zeugnisnote möglich ist.

5. Zusammenfassung

Trotz des seit Jahren anhaltenden Geburtenrückgangs wächst die ganz überwiegende Mehrheit der Kinder auch heute noch mit Geschwistern auf. Nur etwa jedes fünfte der heute 6- bis 9-jährigen Kinder bleibt Einzelkind, jedes zweite wächst mit einem Geschwister auf und jedes dritte mit zwei oder mehr Geschwistern. Betrachtet man den sozialstrukturellen Hintergrund von Kindern im Vor- und Grundschulalter, so zeigt sich, dass Geschwisterkinder häufig in eher traditionellen Familien leben, d.h. in Familien, in denen die Eltern verheiratet sind und die Mütter vergleichsweise selten erwerbstätig. Verglichen mit Geschwisterkindern wachsen Einzelkinder rund drei mal so oft bei alleinerziehenden Eltern auf und etwa doppelt so häufig bei Eltern, die unverheiratet zusammenleben. Darüber hinaus sind etwa 40% der Mütter von Einzelkindern berufstätig, während Mütter mit mehreren Kindern nur zu knapp 20% voll- oder teilzeiterwerbstätig sind. Dies mag auch ein Grund dafür sein, dass Geschwisterkinder in Deutschland einem erheblich höheren Armutsrisiko ausgesetzt sind als Einzelkinder. Während nur jedes zehnte Einzelkind in Familien aufwächst, die nach Richtlinien der OECD armutsgefährdet sind, trifft dies auf jedes fünfte Geschwisterkind zu. Dies bedeutet, dass Geschwisterkinder häufiger mit den Folgen prekärer Einkommenssituationen – wie ungenügendem Wohnraum, eingeschränkten Möglichkeiten der Freizeitgestaltung etc. – konfrontiert sind.

Geschwister zählen zu den wichtigsten Personen im Familiennetz von Kindern. Im Durchschnitt werden sie an der 3. Position – nach Mutter und Vater, aber noch vor den Großeltern – genannt. Im Zusammenhang mit dem Rangplatz zeigt sich, dass jüngste Kinder Schwestern früher nennen als erstgeborene bzw. mittlere Kinder, und dass Kinder, die in prekären Einkommensverhältnissen aufwachsen, Schwestern ebenfalls früher nennen als Kinder aus besser situierten Familien. Eine Erklärung hierfür könnte die Betreuungsfunktion liefern, welche ältere Schwestern vor allem in Familien mit niedrigem sozialem Status gegenüber ihren jüngeren Geschwistern erfüllen. Dies würde auch erklären, weshalb sich für Brüder keine signifikanten Unterschiede zeigen. Die Beziehung zu den Eltern erlebt die überwiegende Mehrheit der Kinder im Vor- und Grundschulalter sehr positiv. Dies gilt für Geschwister- und Einzelkinder in gleichem Maße. Auch die Position in der Geschwisterreihe hat zumindest aus Sicht der Kinder keinen Einfluss auf die Qualität der Eltern-Kind-Beziehung. Dieses Ergebnis steht in Widerspruch zu der These Adlers, der das Verhältnis des erstgeborenen Kindes zu seinen Eltern durch das Entthronungstrauma belastet sah. Trotz der alltäglichen Auseinandersetzungen bewerten Kinder auch die Beziehung zur den Geschwistern überwiegend als sehr gut, wenn auch nicht ganz so gut wie zu den Eltern.

Folgt man der These, dass die Konkurrenz zwischen Brüdern – vor allem wenn ein geringer Altersabstand besteht – besonders groß ist, dann überrascht zum einen, dass sich Jungen (wie auch Mädchen) mit Geschwistern des eigenen Geschlechts insgesamt besser verstehen als mit gegengeschlechtlichen Geschwistern, und zum andern, dass der Altersabstand keinen Einfluss auf die Qualität der Geschwisterbeziehung hat. Auch das Klima in der Familie erleben Einzel- und Geschwisterkinder insgesamt gleich gut, wobei Einzelkinder bei einzelnen Aspekten des Familienklimas zu noch positiveren Bewertungen gelangen. Für die Gruppe der Geschwisterkinder ist festzustellen: Je besser sich Kinder mit ihren Brüdern bzw. Schwestern verstehen, desto wohler fühlen sie sich in ihren Familien – wobei über die Richtung des Zusammenhangs noch nichts gesagt werden kann.

Was den Kontakt mit Gleichaltrigen betrifft, so finden sich keine Belege dafür, dass Geschwisterkinder aufgrund des täglichen Umgangs mit Brüdern bzw. Schwestern mehr soziales Feingefühl entwickeln als Einzelkinder und deshalb Vorteile im Umgang mit Peers hätten. Einzel- und Geschwisterkinder nennen gleich viele Freunde und Spielkameraden, mit denen sie sich in ihrer Freizeit treffen. Lediglich für Jungen lässt sich zeigen, dass der Platz in der Geschwisterreihe einen Einfluss auf die Größe des Freundschaftsnetzwerks hat. Jüngste Kinder haben mehr Peers als Erstgeborene oder mittlere Kinder, unterscheiden sich diesbezüglich aber nicht von Einzelkindern. Dagegen hat weder der Altersabstand noch die Geschlechterkonstellation in der Geschwisterreihe oder die Qualität der Geschwisterbeziehung Einfluss auf die Größe des Peernetzwerks von Jungen und Mädchen. Mädchen, die ohne Geschwister aufwachsen, fällt es nach eigenem Empfinden häufiger leicht, neue Freunde kennen zu lernen, als Mädchen, die mit Geschwistern aufwachsen. Für Jungen zeigen sich dagegen keine Unterschiede. Auch was die Anzahl der Kontakte mit Gleichaltrigen betrifft, sind Einzel- und Geschwisterkinder gleichermaßen zufrieden. Gut ein Drittel wünscht sich mehr Kinder zum Spielen, während zwei Drittel diesen Wunsch nicht haben. Allerdings ist zumindest für Jungen festzuhalten: Je geringer der Altersabstand zum nächsten Geschwister ist, desto seltener wünschen sie sich weitere Spielkameraden.

Auch für die These, dass nachgeborene Geschwisterkinder Vorteile hinsichtlich der Entwicklung sozialer Fähigkeiten haben und deshalb häufiger als Einzelkinder oder Erstgeborene in der Schule als Spielkamerad gewählt werden, findet sich keine Bestätigung. Vielmehr sind Einzel- und Geschwisterkinder unter den Mitschülern gleichermaßen beliebt. Erstgeborene erfahren nach eigenem Empfinden gleich viel Anerkennung und Wertschätzung wie nachgeborene Kinder. Allerdings besteht zwischen dem Altersabstand zum nächsten Geschwister und der Beliebtheit in der Klasse ein signifikanter Zusammenhang. Je geringer der Altersunterschied ist, desto eher erleben sich Grundschüler als sehr beliebt. Eine Erklärung hierfür könnte sein, dass Kinder mit altersnahen Geschwistern im täglichen Umgang Verhaltensweisen erlernen, die bei Gleichaltrigen besser ankommen bzw. altersadäquater sind als jenes Verhalten, welches Kinder im Umgang mit deutlich jüngeren bzw. älteren Geschwistern erlernen. Auch eine positive Geschwisterbeziehung wirkt sich bei Jungen positiv auf die Integration in die Klasse aus. Was die Schulleistungen 8- bis 9-jähriger Grundschüler betrifft (subjektive Selbsteinschätzung), so zeigen sich nur wenige Unterschiede zwischen Einzel- und Geschwisterkindern. Zum einen schätzen Mädchen, die mit Geschwistern aufwachsen, die eigene Leistung im Fach Rechnen häufiger „sehr gut" ein als Mädchen ohne Geschwister. Zum anderen geht bei Mädchen eine negative Beurteilung der mathematischen Leistungen mit einer negativen Bewertung der Geschwisterbeziehung einher.

Festzuhalten ist, dass sich bei den rund 1.000 befragten Kindern im Alter von 8 bis 9 Jahren in den drei untersuchten Lebensbereichen (Familie, Freunde, Schule) zum einen nur geringe Unterschiede zwischen Einzel- und Geschwisterkindern gezeigt haben und zum andern nichts darauf hindeutet, dass Einzelkinder sich weniger wohl in ihren Familien fühlten oder schlechter in Freundschaftskreise oder die Schule integriert wären. Auch für die Gruppe der Geschwisterkinder lassen sich zum jetzigen Zeitpunkt kaum Unterschiede zwischen erstgeborenen, mittleren und jüngsten Kindern feststellen. In Hinblick auf die psychosoziale Entwicklung könnten sich m. E. nach zwei Faktoren als relevant erweisen, die im Längsschnitt weiter verfolgt werden sollen. Dies ist zum einen der Altersabstand zum nächsten Kind und zum anderen die Qualität der Geschwisterbeziehung. Hier zeigen sich bereits zum jetzigen Zeitpunkt interessante Zusammenhänge sowohl mit sozialen als auch kognitiven Aspekten (Integration im Klassenverband, Schulleistung). Die spannende Frage, ob eine positive Geschwisterbeziehung eine eigene bzw. zusätzliche Ressource ist, die es Geschwisterkindern besser als Einzelkindern ermöglicht, Entwicklungsherausforderungen zu meistern, oder ob eine positive Geschwisterbeziehung lediglich Ausdruck eines positiven Familienklimas ist, lässt sich hoffentlich bald mit den Daten der zweiten und dritten Welle beantworten.

Literatur

Adler, Alfred (1996): Menschenkenntnis. Frankfurt/M.

Aken, Marcel A. van/Asendorpf, Jens B./Wilpers, Susanne (1996): Das soziale Unterstützungsnetzwerk von Kindern: Strukturelle Merkmale, Grad der Unterstützung, Konflikt und Beziehungen vom Selbstwertgefühl. In: Psychologie in Erziehung und Unterricht, 43, S. 114-126

Beisenherz, Gerhard H. (2002): Kinderarmut in der Wohlfahrtsgesellschaft. Das Kainsmal der Globalisierung. Opladen

Bryant, Brenda (1982): Sibling Relationship in Middle Childhood. In: Lamb/Sutton-Smith (Eds.): Sibling Relationships. Their Nature and Significance Across the Lifespan. Hillsdale/New York/London, S. 87-122

Bryant, Brenda K./Crockenberg, Susan. B. (1980): Correlates and dimensions of prosocial behaviour: A study of female siblings with their mothers. In: Child Development, 51, S. 529-544

Butterwegge, Christoph (2003): Armut und Kindheit: Ein regionaler, nationaler und internationaler Vergleich. Opladen

Cicirelli, Victor, G. (1975): Effects of mother and older sibling on the problem solving behaviour of the younger child. In: Developmental Psychology, 11, S. 749-756

Cicirelli, Victor G. (1976): Mother-child and sibling-sibling interactions on a problem-solving task. In: Child Development, 47, S. 588-596

Ernst, Jules/Angst, Cecile (1983): Birth Order: Its influence on personality. Berlin

Hartup, Willard W. (1978): Peer relations and the growth of social competence. In: Kent/Wolfe (Eds.) Promoting social competence and coping in children. The primary prevention of psychopothology. Hanover, New Hampshire, S. 234-256

Herzberg, Irene (1992): Kinderfreundschaften und Spielkontakte. In: Deutsches Jugendinstitut (Hrsg.): Was tun Kinder am Nachmittag? Ergebnisse einer empirischen Studie zur mittlern Kindheit. München, S. 77-126

Kasten, Hartmut (1993): Die Geschwisterbeziehung. Bd.1. Göttingen

Kasten, Hartmut (1993b): Die Geschwisterbeziehung. Bd.2. Spezielle Geschwisterbeziehungen. Göttingen

Kasten, Hartmut (1995): Einzelkinder: Aufwachsen mit und ohne Geschwister. Berlin

Kasten, Hartmut (1998): Geschwister: Vorbilder, Rivalen Vertraute. München

Kasten, Hartmut (2002): Der aktuelle Stand der Geschwisterforschung. In: Fthenakis/Textor (Hrsg.) Das Online-Familienhandbuch. http://www.familienhandbuch.de/

Lamb, Michael E. (1978): The development of sibling relationships in infancy : A short-term longitudinal study. In: Child Development 49, S. 1189-1196

Lamb, Michael E./Sutton-Smith, Brian (1982): Sibling Relationships. Their Nature and Significance Across the Lifespan. Hillsdale/New York/London

Lasko, J. K. (1954): Parent behaviour toward first and second children. In: Genetic Psychology Monographs, 49, S. 99-137

Liegle, Ludwig (2000): Geschwisterbeziehungen und ihre erzieherische Bedeutung. In: Lange/Lauterbach (Hrsg.): Kinder in Familie und Gesellschaft zu Beginn des 21sten Jahrhunderts. Stuttgart, S. 105-130

Miller, N./Maruyama, Geoffrey. (1976): Ordinal position and peer popularity. In: Journal of Personality and Social Psychology, 33, S. 123-131

Oberlander, M./Jenkins, N. (1967): Birth order and academic achievement. In: Journal of individual Psychology, 23, 103-109

Parens, Henri (1988): Siblings in early childhood: Some direct observational findings. In: Psychoanalytic Inquiry, 8, S. 31-50

Prochaska, J. M./Prochaska James 0. (1985): Childrens views of the causes and "cures" of sibling rivalry. In: Child Welfare, 64, S. 427-433

Rothbart, Mary K. (1971): Birth order and mother-child interaction in an achievement situation. In: Journal of Personality and Social Psychology, 17, S. 113-120

Schachter, Francis F./Shore, Ellen/Feldman-Rotman, Susan/Marquis, Ruth/Campel, Susan (1976): Sibling Deidentification. Developmental Psychology, Jg. 12, H. 5, S. 417-427

Schmid, Christine/Keller, Monika (1998): Der Einfluss von Geschwistern auf die kognitive und soziomoralische Entwicklung während der mittlern Kindheit und frühen Adoleszenz. In: Zeitschrift für Entwicklungspsychologie und Pädagogische Psychologie, Heft 3, Jg. 30, S. 101-110

Schmidt-Denter, Ulrich (1984): Die soziale Umwelt des Kindes. Eine Ökopsychologische Analyse. Berlin

Schmidt-Denter, Ulrich (1988): Die spezifische Bedeutung der Geschwisterbeziehung. In: Schmitd-Denter (Hrsg.): Soziale Entwicklung: Ein Lehrbuch über soziale Beziehungen im Laufe des menschlichen Lebens. München/Weinheim, S. 67-85

Schmidt-Denter, Ulrich (1993): Eltern-Kind- und Geschwister-Beziehungen unter Berücksichtigung der Sondersituation von Einzelkindern und Zwillingen. In: Markefka/Nauck (Hrsg.): Handbuch der Kindheitsforschung. Neuwied, S. 337-352

Schütze, Yvonne (1989): Geschwisterbeziehungen. In: Nave-Herz/Markefka (Hrsg.) Handbuch der Familien- und Jungendforschung (Bd. 1 Familienforschung). Neuwied, S. 331-324

Skouholt, T./Moore, E./Wellmen, F. (1973): Birth order and academic behaviour in first grade. Psychological Reports, 32, S. 395-398.

Stanat, Petra/Kunter, Mareike (2001): Geschlechterunterschiede in Basiskompetenzen. In: Baumert/Klieme/Neubrand u.a. (Hrsg.) PISA 2000: Basiskompetenzen von Schülern und Schülerinnen im internationalen Vergleich. Opladen, S. 249-269

Statistisches Bundesamt (2003): Bevölkerung und Erwerbstätigkeit: Haushalte und Familien (Ergebnisse des Mikrozensus) Fachserie 1, Reihe 3, Wiesbaden

Statistisches Bundesamt (2004): Natürliche Bevölkerungsbewegung. http://www.destatis.de/ themen/d/thm_bevoelk.htm

Zinnecker, Jürgen/Strzoda, Christiane (1998): Freundschaft und Clique. Das informelle Netzwerk der Gleichaltigen. In: Zinnecker/Silbereisen (Hrsg.) Kindheit in Deutschland: Aktueller Survey über Kinder und ihre Eltern. Weinheim, S. 81-98

Silvia Goia

Gebildete Eltern – aufgeschlossene Kinder?
Soziale Integration von Kindern in ihrem Freundeskreis

1. Einleitung

Ziel dieses Beitrags ist es, einen in der Bildungssoziologie bisher weitgehend vernachlässigten Mechanismus näher zu untersuchen, die soziale Integration des Kindes.
Folgt man den von Illich (1972), Bernstein (1973) und Halsey u.a. (1980) gemachten theoretischen Annahmen, dann sind soziale Kompetenz[1] und soziale Integration wichtige Erklärungsmerkmale sowohl für den Bildungserfolg als auch für die positive Persönlichkeitsentwicklung des Kindes. Diese Annahmen werden von verschiedenen Studien aus der Kindheitsforschung bestätigt. Sie zeigen, dass die positive Persönlichkeitsentwicklung des Kindes gerade durch die Akzeptanz und die Einbindung im Freundeskreis gefördert werden kann (Youniss 1982; Piaget 1973; Sullivan 1980).

Menschen werden durch die Erfahrungen, die sie in der Kindheit sammeln, deutlich geprägt. Diese Erfahrungen sind um so intensiver und interessanter, aber auch belastender, je enger Kinder in die soziale Welt der Gleichaltrigen, der sogenannten Peers, eingebunden sind. Die Einbindung geschieht einerseits durch die Anerkennung, die sie bei anderen finden, und andererseits durch Freundschaften, die sie mit gleichaltrigen Kindern eingehen (Krappmann/Uhlendorff 1999; Krappmann/Schneewind/Vaskovics 2000; Gstettner 1999).

Soziale Kompetenz ist in diesem Kontext ein Indikator für soziale Integration, weil davon ausgegangen werden kann, dass es sozial kompetenteren Kindern leichter fällt, Freundschaften zu schließen und eine wichtige Position in den Peergroups zu erreichen. Zum anderen stellt soziale Integration eine wesentliche Voraussetzung dar, um soziale Kompetenz zu erwerben.

Die Art und Weise, wie Kinder in ihrem Freundeskreis miteinander umgehen, ist jedoch nicht ausschließlich von ihrer sozialen Kompetenz abhängig. Das Verhalten der Kinder in gleichaltrigen Gruppen wird insbesondere durch die Erfahrungen, die sie in der Familie machen, und durch die elterliche Erziehung maßgeblich geprägt (Zinnecker/Silbereisen 1996; Honig u.a. 1996; Krappmann 2002). Meist versuchen Kinder ihre Eltern nachzuahmen und zeigen in verschiedenen Situationen Verhaltensweisen, die sie in der familiären Umgebung gesehen bzw. gelernt haben.

Aus diesen Gründen werde ich mich in diesem Artikel insbesondere mit der Frage beschäftigen: Wie wichtig sind die Eltern für die Integration ihrer Kinder in Freundeskreisen und welche Rolle spielt dabei die Bildung der Eltern? Sind

---

[1] Unter sozialer Kompetenz verstehe ich diejenigen weichen Faktoren, die in der Bildungssoziologie in Bezug auf Bildungsungleichheit kaum untersucht wurden (z.B. Sprache, emotionale Intelligenz, Motivation).

Kinder aus einem gebildeten Elternhaus besser in Freundschaftsgruppen integriert als Kinder aus einem bildungsarmen Elternhaus?

Freundschaftsgruppen oder Peergroups werden in Anlehnung an Brown (1990) als Gruppe oder Clique von altersgleichen Kindern definiert, mit denen regelmäßig Umgang gepflegt wird. Dabei sind in diesem Zusammenhang diejenigen Kinder wichtig, mit denen die Freizeit verbracht wird. „Freizeit" umschreibt dabei die Zeit, die Kinder in der Schulpause oder insbesondere am Nachmittag nach der Schule nicht mit schulischen oder familiären Pflichten verbringen.

Mein besonderes Interesse gilt im Rahmen dieser Arbeit der Bildung der Mutter. Es gibt hinsichtlich dieses Themengebietes eine auffallende Diskrepanz: Während ältere Studien zu dem Ergebnis kommen, dass die Bildung des Vaters der ausschlaggebende Faktor für die Entwicklung des Kindes ist – dies schließt unter anderem auch die soziale Integration im Freundeskreis ein – kommen neuere Studien zu einer umgekehrten Schlussfolgerung. Ihnen zufolge ist die Bildung der Mutter wichtiger als die des Vaters, wenn es um die Förderung und Entwicklung des Kindes geht.

Zinnecker und Silbereisen (1996) können in ihrer Studie nachweisen, dass Mütter häufiger kulturelle und bildungsfördernde Aktivitäten mit ihren Kindern unternehmen als Väter. Väter sind in dieser Studie nur in bestimmter Hinsicht gleich oder sogar engagierter, nämlich bei der sportlichen Freizeitgestaltung. Wissenschaftliche Arbeiten widersprechen sich jedoch, was solche Ergebnisse betrifft. Daraus entstand die zweite wichtige Fragestellung dieser Arbeit, im Rahmen derer untersucht werden soll, ob Bildung der Mutter ein ausschlaggebender Faktor für die soziale Integration des Kindes ist.

2. Einflussfaktoren auf die soziale Integration

Vor dem Hintergrund der sozialisationstheoretischen und bildungstheoretischen Grundlagen wird im Folgenden versucht, Einflussfaktoren auf die soziale Integration anhand von bereits durchgeführten Studien nach ihrer Art und Bedeutung zu kategorisieren.

2.1 Soziodemographische Faktoren

Zu den wichtigsten soziologischen Erklärungsgrößen zählen demographische und soziale Strukturmerkmale, die das Verhalten von Individuen beeinflussen. Der Einfluss von soziodemographischen Merkmalen auf die soziale Integration kann dadurch erklärt werden, dass Individuen im Prozess der Einbindung in eine bestimmte Gruppe auf die zur Verfügung stehenden Ressourcen (in Form von

Alter, Wohnungsgröße, etc.) zurückgreifen. Unterschiede im sozialen Status der einzelnen Personen können somit auch zu Unterschieden im Prozess der sozialen Integration führen (Gräbe 1989).

Ausgangspunkt der meisten Fragestellungen in verschiedenen deutschen Untersuchungen ist die Bedingtheit kindlicher Sozialbeziehungen durch die familialen Ressourcen. Nennenswert ist hierzu die Studie „Wirkung öffentlicher Sozialisationsleistungen auf den Sozialisationsprozess" von Kaufmann/Herlth/Strohmeier (1980). In dieser Untersuchung wurde versucht, Alltagsaktivitäten von Kindern möglichst genau zu beschreiben und Abhängigkeiten des kindlichen Alltags von der Verfügbarkeit familialer Ressourcen sichtbar zu machen.

Mit einer ähnlichen Thematik beschäftigten sich Herlth/Schleimer (1982). Sie analysierten intensiv die Qualität außerfamilialer Kontakte von Vorschulkindern. Diese Kontakte wurden als „Ergebnis familialer Organisation des kindlichen Alltags" verstanden und erscheinen als Resultat der Erziehungsleistung der Eltern. Nach dieser Studie sind außerfamiliale Beziehungen von Kindern sowohl von innerfamilialen, wie auch von externen Ressourcen der Familie abhängig. Mit den externen Ressourcen sind die Bedingungen der „sozial-ökologischen Lebenslage" der Familie gemeint, besonders die Integration der Familie in ein soziales Umfeld (Wohngegend, Wohnumfeld, z.B.), sowie ihre spezifische ökonomische (z.B. Einkommen, Status) und gesellschaftliche (z.B. Schicht, Autonomie) Situation.

Weniger detailliert versuchte die Studie „Soziale Kontakte von Kindern in der Perspektive ihrer Eltern" von Gräbe (1989) Einflüsse von soziodemographischen Faktoren auf die Kontaktmöglichkeiten der Kinder zu analysieren. Hierbei wurde gezeigt, dass Wohnsituation, Alter und Kindergartenbesuch des Kindes ausschlaggebende Merkmale für die Qualität der sozialen Kontakte und die Einbindung in gleichaltrige Gruppen sind. Keine Korrelationen zeigen sich hingegen sowohl bei Gräbe (1989), wie auch bei Schmidt-Denter (1984) zwischen den Variablen Schichtzugehörigkeit, soziales Milieu, Geschwisterzahl und der Variable Zahl der sozialen Kontakte des Kindes.

Als weitere zentrale Einflussgröße für die Integration und sozialen Kontakte wird oft der Bildungsgrad der Eltern genannt. Cochran/Riley (1988) haben soziale Netzwerke von 6-jährigen Kindern untersucht und konnten feststellen, dass der Bildungsgrad der Mutter hohe Korrelationen mit den untersuchten Netzwerkvariablen aufweist, insbesondere mit der Netzwerkgröße. Auch andere Untersuchungen konnten nachweisen, dass die Zahl der Kontakte der Kinder mit Gleichaltrigen mit dem Anstieg des Bildungsgrades der Eltern zunimmt (Lewis u.a. 1984, Cochran u.a. 1984).

Nicht zu vernachlässigende Einflussgrößen sind Staatsangehörigkeit und Religion. In den meisten Integrationsstudien, die sich insbesondere mit Migrantenfamilien beschäftigen, können hohe Korrelationen zwischen diesen Einflussgrößen und der Integration gezeigt werden. Die Gründe für Integrationsschwierigkeiten werden in den mangelnden Sprachkenntnissen bzw. dem Sprachniveau oder im unterschiedlichen Bildungsgrad der Eltern gefunden (Nauck/Gogolin 1999).

2.2 Soziale Netzwerke und soziale Unterstützung

Ein soziales Netzwerk stellt die Beziehungen innerhalb einer bestimmten Population oder Gemeinschaft dar. Folglich versteht man unter Netzwerkdaten im einfachsten Fall Daten, die eine inhaltlich spezifizierte Beziehung zwischen den Mitgliedern einer bestimmten Gruppe beschreiben (Jungbauer-Gans 2002, S. 104). Bei der Erklärung von Netzwerkkonzepten werden Merkmale der sozialen Beziehungen verwendet wie Art, Größe, Dichte und Stärke (Jungbauer-Gans 2002; Laireiter 1993; Gräbe 1989; Wellmann 1981). Sie werden im Folgenden näher erläutert.

Art

Die in einem Netzwerk enthaltenen Arten von Beziehungen lassen sich nach zwei theoretischen Positionen unterscheiden, einer beziehungs- und bedürfnistheoretischen (Boissevain 1977; Henderson 1977) und einer strukturell-rollentheoretischen (Baumann u.a. 1987). Letztere geht von den Theorien der sozialen Integration und des sozialen Funktionierens aus. Es wird dabei angenommen, dass die in den Theorien angesprochenen Lebens- und Sozialbereiche (Familie, Nachbarn, Freizeitbereich) wichtige beziehungsstiftende Strukturen darstellen (Baumann u.a. 1987; Laireiter 1993). Bedürfnis- und beziehungsorientierte Theorien sehen dagegen das zentrale beziehungsstiftende Moment in der genetisch angelegten Bedürfnis- und Beziehungsmatrix des Menschen (Henderson 1977). Beide Ansätze widersprechen sich nicht, sondern ergänzen sich in ihren Argumenten.

Größe

Ein weiteres zentrales Kennzeichen von Netzwerken ist deren Größe. So wird behauptet: „(...) je größer das soziale Netzwerk, desto größer ist die Auswahl an Personen, die Hilfeleistungen anbieten können" (Jungbauer–Gans 2002, S. 110).

Einige Studien können in diesem Zusammenhang nachweisen, dass in größeren Netzwerken der Anteil der Freunde und Kollegen größer ist als in kleineren Netzwerken, in denen Verwandte einen größeren Raum einnehmen (vgl. Fischer 1982, S. 40). Forschungsergebnissen zufolge wird in größeren und dichteren Netzwerken sowie in Netzwerken mit hohem Verwandtenanteil mehr soziale Unterstützung geleistet und es besteht eine höhere soziale Integration (vgl. Bowling/Browne 1991, S. 22).

Die Größe und Form von Netzwerken ist nicht zuletzt deshalb von großer Bedeutung, weil Individuen mit zunehmender Größe des Netzwerkes mehr Möglichkeiten erhalten, Bedürfnisse der Anbindung oder Unabhängigkeit auszuglei-
chen (vgl. Jungbauer-Gans 2002, S. 110).

Dichte

Unter der Dichte eines sozialen Netzwerkes versteht man den Grad der Integration oder Fragmentierung bzw. Unkoordinierung eines Beziehungsgeflechtes
(vgl. Wellman 1981, S. 189ff.).
    Die effektive und erfolgreiche Kommunikation in dichten Netzwerken ist be-
sonders wirkungsvoll. Dadurch können relativ rasch Ressourcen mobilisiert und
gegenseitige Hilfeleistung angeboten werden (vgl. Kadushin 1983, S. 190). Neben den positiven Aspekten der Dichte gibt es aber auch negative Aspekte. In
dichteren Netzwerken ist es schwierig, Ressourcen von außerhalb des Netzes zu
erlangen. Weniger dichte Netzwerke können verschiedene soziale Kreise verbinden und dadurch eine große Variationsbreite von Ressourcen zur Verfügung
stellen (Simmel 1908).
    Soziale Netzwerke, insbesondere ihre Dichte und Größe, gehören zu den
wichtigsten Dimensionen der sozialen Integration. Insbesondere Meinungen und
Haltungen, die in einer Gemeinschaft gegenüber einer bestimmten Person entstehen, sind ausschlaggebende Kriterien für die Position und Akzeptanz des Individuums in einer Gruppe. Dies hat schließlich Auswirkungen auf den Grad der
Hilfeleistung, die dieser Person angeboten wird. Dabei geht es nicht nur um materielle, sondern auch um emotionale Unterstützung (vgl. Gräbe 1989, S. 26).
    Die Bedeutung der sozialen Unterstützung[2] im Rahmen von sozialen Netz-
werken im Hinblick auf Integration oder Isolation wurde in zahlreichen Studien
belegt. In neueren Studien wird zwischen strukturellen und funktionellen Aspekten der sozialen Unterstützung unterschieden (Diewald 1991).
    Es werden besonders strukturelle Aspekte der sozialen Unterstützung mit
dem Begriff der sozialen Integration assoziiert (vgl. Schwarzer 1996, S. 175).
Dabei stellt die soziale Integration eine Voraussetzung für den Austausch von

---

[2] In der Literatur wird oft die englische Bezeichnung ‚social support' verwendet. Sowohl
unter diesem Begriff als auch unter der deutschen Bezeichnung werden diejenigen sozialen Austauschprozesse zwischen Individuen verstanden, in denen vielfältige materielle
oder ideelle Güter transferiert werden, ohne dass dafür eine marktübliche Leistung erfolgt
(vgl. Jungbauer-Gans 2002, S. 117). Ähnlich lautet die Definition von Cohen und Syme
(1985, S. 4) für social support: ‚as the resources provided by other persons'. Neben diesen
Definitionen gibt es allerdings auch die Ansicht (die im Rahmen dieser Arbeit nicht berücksichtigt wird), dass die Übersetzung von social support mit dem deutschen Begriff
‚sozialer Rückhalt' treffender wäre, weil damit auch nicht-materielle Dimensionen eingeschlossen wären (Siegrist 1986, S. 117).

sozialer Unterstützung dar. Des Weiteren tragen jegliche Arten von Interaktionen des Menschen mit seinem sozialen Umfeld, die sich auf irgendeine Art und Weise hilfeleistend auf Individuen des jeweiligen sozialen Netzwerkes auswirken, zur Entstehung von sozialer Unterstützung bei (Jungbauer-Gans 2002). Daher kann davon ausgegangen werden, dass je mehr Hilfeleistung bzw. Unterstützung eine Person von einer Gemeinschaft erhält, desto höher die Wahrscheinlichkeit ist, dass diese Person in einer Gruppe etabliert ist.

Der Einfluss von sozialer Integration auf ein bestimmtes Individuum muss nicht zwingend positiv sein. Fühlt sich eine Person zu sehr kontrolliert durch die Dichte der Gemeinschaft oder erhält sie „zu viel" Unterstützung – womöglich auch gegen ihren Willen – kann das zu negativen Spannungen führen (vgl. Leppin 1994, S. 110).

2.3 Psychosoziale Faktoren

Einer der wichtigsten Faktoren, die soziale Integration beeinflussen können, ist die Identität bzw. die Persönlichkeit des Individuums. Merkmale wie Einstellungen, Gefühle, Eigenschaften oder soziale und emotionale Kompetenz sind ausschlaggebend dafür, wie sich eine Person gegenüber einer anderen verhält, oder wie sie von anderen wahrgenommen wird. Im Folgenden werden diese Merkmale unter dem Oberbegriff „psychosoziale Merkmale oder Faktoren" zusammengefasst. Die verschiedenen psychologischen Theorien sind sich darüber einig, dass eine extrovertierte, offene, altruistische und sensible Persönlichkeit eher die Anerkennung und Akzeptanz in einer Gruppe erhält als eine introvertierte, verschüchterte, aggressive und egoistische Persönlichkeit (Oerter/Montada 1998). Verallgemeinert heißt das, es gibt einen Einfluss zwischen Identitätsmerkmalen und dem Grad der Einbindung in das soziale Umfeld. Die erfolgreiche soziale Integration kann durch die sozialen Kompetenzen des Kindes beeinflusst werden, die in der Familie, in Peerbeziehungen und in den Bildungsinstitutionen gefördert werden können. Dabei sind die Qualität der Freundschaften, das Wohlbefinden in der Familie und die Teilnahme des Kindes in gleichaltrigen Gruppen (z.B. in der Schule, im Hort) wichtige Einflussfaktoren.

Eine besondere Bedeutung wird hierbei der Familie zugeschrieben. Gerade bei jüngeren Kindern haben Eltern auf soziale Netzwerke einen größeren Einfluss. Die Qualität des Einflusses hängt jedoch stark von Familienstrukturen, Erwerbstätigkeit der Eltern, Bildung der Eltern oder Ethnie ab (Goia 2003).

Die Auswirkungen der erfolgreichen sozialen Integration können vielseitig sein. Kinder erhalten mehr Unterstützung, fühlen sich in einer Gruppe aufgehoben, lernen wichtige „Softskills" (z.B. miteinander umzugehen, hilfsbereit zu sein, Teamarbeit) und fühlen sich insgesamt erfolgreicher.

Die negativen Aspekte der Integration werden hier bewusst vernachlässigt. Diese schienen auf Grund des Datensatzes, der für die empirische Untersuchung der Fragestellung verwendet wird, vernachlässigbar zu sein. Zum einen wurde keine Frage zu negativen Folgen der Integration gestellt und zum anderen konnte man davon ausgehen, dass Kinder im Grundschulalter in keine „gefährliche" Gruppe integriert sind. Mit gefährlich meine ich z.b. solche Gruppen, in denen Drogen genommen werden oder die in irgendeiner anderen Weise gefährlich für das Individuum oder die Gesellschaft sein können.

Beschreibung des Indikators

Der Indikator „Soziale Integration im Freundeskreis" stellt im Rahmen dieser Arbeit die abhängige Variable dar. Sie besteht aus Dimensionen, die jeweils Merkmale der sozialen Integration in den Theorien von Jürgen Friedrichs/Wolfgang Jagodzinski (1999), David Lockwood (1969) und Hartmut Esser (1999) beschreiben (Goia 2003). Abbildung 1 stellt die operationalisierten Dimensionen der Theorien dar, die im Fragebogen erfasst wurden.

Der Indikator soll durch einen Wert zwischen 0 (nicht integriert) und 1 (hoch integriert) das Maß der Integration der Kinder in ihre Freundschaftsnetze abbilden. Zur Berechnung wurden deshalb die Werte der Variablen summiert und durch die Anzahl der Variablen dividiert. Durch dieses Vorgehen erhält man für jeden Befragten einen Wert in dem gewünschten Wertebereich zwischen 0 und 1.

Auf Grund der rechtsschiefen Verteilung des Indikators, die dazu geführt hat, dass sich die meisten Kinder in dem Bereich „integriert" befanden, hat es sich angeboten, diesen Bereich entweder weiter aufzuteilen oder die Klassifikation des Indikators auf eine andere Weise zu gestalten. Bei den meisten sozialwissenschaftlichen Berechnungen ist es üblich – vorausgesetzt, eine Gewichtung ist nicht möglich –, die Skala des Indikators in 10-Prozent- oder 20-Prozent-Perzentile aufzuteilen, um dadurch eine Abstufung der Skala zu erreichen. Dieses Vorgehen wurde nun auch für den Integrationsindikator gewählt. Es wurde zunächst die Aufteilung in die „unteren" 10% (die am niedrigsten Integrierten) und „oberen" 10% (die am höchsten Integrierten) der Befragten vorgenommen. Der mittlere Teil wurde danach in drei gleiche Teile aufgeteilt. Dies waren jeweils ungefähr 25% der Befragten. Somit entstand die Abstufung: 1 = „sehr gering integriert", 2 = „gering integriert", 3 = „mäßig integriert", 4 = „gut integriert" und 5 = „sehr gut integriert".

Abb. 1: Operationalisierung der abhängigen Variable

Qualitativer Integrationsbegriff

Dimensionen der Integration	Operationalisierung	Frage im Fragebogen:	Integriert, wenn Antwort:
Äußeres Verhalten	Erhalt von Hilfeleistung von anderen Kindern	Wenn du in der Schule bedroht, angegriffen, belästigt wirst, wer hilft dir dann?	Ein Freund, eine Freundin
Innere Zustände	Qualität von Freundschaften	Wie ist das mit dir und deinen Freunden?	-Ich habe viel Spaß mit meinen Freunden; /- Meine Freunde sind nicht gemein zu mir; /- Im Moment habe ich keine Probleme mit meinen Freunden;/ - Meine Freunde helfen mir, wenn ich sie brauche;/ - Ich hätte nicht lieber andere Freunde;/- Meine Freunde sind großartig
Platzierung in der Gruppe	Verhältnis zu anderen Kindern	Ist...(=genanntes Kind) ein Kind, mit dem du was machst oder ein guter Freund?	Ein guter Freund
Kulturation	Soziale Kompetenz	Findest du es eher leicht oder schwer, Freundschaften zu schließen?	Eher leicht

Quantitativer Integrationsbegriff

Quantität von Freundschaften	Kontakt	Gibt es Kinder, mit denen du öfter was zusammen machst?	Ja
Quantität von Freundschaften	Anzahl Freunde	Wenn du dich nach der Schule oder dem Hort mit Kindern triffst: Wie viele seid Ihr dann?	Zu dritt/oder noch mehr
Interaktion	Kontakthäufigkeit	Wie oft triffst du dich mit deinen Freunden außerhalb der Schule und Hort?	Jeden Tag, mehrmals die Woche, einmal die Woche

Quelle: DJI, 1. Welle Kinderpanel 2003, eigene Darstellung (Inhalte entnommen aus Esser 1999; Friedrichs/Jagodzinski 1999; Lockwood 1969)

Diejenigen Befragten, die nicht integriert waren, wurden dem Bereich „sehr gering integriert" zugeteilt, weil sie insgesamt nur 1,9% (N=20) der Befragten repräsentierten und somit als eigene Gruppe für weitere Berechnungen nicht geeignet erschienen.

Forschungsleitende Hypothese und Auswertungsmodell

Die Hypothesenbildung erfolgt nach theoretisch-systematischen Gesichtspunkten. Sie orientiert sich stark an Friedrichs/Jagodzinskis Theorie, wird jedoch durch die Theorie von Lockwood ergänzt. Es wird zunächst vorausgesetzt, dass gewisse Bedürfnisse nach Integration und Einbindung in einer Gruppe vorhanden sind. Ebenso wird davon ausgegangen, dass Kinder mit acht Jahren wissen, wie man Freunde definiert und wann man in eine Gruppe eingeschlossen oder von ihr ausgeschlossen ist.

Soziodemographische Merkmale der Kinder werden einerseits direkt erhoben (Alter, Geschlecht), andererseits werden sie über die Mutter erfasst (Wohnsituation, Status, Autonomie, Religion, Staatsangehörigkeit). Der Einfluss dieser Faktoren ist bei Kindern einseitig. Das heißt, soziodemographische Faktoren können die Integration der Kinder beeinflussen, umgekehrt kann die Integration der Kinder kaum ihre soziodemographischen Faktoren beeinträchtigen.

Die befragten Kinder sind nach den erwähnten Theorien nur ansatzweise rational kalkulierende Akteure. Sie können zwar abschätzen, was die bestmögliche Alternative ist, trotzdem handeln sie oft emotional und irrational.

Weiterhin wird in der Auswertung vorausgesetzt, dass Kinder sowohl durch ihre Umgebung als auch durch ihre Eltern beeinflusst werden können. Eltern können das Kind in seinem integrativen Prozess direkt und indirekt beeinflussen. Eine direkte Beeinflussung bedeutet, die Freunde des Kindes selbst auszusuchen oder so zu beeinflussen, dass das Kind schließlich integriert wird. Eine indirekte Beeinflussung bedeutet dagegen, dem Kind ökonomische, soziale und psychische Ressourcen, die für Integration wichtig sind, zur Verfügung zu stellen (z.B. Wohnungsgröße, Wohnungsumgebung).

Von folgenden Annahmen wird ausgegangen:

Hypothese 1:

Soziodemographische Merkmale der Eltern beeinflussen die soziale Integration der Kinder in Freundeskreisen.

a) Je höher die Bildung des Vaters, desto integrierter sind seine Kinder in Freundeskreisen.

b) Je höher die Bildung der Mutter, desto integrierter sind ihre Kinder in Freundeskreisen.

Hypothese 2:

Die soziale Integration von Kindern in Freundeskreisen wird von psychosozialen Merkmalen der Kinder und der Eltern beeinflusst.

Hypothese 3:

Die Größe und Dichte der Netzwerke von Kindern haben einen Einfluss auf ihre soziale Integration in Freundeskreisen (vgl. Goia 2003). Das folgende Modell soll die Hypothesen und die Auswertungsstrategie erklären.

Abb. 2:   Auswertungsmodell

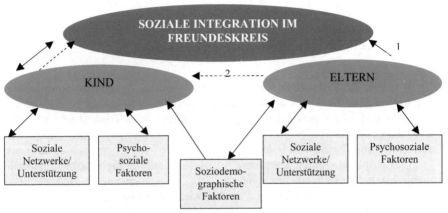

1) direkter Einfluss auf die soziale Integration; 2) indirekter Einfluss auf die soziale Integration
Quelle: Eigene Darstellung

1. Schritt:
Das Modell stellt zunächst den Einfluss der Eltern und Kinder auf die soziale Integration des Kindes dar. Dabei können sich das Kind und die Integration gegenseitig beeinflussen. Im Gegensatz dazu können Eltern kaum von der Integration des Kindes im Freundeskreis beeinträchtigt werden. Sie können jedoch in den Integrationsprozess des Kindes eingreifen. Dies kann sowohl auf einem direkten wie auch auf einem indirekten Weg geschehen: direkt z.B. durch persönliche Kontakte zu anderen Kindern und indirekt durch persönliche Merkmale, wie z.B. Bildung, Wohnung oder Wohlbefinden.

2. Schritt:
Im zweiten Schritt werden Einflussfaktoren dargestellt, die auf das Kind und die Eltern einwirken können. Sowohl beim Kind wie auch bei den Eltern sind die sozialen Netzwerke und die psychosozialen Faktoren verschieden. Genau wie die Eltern haben auch Kinder eigene Freunde, ein eigenes Selbstwertgefühl oder ein eigenes Wohlbefinden. Dagegen sind soziodemographische Faktoren (ausgenommen Alter und Geschlecht) sowohl beim Kind wie auch bei den Eltern gleich. Diese Dimensionen haben eine wechselseitige Einwirkung.[3] Sie können sowohl das Kind und die Eltern beeinflussen als auch von den Eltern und dem

---

[3] Wegen den vorhandenen Querschnittsdaten kann zu diesem Zeitpunkt nichts darüber gesagt werden, welche Richtung der gegebene Einfluss hat. Dies ist erst in der Panelauswertung möglich.

Kind beeinflusst werden. Nur die soziodemographischen Faktoren können durch das Kind kaum beeinträchtigt werden.

3. Die Kontrastgruppenanalyse (CHAID)

Es ist schwierig, kategoriale Daten einer multivariaten Analyse zu unterziehen. Der Grund dafür liegt in dem ordinalen Datenniveau, welches nur eingeschränkt für mathematische Operationen geeignet ist. Diese Schwierigkeit versucht das CHAID-Verfahren zu überbrücken. Ausgehend von einer gegebenen Population soll durch eine Reihe von unabhängigen Variablen die Stichprobe so in Teilgruppen gesplittet werden, dass diese im Hinblick auf die Zielvariable innerhalb möglichst homogen sind, untereinander jedoch möglichst hohe Heterogenität aufweisen. Für jede unabhängige Variable wird dabei untersucht, ob sich deren Kategorien bezüglich der zu erklärenden Variablen signifikant unterscheiden. Trifft das zu, erweist sich diese Variable als möglicher Prädikator für die Zielvariable (vgl. Alt 2001, S. 90ff).

Abbildung 3 zeigt die genaue Berechnung der Kontrastgruppenanalyse unter Einbeziehung aller soziodemographischen Variablen und Netzwerkvariablen.

Dabei werden die einzelnen Integrationskategorien in Abhängigkeit zu den beobachteten unabhängigen Variablen prozentual und absolut dargestellt. CHAID stellt nur diejenigen soziodemographischen Variablen dar, die zum einen Signifikanz aufweisen und zum anderen die stärksten Effekte bezüglich der Integration zeigen.

Als stärkste Prädiktoren für die Integration des Kindes erweist sich die Eignung der Wohnung zum Spielen und die Bildung der Mutter. Während knapp 12% aller befragten Kinder sehr niedrig integriert sind, sind in der Gruppe, bei der die Wohnung geeignet zum Spielen ist, nur 10,3% der Kindern sehr niedrig integriert. Weiterhin lässt sich erkennen, dass sich in der Gruppe der gering integrierten Kinder, die in einer Wohnung leben, die nicht zum Spielen geeignet ist, und die eine niedrig gebildete Mutter haben, 40% der Kinder befinden. Umgekehrt beträgt die Prozentzahl der gut integrierten Kinder, die eine gut gebildete Mutter haben, jedoch in einer ungeeigneten Wohnung zum Spielen leben, 24,3%.

Diese Ergebnisse bestätigen die Effekte, die in einer bivariaten Analyse beobachtet wurden. Im Gegensatz zu den erhaltenen Ergebnissen zeigt die CHAID-Analyse, dass Erwerbstätigkeit und Staatsangehörigkeit der Mutter keine wichtigen Prädikatoren für die Integration des Kindes im Freundeskreis sind.

Abb. 3: Kontrastgruppenanalyse: Soziodemographische Variablen

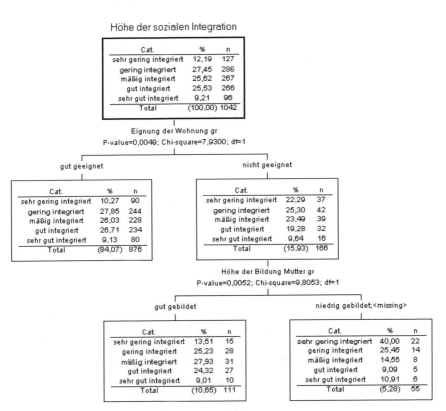

Höhe der sozialen Integration

Cat.	%	n
sehr gering integriert	12,19	127
gering integriert	27,45	286
mäßig integriert	25,62	267
gut integriert	25,53	266
sehr gut integriert	9,21	96
Total	(100,00)	1042

Eignung der Wohnung gr
P-value=0,0049; Chi-square=7,9300; df=1

gut geeignet

Cat.	%	n
sehr gering integriert	10,27	90
gering integriert	27,85	244
mäßig integriert	26,03	228
gut integriert	26,71	234
sehr gut integriert	9,13	80
Total	(84,07)	876

nicht geeignet

Cat.	%	n
sehr gering integriert	22,29	37
gering integriert	25,30	42
mäßig integriert	23,49	39
gut integriert	19,28	32
sehr gut integriert	9,64	16
Total	(15,93)	166

Höhe der Bildung Mutter gr
P-value=0,0052; Chi-square=9,8053; df=1

gut gebildet

Cat.	%	n
sehr gering integriert	13,51	15
gering integriert	25,23	28
mäßig integriert	27,93	31
gut integriert	24,32	27
sehr gut integriert	9,01	10
Total	(10,65)	111

niedrig gebildet;<missing>

Cat.	%	n
sehr gering integriert	40,00	22
gering integriert	25,45	14
mäßig integriert	14,55	8
gut integriert	9,09	5
sehr gut integriert	10,91	6
Total	(5,28)	55

Quelle: DJI, 1. Welle Kinderpanel 2003, eigene Berechnungen

Da bei der Berechnung der bivariaten Zusammenhängen wichtige Ergebnisse bezüglich der psychosozialen Faktoren zu beobachten waren, wurde eine weitere Berechnung mit CHAID durchgeführt. Diesmal wurden alle soziodemographischen, psychosozialen Variablen und Netzwerkvariablen berücksichtigt. Die Ergebnisse werden in Abbildung 4 ausführlich dargestellt.

Zunächst fällt auf, dass die soziodemographischen Faktoren in diesem Fall nicht zu den wichtigsten Prädikatoren der Integration des Kindes gezählt werden können. Zu den stärksten Prädikatoren zählen nun die soziale Kompetenz des Kindes, gefolgt von der Einsamkeit der Mutter und der Aggressivität des Kindes.

Die Gruppe der sehr gut integrierten Kinder ist unter der Bedingung, dass die Kinder sozial kompetent sind, mit 13,9% doppelt so hoch wie unter der Bedingung, dass Kinder nicht kompetent sind (6,3%).

Abb. 4: Kontrastgruppenanalyse: Psychosoziale und soziodemographische Variablen

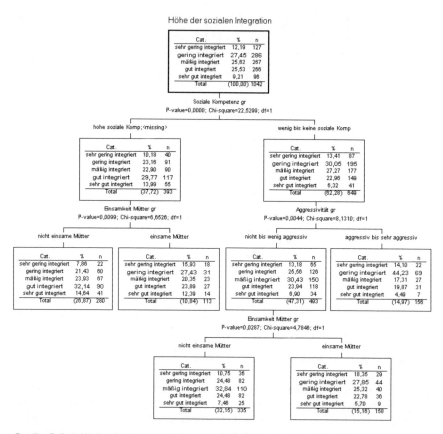

Quelle: DJI, 1. Welle Kinderpanel 2003, eigene Berechnungen

Alle dargestellten Ergebnisse weisen statistische Signifikanz auf.

Wird zusätzlich zur sozialen Kompetenz des Kindes auch die Einsamkeit der Mutter betrachtet, dann erhöht sich der Anteil der sehr gut integrierten Kindern unter der Bedingung, dass sie sozial kompetent sind und ihre Mütter nicht einsam sind, von 13,9% auf 14,6%. Auf gleiche Weise erhöht sich der prozentuale

Anteil der sehr gering integrierten Kinder von 13,4% auf 14,1%, unter der Bedingung, dass die Kinder sozial nicht kompetent sind und gleichzeitig aggressiv handeln. Betrachtet man zusätzlich die Einsamkeit der Mutter, dann erhöht sich der Anteil der sehr gering integrierten Kindern von 14,1% auf 18,3%.

Diese Befunde weisen darauf hin, dass die soziale Kompetenz des Kindes, die Aggressivität des Kindes und die Einsamkeit der Mutter gute Prädikatoren für die Integration im Freundeskreis sein können. Die Wahrscheinlichkeit, dass Kinder gut integriert sind, erhöht sich, wenn Mütter weniger einsam sind und Kinder sowohl ein geringes Aggressionspotenzial als auch ein hohes Maß an sozialer Kompetenz besitzen.

Für die weiteren Analysen sind diese Ergebnisse aus folgenden Gründen wichtig:

1. Die Kontrastgruppenanalyse hat gezeigt, welche der beobachteten Variablen bedeutsame Prädikatoren für die Wahrscheinlichkeit sind, im Freundeskreis integriert zu sein. Daher werden diese Variablen in die multivariate Analyse einfließen.

2. Es wurde zum anderen deutlich, dass die Netzwerkvariable auch in der Kontrastgruppenanalyse wenig bzw. keine Bedeutung erlangen konnte. Es konnten keine Effekte festgestellt werden. Für weitere Berechnungen wird sie aus diesem Grund vernachlässigt.

3. Schließlich muss an dieser Stelle bemerkt werden, dass das CHAID-Verfahren ein exploratives Verfahren ist. Um die eingangs aufgestellten Hypothesen zu prüfen, ist es notwegig, im nächsten Schritt eine zusätzliche Regressionsanalyse durchzuführen.

4. Multivariate Analyse der Einflussfaktoren der sozialen Integration

Im Folgenden soll nunmehr der Frage nachgegangen werden, wie die Wahrscheinlichkeit des Auftretens von Veränderungen in Abhängigkeit von der sozialen Integration variiert. Zu diesem Zwecke werden die interessierenden Integrationsformen einer logistischen Regression unterzogen, die die Wahrscheinlichkeit des Auftretens bestimmter Konstellationen expliziert.

4.1 Modellbildung

Die Bedeutung der Integration im Freundeskreis wird nun in zwei multivariaten Modellen geschätzt. Zunächst wird ein Basismodell mit den soziodemographischen Variablen berechnet und anschließend ein erweitertes Modell, das zusätzlich zu den soziodemographischen Variablen auch die psychosozialen Variablen berücksichtigt.

Unabhängige Variablen

Die Kontrastgruppenanalyse hat bestätigt, dass sowohl soziodemographische als auch psychosoziale Faktoren gute Prädikatoren für Integration sein können. Je nachdem, welche unabhängigen Variablen in die Analyse einbezogen wurden, variierten auch die Stärke und die Art der Prädikatoren. In beiden CHAID-Berechnungen war jedoch eines gleich: Signifikante Zusammenhänge bezüglich der Integration im Freundeskreis haben diejenigen Variablen gezeigt, die auch in der bivariaten Analyse die stärksten Zusammenhänge ergaben (siehe ausführlich dazu Goia 2003). Aus diesem Grund werden in die logistische Regression neben den unabhängigen Variablen, die in der Kontrastgruppenanalyse signifikante Effekte hervorgerufen haben, auch diejenigen unabhängigen Variablen einfließen, die in der bivariaten Analyse zu signifikanten Effekten geführt haben.

Bei den soziodemographischen Variablen sind diese: Bildung und Erwerbstätigkeit der Mutter, Eignung der Wohnung zum Spielen (Muttersicht), Staatsangehörigkeit der Mutter.

Von den psychosozialen Variablen konnten alle Variablen in die Analyse einbezogen werden. Diese sind: soziale Kompetenz, positives Selbstbild und Aggressivität des Kindes, Einsamkeit der Mutter. Alle unabhängigen Variablen wurden in dichotomer Form kodiert und in der logistischen Regression auch als solche verwendet. Die inhaltliche Trennung der einzelnen Variablen kann in Abbildung 11 der Diplomarbeit nachgelesen werden (Goia 2003).

Die abhängige Variable

Für das logistische Regressionsmodell wurde die abhängige Variable „Integration im Freundeskreis" in eine Dummy-Variable umkodiert. Wegen der rechtsschiefen Verteilung wäre eine Mediansplittung der Variablen nicht vorteilhaft gewesen, weil dadurch sämtliche Kinder, die eigentlich hoch integriert sind, in der Kategorie „niedrig oder mäßig integriert" eingeordnet gewesen wären. Die inhaltliche Überlegung war, die Kategorien so zu bilden, dass extrem niedrig integrierte Kinder von den gut integrierten Kindern getrennt werden. Somit konnte eine höhere Varianz zwischen den beiden Gruppen konstruiert werden. Die sehr niedrig integrierten Kinder bildeten 10% der befragten Kinder. Dadurch wurden die zwei neuen Kategorien „niedrig integriert" = 1 und „gut integriert" = 0 ungleich groß; es konnte jedoch eine bessere Unterscheidung zwischen den Kategorien erreicht werden.

Zur Beurteilung der Modellgüte und Vorhersagegenauigkeit der Modelle werden die Bestimmtheitsmaße r^2 nach Cox und Snell bzw. Nagelkerke betrachtet. Tabelle 1 stellt die zwei Regressionsmodelle dar. Aufgezeigt werden die unabhängigen Variablen, die bei der logistischen Regressionsanalyse verwendet werden sollen. Die soziodemographischen Variablen und die psychosozialen Merkmale der Väter werden in den Modellen nicht berücksichtigt, weil diese sowohl in der bivariaten Analyse als auch in der Kontrastgruppenanalyse keine signifikanten Ergebnisse im Zusammenhang mit Integration im Freundeskreis ergaben.

Tab. 1: Prädiktoren in den Regressionsmodellen

Basismodell	Erweitertes Modell
Bildung (M)	Bildung (M)
Erwerbstätigkeit (M)	Erwerbstätigkeit (M)
Staatsangehörigkeit (M)	Staatsangehörigkeit (M)
Eignung der Wohnung zum Spielen (M)	Eignung der Wohnung zum Spielen (M)
	Einsamkeit der Mutter (M)
	Soziale Kompetenz (K)
	Positives Selbstbild (K)
	Aggressivität (K)

M = Muttersicht, K= Kindersicht
Quelle: DJI, 1. Welle Kinderpanel 2003, eigene Darstellung

4.2 Ergebnisse der Modellschätzungen

In Tabelle 2 wird der Einfluss der soziodemographischen Merkmale der Mutter auf das Wahrscheinlichkeitsverhältnis zwischen den Tendenzen „gut integrierte Kinder" und „gering integrierte Kinder" geschätzt.

Nach Nagelkerke liegt das Erklärungsmodell bei etwa bei 6%. Somit wird der Anteil der erklärten Varianz der abhängigen Variablen „Integration im Freundeskreis" durch die im Basismodell enthaltenen unabhängigen Variablen nur sehr unbefriedigend erklärt. Offensichtlich gelingt es dem Basismodell nicht, die Streuung der abhängigen Variablen ausreichend abzubilden. Trotz der unbefriedigenden Einschätzung der Basismodellrechnung werden die Einflussstärken einzelner unabhängiger Variablen auf die Integration der Kinder im Freundeskreis genauer interpretiert.

Die Prädiktoren *Bildung der Mutter* und *Eignung der Wohnung zum Spielen* erweisen sich als statistisch höchst signifikant. Von beiden Faktoren geht ein positiver Effekt auf die Integration der Kinder im Freundeskreis aus. Das heißt, im Vergleich zu Kindern, die mäßig integriert sind, steigt die Wahrscheinlichkeit, dass Kinder gut integriert sind, wenn sie eine gut gebildete Mutter haben und in einer geeigneten Wohnung zum Spielen leben. Bei Bildung der Mutter beträgt der unstandardisierte Effektkoeffizient 1,82. Somit beträgt die Wahrscheinlichkeit, dass Kinder gut integriert sind, bei einer gut gebildeten Mutter das 1,82fache von der bei einer niedrig gebildeten Mutter. Ebenso beträgt die Wahrscheinlichkeit, dass Kinder gut integriert sind, wenn sie in einer Wohnung leben, die zum Spielen geeignet ist, das 2,37fache derjenigen bei Kindern, die nicht in einer gut geeigneten Wohnung leben.

Die Erwerbstätigkeit und die Staatsangehörigkeit der Mutter haben keinen signifikanten Effekt auf die Integration des Kindes. Dennoch lassen sich Aussagen für die vorhandene Stichprobe ableiten.

Die Effektkoeffizienten zeigen positive Effekte hinsichtlich der Wahrscheinlichkeit, dass Kinder gut integriert sind. Für die Gruppe der erwerbstätigen Mütter beträgt das Wahrscheinlichkeitsverhältnis 1,45. Die Wahrscheinlichkeit, dass in dieser Stichprobe erwerbstätige Mütter gut integrierte Kinder haben, ist demnach höher. Bei der Staatsangehörigkeit der Mütter beträgt der unstandardisierte Effektkoeffizient 1,41. Die Wahrscheinlichkeit, dass Kinder, deren Mütter im vorhandenen Datensatz die deutsche Staatsangehörigkeit besitzen, gut integriert sind, ist das 1,41fache derjenigen bei nicht deutschen Staatsangehörigen.

Tab. 2:   Logistische Regressionsrechnung: Basismodell

Prädikatoren	Integration im Freundeskreis (Abhängige Variable)	
	Effektkoeffizient (B)	Signifikanz
Bildung (M)	1,823	,007**
Erwerbstätigkeit (M)	1,451	,083
Eignung der Wohnung (M)	2,374	,000***
Staatsangehörigkeit(M)	1,412	,226
Konstante	,065	,000***

Fallzahl   1010
Nagelkerke R^2 ,062
p***<0,001   p**<0,01   p*<0,05
Quelle: DJI, 1. Welle Kinderpanel 2003, eigene Berechnungen

Im nächsten Schritt sollen psychosoziale Faktoren hinzugezogen werden. Dafür soll das erweiterte Modell berechnet werden, wobei die Effekte der Integration unter Berücksichtigung der soziodemographischen Einflussfaktoren überprüft werden sollen.

Erweitertes Modell

Durch die Hinzunahme der psychosozialen Faktoren verbessert sich die Gesamteinschätzung der Modellgüte um 2%. [Nach Urban (1993, S.62) liegen im logistischen Regressionsmodell angemessene Modellschätzungen erst bei r^2-Werten von 0.2 bis 0.4 (20% bis 40%) vor.] Dies erreicht jedoch immer noch nicht die 20% und weist daher auf eine eher geringere Erklärungskraft (8%) des Gesamtmodells hin. Dennoch können in einzelnen Fällen interessante Ergebnisse beobachtet werden.

Auch in diesem Modell bleiben bei der Analyse der Integration im Freundeskreis die statistisch signifikanten Effekte in den Bereichen *Bildung der Mutter* und *Eignung der Wohnung zum Spielen* bestehen. Die unstandardisierten Effektkoeffizienten in diesen Bereichen (Bildung = 1,69; Wohnung = 2,27) sind zudem höher und weisen auf eine höhere Wahrscheinlichkeit hin, dass Kinder gut integriert sind, wenn sie gut gebildete Mütter haben und wenn sie in Wohnungen leben, die geeignet zum Spielen sind.

Tab. 3:   Logistische Regressionsrechnung: Erweitertes Modell

Prädiktoren	Integration im Freundeskreis (Abhängige Variable)	
	Effektkoeffizient (B)	*Signifikanz*
Bildung (M)	1,693	,022*
Erwerbstätigkeit (M)	2,852	,091
Eignung der Wohnung (M)	2,271	,001**
Staatsangehörigkeit(M)	1,239	,465
Einsamkeit der Mutter	1,366	,160
Soziale Kompetenz (K)	1,116	,646
Positives Selbstbild (K	2,072	,009**
Aggressivität (K)	,899	,686
Konstante	,053	,000***

Fallzahl   999
Nagelkerke r^2: ,083
p***<0,001   p**<0,01   p*<0,05
Quelle: DJI, 1. Welle Kinderpanel 2003, eigene Berechnungen

Keine statistisch signifikanten Effekte können bei der Betrachtung von Erwerbstätigkeit, Staatsangehörigkeit und Einsamkeit der Mutter, Aggressivität und sozialer Kompetenz des Kindes beobachtet werden. Überraschend ist das vor allem bei den Faktoren „Einsamkeit der Mutter" und „soziale Kompetenz des Kindes". Diese Faktoren stellten im Rahmen der CHAID-Analyse die wichtigsten Erklärungsmerkmale hinsichtlich der Integration des Kindes dar. Nun scheint von den psychosozialen Faktoren lediglich das positive Selbstbild eine Rolle zu spielen. Der unstandardisierte Effektkoeffizient beträgt 2,07. Das heißt, die Wahrscheinlichkeit, dass gut integrierte Kinder ein positives Selbstbild haben, ist 2,07fach größer als die bei niedrig integrierten Kindern. Somit ist die Wahrscheinlichkeit, dass Kinder mit einem positiven Selbstbild gut integriert sind, höher, als wenn Kinder kein positives Selbstbild haben.

Zusammenfassend zeigen die Befunde eine hohe Abhängigkeit der Integration von der Eignung der *Wohnung zum Spielen*, der *Bildung der Mutter* und dem *positiven Selbstbild* des Kindes. Je höher die jeweiligen unstandardisierten Effektkoeffizienten sind, desto größer ist die Wahrscheinlichkeit der erfolgreichen Integration. Die genannten Faktoren wirken auf Kinder integrationsfördernd.

Mit diesen Ergebnissen lassen sich die Effekte der explorativen Kontrastgruppenanalyse teilweise bestätigen. Die dort dargestellten Zusammenhänge spiegeln sich in den Koeffizienten der Regressionsmodelle, insbesondere bei der getrennten Betrachtung der soziodemographischen und psychosozialen Merkmale wieder und lassen sich über das Vorzeichen der Koeffizienten zusätzlich weiter differenzieren. Betrachtet man die soziodemographischen und psychosozialen Faktoren zusammen, dann gehen im Gegensatz zu der CHAID-Analyse die Effekte bezüglich soziale Kompetenz, Aggressivität und Einsamkeit der Mutter verloren. Die Verluste der Effekte können jedoch erklärt werden. Die Wahrscheinlichkeit, dass erwerbstätige Mütter weniger einsam sind, könnte durchaus plausibel sein. Erwerbstätige Mütter haben durch die Arbeit zusätzlich zu ihrer Familie eine weitere Quelle von sozialen Netzwerken. Dies ermöglicht zusätzliche Kontakte und reduziert gleichzeitig das Gefühl, „alleine zu sein".

Daher wäre es durchaus möglich, dass es sich in den vorherigen Analysen bei der Betrachtung der Zusammenhänge zwischen Integration und Einsamkeit der Mutter nur um Scheinkorrelationen gehandelt hat.

5. Zusammenfassung und Interpretation der Ergebnisse

Die zentrale Ausgangsthese, wonach ein Zusammenhang zwischen der sozialen Integration des Kindes im Freundeskreis und der Bildung der Eltern besteht, konnte mit dem verwendeten Datensatz bedingt bestätigt werden. Die Daten des Kinderpanels bestätigen die Hypothese, dass die Bildung der Mutter einen Einfluss auf die soziale Integration des Kindes haben kann. Es konnte allerdings kein Zusammenhang zwischen der Bildung des Vaters und der sozialen Integration des Kindes im Freundeskreis nachgewiesen werden.

Es wurden zwei logistische Regressionsmodelle gerechnet: ein Basismodell, das als unabhängige Variablen nur soziodemographische Faktoren einbezog, und ein erweitertes Modell, das neben soziodemographischen Variablen auch psychosoziale Variablen berücksichtigte. Auf die Netzwerkvariablen wurde bei der logistischen Regressionsanalyse verzichtet, da sie weder in der bivariaten noch in der CHAID-Analyse bedeutende Effekte zeigen konnten. Neben den Variablen „Eignung der Wohnung zum Spielen" und „Bildung der Mutter" wurden zusätzlich zu soziodemographischen Variablen die Faktoren „Erwerbstätigkeit der Mutter" und „Staatsangehörigkeit der Mutter" einbezogen, weil sie in der bivariaten Analyse zu hochsignifikanten Zusammenhängen geführt hatten.

Die erste logistische Regressionsanalyse ergab, dass die Wahrscheinlichkeit, dass Kinder im Freundeskreis gut integriert sind, höher ist, wenn die Wohnung, in der sie leben, geeignet zum Spielen und die Mutter gut gebildet ist.

In der zweiten Analyse konnte durch die Erweiterung des Modells um die psychosozialen Faktoren festgestellt werden, dass die Wahrscheinlichkeit, dass Kinder gut integriert sind, steigt, wenn diese ein positives Selbstbild haben.

Insgesamt lässt sich anhand der Ergebnissen folgende Hypothese bestätigen:

- 1b) Je höher die Bildung der Mutter, desto integrierter sind ihre Kinder in Freundschaftsnetzwerken.

Folgende Hypothesen können bedingt bestätigt werden:

- 2) Die soziale Integration von Kindern in Freundschaftsnetzwerken wird von psychosozialen Merkmalen der Kinder und der Eltern beeinflusst.
- 1) Soziodemographische Merkmale der Eltern beeinflussen die soziale Integration der Kinder in Freundschaftsnetzwerken.

Folgende Hypothesen werden abgelehnt:

- 1a) Je höher die Bildung des Vaters, desto integrierter sind seine Kinder in Freundschaftsnetzwerken.
- 3) Die Größe und Dichte der Netzwerke von Kindern haben einen Einfluss auf ihre soziale Integration in Freundschaftsnetzwerken.

Die Analysen haben gezeigt, dass positives Selbstbild eines der bedeutsamsten Kriterien im Zusammenhang mit sozialer Integration im Freundeskreis ist. Aus diesem Grund scheint es wichtig zu sein, Kinder sowohl in der Schule als auch in der Familie in der Entwicklung dieser Charaktereigenschaft zu unterstützen und zu fördern.

Ein positives Selbstbild kann kaum wie ein Schulfach unterrichtet oder gelernt werden. In einem hochstratifizierten System wird jedoch zunehmend erwartet „sozial zu handeln", „sich zurechtzufinden" oder „sich selbst zu bestimmen" Dies wird allerdings nicht zielgerichtet unterrichtet. Es gibt kein Fach, das Verhalten schult. Vielmehr wird es als selbstverständlich angenommen, dass Lehrer auch diese Eigenschaften fördern.

Nun ist das positive Selbstbild und folglich die gute soziale Integration der Kinder nicht nur aus pädagogischen, sondern auch aus sozialerzieherischen oder bildungspolitischen Aspekten wichtig. Eine gute Zusammenarbeit der Kinder fördert nicht nur „soziale Geborgenheit", sie fördert auch den Abbau von sozialen Grenzen und macht Kinder offener für Neues.

Eine weitere wichtige Folge der empirischen Ergebnisse ist – wie die Analysen gezeigt haben – der Einfluss der Mutter, insbesondere die Bildung der Mutter, auf die Integration des Kindes im Freundeskreis. Wie kann dieser Einfluss erklärt werden?

Soziale Integration wird dann als gelungen betrachtet, wenn ein Mensch innerhalb der gesellschaftlichen Schichtung einen befriedigenden Status erreicht und eine akzeptierte Rolle gefunden hat (vgl. Bonderer 1980, S. 57ff.). Dafür ist es notwendig, bestimmte Handlungsnormen einzuhalten, bestimmte Werte mit anderen zu teilen und gegenseitige Rollen zu kennen und zu akzeptieren. Diese Fähigkeiten entstehen erst durch den Sozialisationsprozess, in dem Kindern über Lernprozesse beigebracht wird, sich in sozialen Beziehungen zu organisieren und zu Trägern sozialer Systeme zu werden. Die Lernprozesse sind umso intensiver, je mehr die Mutter weiß und je mehr sie dem Kind von diesem Wissen weitergeben kann.

Das heißt, für Mütter, die etwa in Ausbildung oder Studium sind, sollten Maßnahmen geschaffen werden (Kinderkrippe, Kindergruppe), wodurch sie die Möglichkeit erhalten, ihre Ausbildung oder ihr Studium zu beenden.

Die Eignung der Wohnung zum Spielen war der wichtigste Faktor, der auf die Integration des Kindes im Freundeskreis einen wesentlichen Einfluss gezeigt hat. Es scheint sehr wichtig zu sein, dass Kinder zu Hause mit anderen Kindern spielen können. Dies könnte bei sozialpolitischen Maßnahmen hinsichtlich Wohnungsbeschaffung oder Eigenheimförderung ein bedeutender Entscheidungsfaktor sein. Das heißt, neben Entscheidungsmaßnahmen, die rein aus finanziellen Gründen getroffen werden, wäre es wichtig, auch das Wohlbefinden der Kinder zu berücksichtigen, um ihnen die Möglichkeit zu bieten, problemlos aufzuwachsen.

Literatur

Alt, Christian (2001): Kindheit in Ost und West. Wandel der familialen Lebensformen aus Kindersicht. DJI: Familien–Survey 9. Opladen

Baumann, U./Laireiter, A./Pfingstmann, G./Schwarzenbacher, K. (1987): Fragebogen zum sozialen Netzwerk und zur sozialen Unterstützung (SONET), Kurzbericht. Zeitschrift für Klinische Psychologie 16, S. 429-431

Bernstein, Basil (1973): Studien zur sprachlichen Sozialisation (Class, Codes and Controll). Düsseldorf

Boissevain, Jeremy Fergus (1977): Friends of Friends, Networks, Manipulators, and Coalitions. Oxford

Bonderer, Eduard (1980): Integrationsbegriffe in der Behindertenpädagogik. In: Vierteljahresschrift für Heilpädagogik und ihre Nachbargebiete 49, S. 179-190

Bowling, A./Brown, P.D. (1991): Social Networks, Health, and Emotional Well-Being Among the Oldest Old in London. In Journal of Gerontology, Social Sciences 46, Paper 1, pp. 20-32

Brown, B.B. (1990): Peer Groups and Peer Cultures. In Feldman/Elliott (Eds.): At the Treshold. Cambridge/Massachusetts/London, pp. 171-197

Cochran, Moncrieff/Gunnarsson, L./Gräbe, S./Lewis, J. (1984): The Social Support Networks of Mothers with Young Children: A Cross-National Comparison. Research Bulletin No. 25 University of Gothenburg, Department of Educational Research

Cochran, Moncrieff/Riley, D. (1988): Mother report of children's personal networks, antecedents, concomitants and consequences. In Salzineger, S./Antrobus, J./Hammer, M. (Eds.): Social Networks of children, Adolescents and College Students. Hillsdale, New York, pp. 113-147

Cohen, S./Syme, S.L. (1985): Issues in the Study and Application of Social Support. In: Cohen, S./Syme, S.L. (Eds.): Social Support and Health. Orlando, pp. 3-22

Diewald, Martin (1991): Soziale Beziehungen. Verlust oder Liberalisierung? Soziale Unterstützung in informellen Netzwerken. Berlin (Diss. TU Berlin 1990)

Esser, Hartmut (1999): Inklusion, Integration und ethnische Schichtung. In: Journal für Konflikt- und Gewaltforschung, Jg. 1, S. 5-34

Fischer, Claude S. (1982): To Dwell Among Friends: Personal Networks in Town and City. Chicago

Friedrichs, Jürgen/Jagodzinski, Wolfgang (1999): Soziale Integration. In: Kölner Zeitschrift für Soziologie, Sonderheft 39/1999. Opladen/Wiesbaden

Goia, Silvia (2003): Diplomarbeit: Empirische Analyse über den Zusammenhang zwischen Bildung der Eltern und sozialer Integration des Kindes. Ludwig-Maximilian-Universität München. Lehrstuhl Professor Martin Abraham

Gräbe, Silvia (1989): Soziale Kontakte von Kindern in der Perspektive ihrer Eltern. Europäische Hochschulschriften, Reihe 22. Soziologie. Frankfurt/M.

Gstettner, Peter (1999): Integration und interkulturelles Lernen in einer Schule ohne Grenzen. In Zeitschrift Behinderte in Familie, Schule und Gesellschaft, 1/99

Halsey, A. H./ Heath, A. F./ Ridge, J. M. (1980): Origins and Destinations: Family, Class and Education in Modern Britain. Oxford, pp. 240 ff.

Henderson, S. (1977): The Social Network, Support and Neurosis, The Function of Attachement in Adult Life. British Journal of Psychiatry 138, pp. 185-191

Herlth, Alois/Schleimer, Ingrid (1982): Kinder im sozialen Umfeld. Außerfamiliale Kontakte von Vorschulkindern. Frankfurt/M.

Honig, Michael-Sebastian/Leu, Hans Rudolf/Nissen, Ursula (1996): Kinder und Kindheit, Soziokulturelle Muster. Sozialisationstheoretische Perspektiven. Weinheim/ München

Illich, Ivan (1972): Entschulung der Gesellschaft, Deschooling Society, München

Jungbauer-Gans, Monika (2002): Ungleichheit, soziale Beziehungen und Gesundheit. Wiesbaden, S. 73-103

Kadushin, Charles (1983): Mental Health and the Interpersonal Environment: A Reexamination of Some Effects of Social Structure on Health. In American Sociological Review 48, pp. 188-198

Kaufmann, F. X./Herlth, A./Strohmeier, K. P. (1980): Sozialpolitik und familiale Sozialisation – zur Wirkungsweise öffentlicher Sozialleistungen. Stuttgart

Krappmann, Lothar (2002): Ungleichheit der Interaktions- und Beziehungschancen in der Kinderwelt. In: Leu, Hans Rudolf (Hrsg.): Sozialberichterstattung zu Lebenslagen von Kindern. DJI Reihe, Band 11. Opladen, S. 67-78

Krappmann, Lothar/Schneewind, Klaus/Vaskovics, Laszlo (2000): Der Mensch als soziales und personales Wesen. Bd. 18. Stuttgart

Krappmann, Lothar/Uhlendorff Harald (1999): Soziometrische Akzeptanz in der Schulklasse und Kinderfreundschaften. In Renner, E./Riemann, S./Schneider, K. S. (Hrsg.): Kindsein in der Schule. Weinheim, S. 94-105

Laireiter, Anton (Hrsg.) (1993): Soziales Netzwerk und soziale Unterstützung. Konzepte, Methoden und Befunde. Bern/Göttingen/Toronto/Seattle

Leppin, Anja (1994): Gesundheitsförderung in der Schule. In: Kolip, P./Hurrelmann, K./Schnabel, P.-E. (Hrsg.): Jugend und Gesundheit. Interventionsfelder und Präventionsbereiche. Weinheim, S. 235-250

Lewis, M./Feiring, C./Kotsonis, M. (1984): The Social Network of the Young Child: A Developmental Perspective. In Lewis, M. (Ed.): Beyond on the Dyad. New York, pp. 129-160

Lockwood, David (1969): Soziale Integration und Systemintegration. In: Zapf, Wolfgang (Hrsg.): Theorien des sozialen Wandels. Köln, S. 124-137

Nauck, Bernhard/Gogolin, Ingrid (1999) (Hrsg.): Migration, gesellschaftliche Differenzierung und Bildung. Resultate des Forschungsschwerpunktprogramms FABER (Folgen der Arbeitsmigration für Bildung und Erziehung). Opladen

Oerter, Rolf/Montada, Leo (Hrsg.) (1998): Entwicklungspsychologie: Ein Lehrbuch.

Piaget, Jean (1973): Das moralische Urteil beim Kinde (zuerst 1932). Zürich

Schmidt–Denter, Ulrich (1984): Die soziale Umwelt des Kindes. Eine ökopsychologische Analyse. Berlin/Heidelberg

Schwarzer, Ralf (1996): Psychologie des Gesundheitsverhaltens [Psychology of Health Behaviors]. (2nd rev. ed.). Göttingen

Siegrist, Karin (1986): Sozialer Rückhalt und kardiovaskuläres Risiko. Viersen

Simmel, Georg (1908): Soziologie. Untersuchungen über die Formen der Vergesellschaftung. Berlin (reprinted 1969, Amsterdam)

Sullivan, Harry Stack (1980): Die interpersonale Theorie der Psychiatrie. Frankfurt/M.

Tietjen, A. M. (1985): Relationships Between the Social Networks of Swedish Mothers and Their Children. In Internat. Journal of Behavioral Development 5, pp.111-130

Urban, Dieter (1993): Logit-Analyse. Stuttgart

Wellmann, B. (1981): Applying Network Analysis to the Study of Support. In: Gottlieb, B. (Ed.): Social Network and Social Support. Beverly Hills, pp. 171-200

Youniss, James (1982): Die Entwicklung und Funktion von Freundschaftsbeziehungen. In: Edelstein, W./Keller, M. (Hrsg.): Perspektivität und Interpretation. Frankfurt/M., S.78-109

Zinnecker, Jürgen/Silbereisen, Rainer K. (1996): Kindheit in Deutschland: Aktueller Survey über Kinder und ihre Eltern. Weinheim/München

Klaus Wahl
Aggression bei Kindern
Emotionale und soziale Hintergründe

1. Aggression, ihre Bedingungen und Entwicklung: Eine theoretische Skizze

1.1 Typen und Häufigkeit von Aggression

Das Kinder-Panel analysiert einerseits die *Entwicklung der sozialen, emotionalen,* teilweise auch der *kognitiven Verhaltenstendenzen* bzw. *Kompetenzen* von Kindern. Andererseits interessiert es sich aber auch für gegenteilige Tendenzen, vor allem für solche zu *Aversion* und *Aggression* gegenüber anderen Menschen, wie sie auch schon bei Kindern beobachtet werden können. Unterschiedliche Formen von Aggression und Gewalt haben stets die Aufmerksamkeit der Öffentlichkeit, der Politik und der Wissenschaften gefunden. Dabei richtet sich das Interesse nicht nur auf die Gewaltkriminalität von Jugendlichen und Erwachsenen, auf spektakuläre Raubüberfälle, Schlägereien von Hooligans, Attacken von Skinheads oder Morde in Familien. In den letzten Jahren wurde auch viel über Gewalt an Schulen, aggressive Kinder und Kinderkriminalität diskutiert. Will man bessere Maßnahmen der *Prävention* von Gewalt planen, lohnt es sich, die Entwicklungen im Kindesalter und ihre Bedingungen zu analysieren.

Nach internationalen und nationalen Studien kommen *aggressive Störungen* bei 2 bis 7% der Kinder vor, variierend nach Alter und Geschlecht (Kuschel 2001, S. 40f.; Kuschel u.a. 2000, S. 21). Zahlreiche Untersuchungen zeigen, dass gewalttätige – und genereller: antisoziale und kriminelle – Jugendliche und Erwachsene überdurchschnittlich häufig schon in ihrer Kindheit zu aggressivem bzw. antisozialem Verhalten neigten (vgl. z. B. Wahl 2003). Bei einem kleinen Teil der Bevölkerung (etwa 5% bis knapp 10% der *Jungen* eines Kinderjahrgangs) kann man von erheblicher Aggressivität oder anderen Formen der Antisozialität sprechen, und – bei einem großen Teil davon – von einer biographischen *Kontinuität* dieser Auffälligkeiten von der Kindheit an (vgl. z.B. Agnew 1997; Moffitt 1997). Die Kinderpsychiatrie zählt aggressives Verhalten und Impulskontrollstörungen zu den häufigsten Krankheitsbildern (Schmeck/Poustka 2000, S. 3). Allerdings gibt es nicht nur Entwicklungspfade, die von aggressiven Kindern zu gewalttätigen Jugendlichen und Erwachsenen führen. Es wurde auch beobachtet, dass Gewalttäter in ihrer Kindheit häufiger als friedliche Menschen besonders ängstlich, motorisch unruhig oder traurig waren (Wahl 2003). Insgesamt wird das Vorkommen von solchen *psychischen Auffälligkeiten* (Prävalenz) wie Aggressivität, aber auch Ängstlichkeit, Hyperkinetik, Depression u.ä. – je nach dem psychologischen bis psychiatrischen Schweregrad – von der internationalen Forschung mit bis zu 15 bis 20% der Kinder angesetzt (Cox 1995, S. 24; Kuschel u.a. 2000, S. 20).

In den Wissenschaften, die sich mit Aggression beschäftigen, werden *verschiedene Typen von Aggression* unterschieden, z. B.

- *instrumentell-aggressives* Verhalten (kontrolliert, geplant, verdeckt, offensiv, oft mit delinquenten Anteilen, auf der Basis der *Leitaffekte Selbstvertrauen und Machtgefühl*).
- *impulsiv-aggressives* Verhalten (ungeplant, affektiv, offen, eher reaktiv/ defensiv, auf der Basis der *Leitaffekte Ärger, Wut und Angst*) (a.a.O., S. 4).

Man kann noch weitere Aggressionstypen unterscheiden, etwa nach *biologischen, psychischen* und *sozialen Funktionen* der Aggression (z.b. zur Erlangung von Ressourcen oder zur Territorialverteidigung), nach ihren *Motiven* oder *Situationen,* in denen sie besonders häufig stattfinden.

1.2 Gängige Theorien zu Aggression

Diskutiert werden diese Formen im Rahmen der unterschiedlichsten *Aggressionstheorien.* Die früheren *Theorien,* die von einem *Aggressionstrieb* ausgingen (Freud, Lorenz), gelten mittlerweile als überholt. Von naturwissenschaftlicher Seite wird heute hervorgehoben, dass die verschiedenen Arten von Aggression großteils schon in unserem evolutionären Erbe wurzeln und als Mechanismen zur Weitergabe der eigenen Gene wirken (z. B. defensive Gegengewalt; Verteidigung Blutsverwandter; Dominanz in der Gruppe; eifersüchtige Gewalt gegen Nebenbuhler), worauf insbesondere die *Evolutionspsychologie* hingewiesen hat (Daly/ Wilson 1988; Daly/Wilson 2002). Empirisch nachgewiesen sind Einflüsse neurologischer und hormoneller Faktoren auf das Aggressivitätsniveau (Schmeck/ Poustka 2000) wie auch Einflüsse während der Schwangerschaft (z. B. des Rauchens von schwangeren Müttern auf spätere Hyperaktivität und Aggressivität ihrer Kinder – vgl. Tremblay 2003; Thomas 2001; Varisco 2000).

Es finden sich viele Zusammenhänge zwischen bestimmten *Emotionen* und Gewalttätigkeit wie etwa frustrations- und lustbedingte Aggression; moralische Aggression, um Gerechtigkeitsgefühle durchzusetzen). Besonders bekannt wurde die *Frustrations-Aggressions-Theorie* (Dollard u.a. 1970). Ähnlich argumentieren Theorien, nach denen Verletzungen des *Selbstwertgefühls* zu Gewalt führen können (Wahl 1989; Wahl 1990; Baumeister/Smart/Boden 1996; Baumeister/ Bushman 2002). Pendants dazu, die eher die gesellschaftlichen Hintergründe für frustrierende Gefühle betonen, liegen vor in Gestalt von Theorien der *Anomie* (danach lösen Zeiten massiven gesellschaftlichen Wandels belastende Gefühle und Devianz aus) (Durkheim 1973; Merton 1968), Verwandt damit sind *Deprivations- und Desintegrationstheorien,* nach denen in Gruppen, die von gesellschaftlichen Ressourcen und Bindungen abgeschnitten sind, Devianz und Gewalt steigen (Wahl 1989; Heitmeyer 1995). Eine wichtige Rolle bei der Erklärung aggressiven Verhaltens spielen seit längerer Zeit *Lerntheorien,* nach denen

z. B. durch Lernen am Erfolg der eigenen Aggression, durch Nachahmung gewalttätiger Modellpersonen (Eltern, Medienfiguren) usw. aggressive Verhaltensformen
eingeübt werden (Berkowitz 1962; Bandura 1973). Die *„sozialinteraktionistische"*
Theorie geht davon aus, dass Gewalttäter andere wegen Normverletzungen bestra-
fen wollen (Tedeschi/Felson 1994). *Ökonomische* und *„rational-choice"-Theorien*
nehmen an, dass Gewalt nach der Kalkulation von Vorteilen und Risiken begangen
wird (Becker 1993). *Interdisziplinäre* und *tiefensoziologische Theorien* versuchen,
ökologische, ökonomische, soziale, kulturelle, psychische und biologische Voraussetzungen für Aggression zu integrieren (Wahl 2000; vgl. zusammenfassend zu
Aggressionstheorien auch Wahl 2001b). Vor dem Hintergrund dieses *Theorien-*
spektrums findet sich eine Fülle von naturwissenschaftlicher, psychologischer und
soziologischer Aggressions*forschung* (vgl. Wilson 1995; Kagan 2000, S. 103 ff.;
Heitmeyer/Hagan 2002). Solche Unterscheidungen von Aggressionstypen und -
genesen sind kein akademisches *l'art pour l'art*, sondern für die Prävention entscheidende Differenzierungen.

1.3 Entwicklungspfade von Aggression

Die Entwicklung von Tendenzen zu Aggression beginnen beim *Temperament*
bzw. bei der *emotionalen und sozialen Persönlichkeit* schon des kleinen Kindes. Ein Teil der Kinder zeigt schon früh überdurchschnittlich häufig oder
stark Emotionen wie *Impulsivität, Ärger und Wut* als Voraussetzungen für
Aggression. Eine Reihe von *Längsschnittstudien* deutet auf eine relativ hohe
Stabilität von Aggression vom Kindes- bis ins Erwachsenenalter hin, *wenn* ein
entsprechender Entwicklungspfad begonnen wurde und keine entscheidende
Gegensteuerung greift (Loeber/Hay 1997). Ab dem Jugendalter bleibt Aggres-
sionsverhalten noch stabiler als vorher. Dabei müssen aber individuelle Unterschiede beachtet werden: In der Tremblayschen Längsschnittstudie behiel-
ten die anfänglich körperlich *aggressivsten* und die *anfänglich am wenigsten*
aggressiven Kinder später im Jugendalter (untersucht wurde das bis zum Alter
von 15 Jahren) am ehesten ihre Neigungen bei. Bei Kindern, bei denen anfangs mittlere Aggressionsniveaus zu beobachten waren, nahm die Tendenz zu
Gewalttätigkeit dagegen ab. Es gibt also ganz *unterschiedliche Entwicklungs-*
pfade (Tremblay 2000, S.135f.).

Eine Leipziger Längsschnittsstudie, die vom Zentralinstitut für Jugendforschung mit Kindern ab dem Alter von acht Jahren begonnen wurde und die
später durch das Deutsche Jugendinstitut zehn Jahre lang bis ins Jugendalter
weitergeführt wurde (vgl. Bien 1994), zeigte ebenfalls *Kontinuitäten in ver-*
schiedenen emotionalen Entwicklungspfaden. So ergab unsere *Reanalyse* dieser Daten einen Zusammenhang zwischen *Hyperkinetik* und *Aggressivität* im
Kindesalter mit einer späteren *Gewaltneigung im Jugendalter*. Andererseits

fanden sich aber auch (besonders bei Mädchen) Korrelationen zwischen frühen Formen der *Ängstlichkeit* und *Selbstunsicherheit* und sozialemotional-aggressiven Syndromen wie späterer *Fremdenfeindlichkeit* (Manecke/Kuhnke/ Mittag/Strehmel/Wahl 2000). Das deutet an, dass *mehrere Wege zu Hostilität und Gewalt* führen können, die bei *unterschiedlichen Ausgangsformen* emotionaler Persönlichkeiten beginnen.

Andere unserer Untersuchungen bestätigten das. Von uns beforschte (vorwiegend fremdenfeindliche) Gewalttäter berichteten im Rückblick auf ihre Kindheit nicht nur von Gefühlen wie Ärger, Wut und aggressiven Neigungen, sondern teilweise auch von *ganz anderen Emotionen*, insbesondere von *Ängstlichkeit* und *Schüchternheit* sowie von *Trauer*. Beispielsweise konnte sprachlose Angst und Trauer in Aggression umkippen. Das geschah etwa dann, wenn sich die Eltern scheiden ließen oder dann, wenn die Mutter eines Kindes früh starb, der Vater darüber zum Alkoholiker wurde und das Kind mit seiner Trauer alleine blieb – um darauf plötzlich äußerst aggressiv zu werden, möglicherweise ein indirekter Kommunikations- und Hilfeappell (Wahl 2003, S. 107). Häufig berichteten solche Gewalttäter auch davon, dass sie als Kinder keine Gefühle zeigen konnten. Wie in einer anderen unserer Studien (Wahl/Tramitz/Blumtritt 2001) offenbarte sich auch hier in den Erinnerungen vieler massiv gewalttätiger Personen in der Kindheit eine Mischung *verschiedener extremer Emotionen*, wobei diejenigen vorherrschten und früh begannen, die eindeutiger auf Aggression hinausliefen. Je nachdem, *welche* Ausgangsemotionen und Verhaltensneigungen überwiegen, kam es mit der Zeit zu eher *instrumenteller* oder zu *impulsiv-reaktiver Aggressivität* – also zu geplanter Gewalttätigkeit, mit der Dominanz hergestellt werden sollte, oder zum spontanen Abreagieren von emotionaler Erregung wie Ärger oder Angst. Auch wenn Eltern mit der Nervosität und Zappeligkeit ihrer Kinder nicht zurecht kommen und darauf mit massiven Strafen reagieren, kann die kindliche Aggressivität erst recht gesteigert werden (Wahl 2001a; Wahl 2003).

Nach Aussagen dieser Gewalttäter wurden sie *nach dem Grundschulalter* im Vergleich zur Kontrollgruppe noch *nervöser, wütender* und *aggressiver*. Das ist insofern bemerkenswert, als es gegenüber den oben zitierten Befunden der Längsschnittstudie von Tremblay (2000) auf einen *zusätzlichen* Entwicklungspfad der Aggressivität hindeutet: Dass das Aggressivitätsniveau nicht von Kindheit an entweder *sehr gering* oder *sehr hoch* oder von mittlerer Höhe *abnehmend* ist, sondern auch *zunehmen* kann. Allerdings basiert diese Erkenntnis, wie bei Straftätern üblich, auf retrospektiv erhobenen Daten. Daher erhoffen wir uns einige Aufschlüsse zu diesen Hypothesen aus den Längsschnittdaten des Kinder-Panels.

Mittlerweile legt es eine ganze Reihe von Zwillings- und Adoptionsstudien nahe, dass bei aggressivem Verhalten *genetische* Anteile der Persönlichkeits-

formung – über komplizierte Zwischenprozesse z. B. hormoneller und neuro-
naler Art – eine wichtige Rolle spielen (Van den Oord/Boomsma/Verhulst
1994; Rutter 1997; Van den Oord/Boomsma/Verhulst 2000; Coie/Dodge 1998, S.
808; Hamer/Copeland 1998, S. 120ff.; McBurnett u.a. 2000; Renninger/Wahl
2000; Dölling/Hermann 2001, S. 172; Medina 2002, S. 239ff.;). Zur Frage des
Einflusses von genetischen und Umweltfaktoren könnte eine *Unterstichprobe
unterschiedlichster Geschwisterkonstellationen* (ein- und zweieiige Zwillinge,
normale Geschwister, Adoptivgeschwister) mehr Aufschlüsse bringen.

1.4 Untersuchungsvariablen

Wenn man davon ausgehen kann, dass bei Kindern nicht nur Grundemotionen
wie Ärger oder Wut, Erscheinungen wie Hyperkinetik und mangelnde Impuls-
kontrolle am Anfang von Entwicklungen zu verstärkter Aggression stehen können, sondern auch ganz andere sozial-emotionale Ausgangsfaktoren (z. B.
Ängstlichkeit, Unsicherheit), muss bei Untersuchungen zur Aggressionsgenese
ein breites Spektrum von emotionalen, sozialen und behavioralen Auffälligkeiten ab dem kindlichen Temperament beachtet werden. Speziell interessieren wir
uns daher für folgende Hauptdimensionen von *sozialen Emotionen* und
VERHALTENSWEISEN gegenüber anderen Menschen:
  1. Impulsivität, Ärger, Wut – AGGRESSION
  2. Ängstlichkeit, Unsicherheit – ABKEHR
  3. Trauer, Depression – RÜCKZUG, HILFEAPPELL.
Als positive Gegenseite betrachten wir dann
  4. Offenheit, Neugier, Empathie, Kontaktbereitschaft – ANNÄHERUNG.
In der Psychologie werden solche Tendenzen teilweise auch unter „Externalisierung" und „Internalisierung" zusammengefasst. Es finden sich in der Literatur
auch andere Dimensionierungen von Emotionen (vgl. Lewis/Haviland 1993).
Aggressives Verhalten geht nach unseren Annahmen einher mit
  5. mangelnder Kommunikations-, Kooperations- und Konfliktlösungsfähigkeit
  6. mangelndem Altruismus, Gerechtigkeitsempfinden bzw. Fairness.
Solche sozialen Inkompetenzen und antisozialen Verhaltenstendenzen werden
ihrerseits von einer individuellen, aber sozial abhängigen und folgenreichen
Emotion beeinflusst, nämlich einem
  7. unangemessenem Selbstwertgefühl (d.h. positiv übersteigert oder negativ).
Diese Variablen werden im Lauf des Kinder-Panels in ihrer *Entwicklung* betrachtet. Sie können aber auch in einem *theoretischen Modell* als *Prädiktoren
anderer Variablen* und als von wieder anderen Faktoren *abhängige Variablen*
gelten. So betrachten wir, ob bestimmte Gegebenheiten der sozialen Umwelt auf
Aggressivität und die emotionale Befindlichkeit der Kinder einwirken, aber

auch, ob solche emotionalen und Verhaltenstendenzen möglicherweise bestimmte Reaktionen der Umwelt hervorrufen.

2. Methoden

Wir gehen zunächst von den sieben genannten *theoretisch* interessierenden Dimensionen grundlegender sozialer Emotionen, (In)Kompetenzen und Verhaltenstendenzen und einiger ihrer Begleit- und Vorläuferfaktoren aus, die wir in unterschiedlicher Weise, nämlich als Äußerungsformen, Begleiterscheinungen oder Voraussetzungen von Aggression betrachten. Um diese Aspekte zu erfassen, die das Temperament bzw. die emotionale Persönlichkeit und (In)Kompetenzen der Kinder charakterisieren (und weitere soziale, emotionale und kognitive *Begleitfaktoren* wie *Dominanz/Submission, Kreativität, Konzentrationsfähigkeit* usw.) wurde eine Skala mit 30 Items eingesetzt. Nach unseren theoretischen Vorüberlegungen und einer umfangreichen Suche nach bereits existierenden Skalen war einerseits klar, dass keine der schon vorhandenen Skalen das Spektrum an Merkmalen abdeckte, das wir über diesen Bereich erfahren wollten. Andererseits war in der beschränkten Interviewzeit kein weiteres Instrument realisierbar. Daher wählten wir die – allerdings andere Probleme implizierende – Lösung, eine *neue Skala* zu bilden. Ihre Items wurden von unterschiedlichen Quellen angeregt, vor allem von der *Child Behavior Checklist – CBCL* (Achenbach/Edelbrock 1981ff.), den *Temperamentsskalen* von Windle/Lerner (1986) bzw. deren deutscher Kurzversion (Schwarz/Rinker 1998), der *Leipziger Längsschnittstudie* (Zentralinstitut für Jugendforschung 1986ff.), allerdings teilweise umformuliert und ergänzt durch weitere ähnliche Items, wie sie in Persönlichkeits- bzw. Temperamentsskalen immer wieder auftauchen. Etliche der Items mussten so umgeformt werden, dass sie in ein einheitliches zweipoliges Skalen-Schema mit jeweils vier Merkmalsausprägungen passen („trifft voll und ganz zu/ trifft eher zu/trifft eher nicht zu/trifft überhaupt nicht zu"). Die Grundschulkinder erhielten diese Skala im Lauf des Interviews in zwei getrennten Blöcken zu je 15 Items zur Beantwortung, um Ermüdungserscheinungen vorzubeugen. Die Mütter und Väter sollten die Skala in entsprechender Umformulierung für die Persönlichkeitsmerkmale ihrer Kinder beantworten.

Die *theoretischen Ausgangsdimensionen* der Skala umfassten Ärger/Wut, Aggressivität, Dominanz bzw. Submission, Extra- und Introversion, Ängstlichkeit, Unsicherheit, Trauer/Depressivität, Hyperkinetik, Impulsivität, Konzentrationsfähigkeit, Empathie, Kreativität, Intelligenz, Wohlbefinden/Happiness und

Selbstwert. Eine anschließende *Faktorenanalyse* ergab neben den theoretisch erwarteten Dimensionen einige *zusammenfassende Faktoren*[1]:

- *Externalisierung* (Wut, Launenhaftigkeit, Störung anderer, Aggressivität – Cronbachs Alpha = .68 bis .80).
- *Motorische Unruhe* (Zappeligkeit, Impulsivität – Cronbachs Alpha = .55 bis .75),
- *Internalisierung* (Unsicherheit, Ängstlichkeit, Traurigkeit, Schüchternheit, Einsamkeit – Cronbachs Alpha = .62 bis .70),
- *Soziale und kognitive Aufgeschlossenheit* (Offenheit für neue Kinder, Empathie, Kreativität, rasche Auffassungsgabe[2] – Cronbachs Alpha = .50 bis .60),
- *Positives Selbstbild* (sich okay finden, gute Laune, Stolz auf eigene Leistung, Neugier – Cronbachs Alpha = .50 bis .64).

Dabei traten leicht unterschiedliche Gewichtungen bei einzelnen Faktoren je nach Geschlecht und Befragungsperson (8- bis 9-jährige Kinder über sich, Mütter und Väter über die Kinder) auf. Bei der folgenden Ergebnisdarstellung wurden wegen der besseren Vergleichbarkeit diese kleinen Unterschiede ignoriert und einheitliche, zusammenfassende Indizes gebildet. Ein gekürztes Persönlichkeitsinventar mit denselben Hauptdimensionen wie bei den Kindern wurde auch für die *Mütter und Väter selbst* erhoben.

Zusätzlich bildeten wir enger gefasste *Agressivitätsindizes* für die 5- bis 6-Jährigen aus Muttersicht, für die 8- bis 9-Jährigen aus deren Selbstsicht. Dazu wurden Fragen zur körperlichen Aggression (Schubsen, Raufen, Schlagen, Treten, Lust an Streit und am Ärgern), auch in Kindergarten und Schule, einbezogen (Cronbachs Alpha = .70 für die jüngeren Kinder, .56 für die älteren Kinder).

---

[1] In Klammern die für die Kinder, Mütter und Väter errechneten Reliabilitätskoeffizienten *Cronbachs Alpha*. Je näher diese dem Wert 1 kommen, um so stärker ist die Konsistenz der Items, die in den jeweiligen Index eingehen.

[2] Unabhängig davon, welche Art von Faktorenanalyse man rechnet (z.B. unter Vorgabe unterschiedlicher Zahlen von Faktoren), es ergibt sich immer wieder eine Kombination von sozialer Aufgeschlossenheit, Empathie und Anzeichen für Kreativität und rascher Auffassungsgabe, d.h. Korrelationen von *sozial-emotionalen* und *kognitiven* Aspekten. Populär verallgemeinert: Kognitive, emotionale und soziale Intelligenz gehen zu einem bemerkenswerten Anteil Hand in Hand.

3. Ergebnisse

Das Kinder-Panel erlaubt je nach den untersuchten Altersgruppen der Kinder Analysen aufgrund der Aussagen der *Eltern* über die jüngeren (5- bis 6-Jährige) und älteren Kinder (8- bis 9-Jährige), bei der älteren Kindergruppe auch aus Sicht der *Kinder* selbst.

3.1 Verbreiteter Friede im Kinderzimmer? Aggressivität und Emotionalität der 5- bis 6-Jährigen

Die *grundlegenden Muster* der aggressiven Neigungen und weiterer Aspekte der Persönlichkeiten der *5-6-jährigen Kinder* wurden aus der Befragung der Eltern gewonnen, da anzunehmen war, dass die kleinen Kinder hierzu noch zu wenig verlässlich und zutreffend antworten könnten. Wir können diese Ergebnisse anhand der einzelnen Items darstellen wie auch zusammengefasst nach den Hauptfaktoren, wie sie die Faktorenanalyse ergeben hat. Daneben können wir *aggressionsbezogene* Fragen aus anderen Teilen der Fragebogen heranziehen.

Was den engeren Bereich der *Aggressivität der Kinder* betrifft, so haben 39,0% der Kinder[3] aus mütterlicher Sicht Spaß daran, andere zu ärgern, und 38,3% raufen gerne (Jungen: 48,8%, Mädchen: 26,7%). Lust zum Raufen sehen die Mütter also bei knapp der Hälfte der Jungen und bei gut einem Viertel der Mädchen dieser Altersstufe. Auf weitere 36,5% der Kinder trifft die Lust aufs Raufen kaum, und auf 25,3% gar nicht zu. 13,7% der Mütter meinen, dass ihre Kinder oft Streit anfingen, 24,9%, dass sie oft wütend auf andere seien.

Als weitere Externalisierungstendenzen werden konstatiert: 31,6% der Mütter finden, dass ihre kleinen Kinder leicht die Beherrschung verlören. 31,3% sehen ihre Kinder als oft launisch, 40,0% meinen, dass sie oft unüberlegt handelten. *Insgesamt* nennt etwa ein Viertel der Eltern bei ihren kleinen Kindern Tendenzen zur *Externalisierung* einschließlich *Aggressivität* (Mütter 28,2%, Väter 21,6%).

Gruppiert man Fragen zu körperlicher Aggression, Lust an Streit und am Ärgern anderer zu einem speziellen *Index der Aggressivität*, zeigen sich 1,2% der Kinder als aggressiv (Jungen 1,8%, Mädchen 0,5%), weitere 8,8% gemäßigt aggressiv (Jungen 12,2%, Mädchen 5,1%). M.a.W.: Etwa jedes zehnte Kind dieses Alters sieht sich als zumindest gemäßigt aggressiv (vgl. Abb. 1).

---

[3] Hier wie nachfolgend im Text sind die beiden Antwortkategorien „voll und ganz zutreffend" und „eher zutreffend" der vierstufigen Skala zusammengefasst.

Abb. 1:　　Aggressivitätsindex der 5- bis 6-jährigen Kinder nach Geschlecht
　　　　　　　(Muttersicht) in %

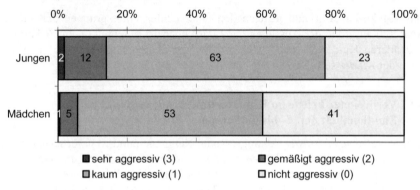

■ sehr aggressiv (3)　　　　　　　　□ gemäßigt aggressiv (2)
□ kaum aggressiv (1)　　　　　　　　□ nicht aggressiv (0)

Anzahl der Fälle: n = 1143
Quelle: DJI, 1. Welle Kinderpanel, eigene Berechnungen

Die Mütter sehen oft auch Anzeichen für *motorische Unruhe,* worunter in markanten Fällen auch Symptome von Hyperkinetik fallen, die als ein möglicher Vorläufer für Aggression gilt: Als zappelige Kinder, die nicht lange stillsitzen können, bezeichnen an die 47% der Mütter ihre Kinder, als andere Menschen nervend sogar 65,7%. Insgesamt nennen die Mütter zu 44,8% (und fast ebenso viele der Väter) Zeichen motorischer Unruhe bei ihrem Nachwuchs. Allerdings gehört eine gewisse körperliche Unruhe zu den völlig normalen Äußerungsformen von Kindern und ist keineswegs pathologisch. Riskante Entwicklungen können aber mit lang andauernder, extrem überhöhter Motorik beginnen.

Bei unseren Hinweisen auf die emotionalen Vorläufer von späterer Aggressivität wurden noch weitere Faktoren genannt, darunter Tendenzen der *Internalisierung* bei den Kindern, die von 42,3% der Mütter und 37,3% der Väter genannt wurden. Dazu zählen besonders unsichere, ängstliche, schüchterne und traurige Kinder. Andere Studien zeigten, dass solche Kinder später auch häufiger zu Aggression neigen, etwa als Mitläufer gewalttätiger Jugendcliquen (Wahl 2003).

Auf der anderen Seite sind fast alle Eltern der Ansicht, dass ihre Kinder ein sehr *positives Selbstbild* haben: Mütter und Väter geben das zu jeweils 99,4% an. Die allermeisten Eltern nehmen ihre Kinder überwiegend auch als *sozial und kognitiv aufgeschlossen* wahr (Mütter 95,7%, Väter 95,6%). Abb. 2 zeigt die Persönlichkeitsindizes der kleinen Kinder aus Muttersicht.

Abb. 2: Persönlichkeitsindizes der 5- bis 6-jährigen Kinder (Muttersicht) in %

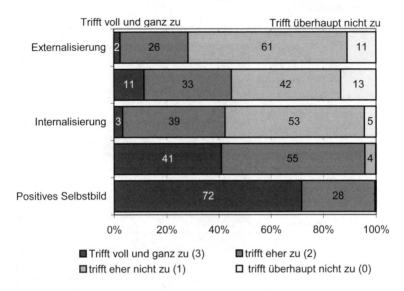

Anzahl der Fälle: n = 1145 bis 1146, Signifikanzniveau p ≤ .001
Quelle: DJI, 1. Welle Kinderpanel, eigene Berechnungen

Wenngleich insgesamt also die elterlichen Beschreibungen der kindlichen Persönlichkeiten in der Hauptsache recht positiv ausfallen, gilt unser Augenmerk an dieser Stelle *möglichen Entwicklungsrisiken und Präventionsmöglichkeiten* bei den Kindern, die von ihren Eltern als aggressiv oder mit Vorläufervariablen von Aggressivität behaftet beschrieben werden: also dem Viertel der Kinder, das von seinen Eltern als externalisierend bis aggressiv betrachtet wird, aber auch den gut zwei Fünfteln, die als motorisch unruhig bis hyperkinetisch wahrgenommenen werden und den fast ebenso vielen, die als internalisierend, d.h. unsicher, ängstlich oder traurig beschrieben werden.

Soweit ein erster grober Überblick über die Verteilung einiger grundlegender psychischer Merkmale bei den kleineren Kindern aus Sicht der Eltern. Die Ergebnisse im Detail, also zu den *einzelnen Teilaspekten* der kindlichen Persönlichkeiten finden sich in Abbildung 3.

Abb. 3: Persönlichkeitsmerkmale der 5- bis 6-jährigen Kinder
(Muttersicht) in %

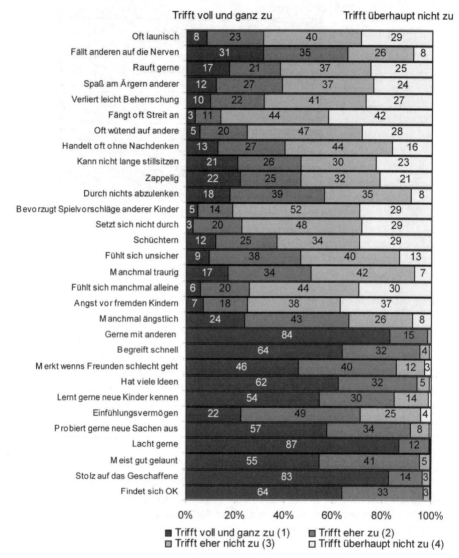

Trifft voll und ganz zu   Trifft überhaupt nicht zu

Oft launisch	8	23	40	29
Fällt anderen auf die Nerven	31	35	26	8
Rauft gerne	17	21	37	25
Spaß am Ärgern anderer	12	27	37	24
Verliert leicht Beherrschung	10	22	41	27
Fängt oft Streit an	3	11	44	42
Oft wütend auf andere	5	20	47	28
Handelt oft ohne Nachdenken	13	27	44	16
Kann nicht lange stillsitzen	21	26	30	23
Zappelig	22	25	32	21
Durch nichts abzulenken	18	39	35	8
Bevorzugt Spielvorschläge anderer Kinder	5	14	52	29
Setzt sich nicht durch	3	20	48	29
Schüchtern	12	25	34	29
Fühlt sich unsicher	9	38	40	13
Manchmal traurig	17	34	42	7
Fühlt sich manchmal alleine	6	20	44	30
Angst vor fremden Kindern	7	18	38	37
Manchmal ängstlich	24	43	26	8
Gerne mit anderen	84	15		
Begreift schnell	64	32	4	
Merkt wenns Freunden schlecht geht	46	40	12	3
Hat viele Ideen	62	32	5	
Lernt gerne neue Kinder kennen	54	30	14	
Einfühlungsvermögen	22	49	25	4
Probiert gerne neue Sachen aus	57	34	8	
Lacht gerne	87	12		
Meist gut gelaunt	55	41	5	
Stolz auf das Geschaffene	83	14	3	
Findet sich OK	64	33	3	

0%   20%   40%   60%   80%   100%

■ Trifft voll und ganz zu (1)   ■ Trifft eher zu (2)
□ Trifft eher nicht zu (3)   □ Trifft überhaupt nicht zu (4)

Anzahl der Fälle: n = 1116 bis 1146
Quelle: DJI, 1. Welle Kinderpanel, eigene Berechnungen

Mütter und Väter ähneln sich zwar im Allgemeinen in ihren Urteilen über die Persönlichkeit ihrer Kinder, aber es gibt auch bezeichnende Unterschiede. So sehen die Mütter ihre Kinder in mancherlei Hinsicht noch etwas positiver, so beim vermuteten Selbstbild der Kinder, bei ihrer sozialen und kognitiven Aufgeschlossenheit. Aber sie bemerken auch etwas eher als die Väter ihre Externalisierungs- wie auch Internalisierungstendenzen. Möglicherweise erscheint den Müttern das Persönlichkeitsprofil ihrer Kinder etwas stärker ausgeprägt, weil sie öfter und intensiver Gelegenheit haben, ihre Kinder zu beobachten, gerade auch in ihrem Umgang mit anderen Kindern.

Abb. 4: Persönlichkeitsindizes der 5- bis 6-jährigen Kinder nach Geschlecht (Muttersicht) – Mittelwerte

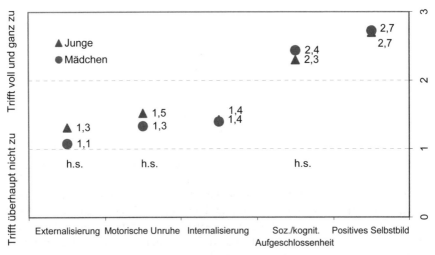

Anzahl der Fälle: n = 1142 bis 1143; h.s. = Signifikanzniveau p ≤ .001
Quelle: DJI, 1. Welle Kinderpanel, eigene Berechnungen

Beide Elternteile beurteilen im Durchschnitt die Persönlichkeiten ihrer Kinder je nach dem *Geschlecht des Kindes* unterschiedlich. Das ergibt ein Vergleich der Mittelwerte[4] mit dem statistischen T-Test (Abb.4). Bei den Jungen werden die

---

[4] Da die Persönlichkeitsindizes nur aufgrund von Ordinalskalen ermittelt wurden, dürften nach der strengen Lehre der Statistik keine Mittelwerte berechnet werden. Allerdings werden auch im Alltag häufig Mittelwerte auf der Basis von ordinalskalierten Zahlen berechnet und mit erheblichen praktischen Folgen angewandt, z.B. bei Durchschnittswerten von Schul- oder Prüfungsnoten, die über den weiteren Lebensweg entscheiden können. Daher haben wir auch hier solche Mittelwerte verglichen – wie es auch viele andere wissenschaftliche Untersuchungen in solchen Fällen tun.

externalisierenden Eigenschaften wie Wut und Aggressivität wie auch *motorische Unruhe* hoch signifikant häufiger gesehen als bei den Mädchen. Bei den *internalisierenden* Merkmalen wie Unsicherheit, Ängstlichkeit oder Traurigkeit gibt es kaum Unterschiede. Die Mädchen werden dagegen bei *sozialer und kognitiver Aufgeschlossenheit* hoch signifikant positiver gesehen als die Jungen. Beiden Geschlechtern wird fast gleichermaßen ein positives Selbstbild zugeschrieben.

3.2 Das Risiko wächst mit dem Alter: Aggressivität und Emotionalität der 8- bis 9-Jährigen

Für diese Alterstufe sind wir nicht mehr allein auf das Urteil der Eltern angewiesen, sondern wir können auch auf die Selbstsicht der Kinder zurückgreifen. Wie sehen also die Kinder selbst ihre möglichen Aggressionsneigungen und andere Aspekte ihrer Persönlichkeit?

Hierzu liegen uns Daten einer umfangreichen Skala über die *grundlegenden Muster* der *Persönlichkeiten* der Kinder vor, die ebenfalls einer Faktorenanalyse unterzogen wurden. Daneben können wir *aggressionsbezogene Fragen* in *anderen Teilen des Fragebogens* auswerten, z. B. aggressive Tendenzen bei Konflikttaktiken gegenüber Freunden und in der Schule.

6,8% der Kinder dieser Altersgruppe geben an, bei einem Streit mit Freunden diese häufig oder fast immer zu schubsen, zu treten oder zu hauen (Jungen 8,6%, Mädchen 4,5%). Bei 7,7% kam es im letzten Schuljahr vor, dass sie Mitschüler oder Mitschülerinnen in der Schule oder auf dem Schulweg geschlagen oder bedroht haben (Jungen 11,3%, Mädchen 4,0%). 20,5% dieser Kinder haben Spaß daran, andere zu ärgern, 25,4% raufen gerne (34,3% der Jungen, 15,7% der Mädchen). 12,9% fangen oft Streit an. Auch weitere externalisierende Neigungen sind nicht selten: 45,2% sehen sich oft als launisch, ein Drittel meint, oft unüberlegt zu handeln, 29,3% werden leicht sauer. Faktorenanalytisch zusammengefasst zeigen sich Tendenzen der *Externalisierung* einschließlich Aggressivität bei einem Fünftel der 8- bis 9-jährigen Kinder (19,7%). 2,3% der Jungen sehen sich als sehr aggressiv und 24,6% als tendenziell aggressiv, bei den Mädchen sind es 1% bzw. 17,1%.

Gruppiert man die Fragen, die sich auf körperliche Aggressionen, Lust an Streit und am Ärgern anderer beziehen, zu einem speziellen *Index der Aggressivität*, dann zeigen sich 1,7% der Kinder als hoch aggressiv (Jungen 1,9%, Mädchen 1,6%), weitere 16,3% liegen im gemäßigt aggressiven Bereich (Jungen 21,6%, Mädchen 10,7%). Anders ausgedrückt. Etwa jedes fünfte bis sechste Kind dieses Alters sieht sich als zumindest gemäßigt aggressiv (vgl. Abb. 5).

Abb. 5:   Aggressivitätsindex der 8- bis 9-jährigen Kinder nach Geschlecht
(Selbstsicht) in %

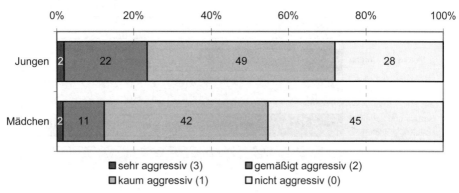

sehr aggressiv (3)   gemäßigt aggressiv (2)
kaum aggressiv (1)   nicht aggressiv (0)

Anzahl der Fälle: n = 1025
Signifikanzniveau p ≤ .001
Quelle: DJI, 1. Welle Kinderpanel, eigene Berechnungen

Wie sieht es mit möglichen psychischen Vorläufern und Korrelaten von Aggressionsneigungen bei den Kindern aus? *Motorische Unruhe* (bis hin zur Hyperkinetik und damit ein möglicher Vorläufer für Aggressivität) sieht die knappe
Hälfte dieser Kinder bei sich selbst (44,5%). Als zappelige Kinder ordnen sich
53,8% ein, als Kinder, die nicht lange stillsitzen können 48,9% und als andere
Menschen nervend 45,2%. Wie oben erwähnt, können auch ganz andere Ausgangsemotionen die Grundlage für spätere Entwicklungen von Aggressivität
bilden, darunter Tendenzen zur *Internalisierung,* die immerhin 58,5% bei sich
konstatieren. Im Detail heißt das: 31,8% stimmten der Aussage zu, schüchtern zu
sein, 34,4% geben an, manchmal Angst vor fremden Kindern zu haben, sogar
71,3% gestehen ein, generell manchmal ängstlich zu sein. Immerhin die Hälfte
fühlt sich manchmal allein. Manchmal traurig zu sein geben 77,8% an, manchmal unsicher fühlen sich 56%. Internalisierung korreliert auch mit mangelnder
Selbstdurchsetzung gegenüber anderen Kindern (41,7%).

Gleichzeitig sehen sich die meisten Kinder dieser Altersstufe aber in einem
sehr günstigen Licht. So überwiegt bei ihnen klar ein *positives Selbstbild* (die
beiden positivsten Antwortkategorien umfassen hier sogar 99,7%!). Fast alle
Kinder sehen sich auch als *sozial und kognitiv aufgeschlossen* an (95,2%). Kinder sind offenbar dadurch charakterisiert, Licht und Schatten rasch hintereinan-
der zu erleben und auszudrücken (Abb. 6).

Abb. 6:   Persönlichkeitsindizes der 8- bis 9-jährigen Kinder (Selbstsicht) in %

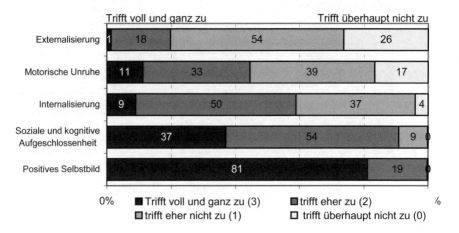

Anzahl der Fälle: n = 1028 bis 1042
Quelle: DJI, 1. Welle Kinderpanel, eigene Berechnungen

Auch wenn für diese Alterstufe die Selbstbeschreibung der Kinder insgesamt sehr vorteilhaft ausfällt, müssen uns die Minderheiten interessieren, die mögliche *Entwicklungsrisiken* aufweisen, also das Fünftel der Kinder, das zu aggressiven Äußerungsformen neigt, aber auch die Hälfte mit motorischer Unruhe und die Mehrheit, die Internalisierungstendenzen angibt. Die *Detailergebnisse* finden sich in Abb. 7.

Je nach dem *Geschlecht* der Grundschulkinder nehmen sie sich selbst teilweise signifikant unterschiedlich wahr (vgl. Abb. 8). Die *externalisierenden* Neigungen inklusive Aggressivität und *motorische Unruhe* nennen die Jungen signifikant häufiger. Bei den *internalisierenden* Tendenzen sind es die Mädchen, und ebenso im Bereich der *sozialen und kognitiven Aufgeschlossenheit*. Beim *Selbstbild* finden sich erstaunlicherweise keine Geschlechtsunterschiede, anders als bei entsprechenden Studien bei Erwachsenen, bei denen Frauen im Durchschnitt negativere Selbstbilder aufweisen (vgl. Wahl 1989, S. 200f.).

Abb. 7:   Persönlichkeitsmerkmale der 8- bis 9-Jährigen (Selbstsicht) in %

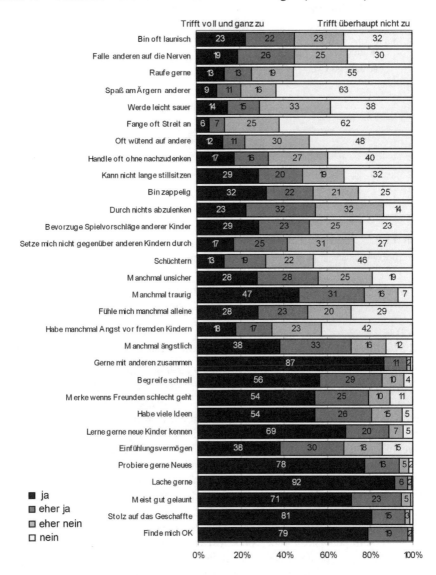

Anzahl der Fälle: n = 1012 bis 1042
Quelle: DJI, 1. Welle Kinderpanel, eigene Berechnungen

Abb. 8:   Persönlichkeitsindizes der 8- bis 9-jährigen Kinder nach Geschlecht –
           Mittelwerte

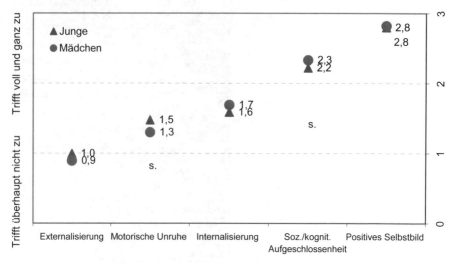

Anzahl der Fälle: n = 1023 bis 1037, s. = Signifikanzniveau p ≤ .01
Quelle: DJI, 1. Welle Kinderpanel, eigene Berechnungen

3.3   Lieber reden als hauen: Konflikttaktiken der 8- bis 9-jährigen Kinder

Wir haben nicht nur nach *grundlegenden Emotionen* und *Verhaltensneigungen*
der Kinder wie Aggressivität, Ängstlichkeit oder Unsicherheit gefragt. Wir haben auch zu ermitteln versucht, welche *Verhaltenstaktiken* oder *-strategien* von
den Kindern *bei Konflikten* angewandt werden, z.b. bei einem Streit mit ihren
Freunden und Freundinnen (vgl. KÄRST-Skala: Beitrag von Salisch in Band 2).
Eine Faktorenanalyse der Items, die dazu abgefragt wurden, ergab für unsere
Zwecke drei sinnvolle Faktoren, die mit anderen Konflikttaktik-Messverfahren
(z.b. CTS), wie sie in späteren Wellen geplant sind, kompatibel sind:

- *Aggressive Taktik* (Kind schubst, tritt oder haut das andere, sinnt auf Rache,
  brüllt den Freund an, behandelt ihn wie Luft – Alpha = .58).
- *Ignorierende Taktik* (Kind lenkt sich bei einem Streit selbst ab oder geht
  weg; meint, der Streit gehe von selbst vorbei, redet eine Weile nicht mit dem
  Freund; versucht, den Streit schnell zu vergessen – Alpha = .54).
- *Kommunikative Taktik* (Kind erklärt bei Streit seinen Freunden den Grund
  seiner Wut, spricht sich mit ihnen aus, bietet Versöhnung an, merkt, dass der
  Freund Recht hat – Alpha = .70).

Aggressive Konflikttaktiken werden insgesamt selten genannt – nur 7,7%[5] geben an, körperlich oder verbal aggressiv zu werden, auf Rache zu sinnen oder den anderen wie Luft zu behandeln (0,4% „fast immer", 7,3% „häufig"). 62,7% *ignorieren* den Streit. Etwa ebenso viele Kinder nennen *kommunikative* Taktiken. 61,8% sagen, sie redeten und versöhnten sich bei Streit unter Freunden (vgl. Abb. 9).

Abb. 9:   Konflikttaktiken gegenüber Freunden bei 8- bis 9-jährigen Kindern (Indizes, Selbstsicht) in %

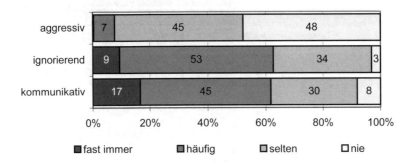

Anzahl der Fälle: n = 917
Quelle: DJI, 1. Welle Kinderpanel, eigene Berechnungen

Im Detail sieht man, dass bei den *aggressiven* Taktiken der Kinder diejenige vorn liegt, den anderen wie Luft zu behandeln (17,7%) oder ihn anzubrüllen (13,8%). Häufiges Schubsen, Treten und Hauen nennen 6,8% (8,6% der Jungen und 4,5% der Mädchen). Unter den Taktiken des *Ignorierens* dominiert der Versuch, den Streit schnell zu vergessen (etwa bei drei Vierteln). Innerhalb der *kommunikativen* Konflikttaktiken geben die Kinder vor allem an, ihrem Freund die Versöhnung anzubieten (fast drei Viertel) (vgl. Abb. 10).

---

[5] Auch hier und nachfolgend sind die beiden zustimmenden Kategorien zusammengefasst.

Abb. 10: Konflikttaktiken gegenüber Freunden bei 8- bis 9-jährigen Kindern
(Selbstsicht) in %

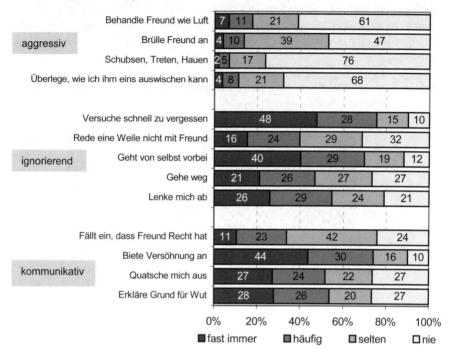

Anzahl der Fälle: n = 903 bis 921
Quelle: DJI, 1. Welle Kinderpanel, eigene Berechnungen

3.4 Ein Kind – drei Perspektiven

Im Falle der Kinder im Grundschulalter können wir einen besonderen Vorteil
dieser Untersuchung ausspielen und die *Sichtweisen der Kinder, ihrer Mütter
und Väter* auf die kindliche Persönlichkeit vergleichen. Schaut man sich zunächst die summarischen Indizes an, ähneln sich die drei so gewonnenen Profile
zumindest in grober Sicht. Der Blick der Mütter ist der Selbstsicht ihrer Kinder
etwas näher als das der Blick der Väter schafft. Je nach den verschiedenen Per-
sönlichkeitsbereichen des Kindes betragen die Korrelationen zwischen kindlicher und mütterliche Sicht zwischen .24 und .37, jene zwischen kindlicher und
väterlicher Sicht zwischen .11 und .31. Zwischen mütterlicher und väterlicher
Wahrnehmung der Kinder betragen die Korrelationen .25 bis .50. Einige Besonderheiten fallen ins Auge. Besonders einig sind sich die Eltern bei den äußerlich

sichtbaren Aspekten, Externalisierung einschließlich Aggressionsneigungen und motorischer Unruhe der Kinder – das sehen die Eltern auch etwas häufiger als ihre Kinder. Im Falle der Tendenzen zu Internalisierung bei den Kindern fällt dagegen auf, dass die Eltern dies seltener wahrnehmen, als es die Kinder angeben. Das gilt z.b. dann, wenn die Kinder traurig oder ängstlich sind, sich alleine fühlen oder hinter anderen Kindern zurückstehen. Die schwächere Wahrnehmung dieser Aspekte durch die Eltern ist einerseits verständlich, weil es ja zur Definition von Internalisierungen gehört, nicht nach außen gerichtet zu sein. Andererseits ist es ein Hinweis für die *Prävention*, Kinder mit solchen Tendenzen, die langfristig auch in Aggression münden könnten, zu erkennen und sie dabei zu unterstützen, ihre Schwierigkeiten im Umgang mit anderen zu überwinden (Wahl 2003). Einen skeptischeren Blick als die Mütter haben die Väter beim von ihnen wahrgenommenen Selbstbild der Kinder (vgl. Abb. 11).

Abb. 11: Persönlichkeitsindizes der 8- bis 9-Jährigen aus drei Perspektiven – Mittelwerte

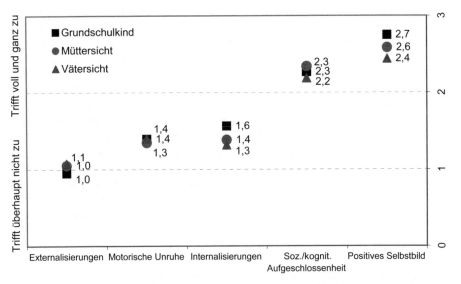

Anzahl der Fälle: Kinder: n = 1023 bis 1037; Mütter: n = 1034 bis 1035; Väter: n = 644 bis 646; Quelle: DJI, 1. Welle Kinderpanel, eigene Berechnungen

Und wie werden die *jüngeren und älteren Kinder* von den Eltern im Vergleich gesehen? Natürlich handelt es sich dabei in der ersten Welle des Kinder-Panels nicht um dieselben Kinder, es geht nicht um ihre Entwicklung, sondern es sind zwei im Alter unterschiedene Kohorten von Kindern. Der Einfachheit halber wählen wir wieder die Sicht der Mütter. Am deutlichsten ist der Unterschied bei der *Externalisierung* (inklusive Aggressivität): Die älteren Kinder werden signifikant als weniger aggressiv und nervend wahrgenommen, auch als *weniger unruhig* und impulsiv. Bei *Internalisierungstendenzen* wie auch bei *sozialer und kognitivere Aufgeschlossenheit* sind kaum Unterschiede zu bemerken, die Mütter schätzen jedoch die älteren Kinder so ein, dass sie eher das Gefühl des Alleingelassenseins verspüren als die jüngeren und dass sie sich unsicherer fühlen. Dafür sehen sie mit zunehmendem Alter mehr Empathie bei den Kindern. Das *Selbstbild* der Älteren wird nicht mehr ganz so positiv gesehen. Wir müssen dazu aber noch auf die Ergebnisse der weiteren Wellen des Kinder-Panels warten, um zu sehen, wie sich die *einzelnen* Kinder entwickeln.

3.5 Was prägt die kindliche Persönlichkeit und Aggressivität?

„Vom Vater hab' ich die Statur, des Lebens ernstes Führen, vom Mütterchen die Frohnatur und Lust zu fabulieren" – Goethe benennt in seinen „Zahmen Xenien" eine der Quellen, aus denen sich die Individualität speist und wie sie sich schon in den Kindern zeigt. Er spielt darauf an, was später die Genetik über das Zustandekommen der körperlichen Statur wie auch der Persönlichkeit erforscht hat. Pädagogen, auch Psychologen und Soziologen haben eine Zeit lang diese Einflüsse für sehr gering gehalten oder verdrängt und den Menschen als *tabula rasa* betrachtet, auf die sich primär die Umwelt, die Erziehung und Sozialisation einschreiben. Die Fortschritte der Forschung der Molekular- und Verhaltensgenetik dämpften diesen pädagogisch-soziologischen Optimismus, in den letzten Jahren schlug das Pendel eher in die andere Richtung aus, dokumentiert durch einige Bestseller, die neuere Forschungsbefunde ausbreiteten und die „Grenzen der Erziehung" proklamierten (Rowe 1997; Hamer/Copeland 1998; Wright 1998; Harris 2000). Man weiß zwischenzeitlich durch Zwillings- und Adoptionsstudien, deren Design eine differenziertere Untersuchung der genetischen und der Umweltanteile von individuellen Merkmalen ermöglicht, dass grundlegende Persönlichkeitseigenschaften, insbesondere auch *Aggressionsneigungen*, in beträchtlichem Maße auch durch genetische Einflüsse, allerdings nicht durch ein „Aggressions-Gen", sondern über komplizierte Prozesse (wie die Niveaus von Hormonen und Neurotransmittern) beeinflusst werden (Bouchard 1994; Van den Oord/ Boomsma/Verhulst 1994, 2000).

Andererseits stellte sich heraus, dass bei vielen Persönlichkeitsfaktoren weniger das üblicherweise von der Soziologie untersuchte weitere gesellschaftliche Milieu (soziale Schicht, Bildung usw., die so genannte *geteilte Umwelt,* die etwa für alle Geschwister einer Familie gleich ist), sondern die individuelle Umgebung eines Kindes wirkt, z.B. wie seine Eltern mit ihm umgehen (auch im Gegensatz zu seinen Geschwistern), welche spezifische Schulklasse es besucht usw. (so genannte *ungeteilte Umwelt*). Zu diesen individuellen Umwelteinflüssen gehört bereits das, was auf Embryos während der *Schwangerschaft* einwirkt. Zusammenhänge zwischen dem Rauchen der schwangeren Mutter und dem erheblich höheren Risiko späterer Aggressivität beim Kind – neben zahlreichen anderen Risiken – wurden schon erwähnt. Neuerdings werden die komplizierten *Interaktionen zwischen Anlagen und Umwelt* und *epigenetische Prozesse* untersucht, die es immer schwieriger machen, die beiden Anteile so kategorial einander gegenüber zu stellen und ihre Einflüsse separat zu berechnen. So hat man beispielsweise gefunden, dass von ihrem Temperament her risikobereitere Kinder auch riskantere Umgebungen (z. B. deviante Kinderbanden) aufsuchen, wo sie weitere Risiken eingehen (vgl. Rutter 1997; Scarr 1992; Renninger 1999; Renninger/ Wahl 2000).

Wenn wir nun mit den Daten des Kinder-Panels prüfen, ob *Aggressivität* (bzw. mögliche Vorläufervariablen wie Hyperkinetik, Internalisierung etc.) der Kinder mit Merkmalen der Umgebung zusammenhängen und eventuell von dort beeinflusst werden, dann folgt aus dem gerade Gesagten die *Hypothese*, dass diese Neigungen besonders bei kleinen Kinder noch nicht so stark von der (sozialisatorischen) Umgebung abhängen – und wenn, dann eher von der *unmittelbaren* und für ein Kind *individuell* maßgeblichen Ausprägung der Umwelt (etwa dem Familienklima) als vom größeren gesellschaftlichen Milieu. In dieser Phase dürften auch noch eher das angeborene Temperament und Schwangerschaftseinflüsse eine Rolle spielen. Mit zunehmendem Alter sind dann *mehr Umwelteinflüsse* auf die Persönlichkeit und die Kompetenzen der Kinder zu erwarten. Genauere Aufschlüsse zu dieser Frage sind von einer Unterstichprobe von Zwillingen und Normalgeschwistern zu erwarten.

Wir haben schon den Zusammenhang des *Geschlechts* und des *Alters* mit Externalisierung, einschließlich Aggressivität und sonstigen kindlichen Persönlichkeitseigenschaften betrachtet. Wie steht es mit den weiteren üblicherweise untersuchten *sozialen Faktoren?* Insgesamt finden wir – im Einklang mit unserer Hypothese – nur relativ schwache Korrelationen zwischen Umwelt und Aggressivität sowie deren Vorläufern bei den Kindern (Korrelationskoeffizienten meist unter .2 (vgl. Tab.1).

Der *Aggressivitätsindex für die 5- bis 6-jährigen Kinder* korreliert mit vielen der sozialen Umweltvariablen nur schwach und selten signifikant. Leichte Zusammenhänge zeigen sich darin, dass die Kinder in kinderreichen Familien, Stieffamilien, Haushalten mit weniger Einkommen, bei arbeitslosen Vätern und weniger gebildeten Eltern wie auch generell in unteren sozialen Schichten etwas eher zu Aggressivität neigen. Dasselbe gilt für Familien, in denen ein schlechtes emotionales Klima herrscht, die Eltern aggressiver mit den Kindern umgehen, seltener Gottesdienste besucht werden und wo die Mutter einen höheren Demo-

ralisierunsgrad aufweist, und auch dort, wo sich Kinder in ihrer Umgebung unwohl fühlen und weniger gesund sind. Dagegen spielt es keine Rolle für die
frühe kindliche Aggressivität, ob eine Wohngegend besonders belastet erscheint
oder ob ein Migrantenhintergrund vorliegt. Insgesamt sind also einige geringe
Einflüsse von Faktoren wie sozialer Ungleichheit, kulturellem Milieu, Familienstruktur und Familienklima, Erziehungsstil und Persönlichkeit der Eltern auf das
Aggressivitätsniveau der jüngeren Kinder zu beobachten.

Der *Aggressivitätsindex für die 8-bis 9-jährigen Kinder* liegt in weniger verdichteten und eher belasteten Wohngebieten signifikant höher, ebenso in den
unteren Sozialschichten, bei Eltern mit geringer Schulbildung und wenig Einkommen. In Haushalten mit großer Personenzahl und bei Alleinerziehenden
kommen öfter sehr aggressive Kinder vor als in anderen Strukturen. In dieser
Altersgruppe ist die kindliche Aggressivität dann auf signifikantem Niveau etwas höher, wenn der Vater einen Migrantenhintergrund hat. Auch ein schlechtes
emotionales Familienklima, ein geringes familiales Zusammensein (z. B. gemeinsames Frühstück) trägt zur Aggressivität der Kinder ebenso bei wie die
Tatsache, dass die Eltern mehr Gefühle der Wut haben, dass sie impulsiver, aber
auch ängstlicher, depressiver und demoralisierter sind. Wenn Eltern mit den
Schulleistungen des Kindes unzufrieden sind und es mehr schimpfen und auch z.
B., wenn sie selten oder nie einen Gottesdienst besuchen, neigen die Kinder
etwas häufiger zu Aggressionen. Auch Kinder, die sich in ihren verschiedenen
Umgebungen (Familie, Schule, Nachbarschaft usw.) unwohl fühlen und weniger
gesund sind, sind öfter aggressiv. Insgesamt sind also geringe Einflüsse von
Faktoren wie sozialer Ungleichheit, kulturellem Milieu, Familienstruktur und -
klima, Erziehungsstil und Persönlichkeit der Eltern auf das Aggressivitätsniveau
der jüngeren Kinder zu beobachten.

Weiter haben Mütter, die *rauchen*, insbesondere auch solche, die in der
Schwangerschaft geraucht haben, signifikant häufiger aggressive (wie auch
insgesamt eher externalisierende, motorisch unruhige und internalisierende)
Kinder. Wie erwähnt, gibt es in der neurologischen und entwicklungspsychologischen Forschung Hinweise auf toxische Wirkungen des Rauchens während der
Schwangerschaft, die sich etwa in erhöhter Hyperaktivität und Aggressivität
ihrer Kinder niederschlagen. Andererseits könnte das aktuelle Rauchen der Mütter nicht nur Suchtverhalten, sondern auch aktuellen Stress anzeigen, der sie
selbst ungeduldiger und aggressiver im Umgang mit Kindern machen könnte.

Für eine erste grobe Orientierung zur Bedeutung der verschiedenen Faktoren
kann man die unterschiedlichen Supravariablen (Faktorgruppen) von „AUS-
SEN" (weiter gefasste Umwelt) nach „INNEN" (Persönlichkeiten von Eltern
und Kindern) gemäß den relativen Stärken ihrer Korrelationen mit den verschiedenen Indizes der kindlichen Aggressivität vergleichen. Hierbei zeigt sich, wie
in unserer Hypothese angenommen, bei den stärkeren Korrelationen ($\geq$ .100) ein

Überwiegen der Faktoren der eng gefassten („ungeteilten") Umwelt und der elterlichen sozialen und genetischen Einflüsse gegenüber der weit gefassten („geteilten") Umwelt. Dabei ist zu beachten, dass die vielen ganz schwachen oder vernachlässigenswerten Korrelationen mit Variablen der ganz weit gefassten Umwelt (Ost/West, Bundesländer, bestimmte Aspekte der Wohngegend usw.) gar nicht in die Tabelle 1 aufgenommen wurden,

Betrachtet man die *Persönlichkeitsprofile der Kinder insgesamt*, zeigt sich folgendes Bild: Vergleicht man die Aussagen der Mütter über ihre *5- bis 6-jährigen Kinder* zusammenfassend nach *östlichen und westlichen Bundesländern*, bleiben die *Unterschiede bescheiden.* Nur für den Bereich der motorischen Unruhe deuten die östlichen Mütter signifikant höhere Werte für ihre Kinder an als die westlichen. Bei den *8- bis 9-jährigen Kindern* sind die Unterschiede e-benfalls gering. Insgesamt nehmen sich die östlichen Kinder als weniger externalisierend, aber dafür etwas internalisierender wahr als die westlichen Kinder.

Auch das *regionale Wohnklima*[6] korreliert erwartungsgemäß kaum oder nur in bescheidenem Maße mit Persönlichkeitsaspekten. Eine positiv wahrgenommene Wohnung und ein ebenso positiv empfundenes Wohnumfeld haben einen negativen Zusammenhang mit Internalisierungstendenzen. Externalisierende Tendenzen sind in belasteten Wohngegenden etwas verbreiteter. Mit steigendem *Bildungsniveau* und höherer *Sozialschicht* der *Mütter* nennen diese weniger Externalisierung sowie motorische Unruhe ihrer 5- bis 6-jährigen Kinder. Für die Bildung der *Väter* liegen kaum signifikante Korrelationen mit Persönlichkeitsindizes ihrer Kinder vor (Ausnahme: motorische Unruhe). In *Haushalten*, die einer höheren Sozialschicht angehören, sind motorische Unruhe und Externalisierungstendenzen der Kinder geringer. Mit zunehmender Schichthöhe des Haushalts nennen auch die *8- bis 9-jährigen Kinder* selbst weniger motorische Unruhe und Neigungen zur Externalisierung. Mütter mit geringerer schulischer Bildung, niedrigem Status und aus Arbeitslosenfamilien melden mehr Externalisierungstendenzen für ihre Kinder.

---

[6] Das regionale Wohnklima wird über einen Index erfasst, in den das Bildungsniveau, die Quoten der Arbeitslosen und Sozialhilfeempfänger und der Verschuldung des Kreises oder der Stadt eingehen.

Tab. 1: Signifikante Zusammenhänge zwischen Aggressivitätsindizes der Kinder und ausgewählten Faktoren

Supravariablen	Variablen	N	Aggressivität		
			5-bis 6-Jährige (Muttersicht)	8- bis 9-Jährige (Selbstsicht)	8- bis 9-Jährige (Muttersicht)
AUSSEN	Urbanitätsindex	1032		.076	
	Negatives Regionalklima	989 - 1101	.067	.065	.072
Weiter gefasste Umwelt	Zahl der Kinder unter 15 im Haushalt	1031 - 1146	.069	.098	.085
	Haushaltsgröße	1138	.062		
	Migrationshintergrund d. Vaters (CC)	645 - 649		.084	.139
	Äquivalenzeinkommen	972 - 1072	.069	.107	.153
	Stärkere Armut	972 - 979		.073	.094
	Niedr. Soz. Status d. Haush.	1032 - 1146	.062	.146	.151
Enger gefasste soziale Umwelt	Niedriger Schulabschl. Mutter	1030 - 1136	.061		.083
	Häufigk. D. Gottesdienstbes.	806 – 891	.101		
	Schlechtes Familienklima (Muttersicht)	1030 - 1142	.082	.062	.153
	Familie nicht vollzählig bei Frühstück	1037			.095
	Kind von Mutter geschimpft	908 - 1028	.114		.068
	Mutter unzufrieden mit Schulleistung des Kindes	1029 - 1037		.139	.173
	Unwohlbefinden des Kindes in verschiedenen sozialen Umwelten	1022 - 1135	.073		.120
Persönlichkeit der Eltern	Rauchen während Schwangerschaft	1013 - 1020		.119	.143
	Wut, Impulsivität der Mutter	1025 - 1140	.150	.109	.195
	Angst, Depressivität der Mutter	1029 - 1140	.114		.158
	Wut, Impulsivität des Vaters	645			.107
	Angst, Depressivität des Vaters	643			.081
Persönlichk. d. Kindes	Geringe Selbstwirksamkeit der Mutter	1030 - 1139	.076		
	Demoralisierung der Mutter	1022 - 1142	.119	.079	.144
INNEN	Demoralisierung des Vaters	643			.086
	Geschlecht des Kindes (CC)	1027 - 1043	.212	.168	.198
	Schlechte Gesundheit des Kindes (Muttersicht)	1037 - 1145	.067		.091

Die Korrelationen der Tabelle sind richtungsbereinigt, d.h. alle positiv. Lesart: „Je höher der Wert der Variable in der 2. Spalte von links, desto höher die Aggressivität". Bei den Nominalvariablen Geschlecht und Migrationshintergrund gilt statt des numerischen Wertes einfach der Unterschied (Junge/Mädchen; Migrationshintergrund ja/nein).
Pearsons Produkt-Moment-Korrelationen, außer bei nominalskalierten Variablen (dort Kontingenzkoeffizient CC).
Signifikanzniveau ≤ .05. Leere Felder: keine signifikanten Korrelationen.
Quelle: DJI, 1. Welle Kinderpanel, eigene Berechnungen

Verwitwete, verheiratet-getrennt lebende und geschiedene Mütter sehen bei ihren Kindern am häufigsten Neigungen zur *Externalisierung*, ebenso jene in nichtehelichen „Stieffamilien". Das gilt auch für geschiedene Väter. *Selteneres Zusammensein der Familie* beim Frühstück (nicht bei den anderen Mahlzeiten), was als ein mögliches Maß für schwache familiale Kohäsion gedeutet werden könnte, korreliert mit mehr motorischer Unruhe und Externalisierung der Grundschulkinder.

Religiös erziehende Mütter und solche, die am häufigsten Gottesdienste besuchen, nehmen bei ihren kleinen Kindern signifikant weniger motorische Unruhe und Externalisierung wahr. Inwieweit bei diesen Antworten der Grad der Religiosität selbst für den *Umgang* mit den Kindern wirksam ist oder der möglicherweise *unterschiedliche Blick* auf das Kind seitens der religiös erziehenden und der anderen Mütter, kann hier nicht beantwortet werden. Vielleicht haben erstere einfach eine geduldigere und positivere Perspektive auf bestimmte Eigenschaften ihres Kindes.

Das von Kindern und Eltern wahrgenommene emotionale Familienklima korreliert signifikant und mit moderater Stärke (Korrelation maximal $= .21$) mit allen Indizes der Persönlichkeitseigenschaften der Kinder: Ein gutes Familienklima geht einher mit weniger Externalisierung, motorischer Unruhe und Internalisierung der Kinder. Wiederum können hier allerdings zirkuläre Prozesse vorliegen – friedliche Persönlichkeiten der Familienmitglieder begünstigen ein friedliches Familienleben und umgekehrt.

Wenn Mütter bei Konflikten mit ihren älteren Kindern sauer oder wütend werden, wenn sie schimpfen oder weggehen, geht das auch mit mehr analoger Externalisierung beim Kind einher. Bemerkenswerterweise gibt es bei den Varianten des *väterlichen* Konfliktverhaltens gegenüber dem Kind keine nennenswerten Korrelationen.

Gibt es Zusammenhänge zwischen den *Persönlichkeitsprofilen der Eltern* und denen ihrer *Kinder*? Das ist nicht nur eine Frage der Theorie (ob z.B. Gene, Nachahmung oder Reaktionsbildung hier maßgeblich sind), sondern auch eine knifflige methodische Frage: So könnte etwa die depressive Persönlichkeit einer Mutter auch ihre *subjektive Sichtweise* auf ihr Kind beeinflussen und dessen Persönlichkeit depressiv gefärbt erscheinen lassen, *ohne* dass dies objektiv der Fall sein muss. Oder ein Vater mit Aggressivitätsneigungen nimmt die Aggressivitätstendenzen seines Kindes gar nicht so wahr. Mit diesem Vorbehalt ergibt sich, dass signifikante, aber nicht allzu starke Korrelationen (bis zu ca. .25) zwischen den entsprechenden elterlichen Persönlichkeitsprofilen und denen ihrer Kinder bestehen. Dabei hängen die Wahrnehmungen, die Mütter und Väter im Vergleich von ihren Kindern haben, erwartungsgemäß zusammen, aber nicht allzu hoch (je nach den erfassten Eigenschaften des Kindes mit Korrelationen zwischen .25 und .5).

Tab. 2: Signifikante Zusammenhänge zwischen Konflikttaktiken der
8- bis 9-Jährigen und ausgewählten Faktoren (Indizes, Selbstsicht)

Variablen	N	Konflikttaktiken der Kinder gegenüber Freunden		
		kommunikativ	ignorierend	aggressiv
Positives Selbstbild	914 - 917	.190		-.110
Soziale u. kognitive Aufgeschlossenheit	910 - 913	.283		-.104
Internalisierung	914 - 917		.185	.133
Motorische Unruhe	908 - 911		.101	.254
Externalisierung	910 - 913	-.79	.070	.350
Familienklima	912 - 915	.139	.088	-.169
Urbanitätsindex	914		.075	
Negatives Regionalklima	879			-.078
Migrationshintergrund (CC)	912	-.093		
Geschlecht des Kindes (CC)	911	.089		

Bei den Nominalvariablen Migrationshintergrund und Geschlecht gilt statt des numerischen
Wertes einfach der Unterschied Migrationshintergrund ja/nein, Junge/Mädchen.
Pearsons Produkt-Moment-Korrelationen, außer bei nominalskalierten Variablen (dort Kon-
tingenzkoeffizient CC).
Signifikanzniveau ≤ .05. Leere Felder: keine signifikanten Korrelationen.
Quelle: DJI, 1. Welle Kinderpanel, eigene Berechnungen

Internalisierende Mütter haben signifikant häufiger internalisierende Kinder,
aber auch häufiger Kinder, die unruhig und externalisierend sind. Externalisierende Mütter wiederum haben dagegen auch öfter internalisierende, aber auch
unruhige Kinder. Externalisierungstendenzen des *Vaters* korrelieren schwach,
aber signifikant mit Externalisierungs- und Internalisierungstendenzen sowie
motorischer Unruhe der Grundschulkinder. Externalisierende und internalisierende Eltern sehen sich also öfter Kindern gegenüber, die zu verschiedenen negativen Äußerungsformen tendieren.

Höhere Demoralisierung bei den Müttern korreliert etwas mit der mütterlichen Wahrnehmung motorischer Unruhe und Externalisierung bei den Kindern.
Die *Konflikttaktiken* der Grundschulkinder gegenüber ihren Freunden stehen in
einem deutlichen Zusammenhang mit ihren *Persönlichkeitsmerkmalen* (vgl. Tab.
2): Kinder mit einem positiven Selbstbild und mit sozialer und kognitiver Aufgeschlossenheit zeigen signifikant häufiger kommunikative und seltener aggressive
Verhaltensweisen bei Konflikten. Internalisierende Kinder ignorieren signifikant
häufiger Konflikte als andere Kinder, aber ein Teil von ihnen reagiert auch aggressiv. Auch die motorisch Unruhigen verhalten sich häufiger aggressiv bei
Konflikten. Externalisierende Kinder greifen erwartungsgemäß besonders häufig
zu aggressiven Konfliktlösungen.

Ein positives Familienklima schlägt sich mehr in kommunikativen Konflikttaktiken
nieder, aggressive Verhaltensmuster sind in solchen Familien seltener. In stärker

verdichteten Wohngegenden (hoher Urbanitätsindex) gehen Kinder mit ihren Freunden eher konfliktignorierend um. In schlechter bewerteten Regionen sind die Kinde dagegen eher aggressiv. Kinder mit einem Migrationshintergrund tendieren weniger zu kommunikativen Konflikttaktiken. Mädchen sind dagegen bei Auseinandersetzungen mit ihren Freundinnen und Freunden kommunikativer.

4. Zusammenfassung

Das DJI-Kinderpanel hat neben einem breiten Bereich von Temperaments- und Persönlichkeitsaspekten der Kinder vor allem auch die Verbreitung ihrer *aggressiven Neigungen* und deren Zusammenhang mit anderen Faktoren untersucht. In lebensgeschichtlich orientierten Untersuchungen und Längsschnittstudien von gewalttätigen Menschen zeigt sich, dass der Entwicklungspfad von Emotionen wie *Wut* und *Hass* sowie Verhaltensneigungen zu *Aggressivität* häufig schon früh im Kindesalter zu beobachten waren. Aber spätere Gewalttäter zeigen nicht selten auch *andere extreme emotionale Auffälligkeiten* in der Kindheit wie *übertriebene Ängstlichkeit* oder *Trauer,* in anderen Fällen Anzeichen von *Hyperkinetik*. Emotionen prägen das Aufwachsen und das soziale Leben in hohem Maße. Emotional extrem auffällige Kinder, die überdurchschnittlich viel Wut, Angst oder Traurigkeit zeigen, haben ein höheres Risiko, in ihrem weiteren Lebenslauf in Schulen, im Beruf und unter anderen Menschen Schwierigkeiten zu bekommen und z. B. deviant zu werden. Insofern ist der Blick auf die Emotionen der Kinder auch für die *Prävention* gegenüber solchen problematischen Entwicklungen wichtig. In diesem Beitrag geht es um die Verteilung dieser Aspekte in der untersuchten Stichprobe und die Frage, ob sie mit bestimmten Faktoren zusammenhängen.

Tendenzen zur *Externalisierung* (Wut, Launenhaftigkeit, Aggressivität) werden für ein gutes Viertel der 5- bis 6-Jährigen und etwa ein Fünftel der 8- bis 9-Jährigen angegeben. Was die noch eindeutiger in Richtung *Aggressivität* gehenden Neigungen betrifft, so wird jedes fünfte bis sechste der Vorschulkinder und jedes zweite bis dritte der Grundschulkinder als zumindest gemäßigt aggressiv kategorisiert. Etwa 7% der Letzteren gingen schon recht gewaltsam bei Konflikten mit ihren Freunden oder Freundinnen um, dieser Prozentsatz gilt auch in etwa für körperliche Gewalttätigkeiten gegenüber Mitschülern oder Mitschülerinnen.

Auch Tendenzen zu *motorischer Unruhe* (Zappeligkeit, Impulsivität) wie auch zur *Internalisierung* (Unsicherheit, Ängstlichkeit, Trauer, Einsamkeit) bei den Kindern werden in beträchtlichem Umfang genannt. Interessant ist der Befund, dass die Eltern Internalisierungstendenzen bei ihren Kindern seltener wahrnehmen, als das die Kinder selbst tun. Das ist zwar zu erwarten, stellt gleichwohl aber ein gewisses Warnsignal dar, dass Belastungen der Kinder unbemerkt und ohne hilfreiche Reaktion durch andere bleiben können. Die Gruppen besonders aggressiver, hyperkinetischer, aber auch ängstlicher und trauriger Kinder verdienen besondere Aufmerksamkeit, schon hinsichtlich ihrer weiteren Entwicklung bis zu den nächsten Untersuchungswellen. Jungen zeigen häufiger als Mädchen Externalisierung und motorische Unruhe, Mädchen sind umgekehrt häufiger sozial und kognitiv aufgeschlossen.

Insgesamt nehmen die Eltern und die (älteren) Kinder das *Selbstbild* der Kinder als außerordentlich positiv wahr (sich okay finden, Stolz auf die eigene Leistung, Neugier). Recht positiv fällt das Urteil von Eltern und (älteren) Kindern selbst auch hinsichtlich der *sozialen und kognitiven Aufgeschlossenheit* (Offenheit, Empathie, Kreativität, Auffassungsgabe) der Kinder aus.

Die Aggressivität der Kinder und das Profil der kindlichen Emotionen und Kompetenzen hängt zu einem signifikanten Anteil vom Geschlecht und der Altersstufe ab, aber nicht besonders stark von den üblicherweise untersuchten Merkmalen der gesellschaftlichen Umwelt. Das ist auch zu erwarten, weil in dieser Alterstufe noch die teils genetisch, teils durch Schwangerschaftseinflüsse geprägten Aspekte des kindlichen Temperaments stärker wirksam sein dürften, Sozialisationsprägungen dagegen noch weniger als später. Dennoch sind auch einige signifikante, aber insgesamt schwache Korrelationen mit Umweltfaktoren zu erkennen.

Der *Aggressivitätsindex für die 5- bis 6-jährigen Kinder* korreliert nur relativ schwach mit einigen Faktoren der sozialen Umwelt, etwa mit der Tatsache, in kinderreichen Familien oder Stieffamilien aufzuwachsen. Ein niedriges Einkommen, Arbeitslosigkeit, weniger Bildung bei den Eltern und ein schlechtes emotionales Familienklima, aggressive Erziehungsformen wie auch externalisierende und internalisierende Persönlichkeitsaspekte der Mütter schlagen sich ebenso leicht in vermehrter Aggressivität der Kinder nieder.

Die *Aggressivität der 8- bis 9-jährigen Kinder* ist in Westdeutschland etwas höher als in Ostdeutschland, in ländlichen Gegenden etwas höher als in urbanen, in den unteren Schichten und bei weniger gebildeten Eltern etwas höher als bei besser Gestellten. In größeren Haushalten und bei einem schlechten emotionalen Familienklima finden sich häufiger aggressive Kinder. Aggressive Emotionen der Eltern, aber auch erhöhte Angst, Depressivität, Demoralisierung und mangelnde Selbstwirksamkeitsüberzeugungen bei ihnen spiegeln sich in aggressiven Neigungen der Kinder. Wenn der Vater einen Migrationshintergrund aufweist, liegt im Durchschnitt eine etwas höhere Aggressivität der Kinder nahe. Das ist zumindest das Bild, das die Auskünfte der Eltern und Kinder hergeben. Als weiterer Risikofaktor für erhöhte Aggressivität (aber ebenso für Hyperkinetik und Internalisierung) bei Kindern hat auch diese Studie signifikante Zusammenhänge mit dem Rauchen der Mutter während der Schwangerschaft aufgewiesen. Wenn man unterschiedliche Faktorgruppen nach der relativen Stärke ihrer Korrelationen mit der kindlichen Aggressivität vergleicht, findet unsere Hypothese Unterstützung, wonach die *eng gefasste („ungeteilte") Umwelt* und die *elterlichen genetischen Einflüsse* gegenüber der weit gefassten („geteilten") Umwelt dominieren.

Was den *weiteren Bereich von Persönlichkeitsaspekten der Kinder* betrifft, so bemerken die Mütter in Ostdeutschland bei ihren Kindern häufiger motorische Unruhe als die im Westen. In bevorteilten Wohnregionen und Wohnungen weisen die Kinder ein positiveres Selbstbild auf, sie sind sozial und kognitiv aufgeschlossener. Bildung, Einkommen und soziale Schicht der Eltern weisen dagegen wiederum wenig Zusammenhänge mit vielen Aspekten der kindlichen Persönlichkeit auf. Immerhin zeigen sich die Kinder der sozial privilegierteren Mütter etwas häufiger als sozial und kognitiv aufgeschlossen und ruhiger als die Kinder weniger privilegierter Mütter. In Bezug auf den sozioökonomischen Status der Väter gibt es noch weniger Zusammenhänge mit der Kinderpersönlichkeit. Bemerkenswerterweise beschreiben ledige Mütter und Mütter in nichtehelichen Lebensformen ihre Kinder relativ positiver als andere. Hinsichtlich der Religionszugehörigkeit fallen am ehesten die Beurteilungen der Kinder von Eltern in kleineren christlichen und nichtchristlichen Gemeinschaften in der einen oder anderen Richtung auf. Religiös gläubige Mütter sehen bei ihren Kindern weniger Unruhe und Externalisierung. Auch ein gutes Familienklima, ein verständnisvoller und Grenzen setzender Erziehungsstil gehen einher mit positiveren Eigenschaften der Kinder.

Insgesamt gibt es aber signifikante, schwache bis mittelstarke Zusammenhänge zwischen den emotionalen Persönlichkeitsprofilen der Eltern und Kinder: Internalisierende Mütter haben z.B. auch eher internalisierende Kinder. Dagegen scheinen Kinder auf externalisierende Mütter öfter durch Internalisierung und Unruhe zu reagieren. Zu Wut und Impulsivität neigende Väter haben öfter Kinder, die das auch tun, aber auch Kinder, die unruhig, unsicher und ängstlich sind.

All diese Zusammenhänge müssen aber noch nicht immer etwas über die Verursachungsrichtung sagen. So könnte es sein, dass eine positive emotionale Färbung der Persönlichkeiten der Eltern (gute Laune, positives Selbstwertgefühl usw.) ihnen ihre Kinder, aber auch die Umwelt, in einem anderen Licht erscheinen lässt, als es die Kinder oder die Umwelt tatsächlich sind. Dazu müssen noch weitere und feinere Analysen folgen. Um solchen und anderen Fragen besser nachgehen zu können, sind wir auf die weiteren Wellen des Kinderpanels angewiesen.

Dasselbe gilt auch für die längerfristige Beobachtung der nicht zu übersehenden Minderheiten von Kindern mit überdurchschnittlichen Neigungen zu

Aggressivität und anderen emotionalen und Verhaltenstendenzen (Internalisierung, motorische Unruhe). In den weiteren Wellen des Kinderpanels wird sich zeigen, ob es sich bei einem Teil dieser Knder um eine Risikogruppe handelt oder ob es nur um entwicklungsbedingte Phasen bestimmter Auffälligkeiten ging.

Literatur

Achenbach, T. M./Edelbrock, C. S. (1981): Behavior Problems and Competencies. Reported by Parents of Normal and Disturbed Children aged 4 through 16. Monographs of the Society for Research in Child Development 46, Serial No. 188

Achenbach, T. M./Edelbrock, C. S. (1983): Manual for the Child Behavior Checklist and Revised Child Behavior Profile. Burlington

Achenbach, T. M./Edelbrock, C. S. (1987): Manual for the Youth Self-Report and Profile. University of Vermont, Department of Psychiatry. Burlington

Agnew, R. (1997): Stability and Change in Crime over Life Course. In: Thornberry, T. P. (Ed.): Developmental Theories of Crime and Delinquency. New Brunswick, S. 101-132

Bandura, A. (1975): Aggression. A social learning analysis. New Jersey

Baumeister, Roy F./Bushman, Brad J. (2002): Emotionen und Aggressivität. In: Heitmeyer, Wilhem/Hagan, John (Hrsg.): Internationales Handbuch der Gewaltforschung. Wiesbaden, S. 598-618

Baumeister, Roy F./Smart, Laura/Boden, Joseph M. (1996): Relation of Threatened Egotism to Violence and Aggression: The Dark Side of High Self-Esteem. In: Psychological Review 103, S. 5-33

Becker, Gary S. (1993): Ökonomische Erklärung menschlichen Verhaltens. Tübingen

Berkowitz, Leonard (1962): Aggression. New York

Bien, Walter u.a. (1994): Cool bleiben – erwachsen werden im Osten. Ergebnisse der Leipziger Längsschnitt-Studie 1. München

Bouchard, Thomas Jr. (1994): Genes, Environment, and Personality. In: Science 264, S. 1700-1701

Coie, John D./Dodge, Kenneth A. (1998): Aggression and Antisocial Behavior. In: Damon, W./Eisenberg, N. (Eds.): Handbook of Child Psychology. Vol. 3: Social, Emotional, and Personality Development. 5. Aufl., New York, S. 779-862

Cox, Anthony D. (1995): Diagnostic Appraisal. In: Rutter, M./Taylor, E./Hersov, L. (Eds.): Child and Adolescent Psychiatry. Modern Approaches. Oxford, 3. Aufl. 1995, S. 22-33

Daly, M./Wilson, M. (2002): Tödliche interpersonelle Gewalt aus Sicht der Evolutionspsychologie. In: Heitmeyer, W./Hagan, J. (Hrsg.): Internationales Handbuch der Gewaltforschung. Wiesbaden, S. 709-734

Daly, Martin/Wilson, Margo (1988): Homicide. New York

Dölling, Dieter/Hermann, Dieter (2001): Anlage und Umwelt aus der Sicht der Kriminologie. In: Wink, Michael (Hg.): Vererbung und Milieu. Berlin, S. 153-182

Dollard, John u.a. (1970): Frustration und Aggression. Weinheim

Durkheim, Emile (1973): Der Selbstmord. Neuwied

Hamer, Dean/Copeland, Peter (1998): Das unausweichliche Erbe. Wie unser Verhalten von unseren Genen bestimmt ist. Bern

Harris, Judith R. (2000): Ist Erziehung sinnlos? Die Ohnmacht der Eltern. Reinbek

Heitmeyer, Wilhelm u.a. (1995): Gewalt. Schattenseiten der Individualisierung bei Jugendlichen aus unterschiedlichen Milieus. Weinheim

Heitmeyer, Wilhelm/Hagan, John (Hrsg.) (2002): Internationales Handbuch der Gewaltforschung. Wiesbaden

Kagan, Jerome (2000): Die drei Grundirrtümer der Psychologie. Weinheim

Kuschel, Annett u.a. (2000): Prävention von oppositionellen und aggressiven Verhaltensstörungen bei Kindern: Triple P – ein Programm zu einer positiven Erziehung. In: Kindheit und Entwicklung 9, 1, S. 20-29

Kuschel, Annette (2001): Psychische Auffälligkeiten bei Braunschweiger Kindergartenkindern. Diss. an der Gemeinsamen Naturwissenschaftlichen Fakultät der TU Braunschweig - http://www.biblio.tu-bs.de/ediss/data/20010813a/20010813a.pdf

Lewis, Michael/Haviland, Jeannette M. (Eds.) (1993): Handbook of Emotions. New York

Loeber, Rolf/Hay, Dale (1997): Key Issues in the Development of Aggression and Violence from Childhood to Early Adulthood. In: Annual Review of Psychology 48, S. 371-410

Manecke, Kurt/Kuhnke, Ralf/Mittag, Hartmut/Strehmel, Petra/Wahl, Klaus (2000): Fremdenfeindliche Gewalt – eine Folge des Erziehungssystems der DDR? Eine wissenschaftliche Auseinandersetzung mit den Thesen Christian Pfeiffers. Unveröff. Ms. München

McBurnett, Keith u.a. (2000): Low Salivary Cortisol and Persistent Aggression in Boys Referred for Disruptive Behavior. In: Archives of General Psychiatry 57, 1, S. 38-43

Medina, John (2002): Am Tor zur Hölle. Die Biologie der sieben Todsünden. Heidelberg

Merton, Robert K. (1968): Social Theory and Social Structure. New York

Moffitt, Terrie E (1997): Adolescence-Limited and Life-Course-Persistent Offending: A Complementary Pair of Developmental Theories. In: Thornberry, T.P. (Ed.): Developmental Theories of Crime and Delinquency. New Brunswick, S. 11-54

Renninger, Suzann-Viola (1999): Genetik und Umwelt. Alte Kontroversen, neuer Kompromiß? DISKURS 9, 2, S. 58-65

Renninger, Suzann-Viola/Wahl, Klaus (2000): Gene und Sozialisation: Eine neue Runde in einem alten Streit. In: Sozialwissenschaftliche Literatur Rundschau 40, S. 5-16

Rowe, David C. (1997): Genetik und Sozialisation. Weinheim

Rutter, Michael L. (1997): Nature-Nurture Integration. The Example of Antisocial Behavior. In: American Psychologist 52, 4, S. 390-398

Scarr, Sandra (1992): Developmental theories for the 1990: Development and individual differences. Child Development 63, S. 1-19

Schmeck, Klaus/Poustka, Fritz (2000): Biologische Grundlagen von impulsiv-aggressivem Verhalten. In: Kindheit und Entwicklung 9, 1, S. 3-13

Schwarz, Beate/Rinker, Burkhard (1998): Temperament. In: Zinnecker, Jürgen/Silbereisen, Rainer K.: Kindheit in Deutschland. Aktueller Survey über Kinder und ihre Eltern. Weinheim, 2. Aufl., S. 159-168

Tedeschi, James T./Felson, Richard B. (1994): Violence, Aggression & Coercive Actions. Washington, DC

Thomas, Josephine (2001): Maternal Smoking During Pregnancy Associated With Negative Toddler Behavior and Early Smoking Experimentation. In: NIDA Notes 16, 1 - http://www.drugabuse.gov/NIDA_Notes/NNVol16N1/Maternal.html

Tremblay, Richard E. (2000): The development of aggressive behavior during childhood: What have we learned in the past century? In: International Journal of Behavior Development 24, 2, S. 129-141

Tremblay, Richard E. (2003): Early development and prevention of physical violence. Referat auf Konferenz "Per una societá più sicura". ISTAT, Rom 5.12.

Van den Oord, Edwin J. C. G./Boomsma, Dorret I./Verhulst, Frank C. (1994): A study of problem behaviors in 10-to 15-year-old biologically related and unrelated international adoptees. In: Behavior Genetics 24, S. 193-205

Van den Oord, Edwin J. C .G./Boomsma, Dorret I./Verhulst, Frank C. (2000): A Study of Genetic and Environmental Effects on the Co-Occurence of Problem Behaviors in Three-Year-Old Twins. In: Journal of Abnormal Psychology 109, 3, S. 360-372

Varisco, Raymond (2000): Drug Abuse and Conduct Disorder Linked to Maternal Smoking During Pregnancy. In: NIDA Notes 15, S. 5

Wahl, Klaus (1989): Die Modernisierungsfalle. Gesellschaft, Selbstbewußtsein und Gewalt. Frankfurt a. M.

Wahl, Klaus (1990): Studien zu Gewalt in Familien. Gesellschaftliche Erfahrung, Selbstbewußtsein, Gewalttätigkeit. München

Wahl, Klaus (2000): Kritik der soziologischen Vernunft. Sondierungen zu einer Tiefensoziologie. Weilerswist

Wahl, Klaus (Hrsg.) (2001 a): Fremdenfeindlichkeit, Antisemitismus, Rechtsextremismus. Drei Studien zu Tatverdächtigen und Tätern. Berlin

Wahl, Klaus (2001 b): Gewalt und Aggression. In: Otto, Hans-Uwe/Thiersch, Hans (Hrsg.): Handbuch Sozialarbeit/Sozialpädagogik. 2. Aufl., Neuwied, S. 730-734

Wahl, Klaus (Hrsg.) (2003): Skinheads, Neonazis, Mitläufer. Täterstudien und Prävention. Opladen

Wahl, Klaus/Tramitz, Christiane/Blumtritt, Jörg (2001): Fremdenfeindlichkeit. Auf den Spuren extremer Emotionen. Eine interdisziplinäre Untersuchung. Opladen

Wilson, Edward O. (1995): On Human Nature. London

Windle, M./Lerner, R. M.: Reassessing the dimensions of temperamental individuality across the life span. The revised dimensions of Temperament Survey (DOTS-R). In: Journal of Adolescent Research 1, 1986, S. 213-230

Wright, Lawrence (1998): Zwillinge. Gene, Umwelt und das Geheimnis der Identität. Wien

Zentralinstitut für Jugendforschung (ZIJ): Leipziger Längsschnitt, 3. Welle 1988, ISF, Klasse 5

Gerhard Beisenherz
Wie wohl fühlst Du Dich?
Kindliche Persönlichkeit und Umwelt als Quelle von Wohlbefinden und Unwohlsein bei Grundschulkindern

1. Schulkinder zwischen PISA-Stress und glücklicher Kindheit. Müssen Kinder sich wohlfühlen?

Der „neue Kindheitsdiskurs" der 90er Jahre (vgl. Zinnecker 1996; Herzberg 1997, 2002; Beisenherz 2002, Kap. 6) brachte eine emphatische Betonung der Eigenständigkeit und Bedeutung der Kindheit als Lebensphase aus eigenem Recht mit der gleichzeitigen Aufwertung der Kinder – vom Objekt der Forschung (wie z.T. in der Entwicklungspsychologie) hin zum Subjekt derselben. Methodologisch brachte dies eine verstärkte Hinwendung zu Kindern als Personen, über die nicht nur Informationen gesammelt wurden – sei es durch Testinstrumente, sei es durch Fremdbeobachtungen –, sondern die selbst über sich und ihre Erfahrungen und Befindlichkeiten Auskunft geben können und sollen. Das führte parallel zur Konjunktur von Kinderbefragungen (vgl. etwa Wilk/Bacher 1995; Zinnecker/Silbereisen 1998; Lang 1985 und DJI 1990) auch zu verstärkten methodologischen Reflexionen über die Befragbarkeit von Kindern sowie die Zuverlässigkeit der Auskünfte, die dabei zu erhalten sind (Honig u.a. 1999). Zu erwarten war daher nach dem Stand der kindheitssoziologischen Debatte zur Jahrhundertwende, dass verstärkt Untersuchungen zur Entwicklung von Kindern einsetzen, die die Perspektive der Kinder und damit auch deren eigenes Erleben in den Mittelpunkt stellen würden.

Mit dem PISA-Schock und der anschließenden IGLU-Untersuchung scheint freilich auch im Bereich der Kindheitsforschung ein Umdenken eingetreten zu sein, das die Positionen der kindheitssoziologischen Debatte zurückzunehmen droht und rein forschungspragmatisch eine Perspektive fördert, in der Kinder wieder überwiegend unter dem Aspekt des Humankapitals für die Gesellschaft betrachtet werden. Indem die Evaluation der in einen internationalen Wettbewerb katapultierten nationalen Bildungssysteme scheinbar eine quasi objektivistische Messung des jahrgangsspezifischen Outputs erfordert – gemessen an den Standards eines globalen Literacy-Konzepts – werden die Kinder zu Objekten eines generalisierten Testbetriebs, der nun schon im Kindergarten einsetzen soll, um die Qualität der Betreuung auf allen Ebenen und in allen Lebensabschnitten zu garantieren. Beispielhaft für eine solche neue Orientierung auf das Kind als Träger der zukünftigen Human-Ressourcen der Gesellschaft ist etwa der Elementary Secondary Education Act (ESEA), besser bekannt als „No child left behind Act" der Bush-Administration vom Januar 2002, der unter dem Eindruck eines im internationalen Vergleich zurückbleibenden Bildungsniveaus amerikanischer Kinder eine Erneuerung des Schulsystems intendiert. Wesentlich zur Zielerreichung ist die Etablierung jährlicher Bewertungen von Lese- und Mathematikfortschritten nach Maßgabe der vom National Assessment of Educational Progress (NAEP) vorgegebenen Kriterien und einer davon abhängigen Finanzierung durch den Bundesstaat. Inzwischen strahlen die durch den globalen Bildungswettbewerb ausgelösten Restrukturierungen nationaler Bildungssysteme auch auf den Vorschulbereich aus (vgl. BMFSFJ 2003).

Gerade in der Diskussion über die Bildung im Vorschulbereich zeigt sich dann, dass der neue Kindheitsdiskurs mit seiner Sicht auf das eigenständige Kind eine merkwürdige Synthese eingeht mit Bestrebungen bildungstechnologischer Beschleunigung und Optimierung von kindlichen Lernprozessen. So heißt es etwa im erwähnten Bericht der Bundesregierung: „Frühkindliche Bildung darf hierbei nicht auf die Vermittlung und Aneignung von Wissen und Fertigkeiten, die dem späteren schulischen und beruflichen Erfolg dienen, reduziert werden. Angesichts der zunehmenden Komplexität der gesellschaftlichen Verhältnisse, der rasanten kulturellen und technischen Entwicklungen, der fortschreitenden Zunahme von Wissen und des beschleunigten Wandels von Lebensbedingungen muss ein umfassender Bildungsbegriff umgesetzt werden, der lernmethodische, reflexive und soziale Kompetenzen einschließt und auf die Förderung kindlicher Autonomie und sozialer Mitverantwortung abzielt. Der Bildungsauftrag ist im Selbstverständnis der Kindergärten zwar fest verankert, die Qualifikation dieser Institutionen entspricht diesen Ansprüchen jedoch nicht" (BMFSFJ 2003, S. 28).

Entsprechend dieser gesteigerten Anforderungen wird dann gefordert: „Die Funktion von vorschulischen Bildungsprozessen wird ... in der Vermittlung von lernmethodischen Fähigkeiten („lernen zu lernen") und von Basiskompetenzen (gesehen), die es dem Kind ermöglichen, im sozialen Kontext verantwortlich zu handeln. Dazu gehören sowohl personale (z. B. Orientierungskompetenz; Fertigkeiten zum Umgang mit Veränderungen, Krisen und kulturellen Differenzen) als auch soziale Kompetenzen (z.B. Fähigkeit zum Aufbau von guten Beziehungen zu Erwachsenen und Kindern; Empathie und Perspektivenübernahmefähigkeit; Fähigkeit, verschiedene Rollen einzunehmen; Kommunikations- und Kooperationsfähigkeit; Konfliktmanagement). Moderne Bildungspläne sind diesem Verständnis von Bildung verpflichtet. Sie zielen einerseits auf die Stärkung kindlicher Autonomie ab, andererseits auf die Entwicklung der Fähigkeit zu sozialer Mitverantwortung ... Dazu gehören die Stärkung von Selbstwertgefühl, Selbstwirksamkeit und Selbstregulation; die Förderung von Neugier und Kreativität; die Entwicklung von Werten und Orientierungskompetenz ... der Fähigkeit und Bereitschaft zur Verantwortungsübernahme (Verantwortung für das eigene Handeln; Verantwortung anderer Menschen gegenüber; Verantwortung für Umwelt und Natur) und zur demokratischen Teilhabe (Erwerb von Grundkenntnissen über Staat und Gesellschaft; Akzeptieren und Einhalten von Gesprächs- und Abstimmungsregeln; Einbringen und Überdenken des eigenen Standpunkts)" (ebd. S. 6).

Wenn in diesem durch die Evaluation von Institutionen und der Globalisierung gleichermaßen angestoßenen Prozess die gerade erst zart aufgekeimte Einsicht in die Bedeutsamkeit der Subjektivität der Kinder nicht durch den gewaltigen Druck pädagogischer Anforderungen wieder aus der Kindheitsforschung ausgetrieben werden soll, muss an Fragestellungen, die die subjektive Erfahrung der Kinder in den Mittelpunkt stellen, festgehalten werden. Sonst steht zu befürchten, dass Anforderungen an die Effizienz gesellschaftlicher Bildungsinstitutionen – die wie in der gegenwärtigen PISA- und IGLU-Debatte allein auf Benchmarking beruhen – die Kinder als quasi universell einheitliche Kompetenzentwickler ansehen und deren kulturspezifische Erfahrungen ausblenden.

2. Wohlbefinden der Kinder als Forschungsparadigma

2.1 Zum Wohlbefinden als Forschungsgegenstand

Unter den subjektiven Reaktionen der Kinder auf ihre Umwelt und ihre Erfahrungen scheint uns insbesondere dem Konzept des subjektiven Wohlbefindens eine zentrale Rolle zuzukommen. Wir verfolgen damit den Ansatz weiter, der schon in den 70er Jahren typisch war für die Sozialindikatorenbewegung in Deutschland, die sich von der bis dahin gepflegten, rein auf objektive Daten gestützten Sozialberichterstattung durch die Einbeziehung der subjektiven Zufriedenheit und des subjektiv geäußerten Wohlbefindens in jeweils unterschiedlichen Lebensbereichen unterschieden (Zapf 1999). Eine Sozialberichterstattung, die nicht nur Fakten abbilden, sondern einen Indikator für die Lebensqualität liefern möchte, muss die subjektiven Dimensionen Zufriedenheit und Wohlbefinden berücksichtigen.

Damit befinden wir uns in Übereinstimmung mit einer breiten Entwicklung im Bereich der Gesundheitsforschung, für die die Entwicklung der Gesundheit und ihre Erhaltung ein Ziel an sich darstellt, das nicht durch die Instrumentalisierung für andere Ziele erst bedeutsam wird. Auch im Rahmen der Gesundheitsforschung nimmt inzwischen das Wohlbefinden eine zentrale Stellung ein. So definiert etwa die WHO Gesundheit überhaupt als die Summe von physischem, psychischem, mentalem und sozialem Wohlbefinden. Diese Definition ist inzwischen auch in verschiedene Konzepte und Operationalisierungen zur Messung von Gesundheit eingegangen. So beruhen z.B. die Instrumente zur Bestimmung von *Health Related Quality of Life* (HRQL) wesentlich auf Subskalen, durch die Wohlbefinden in verschiedenen Dimensionen bzw. Bereichen erfasst wird (Herdmann u.a. 2002). Der KINDL-Fragebogen, der im RKI-Projekt Bella ein-

gesetzt wird (rki: bella-studie@rki.de; www.bella-studie.de), erfasst z.B. mit 24
Items die subjektive Befindlichkeit, wovon jeweils vier Items das Wohlbefinden
in der Familie, das körperliche, das psychische Wohlbefinden sowie das in Schule und unter Freunden operationalisiert. Hinzu treten vier Items zum Selbstvertrauen. Hier wird also Wohlbefinden insgesamt durch eine größere Anzahl von
Items als Skala konstruiert.

Verbreitet ist vor allem der Ansatz, Wohlbefinden – oder z.T. auch erfragt
als Zufriedenheit – in unterschiedlichen Lebensbereichen zu ermitteln und zu
einem Gesamtindikator „Allgemeine Zufriedenheit" zu aggregieren, der dann
durch unabhängige Variablen erklärt wird. So haben z.B. Van Praag u.a. mit den
Daten des SOEP nachgewiesen, dass sich aus der bereichsspezifischen Zufriedenheit mit Arbeit, Einkommen, Wohnen, Freizeit, Gesundheit und Umwelt ein
Indikator „Allgemeine Zufriedenheit" bilden lässt, dessen Varianz sehr weitgehend durch objektive Bedingungen in den jeweiligen Bereichen erklärt werden
kann (Van Praags u.a. 2002). Sie ziehen den Schluss: Das Konzept einer interpersonal vergleichbaren Zufriedenheit, das sich durch die Aggregierung der
Bereichszufriedenheit ergibt, „cannot be rejected". Sie kommen zu dem wichtigen Resultat: „The consequence is that self-reported satisfaction is an usefull
new instrument for evaluation and design of socio-economic policy" (ebd. S.
23). Neben diesem Forschungszweig hat sich, u.a. unter dem Einfluss des salu-
togenetischen Ansatzes (Antonovsky 1979), insbesondere in der Psychologie
eine breite Forschung zum Wohlbefinden entwickelt, auf die wir hier nicht eingehen wollen. Eine knappe informative Skizze zum Forschungsstand dort findet
sich bei Mayr/Ulich (2002, S. 45-50).

2.2 Wohlbefinden von Kindern

Das Wohlbefinden von Kindern wurde – ausgehend von solchen Ansätzen der
Zufriedenheits- und Well-being-Forschung und in Anknüpfung an die Entwick-
lung in der Sozialberichterstattung der 70er Jahre – erstmals zu einem zentralen
Gegenstand der *Kindheitsforschung* in Deutschland in dem Kindersurvey von
Sabine Lang (1985). In diesem Survey wurden 2048 Kinder in der 2. bis 4.
Grundschulklasse im Schuljahr 1980 befragt. Das Wohlbefinden wurde durch
Fragen an die Kinder nach dem bereichsspezifischen Befinden in Schule, Familie, unter Freunden, beim Spielen, unter Erwachsenen und im allgemeinen erhoben, z.B. mit der Frage: „Wie fühlst Du Dich in der Schule?" Als Skala wurde
eine fünfstufige Smily-Skala verwendet. Wesentliches Ergebnis der Befragung
war, dass sich Kinder unter Freunden und beim Spielen durchgängig wohl bis
sehr wohl fühlen, und auch in der Familie nur ca. 8% der Kinder sich nicht
(sehr) wohl fühlen. Schließlich gaben ca. 24% der Kinder Letzteres für die Schu-

le an (ebd. 1985, S. 83). Die Schule war somit 1980 der Hauptfaktor, der zu einem bereichsspezifischen Unwohlsein der Kinder beitrug. Mit unserer Untersuchung können wir überprüfen, ob es in dieser Hinsicht gegenüber der Zeit vor 22 Jahren eine Veränderung gegeben hat.

Bereichsspezifisches Wohlbefinden wurde dann auch in dem Kindersurvey von Wilk/Bacher (1994) erhoben. Dort wurde es operationalisiert über die Häufigkeit von Einsamkeitsgefühlen und von Traurigkeit sowie von allgemeinem Wohlbefinden in der Familie (Wilk/Bacher 1994, S. 138). Das so operationalisierte Wohlbefinden in der Familie kann dann durch ein pfadanalytisches Modell mit R=.56 erklärt werden, in das auf zweiter Stufe sechs Faktoren aufgenommen wurden. Die Autoren kommen zu dem Ergebnis: „Wenig verfügbare Zeit von Seiten der Eltern, die Wahrnehmung ökonomischer Probleme in der Familie sowie kritische Lebensereignisse während der letzten zwei Jahre reduzieren das Wohlbefinden des Kindes." Das Wohlbefinden in der Schule wurde differenziert nach dem Wohlbefinden in der Schule allgemein, im Klassenzimmer und unter den Mitschülern abgefragt („Wie wohl fühlst Du Dich ....", ebd. S. 210). Der aus diesen drei Items gebildete Indikator zum Wohlbefinden in der Schule (S.220) wird dann wieder durch ein pfadanalytisches Modell erklärt. Das Befinden wird mit einem R=0.48 erklärt, wobei dort wesentlich auf Lehrermerkmale und den Normdruck abgestellt wurde. Das Modell sieht keine direkte Auswirkung der Benotung auf die Befindlichkeit vor, ist also weniger leistungsbezogen und mehr zentriert auf das Agieren des Lehrers und die Beziehung zum Lehrer. Mit den Daten des österreichischen Kinderpanels wurde auch noch das Wohlbefinden im Wohnbereich analysiert (ebd. S. 190; Bacher 2002). Erneut wurde pfadanalytisch untersucht, welche Faktoren dieses Wohlbefinden beeinflussen. Nicht ganz überraschend ergab sich, dass das Wohlbefinden in der Wohnung (mit r=32) korreliert mit dem in der Wohnumgebung und mit dem in der Familie (mit r=0.40). Die weiteren berücksichtigten Faktoren korrelieren insgesamt gering. Wichtig ist an diesem Resultat, dass das Wohlbefinden in der Schule das Wohlbefinden zu Hause kaum beeinflusst. Diese Untersuchung liefert uns wichtige Referenzpunkte, wenn auch dort darauf verzichtet wird, einen bereichsübergreifenden Indikator für kindliches Wohlbefinden zu etablieren.

In entwicklungspsychologischen Untersuchungen und Befragungen zur Kindheit der letzten Jahre tritt dagegen der Aspekt des Wohlbefindens nicht so deutlich hervor. So konzentriert sich etwa die LOGIK-Studie (Weinert 1998) eher im Stile der traditionellen Entwicklungspsychologie – nicht unähnlich der PISA- oder IGLU-Studie – auf die schulbezogenen Dimensionen der Kompetenzentwicklung im Grundschulalter, und auch das Kinderpanel aus dem DFG-Schwerpunkt „Kindheit und Jugend in Deutschland vor und nach der Vereinigung" (Zinnecker/Silbereisen 1998; Silbereisen/Zinnecker 1999) hat die Frage des subjektiven Wohlbefindens dann wieder hinter anderen Fragestellungen zurücktreten lassen.

Regelmäßig beachtet wird dagegen das bereichsspezifische Wohlbefinden der Kinder in den Befragungen der Kinder zwischen 9 und 14 Jahren in NRW, die im LBS-Kinder-Barometer ausgewertet und veröffentlich werden (LBS-Initiative 2002) Alle befragten Kinder befinden sich oberhalb der dritten Schulklasse, sind somit weiter in der Schule als unsere Kinder der ersten Welle. Das Wohlbefinden wird dort durch eine Faktorenanalyse über insgesamt 62 Items skaliert. Die Autoren finden vier unabhängige Faktoren, die als Wohlbefinden zu interpretieren sind, und zwar als Wohlbefinden in der Schule, unter Gleichaltrigen und in der Familie, wobei das Wohlbefinden in der Familie in zwei Faktoren aufgegliedert wird: Zum einen hinsichtlich der Unterstützung durch die Familie, zum anderen in Bezug auf eingeräumte Autonomie. Fragen nach dem Wohlbefinden selbst, in denen die Kinder also selbst „bilanzieren", wurden in die Skalen nicht einbezogen (Mayr/Ulich 2002).

2.3 Zur Problematik des Konzeptes Wohlbefinden: Zwischen Zufriedenheit und Glück

Obwohl es also seit der Aufnahme subjektiver Befindlichkeitsskalen in die Sozialberichterstattung immer wieder die Berücksichtigung des Wohlbefindens von Kindern in repräsentativen Befragungen gegeben hat, ist demgegenüber die theoretische Fundierung des Konzeptes hauptsächlich im Bereich der psychologischen Forschung vorangetrieben worden, ohne freilich zu einem klaren Konzept oder gar einer verbindlichen Skala hierzu gelangt zu sein. Nach Kahneman u.a. (1999) ist für den anhaltend unbefriedigenden Zustand der Konzeptbildung die Tatsache verantwortlich, dass das Konzept auf mindestens fünf verschiedenen Ebenen operationalisiert wird. Sie nennen 1. die biochemische, neuronale Verhaltensbasis, 2. vorübergehende Gefühlsfärbungen zwischen Lust, Freude und Ärger, 3. grundlegende, beharrliche Gemütsverfassungen (Pessimismus versus Optimismus), 4. subjektive Zufriedenheit/Unzufriedenheit als Resultat einer kognitiven Bilanzierung und schließlich 5. objektive Bedingungen der Lebensumstände, die als Elemente von Wohlergehen anzusehen sind. Die konzeptuelle Unsicherheit bei der Verwendung des Begriffs Wohlbefinden bringt es daher mit sich, dass einfache Fragen von der Art „Wie wohl fühlst du dich im allgemeinen?" oder auch „Wie wohl fühlst du dich in der Schule?" beim Befragten eine Reaktion hervorrufen, von der nicht genau geklärt werden kann, was diese im Wesentlichen bestimmt. Die Erwartung, dass solche Fragen dennoch sinnvoll beantwortet werden, „assumes that the varied experiences of person's life somehow combine to produce a global state of well-being or lack of it, that a person's sense and level of well-being is relatively stable rather than a labile response to transient events, that people are able to describe their state of well-being to an interviewer, and that they can be induced to do so" (Kahn/Juster 2002, S. 631).

In Bezug auf Kinder mag an den theoretischen Grundsatzdebatten zu dem Konzept vor allem das Argument bedeutsam sein, dass *Well-being* bei Kindern wohl seltener mit einer Zufriedenheit verwechselt werden darf, die zum erheblichen Teil auf kognitiver Bilanzierung des Lebenslaufs und auf der „hedonic treadmill" (Brickman/Campbell 1971) beruht. Damit bezeichnen diese Autoren die Tendenz von Erwachsenen, vom jeweils erreichten Ziel aus immer das nächste anzuvisieren. Im Vordergrund kindlichen Wohlbefindens steht – so vermuten wir wegen des zukunftsorientierten Gegenwartsbezugs der Kinder im Grundschulalter – stärker die emotionale Grundbefindlichkeit und somit die Komponente, die von anderen Well-being-Forschern in die Nähe des Glücksempfindens gerückt wird (Seligman/Czikszentmihalyi 2000). Wir gehen also davon aus, dass sich bei Kindern Wohlbefinden oder Wohlfühlen semantisch eher an der emotionalen Grundgestimmtheit zwischen den Polen Traurigkeit und Glücklichsein orientiert. Diese Auffassung findet sich u.a. schon bei Veenhoven (1991), der die Frage nach „happiness" im Kontext der Debatte über Well-being untersucht. Bei Kindern hat Bucher explizit empirisch untersucht, von welchen Bedingungen es abhängt, ob Kinder (im Alter von 9 bis 13 Jahren) ihre Kindheit als glücklich erleben (Bucher 1999). Auch Bucher untersucht, in welchen Erfahrungsbereichen Kinder besonders und in welchen sie weniger glücklich sind (sehr hohe Werte erhalten Natur, Freunde und Familie, niedrigere dagegen die Schule und Mitarbeit zu Hause). In der weiteren Analyse gelangt Bucher zu dem Ergebnis, dass „Glück weniger aus Rezeptivität, sondern vielmehr aus Tätigkeit resultiert, sodann aus lobender Anerkennung durch signifikante Andere" (ebd. S. 411ff).

Wir gehen davon aus, dass das Konzept Wohlbefinden bei Grundschulkindern semantisch zwischen dem Glücksempfinden einerseits und der bilanzierenden Zufriedenheit andererseits anzusiedeln ist. Nach der einen Tradition sollte es stark von objektiven Randbedingungen der Lebenswelt abhängen, nach der anderen eher von der Erfüllung durch sinnvolle Aktivitäten und von Anerkennung. Unsere Fragestellung lautet daher, welche dieser Einflussfaktoren sich als bestimmend für das Wohlbefinden erweisen und ob daraus Rückschlüsse auf die Bedeutung des Wohlbefindens für die weitere Entwicklung der Kinder gezogen werden können. Insbesondere sollte der von Bucher betonte Zusammenhang von Glücksempfinden und sinnvollen Aktivitäten Bedeutung haben für die Bildungsentwicklung der Kinder. Denn Glücksempfinden oder Wohlbefinden ist als Gegenteil von Stress die Bedingung für effektives Lernen und kreative Entwicklung. "Stressed brains do not learn the same way as nonstressed brains. Brains experiencing the kind of stress leading to conditions of what is termed learned helplessness do not as effectively pattern match, problem solve or memorize. Children under stress do not sleep as well, are at greater risk for both pediatric depression and anxiety disorders and tend to have less efficient immune responses to pathogen challenge" (Medina 2003, S. 5: Building bridges between neuroscience and education. Dort unter Bezug auf Bruce McEwen 2002: The End of Stress as we Know It). Unter dem Aspekt der eingangs zitierten Anstrengungen, den Bildungsprozess der Kinder früh zu fördern und zu beschleunigen, scheint diese Dimension besonders wichtig, denn: „Children should play a central role in this transition to the creative society. Childhood is one of the most creative periods of our lives. We must make sure that children's creativity is nourished and developed, and we must help children learn how to extend and refine their creative abilities, so that the creativity of childhood persists and grows throughout life." (Resnick 2002, S. 37).

3. Der Indikator Allgemeines Wohlbefinden und die Kontextindikatoren

3.1 Die Bildung des Indikators

Wir haben einen Indikator gebildet, der das Wohlbefinden des Kindes zum Ausdruck bringt, in dem wir nur Angaben der Kinder selbst über deren Befindlichkeit verwendet haben. Daher konnten wir nur die Schulkinder in unsere Untersuchung einbeziehen. Im Einzelnen haben wir die folgenden Fragen in den Indikator für Wohlbefinden einbezogen:

Aus den Items zur Selbstbeschreibung betrachten wir als Indikatoren für eine bereichsunspezifische Befindlichkeit das Item „Bin gerne mit anderen zusammen") und das Item „Bin meist gut gelaunt", von den schulbezogenen Items „Bin gern in der Schule" und „Fühle mich wohl in der Klasse" sowie die Antwort auf die Frage „Wie gefällt es Dir insgesamt in der Schule?". Fragen nach dem Befinden im Hort wurden nicht aufgenommen, da die Zahl der Hortbesucher zu gering ist. Weiter wurde das Befinden in der Peergroup außerhalb der Schule durch die Antwort auf die Frage „Ich habe viel Spaß mit meinen Freunden/Innen" berücksichtigt. Das Wohlbefinden in der Familie wurde aufgenommen mit den Antworten „Bin gerne mit meiner Familie zusammen" und „In unserer Familie haben wir viel Spaß miteinander". Schließlich konnten wir über das Item „Ich fühle mich wohl hier, wo ich wohne" auch das Wohnumfeld in seinem Einfluss auf das Wohlbefinden berücksichtigen.

Damit sind die wesentlichen Interaktionsbereiche der Grundschulkinder – Familie, Schule, Freunde und Wohnumfeld – durch Items im Indikator repräsentiert. Dabei sind Schule und Familie in Übereinstimmung mit der auch sonst gefundenen Bedeutung dieser Erfahrungsbereiche im Indikator stärker berücksichtigt als die beiden anderen Bereiche. Rechnet man das Item „Ich bin gerne mit anderen zusammen" noch überwiegend den Freunden zu, so ist auch dieser Bereich mit zwei Items vertreten. Damit dürfte die Gewichtung der Bereiche im Indikator angemessen sein, weswegen wir eine weitere Gewichtung der einzelnen Items nicht vorgenommen haben. Im Vergleich etwa zu den von Lang (1985, S. 83) zur Bestimmung des Wohlbefindens herangezogenen Bereichen haben wir den Bereich „Spielen" und „In Gegenwart von Erwachsenen" nicht explizit berücksichtigt. Den Bereich „Spielen" haben wir in unserer Befragung nur im Zusammenhang mit spezifischen Aktivitäten erfasst, ohne hierbei nach der Befindlichkeit zu fragen, und nach dem Umgang mit „sonstigen" Erwachsenen haben wir im Kontext der Wohnumgebung gefragt. Diese Befindlichkeit geht daher bei uns in dem Item „Ich fühle mich wohl hier, wo ich wohne" auf.

Die Items wurden sämtlich so recodiert, dass sie den Wert 1 für geäußertes hohes subjektives Wohlbefinden annehmen und den Wert 4 bei sehr niedrigem Wohlbefinden. Die Itemwerte werden summiert und dann recodiert. Die Recodierung erfolgt so, dass alle Kinder, die von der Minimalsumme 9 um nur einen Zähler abweichen zur Gruppe derjenigen mit *hohem* Wohlbefinden gezählt werden, diejenigen, die mehr als einen und weniger als fünf Zähler abweichen mit *mittlerem,* und diejenigen mit höheren Werten als die mit *geringem* Wohlbefinden identifiziert werden. Da dieser Indikator bewusst unterschiedliche Komponenten des Wohlbefindens aufsummiert, wurde kein Zusammenhangsmaß (Cronbach's alpha) bestimmt.

Nach dieser Klassifizierung ergibt sich die folgende Verteilung der Kinder über die drei Kategorien:

Tab. 1:   Wohlbefinden der 8- bis 9-jährigen Kinder

		Häufigkeit	Prozent	Gültige Prozente
Gültig	unwohl	168	7,7	18,3
	wohl	329	15,0	35,9
	sehr wohl	419	19,1	45,7
	gesamt	916	41,8	100,0
Fehlend		1274	58,2	
Gesamt		2190	100,0	

3.2 Wohlbefinden in empirischen Erhebungen über Kinder

Die Verteilung bringt zum Ausdruck, dass sich Grundschulkinder in aller Regel insgesamt wohlfühlen und in den einzelnen Variablen, insbesondere zum Wohlbefinden in der Familie eine sehr starke Konzentration auf positive oder sehr positive Antworten vorherrscht. Vergleicht man unsere Verteilung z. B. mit der von Lang gefundenen Verteilung zum allgemeinen Wohlbefinden (Lang 1985, S. 83), so findet diese (N = 1982) in den Kategorien mittleres bis negatives Wohlbefinden insgesamt 17,2%. Diese Zahl kommt unseren 18,2% mit geringem Wohlbefinden recht nahe, was dem Umstand entspricht, dass wir angesichts der Neigung der Kinder zu positiven Aussagen zum Wohlbefinden schon eine Häufung von neutralen oder nicht völlig positiven Aussagen über die Befindlichkeit als Indikator für eingeschränktes Wohlbefinden gewertet haben. Die Übereinstimmung dieser Zahlen werten wir jedenfalls als Plausibilitätsnachweis für unseren Indikator (wenn auch die beiden Gruppen mit hohem und mittlerem Wohlbefinden andersherum verteilt sind wie bei Lang).

Nicht direkt über Fragen nach dem Wohlbefinden, sondern indirekt über Skalen (s.o.) werden dagegen die Kinder und Jugendlichen im LBS-Kinder-Barometer bezüglich des Wohlbefindens untersucht. Auch dort zeigt sich gleichwohl durchgängig ein starkes Überwiegen der Kinder mit hohem Wohlbefinden. Dies gilt insbesondere für die Familie. Die Autoren berücksichtigen wieder die Bereiche Familie, Schule und Freundeskreis. Sie verzichten allerdings darauf, ein übergreifendes Konstrukt „Wohlbefinden" zu bilden. Nur 5% der Kinder fühlen sich nach dieser Studie insgesamt in den Lebensbereichen Familie, Schule und Freundeskreis „schlecht" (Klöckner/Beisenkamp/Schröder 2002, S. 35). Das Wohlbefinden in der Wohnumgebung wird dagegen mit anderen Items zu einem Indikator „Wohnumfeld-Barometer" zusammengezogen, so dass das Wohlbefinden in diesem Bereich der Veröffentlichung nicht entnommen werden kann (Klöckner/Stecher/Zinnecker 2002, S. 280). Interessant ist die Altersabhängigkeit des Wohlbefindens, die in dieser Studie gefunden wird. Nur das Wohlbefinden unter Freunden bleibt von der 4. bis zur 7. Klasse gleich hoch, wogegen die drei anderen Formen in diesem Zeitraum abnehmen, am stärksten das Wohlbefinden in der Schule (Mayr/Ulich 2002, S. 57).

Anders als im LBS Kinderbarometer haben wir einen Indikator „Allgemeines Wohlbefinden" gebildet und uns dann dafür interessiert, welche Einflussfaktoren damit eng zusammenhängen. Wir haben untersucht, von welchen Faktoren das Wohlbefinden der Kinder im Einzelnen abhängt. Dabei interessieren uns in Bezug zu den Ursachen und Wechselwirkungen mit dem kindlichen Wohlbefinden verschiedene Bereiche, deren relative Bedeutsamkeit wir ermitteln wollen. Unsere im Längsschnitt zu verfolgende Fragestellung betrifft ja die These, dass es Rückwirkungen des aktuellen Wohlbefindens auf die Wirksamkeit der einzelnen Faktoren im Längsschnitt, d.h. im Lebenslauf der Kinder gibt, die dann wieder auf das Wohlbefinden einwirken. Auf diese Hypothesen für den Längsschnitt kann hier nicht weiter eingegangen werden.

3.3 Die Indikatoren für die externen Einflüsse auf das Wohlbefinden

Für den im Querschnitt zu untersuchenden Zusammenhang sind für uns die folgenden Bereiche bedeutsam:

1. Die Persönlichkeitsstruktur des Kindes selbst. Es liegt auf der Hand, dass unterschiedliche und grundlegende Dispositionen des Kindes im Bereich des Verhaltens und der Persönlichkeit Einfluss darauf haben, wie sich ein Kind generell fühlt. So ist die Vermutung begründet, dass etwa hohe Aggressivität das Wohlbefinden mindert, ebenso wie starke Depressivität. Mit der Einbeziehung dieser Faktoren in unsere Betrachtung gehen wir über die sonst vorherrschenden Ansätze hinaus.

2. Die Persönlichkeitsstruktur der nächsten familialen Angehörigen sollte ebenfalls ein Faktor sein, der durch die beständige alltägliche Interaktion auf die Befindlichkeit des Kindes einwirkt und damit sein Wohlbefinden beeinflusst.

3. Die Aktivitäten in der Familie, die Häufigkeit, mit der man etwas zusammen macht, sollten einen erheblichen Einfluss auf das Wohlbefinden haben, wenn man vom Aktivitätsansatz ausgeht (vgl. Einleitung, auch Hock u.a. 2000, S. 67ff). Daneben berücksichtigen wir das Familienklima, das wir mit einem auf 5 Items basierenden Indikator erfassen (s.u.).

4. Die materielle Situation der Familien beeinflusst den Alltag der Kinder erheblich und auf verschiedensten Ebenen. Das betrifft zum einen die Art der Umwelt, in der sich das Kind alltäglich bewegt, die Wohnung, die Ausstattung, die Wohnumgebung, das Stadtviertel und die dort gegebenen Gelegenheitsstrukturen sowie den eigenen Bewegungsspielraum, soweit er von der materiellen und finanziellen Ausstattung abhängt. Diesen Faktoren wird häufig eine erhebliche Bedeutung für das Wohlbefinden bei Erwachsenen zugesprochen (vgl. Veenhoven 1991). Wir betrachten daher auch den Zusammenhang mit diesen Faktoren.

5. Die Interaktion mit den Gleichaltrigen, vor allem auch in der Schule oder im Freundeskreis, mit dem man nach der Schule etwas zusammen machen kann, sollten nach dem Aktivitätsansatz das Wohlbefinden erheblich beeinflussen. Auch diese haben wir mit einem Indikator berücksichtigt.

6. Schließlich gehen wir davon aus, dass gerade für Grundschulkinder die Schule nicht nur ein Bereich ist, in dem sie ihre Peer-group erweitern, sondern vor allem eine Institution, in der sie zum einen einen großen Teil ihrer Zeit verbringen und in der zum anderen Anforderungen gestellt werden, die eine deutliche Regulierung ihrer Aufmerksamkeit und Aktivität bedingen. Wir berücksichtigen damit den aus der Forschung zum Wohlbefinden von Erwachsenen be-

kannten Befund, dass die Arbeitszufriedenheit für das Gesamtwohlbefinden eine überragende Bedeutung hat (House 1998).

Im Einzelnen gehen wir auf die Indikatoren im Zusammenhang mit der Auswertung zu den jeweiligen Indikatoren ein.

4. Wohlbefinden im Brennpunkt materieller Kontextbedingungen und personaler Ressourcen

4.1 Der Zusammenhang zwischen dem Wohlbefinden und den Lebensbedingungen

Wir haben zunächst untersucht, inwieweit das Wohlbefinden der Kinder mit den materiellen Lebensbedingungen variiert. Die materielle Situation des Kindes wurde in verschiedenen Dimensionen erfasst und berücksichtigt. Zum einen wurde die Lage des Haushalts nach sozialer Schicht und auf der Armutsskala einbezogen. Die Variable „Armutslage" gibt Auskunft darüber, ob das äquivalenzbereinigte Einkommen des Haushalts unter 40%, zwischen 40% und 50%, zwischen 50% und 60% oder über 60% des Medians der Einkommensverteilung liegt. Der Median für das äquivalenzbereinigte Einkommen wurde der Einkommensverteilung entnommen, die die SOEP-Daten (für das Jahr 2002) aufweisen. Weiter wurde das Nettohaushaltseinkommen des Haushalts alternativ zur Armutslage in die Berechnung einbezogen.

Die konkrete finanzielle Situation des Kindes wurde zudem noch durch die Höhe des monatlichen Taschengeldes berücksichtigt. An Hand der Angaben der Mütter zum Taschengeld wurde festgestellt, ob das Kind überhaupt oder nur unregelmäßig Taschengeld erhält und berechnet, ob dieses, wenn es regelmäßig gezahlt wird, eher niedrig, mittel oder hoch ist. Insgesamt erhalten immerhin 59,8% der Kinder kein oder nur unregelmäßiges Taschengeld. Diese Zahl ist natürlich bei den Einschulungskindern besonders hoch. Von den anderen Kindern erhalten 50% wenig, 35% ein mittleres und nur 15% viel Taschengeld.[1]

Es zeigen sich jeweils deutliche Abhängigkeiten bzw. Zusammenhänge mit der Schicht, dem Äquivalenzeinkommen, der Armutslage und sogar mit dem Taschengeld. Besonders deutlich ausgeprägt ist das relativ niedrige Wohlbefinden der Kinder aus der Unterschicht: Während 24,7% dieser Kinder zu der – insgesamt kleinen – Gruppe mit niedrigem Wohlbefinden gehören, beträgt dieser

---

[1] Die Schwellenwerte haben wir auf auf 6,00 EUR und 15,00 EUR festgelegt; d.h. z.B.: Ein Kind mit monatlich 16 EUR erhält „viel" Taschengeld.

Anteil in allen anderen Schichten ca. 17%. Umgekehrt steigt der Anteil an der Gruppe, die sich sehr wohl fühlt, mit der Schicht kontinuierlich von 35,7% auf 51,2% an. Relativ ähnlich ist die Abhängigkeit vom Äquivalenzeinkommen (vgl. Tab. 2).

Tab. 2:   Wohlbefinden und materielle Lebensbedingungen (Angaben in % der Zeilengruppe)

		Wohlbefinden		
		unwohl	wohl	sehr wohl
Armutslage	Armut unter 40% Median	26,8	35,2	38,0
	Armut (unter 50%)	23,5	37,0	39,5
	Armutsgefährdung (<60%)	16,3	42,3	41,3
	über 60% Median	17,1	34,8	48,0
Sozialer Status	Unterschicht	24,7	39,7	35,6
(des Haushalts)	untere Mittelschicht	17,3	41,1	41,6
	mittlere Mittelschicht	17,1	34,5	48,4
	obere Mittelschicht	17,8	36,1	46,2
	Oberschicht	20,2	28,7	51,2
Äquivalenzeink.-	bis 604 (die untersten 10%)	27,1	34,3	38,6
kateg. (neue	605 bis 830 (10% bis zu 25%)	22,0	36,4	41,5
OECD-Skala)	831 bis 1448 (mittleren 50%)	16,7	38,8	44,5
	1449 bis 1647 (75% bis 90%)	16,1	35,6	48,3
	1648 und mehr (obersten 10%)	20,7	27,0	52,3
Taschengeld	wenig Taschengeld	16,1	35,5	48,4
	durchschnittliches	17,9	37,7	44,4
	viel Taschengeld	26,0	36,5	37,5
	kein Taschengeld	17,2	35,1	47,7

Der Anstieg in der Gruppe mit dem größten Wohlbefinden ist hier nahezu linear mit der Schicht. Interessant ist der Zusammenhang mit der Höhe des Taschengeldes. Die große Gruppe derjenigen, die kein (regelmäßiges) Taschengeld erhalten, ist in allen drei Stufen des Wohlbefindens etwa mit dem Mittelwert vertreten. Dagegen zeigt sich bei den Kindern mit regelmäßigem Taschengeldbezug überraschender Weise, dass mit steigendem Taschengeld das Wohlbefinden abnimmt. Nun ist hier wohl kaum anzunehmen, dass höheres Taschengeld für geringes Wohlbefinden verantwortlich ist. Vielmehr vermuten wir, dass Eltern entweder versuchen, ein wahrgenommenes niedrigeres Wohlbefinden der Kinder durch höheres Taschengeld zu steigern oder dass höheres Taschengeld mit Lebensumständen einhergeht, die insgesamt das Wohlbefinden absenken, wie etwa zu hohe Erwartungen an Selbstversorgung im Alltag. Über die tatsächliche Ursache können wir anhand unserer Daten freilich nicht entscheiden, bevor nicht Längsschnittdaten vorliegen. Auch die Armutslage hängt mit dem Wohlbefinden zusammen. Die Größenordnung der Varianz ist etwa vergleichbar derjenigen bei

Schicht und Einkommen. Bemerkenswert ist hier wieder der deutlich höhere Anteil an der Gruppe mit geringem Wohlbefinden in der untersten Armutsgruppe (unter 40% Median-Einkommen): 26,8% gegenüber 17,1% der nicht armen Kinder.[2]

Tab. 3:   Wohlbefinden und Belastungen (Angaben in Zeilenprozent)

		Wohlbefinden		
		unwohl	wohl	sehr wohl
Belastung gesamt	keine	11,9	34,7	53,3
	geringe	19,6	34,5	45,8
	mittlere	17,7	38,7	43,5
	hohe	26,3	37,5	36,1
Belastung privat	keine	16,1	33,8	50,0
	geringe	16,4	41,3	42,2
	mittlere	26,4	30,7	42,8
	hohe	20,3	39,0	40,6
Belastung Haushalt	keine	15,9	33,1	50,9
	geringe	16,9	39,3	43,7
	mittlere	17,3	39,5	43,1
	hohe	24,5	33,0	42,5
Lebensereignisse	keine	17,8	36,2	45,8
	wenige	18,2	36,9	44,8
	einige	23,8	23,8	52,2
	viele	15,1	45,4	39,3
Gesundheit	gut	13,9	37,3	48,6
	mittel	20,8	35,2	43,9
	schlecht	30,6	31,8	37,5

Wir vermuten (so z.B. auch Walper 1999; Yeung/Linver 2000), dass sich ökonomische Mangellagen insgesamt über den familialen Stress auf die Kinder auswirken, also nicht unmittelbar über den materiellen Mangel als solchen. Das erscheint sehr plausibel, da Kindern häufig noch ein fester Normalitätsmaßstab hinsichtlich der normalen materiellen Ausstattung fehlt. (Vgl. zur Stress-Theorie vor allem die Arbeiten von Conger und Elder; so schon Elder u.a. 1985; z.T. ähnlich die Beiträge in Duncan/Brooks-Gunn 1999). Über die Basisdaten zum Haushalt hinaus wurden daher Daten zum internen Problemdruck in den Familien analysiert. Der allgemeine Problem-Stress im Haushalt wurde durch einen Indikator abgebildet, der aus den Angaben über einschneidende Lebensereignisse[3] konstruiert wurde, und einem weiteren, der aus der Anzahl der problemati-

---

[2] Sämtliche Kreuztabellierungen der Tabelle sind im CHI-Quadrat Test auf dem p <0.01 Niveau signifikant.
[3] Frage 2007; „Lebensereignisse"

schen Ereignisse in der Familie[4] gebildet wurde. Auch diese beiden Indikatoren wurden so recodiert, dass wir drei Gruppen unterscheiden: solche mit schwacher, mit mittlerer und mit starker Belastung. Zusätzlich wurden noch Teilindikatoren zur Belastung durch private Beziehungen und durch Probleme der Haushaltsführung gebildet.

Die stärkste Abhängigkeit zeigt das kindliche Wohlbefinden hier von dem Indikator für die Gesamtbelastung. Der Anteil der Gruppe mit niedrigem Wohlbefinden an den Haushalten ohne jede Belastung ist mit 12,0% weniger als die Hälfte von dem Anteil an der Gruppe mit hoher Belastung (26%). Umgekehrt sinkt bei steigender Belastung der Anteil mit großem Wohlbefinden von 53 auf 36%. Ähnlich deutlich variiert das Wohlbefinden in Abhängigkeit von der Gesundheit des Kindes.[5]

Die Belastungen in den einzelnen, von uns unterschiedenen Dimensionen – nämlich durch private Beziehungskonflikte und im Haushalt als „Produktionsbetrieb" – sind jeweils ähnlich, wenn auch etwas schwächer mit dem Wohlbefinden korreliert. Deutlich schwächer ist dagegen der Einfluss von kritischen Lebensereignissen in der Familie, wenn man diese kumulativ erfasst. Das könnte damit zusammenhängen, dass der Indikator bei der Bewertung der einzelnen Ereignisse zu wenig spezifisch diskriminiert.

Im weiteren Sinne zählen wir zu den materiellen Lebensbedingungen auch die Gelegenheitsstrukturen, die sich in der Wohnumgebung und der Wohnung selbst für die Kinder bieten. Diese erfassen wir mit insgesamt drei Indikatoren zur kommerziellen und zur öffentlichen Infrastruktur sowie zur Wohnumgebung. Da diese letzten Indikatoren aus den Angaben der Väter gebildet wurden, konnten wegen der Rücklaufquote bei den Vätern diese Indikatoren nur für Rechnungen auf einem reduzierten Sample verwendet werden. Hinsichtlich der infrastrukturellen Angebote haben wir unterschieden zwischen der öffentlichen, frei zugänglichen Infrastruktur einerseits und den privaten/halböffentlichen Angeboten andererseits, die in der Regel nur über eine Vereinsmitgliedschaft oder durch Stundenhonorare zugänglich sind. Der Indikator misst in beiden Fällen nur das wahrgenommene Angebot, nicht aber die Intensität der Nutzung durch das Kind. Er soll also eher die objektiven nahräumlichen Anregungsbedingungen messen, nicht aber die tatsächliche Aktivität des Kindes in diesem Kontext. Die Resultate der Kreuztabellierung sind in Tabelle 4 wiedergegeben.

---

[4] Frage 2008; „Belastung (gesamt)"
[5] So wie sie die Mutter einschätzt.

Tab. 4: Wohlbefinden und Infrastruktur (Angaben in Zeilenprozent)

		Wohlbefinden		
		unwohl	wohl	sehr wohl
Qualität Wohnumfeld	gute Umgebung	20,9	30,2	48,8
	mittlere Qualität	15,5	36,6	47,8
	schlechte Qualität	22,8	42,3	34,7
Kostenpfl. Angebote	wenig Angebote	13,2	43,3	43,3
	mittleres Angebot	22,0	32,4	45,5
	gutes Angebot	18,2	34,4	47,3
Kostenfreie Angebote	schlechte Qualität	22,9	34,0	43,0
	mittlere Qualität	16,8	36,3	46,8
	gute Qualität	15,8	37,1	46,9

Die in der Umgebung vorhandene kommerzielle Infrastruktur hat nur einen schwachen Einfluss auf das Wohlbefinden. Etwas anders ist dies bei der öffentlichen Infrastruktur. Vor allem in der Gruppe mit geringem Wohlbefinden erkennt man einen deutlichen Zusammenhang. Während bei schlechter öffentlicher Infrastruktur 23% Unwohlsein äußern, sind dies bei guter öffentlicher Infrastruktur nur 16%. Umgekehrt gilt: Bei guter Infrastruktur fühlen sich 47% der Kinder sehr wohl, bei schlechter Infrastruktur sind dies nur 43%. Ob eine Verbesserung der öffentlichen Infrastruktur das Wohlbefinden der Kinder steigern kann, ist mit diesem Befund noch nicht sicher. Dass auch das direkte Wohnumfeld inklusive der Wohnung mit dem Wohlbefinden korreliert, überrascht nicht. Auffällig ist hier aber, dass der Effekt beim geringen Wohlbefinden eher schwach und nicht linear ist. Der Anteil der Kinder mit hohem Wohlbefinden steigt dagegen mit steigender Qualität der Wohnungsumwelt von 34,7 auf 48,8%. Diese Differenz ist signifikant und relativ stark ausgeprägt. Wegen des engen Zusammenhangs der Qualität der Wohnumwelt mit anderen Faktoren, insbesondere der Schicht und dem Einkommen, muss dieser Zusammenhang nicht kausal sein. Dass andererseits die Umgebung das Unwohlsein nicht stärker beeinflusst, zeigt dagegen, dass Kinder eine hohe Anpassungsfähigkeit an ihre konkreten Lebensumstände aufweisen.

4.2 Der Einfluss der familialen Interaktion auf das Wohlbefinden

Neben den im weitesten Sinne materiellen Lebensbedingungen der Kinder hängt ihr Wohlbefinden natürlich ab von der Interaktion in der Familie und der Zufriedenheit mit den Gleichaltrigen-Kontakten. Die Interaktionsfärbung in der Familie haben wir mit drei Indikatoren erfasst: der Beratungsintensität, der Intensität gemeinsamer Aktivitäten mit dem Kind und dem Familienklima (s.o). Wir nehmen an, dass der Beratungsbedarf nur dann deutlich steigt, wenn sich die Kommunikationsprobleme in der Familie häufen. Die Kreuztabellierung des Wohlbefindens mit diesen Indikatoren führt auf die in Tabelle 5 wiedergegebene Verteilung.

Tab. 5:   Wohlbefinden des Kindes und Interaktionsmerkmale der Familie
           (Angaben in Zeilenprozent)

		Wohlbefinden		
		unwohl	wohl	sehr wohl
Beratungsintensität	keine	17,4	34,2	48,3
	gering	22,0	36,1	41,8
	mittel	16,2	45,9	37,8
	hoch	20,0	60,0	20,0
Aktivität m. Familie	nie	23,2	35,8	40,9
	selten	12,6	37,6	49,6
	häufiger	17,3	32,9	49,7
Familienklima	schlecht	38,4	37,5	24,0
	gut	18,7	38,8	42,4
	sehr gut	7,1	26,7	66,0

Wie vermutet, zeigt die Beratungsintensität einen sehr deutlichen Zusammenhang insbesondere mit dem hohen Wohlbefinden. Mit steigender Beratungsintensität nimmt der Anteil dieser Gruppe drastisch von 48,3% auf 20,0% ab. Intensiver Beratungsbedarf der Familie geht somit einher mit erheblicher Beeinträchtigung des kindlichen Wohlbefindens. Inwieweit dies durch eine Berücksichtigung der Auswirkung auf die Kinder im Beratungsprozess berücksichtigt und aufgefangen werden kann, wird im Längsschnitt noch genauer zu analysieren sein.

Aus den Angaben des Kindes zur Häufigkeit diverser Aktivitäten mit den verschiedenen möglichen Aktivitäts- und Spielpartnern haben wir einen Index gebildet, der die gemeinsamen Aktivitäten mit der Familie berücksichtigt. Jede Aktivität, die mit einem Elternteil, den Großeltern oder den Geschwistern „oft" gemeinsam unternommen wird, wurde bei der Summierung zu einem Total-Score mitgezählt. Dieser wurde anschließend recodiert. Kinder, die höchstens einmal eine Aktivität mit nur einer Gruppe von Familienangehörigen „oft" machen, werden der Kategorie „nicht so oft" zugeordnet. Solche, die dies mindestens zweimal und höchsten viermal angeben, der Kategorie „öfters", und die mit häufigerer Angabe der Kategorie „sehr oft". Die Schulkinder verteilen sich wie folgt über die drei Gruppen: 476 (45,7%) sind „nicht so oft", 366 (35,1%) sind „öfters" und nur 200 (19,2%) sind „sehr oft" gemeinsam mit der Familie aktiv. Dabei muss man freilich berücksichtigen, dass nur ein begrenztes Spektrum von sechs verschiedenen Aktivitäten abgefragt wurde.   Vorlesen oder klassische Brettspiele spielen waren z.B. in der Frageliste als mögliche Aktivitäten nicht enthalten.

Zwischen dem Wohlbefinden und dem Indikator für die Intensität gemeinsamer familialer Aktivitäten besteht ein deutlicher Zusammenhang – wenn auch weniger stark als oben bei der Beratungsintensität. Auffällig ist hier, dass es für das Wohlbefinden bedeutsam ist, dass überhaupt etwas zusammen mit der Familie gemacht wird, und weniger, ob dies sehr häufig oder nur gelegentlich passiert. Nur wenn gemeinsame Aktivitäten sehr selten sind bzw. nie vorkommen, sinkt der Anteil der Kinder, die sich sehr wohl fühlen, von ca. 50% auf ca. 40%.

Unser Indikator für das Familienklima[6] weist eine starke Gruppe mit einem guten Klima auf (61,4%) und zwei Randgruppen: 18,1 % haben ein sehr gutes und 20,6 ein eher schlechtes Familienklima. Die Abhängigkeit des Wohlbefindens vom Familienklima ist massiv. Mit der Güte des Familienklimas sinkt der Anteil der Kinder, die sich nicht wohl fühlen, von 38,8% auf 7,2%; umgekehrt steigt der Anteil der Kinder, die sich sehr wohl fühlen, von 24% auf 66%. Dies ist die zweitstärkste Variation des Wohlbefindens mit einem Indikator aus unserem Indikatoren-Set.

4.3   Die Gleichaltrigen und das Wohlbefinden der Kinder

Der Einfluss der Peer-group wurde über zwei Indikatoren erfasst, von denen der eine einfach das quantitative Ausmaß der positiv erlebten gleichaltrigen Kontakte misst und der andere negative Erfahrungen mit Gleichaltrigen. Den positiven Indikator haben wir aus den Angaben über die Kinder gewonnen, mit denen sie etwas zusammen machen. Wir haben aufsummiert, wie viele dieser angegebenen Kinder als gute Freunde bezeichnet werden. Hierbei ergaben sich Summen zwischen null und zwölf guten Freunden. Wir haben dann so recodiert, dass ein bis zwei gute Freunde „wenige", drei bis fünf „einige" und mehr als fünf Freunde als „viele" Freunde kategorisiert werden. Zu beachten ist bei der Interpretation, dass es sich bei den guten Freunden aufgrund der Frageführung tatsächlich um eine engere Auswahl aus all den Kindern handelt, mit denen das befragte Kind im Laufe des Tages etwas zusammen macht, und dass Geschwister hierbei explizit ausgenommen wurden. Wir können daher davon ausgehen, dass es sich hier um die Anzahl von solchen Kindern handelt, die dem befragten Kind emotional näher stehen als andere Kinder, ohne dass familiale Bindungen dabei eine Rolle spielen.

Die Analyse der Daten ergibt: Die Anzahl der Freunde hängt mit dem Wohlbefinden nicht linear zusammen. Vielmehr weicht die Gruppe der Kinder, die

---

[6] Die Frage nach dem Wohlbefinden in der Familien wurde nicht in den Indikator zum Familienklima aufgenommen.

überhaupt keinen Freund angeben (dies sind 13,6% der Schulkinder[7]), unerwartet von der Verteilung bei vielen Freunden ab: Sie finden sich in der Gruppe mit „hohem Wohlbefinden" deutlich überrepräsentiert. Diese Kinder ohne jeden Freund im Alter von 8 bis 9 Jahren sind also offensichtlich für ihr Wohlbefinden nicht von Gleichaltrigenkontakten abhängig. Bei den anderen Kindern sehen wir die Tendenz (vgl. Tab. 6), dass mit der Zahl der Freunde das Wohlbefinden ansteigt und die Gruppe der Kinder, die sich unwohl fühlt, deutlich abnimmt (von 26% auf 15%). Die Anzahl der Freunde ist also dann für das Wohlbefinden ein bedeutsamer Faktor, wenn Freundschaften überhaupt für das Kind eine Rolle spielen.

Tab. 6:   Wohlbefinden und Peers (Angaben in Zeilenprozent)

| | | Wohlbefinden | | |
		unwohl	wohl	sehr wohl
Zahl der Freunde	keine	10,8	32,4	56,8
	ein oder zwei	25,8	38,1	36,1
	drei oder vier	15,5	36,9	47,6
	fünf und mehr	14,8	33,4	51,7
Bullying aktiv	hoch	0,0	50,0	50,0
	mittel	48,1	25,9	25,9
	niedrig	17,5	36,2	46,4
Bullying passiv	hoch	33,3	58,3	8,3
	mittel	26,4	37,6	36,0
	niedrig	16,0	35,2	48,8
Vereinsmitgliedschaft	keine	23,2	38,7	38,1
	eine	18,0	35,0	47,0
	zwei	9,7	33,5	56,8
	drei und mehr	24,3	35,1	40,5

Die negativen Erfahrungen mit Gleichaltrigen haben wir über einen Indikator operationalisiert, der aus den Angaben über *Bullying* in der Schule resultiert. Dabei haben wir nur die Angaben zum *passiven Bullying* benutzt. Wer bei allen drei Items dreimal „oft" oder zweimal „oft" und nur einmal „nicht so oft" angegeben hat, zählt zu den Kindern mit intensiver *Bullying*-Erfahrung, wer dagegen dreimal „nie" oder zweimal „nie" und nur einmal „nicht so oft" angibt, wird als Kind ohne Bullying-Erfahrung eingestuft, alle anderen als Kinder mit mittlerem *Bullying*. Insgesamt zeigt sich, dass bei den befragten Kindern – Grundschüler im Alter von 8-9 Jahren – *Bullying* eine doch recht seltene Erscheinung ist. Zu beachten ist zudem, dass unsere Fragen schon relativ geringe Formen der Ag-

---

[7] Keine Freunde haben alle, die entweder direkt angegeben, immer allein zu sein, oder die keines der Kinder, mit denen sie nach der Schule zusammen spielen, als ihren Freund bezeichnen.

gression erfassen, wie das gewaltsame Wegnehmen von Dingen, also auch schon das Wegreißen eines Radiergummis und ähnlicher kleiner Dinge. In gleicher Weise wurde das aktive *Bullying* erfasst. Die Daten hierzu sind aber wegen der geringen Fallzahlen nicht aussagekräftig.

Interessant ist, dass das Wohlbefinden mit dem aktiven wie mit dem passiven Bullying in gleicher Richtung korreliert. Freilich muss man vorwegschicken, dass die Angaben zum Bullying ohnehin ein Bild zeichnen, nach dem es Bullying in der Grundschule kaum gibt (s.o.). Immerhin erkennt man an den Zahlen in Tabelle 6, dass aktives Bullying das Wohlbefinden tendenziell ebenso senkt wie passives Bullying. Das spricht für die These, dass aktives Bullying nicht zu einer Befriedigung des Täters führt, sondern eher Ausdruck einer schlechten Befindlichkeit ist. Nur bei wenigen aktiv Bullying Betreibenden korreliert dies auch mit großem Wohlbefinden. Dass passives Bullying ebenfalls das Wohlbefinden senkt, war dagegen zu erwarten.

Einen weiteren Anhaltspunkt über das Ausmaß der Erfahrungen mit Gleichaltrigen liefert uns dann noch der Indikator „Vereinsmitgliedschaft". Er gibt uns an, in wievielen Vereinen das Kind Mitglied ist oder an den Vereinsaktivitäten teilnimmt. Der Indikator kann uns zwar nicht die Intensität der Gleichaltrigen-Kontakte anzeigen, aber doch grob die Vielfalt der unterschiedlichen Gleichaltrigen-Kontakte; denn die Vermutung erscheint plausibel, dass sich in der Regel mit jedem Verein ein anderer Kontaktkreis erschließt.

Die Anzahl der Vereinsmitgliedschaften ist ebenfalls ein Faktor, der das Wohlbefinden beeinflusst; den stärksten Effekt sehen wir hier überraschenderweise bei zwei Vereinsmitgliedschaften. In diesen Fällen ist ein deutlich höheres Wohlbefinden zu konstatieren. Ist das Kind dagegen in nur einem Verein oder in drei und mehr Vereinen, so zeigt sich eine gegenläufige Abweichung von der Durchschnittsverteilung: Die Schüler, die sich unwohl fühlen, sind in diesen Fällen überrepräsentiert. Bei der Interpretation dieser Zahlen muss man beachten, dass insgesamt ca. 43% der Kinder in keinem Verein sind und nur 4% der Kinder mit Vereins- oder Gruppenzugehörigkeit in mehr als zwei Vereinen sind (52 Fälle). 64,6% dieser Kinder sind in einem und 27% in zwei Vereinen.[8] Eine zuverlässige Angabe haben wir nur für den Vergleich zwischen den Kindern mit einer und mit zwei Vereinsmitgliedschaften.[9] Im Vergleich dieser beiden Gruppen sieht man, dass Kinder, die in zwei Vereinen sind, ein höheres Wohlbefinden äußern als die anderen. Auch dies bestätigt den Befund, dass eine größere Diversität von Gleichaltrigenkontakten die Wahrscheinlichkeit höheren Wohlbefindens erhöht.

---

[8] Etwa 4% lassen sich nicht zuordnen, da eine Vereinszugehörigkeit zwar angegeben, diese aber nicht spezifiziert wird.

[9] 839 bzw. 351 Kinder.

4.4   Wohlbefinden und Schule: Ein kritisches Feld?

Schließlich haben wir noch analysiert, ob es einen Zusammenhang der Schulerfahrung mit dem Wohlbefinden gibt. Erstmals erleben Kinder in der Schule, dass
ihre Leistung durch den Vergleich mit der anderer Kinder bewertet wird. Anders
als in der Familie und auch noch anders als im Kindergarten, beruhen die Rück-
meldungen über ihr Verhalten und ihre Kompetenzen nicht nur auf der quasi
absoluten, normbezogenen Einschätzung durch Erwachsene – und dem damit
häufig verbundenen Lob oder auch Tadel – sondern auch auf dem relativen Vergleich mit den Kindern in der Klasse. Kinder werden dort somit durch den Leis-
tungsvergleich relativiert. Auch wenn dies in den ersten Grundschulklassen noch
durch die Verbalbenotung gemildert wird, ist der Effekt für die Kinder durchaus
erfahrbar. Wie das insgesamt gute Lernleistungsniveau zeigt, trifft die mögliche
negative Abwertung aber nur einen kleineren Teil der Kinder. Wir vermuten,
dass eine eher schlechte Bewertung dann aber umso gravierender ist. Auch diese
Beurteilung sollte das Wohlbefinden tangieren.

Zur Charakterisierung der Stellung des Kindes in der Schule wurde von uns
die Leistungsbewertung in den Schulfächern durch die Mutter herangezogen.
Der Indikator wurde als Total-Summenscore über sieben Fächer gebildet und
anschließend recodiert. Nach unserer Zuordnung sind dann 217 (21,1%) der
Schüler sehr gut bis gut, 498 (48,3%) eher gut, 272 (26,4%) eher schlecht und
4,2% schlecht. Angesichts des Fehlens von standardisierten Benotungen in den
unteren Klassen der Grundschule ist davon auszugehen, dass die Verbalbeurtei-
lungen die meisten Mütter dazu verleiten, das tatsächliche Leistungsniveau des
Kindes eher zu überschätzen als kritisch zu sehen. In gleicher Weise wurde noch
ein Indikator aufgrund der Selbsteinschätzung der Kinder gebildet. Für diese
Verteilung ergeben sich ähnliche Prozentzahlen.

Zwischen Schulleistung und dem Wohlbefinden generell ist zumindest ein
leichter Zusammenhang zu erwarten, insbesondere aber für den Indikator
„Schulfreude". Diesen haben wir – ebenfalls als Summenscore – über den sieben einschlägigen Items gebildet, die aus Sicht der Mutter zum Ausdruck bringen, ob das Kind gerne in die Schule geht oder dort etwas gerne macht. Das
Wohlbefinden in der Schule (aus Sicht des Kindes) wurde dagegen mit zwei
allgemeinen Items („Ich bin gern in der Schule" und „Mir gefällt es in der Schule") im Indikator Wohlbefinden berücksichtigt. Dennoch überrascht die Stärke
des Effektes, den die Noten und die Schulfreude auf das Wohlbefinden ausüben.

Für beide Leistungs-Indikatoren finden wir eine sehr ähnliche Abhängigkeit
des Wohlbefindens, die sehr ausgeprägt ist. So befinden sich sehr gute Schüler
zu nur 8,6% unter denjenigen mit niedrigem, dagegen zu 62,1% unter denen mit
hohem Wohlbefinden. Umgekehrt lauten die Zahlen bei denen, die in den Schulleistungen sehr schlecht sind, 29,0 bzw. 30,8%. Die allgemeine Schulfreude

zeigt sogar einen noch stärkeren Einfluss auf das Wohlbefinden der Grundschulkinder. Kinder, die große Freude an und in der Schule äußern, sind nur mit 6,2% unter denen mit niedrigem, aber zu 69,1% unter denen mit hohem Wohlbefinden. Für Kinder ohne jede Schulfreude lauten die Zahlen 38,4% bzw. 26,9%. Bei keinem anderen Indikator finden wir eine negativ betroffene Gruppe, von der ein so niedriger Anteil in der Gruppe mit hohem Wohlbefinden ist. Zur Erinnerung: Im Gesamtsample sind dies immerhin 54,6% aller Schulkinder. Der Anteil sinkt hier also auf unter die Hälfte.

Tab. 7:   Wohlbefinden, Gesundheit und Schulerfahrung
(Angaben in Zeilenprozent)

		Wohlbefinden		
		unwohl	wohl	sehr wohl
Schulnote	sehr gut	10,6	26,4	62,9
	gute(r) SchülerIn	14,1	39,1	46,7
	eher schlecht	30,5	38,1	31,3
	sehr schlecht	24,2	36,3	39,3
Schulleistung	sehr gut	8,6	29,3	62,0
	gut	14,7	35,0	50,1
	nicht so gut	20,9	36,6	42,4
	schlecht	28,9	40,1	30,8
Schulfreude	große Schulfreude	6,1	24,6	69,1
	2,00	13,5	30,1	56,3
	3,00	18,7	41,8	39,3
	4,00	30,6	44,6	24,6
	keine Schulfreude	38,4	34,6	26,9
Gesundheit	sehr gut	13,9	37,3	48,6
	gut	20,8	35,2	43,9
	eher schlecht	30,6	31,8	37,5

Außerdem wurde zur Charakterisierung des Kindes aus der Angabe der Mutter zur Gesundheit des Kindes ein dreistufiger Indikator zur Gesundheit gebildet, da häufig auch die Gesundheit als ein wichtiger Faktor für das Wohlbefinden identifiziert wurde (z.B. Ware/Sherbourne 1992; Ravens-Sieberer/Bullinger 2000). Ca. 52 % der Kinder sind nach diesem Indikator als völlig, 39% als weitgehend und 9% als nur sehr eingeschränkt gesund anzusehen. Man sieht in Tabelle 7, dass die Gesundheit jedenfalls auf das Ausmaß des Unwohlseins erheblichen Einfluss hat.

4.5 Persönlichkeit und Wohlbefinden: Eine symbiotische Beziehung?

Wir haben im Weiteren den Einfluss der Persönlichkeitsstruktur der Mutter und des Kindes selbst auf dessen Wohlbefinden untersucht. Dass die Persönlichkeit des Kindes nicht ohne Einfluss bleibt, kann kaum überraschen. Interessanter ist dagegen, welche der Faktoren das Wohlbefinden beeinflussen oder dadurch beeinflusst werden.

Zur Charakterisierung der Persönlichkeit des Kindes wurden mittels einer varimax-rotierten Faktorenanalyse über den Persönlichkeitsvariablen, die als Antworten der Kinder vorliegen, Persönlichkeitsfaktoren berechnet. Dies erschien uns geeigneter als der Rückgriff auf die Kategorisierung der Persönlichkeit durch einen Median-Split der Variablen selbst, auch weil die Items, die aus diesen Skalen schon für den Indikator „Wohlbefinden" verwertet wurden, in der Faktorenanalyse nicht mit aufgenommen werden mussten. Die Faktorenanalyse führt auf acht Faktoren, die sich semantisch gut interpretieren lassen und die ca. 53% der Varianz aufklären. Anhand der Faktorladungen der einzelnen Items lassen sich die acht Personencharakteristika wie folgt interpretieren:

Der erste Faktor drückt extrovertierte Impulsivität aus, es folgen (in der Reihenfolge der erklärten Varianz) introvertierte Depressivität, Hyperaktivität, kognitiv-soziale Aufmerksamkeit, Selbstvertrauen, soziale Aggressivität, sozialer Rückzug und Kommunikationsfreude.

Wir haben dann die Mittelwerte der Faktoren in der Gruppe mit hohem und der mit niedrigem Wohlbefinden mittels t-Test verglichen. Der Levene-Test ergibt hoch signifikante Homogenität ($p<0.000$) für den Faktor Selbstvertrauen und Kommunikationsfreude. Beide Faktoren weisen auch im t-Test ($p<0.000$) hoch signifikante Mittelwertdifferenzen (MWD) auf.[10] Sowohl niedriges Selbstvertrauen als auch niedrige Kommunikationsfreude gehen deutlich einher mit niedrigerem Wohlbefinden. Auch der Faktor „Extrovertierte Impulsivität" ist im Levene-Test noch mit 0.26 Signifikanz homogen, und im t-Test mit $p<0.000$ signifikant unterschiedlich im Gruppenvergleich.[11] Bei höherem Wohlbefinden liegt eine niedrigere extrovertierte Impulsivität vor. Zwei weitere Faktoren, für die der Levene-Test aber nur schwach oder gar nicht signifikant ist, weichen im t-Test ebenfalls hochsignifikant im Gruppenvergleich voneinander ab: die kognitiv-soziale Aufmerksamkeit und die soziale Aggression.[12] Hohes Wohlbefinden geht also einher mit hoher kognitiv-sozialer Aufmerksamkeit und sinkt dagegen mit steigender sozialer Aggressivität. Dagegen zeigen die Faktoren Depressivität, Hyperaktivität und Ängstlichkeit keinen signifikanten Zusammenhang mit

---

[10] Standardabweichung (StA): 1.007; MWD = 0.530; bzw. StA = 1.024; MWD = 0.936
[11] Bei einer StA = 0.996 beträgt die mittlere Differenz (MWD) -0.643.
[12] StA = 1.00; MDA = 0.591 bzw. -0.457

dem Wohlbefinden. Wir ziehen daraus den Schluss, dass die eher physisch fundierten Persönlichkeitszüge mit dem Wohlbefinden nur gering, dagegen die mehr sozialpsychologisch geprägten Charakteristika stark mit dem Wohlbefinden zusammenhängen. Nur die „Frohnatur" macht hiervon eine Ausnahme, wenn wir unterstellen, dass diese primär auf physischer Veranlagung beruht.

Hinsichtlich der Persönlichkeitsstruktur der Mutter ergibt sich dagegen ein etwas anderes Bild. Auch die Variablen zur Persönlichkeitsstruktur der Mutter wurden einer Faktorenanalyse unterzogen. Dabei zeigte sich eine semantisch gut interpretierbare Reduzierung auf sechs Faktoren, wenn mit der Hauptkomponentenanalyse im Equamax-Verfahren mit Kaiser Normalisierung rotiert wurde. Die sechs Faktoren erklären ca. 53% der Varianz, davon die ersten beiden allein schon 35%. Auf dem ersten laden 8, dem zweiten 6, dem vierten 5 und auf dem dritten und fünften Faktor laden nur jeweils 3 bzw. auf dem sechsten 2 Items mit einer Faktorladung > 0.5.

Bei den Faktoren handelt es sich um (in der Reihenfolge der Varianzerklärung) Selbstvertrauen, Sinnlosigkeitsgefühl, Durchsetzungsstärke, Frohnatur – d.h. fröhliches Wesen verbunden mit Kommunikativität – Depressivität und impulsive Aggression. Interessant ist, dass Depressivität und „Frohnatur" nicht als Opposition in der gleichen Dimension auftreten. Auch hängt das „Sinnlosigkeitsgefühl" nicht mit der Depressivität zusammen. Im dem einen Fall – „Sinnlosigkeitsgefühl" – handelt es sich offenbar um psychische Reaktionen auf die kognitive Verarbeitung der sozialen Situation, im anderen um eine emotionale Grundbefindlichkeit, die davon zumindest nur sehr indirekt abhängt.

Die Analyse erfolgt in gleicher Weise wie bei den Persönlichkeitsvariablen des Kindes. Von den sechs Faktoren weist nur einer beim entsprechenden Gruppenvergleich im Levene-Test Homogenität der Varianz auf: der Faktor „Sinnlosigkeitsgefühl". Für diesen Faktor zeigt auch der t-Test eine hochsignifikante Mittelwertdifferenz auf.[13] Ein starkes Sinnlosigkeitsgefühl bei der Mutter senkt das Wohlbefinden des Kindes. Im Vergleich zu den Differenzen bei den Kind-Faktoren sehen wir jedoch, dass diese hier deutlich geringer ausfallen. Unter den anderen nicht homogenen Faktoren ist noch in der Ausprägung erheblich die Differenz zwischen den Gruppenmittelwerten für den Faktor „Frohnatur". Hier gilt wieder wie schon beim Kind, dass diese das Wohlbefinden fördert (MWD = 0.455; StA. = 1.005). Absolut ist dieser Effekt sogar stärker als die Auswirkung des „Sinnlosigkeitsgefühls", aber mangels signifikantem Levene-Test statistisch unsicher. Sieht man von diesem Faktor einmal ab, so ist es gerade das „Sinnlosigkeitsgefühl", also ein Faktor, der die kognitiv bewertete biographisch akkumulierte soziale Erfahrung ausdrückt, der das Wohlbefinden des Kindes beein-

---

[13] MWD = -0.361; StA= 0.979

flusst. Dies spricht ebenso wieder dafür, dass sich Wohlbefinden auch bei Kindern stark sozialpsychologisch und weniger psycho-physisch begründet.

4.6 Die diskriminanzanalytische Bewertung der Einflussfaktoren: Persönlichkeit versus Umwelt

Um zu überprüfen, welche Faktoren, die mit einer Änderung im Wohlbefinden zusammenhängen, dieses entscheidend beeinflussen, haben wir eine Reihe von Diskriminanzanalysen durchgeführt. Dabei gibt die Stärke, mit der die einzelnen Faktoren in die Diskriminanzfunktion eingehen, und der Einfluss auf den Prozentsatz der richtigen Klassifizierung der Fälle durch die Diskriminanzfunktion Auskunft über die Bedeutung des Zusammenhangs zwischen dem einzelnen Faktor und dem Wohlbefinden. Da zwischen den Kindern, die sich entweder „sehr wohl" oder nur „wohl" fühlen, nur tendenzielle Unterschiede in den Kreuztabellierungen auftreten, haben wir die Diskriminanzfunktion nur zur Unterscheidung zwischen zwei Gruppen berechnet. Das erleichtert zudem die Interpretation der Bedeutung der jeweiligen Faktoren, da es nur eine und nicht zwei Diskriminanzfunktionen gibt, der jeweilige Faktor also auch nur mit einem Koeffizienten (DFK) in der Diskriminanzfunktion auftritt. Dazu haben wir die Gruppe mit mittlerem Wohlbefinden so aufgeteilt, dass noch ca. ein Drittel aus dieser Gruppe zu denjenigen mit niedrigem Wohlbefinden, und die anderen zu denjenigen mit hohem Wohlbefinden zählen. Das ergibt dann 290 Kindern mit niedrigem Wohlbefinden und 750 Kinder mit hohem Wohlbefinden. Für diese beiden Gruppen haben wir eine Reihe von Diskriminanzanalysen (mit einer Gleichgewichtung der Fälle) berechnet. Dabei haben wir zunächst fast alle Indikatoren und Persönlichkeitsfaktoren einbezogen, die in der einfachen Kreuzauszählung (s.o) deutliche Varianzen zwischen den Gruppen ergaben. Die Diskriminanzfunktionen zeigen, welche Indikatoren und Faktoren nur einen niedrigen Beitrag zur Erklärung der Gruppendifferenz liefern. Die durch die Diskriminanzfunktion erzielbare Quote der richtigen Klassifizierung liegt mit den herangezogenen Faktoren hier im Bereich zwischen 75% und 70%. Dabei ist der Anteil der richtig plazierten Fälle in der Gruppe derjenigen mit hohem Wohlbefinden mit ca. drei Viertel etwas höher als in derjenigen mit niedrigem Wohlbefinden (ca. zwei Drittel richtig plazierte Fälle). Diese Anteile bleiben relativ konstant, wenn man die erklärenden Faktoren sukzessive reduziert, indem man diejenigen mit niedrigem DFK eliminiert. Mehr als sieben Faktoren (s.u.) können daher die Erklärung des Wohlbefindens nicht merklich verbessern.

Wir erzielen eine befriedigende Erklärung, die durch die anderen Faktoren nicht wesentlich verbessert werden kann, mit einer Diskriminanzfunktion, die nur noch sieben Faktoren enthält: vier Persönlichkeitsfaktoren des Kindes und drei weitere Indikatoren. Persönlichkeitsfaktoren der Mutter liefern interessanter- weise keinen wesentlichen Koeffizienten zur Diskriminanzfunktion oder zur Verbesserung der erklärten Quote. Von den oben vorgestellten Indikatoren liefern nur die Schulnote (Einschätzung durch das Kind), das Familienklima und die Armutslage einen deutlichen Beitrag, unter den Persönlichkeitsmerkmalen sind es die Faktoren „Selbstvertrauen", „Kognitiv-soziale-Aufmerksamkeit", „Kommunikationsfreude" und negativ die „Extrovertierte Impulsivität". Der bedeutsamste Faktor ist das „Selbstvertrauen" gefolgt von dem Familienklima und der Schulnote. Von den insgesamt beibehaltenen Faktoren der Diskriminanzfunktion ist die Armutslage der schwächste Indikator. Mit diesen sieben Faktoren können 72,5% der Fälle richtig gruppiert werden. Die Zahl der Fälle reduziert sich in der Diskriminanzanalyse auf N = 920, da von den 1040 Kindern, für die theoretisch der Indikator für das Wohlbefinden berechnet werden kann, 120 Fälle wegen einzelner Missing-Werte ausfallen. Diese Zahl der Missings ist besonders durch Ausfälle bei einigen offenbar unangenehmen Items bei den Fragen zur Persönlichkeitsstruktur bedingt (z.B. das Item „Bin oft launisch"). Die 920 Fälle sind jedoch ein guter Anteil an der Gesamtzahl der älteren Kinder (N = 1040).

Zusammenfassend kann man daher feststellen, dass jedenfalls in einer Querschnittsanalyse, wie sie hier an Hand der Daten der ersten Welle vorgelegt wird, die Persönlichkeitsfaktoren des Kindes für die Erklärung des Wohlbefindens ganz entscheidend sind und daneben sonstige Umwelteinflüsse, wie wir sie mit unseren Indikatoren beschreiben können, deutlich zurücktreten. Nur zwei Faktoren, die die Gegenwart des Kindes mitbestimmen, sind auch für das Wohlbefinden vergleichbar bedeutsam: das Familienklima und die Schulnoten. Daneben ist nur noch – und zwar negativ – die Armutslage beachtlich. Andere Faktoren treten deutlich zurück, insbesondere der Einfluss der Persönlichkeitsstruktur der Mutter.

Natürlich ist dies eine Momentaufnahme, die letztlich keine Kausalzusammenhänge beweisen kann. Insbesondere können wir nicht sagen, ob die Persönlichkeitsmerkmale des Kindes, wie etwa hohes Selbstvertrauen, aus anhaltend großem Wohlbefinden resultieren, ob es sich eher umgekehrt verhält, oder ob beide Folge einer gemeinsamen Voraussetzung sind. Dies gilt auch für die anderen Faktoren, insbesondere für die Variable „extrovertierte Impulsivität". Auch können wir hier nicht entscheiden, ob nicht die sozialen Persönlichkeitsfaktoren schon als Resultante aus biographischen Erfahrungen anzusehen sind. So dürfte ein hohes Selbstvertrauen auch durch gute Schulleistungen erhalten oder gesteigert werden. Bei den externen Faktoren vermuten wir dagegen eher, dass diese direkt kausal für das Wohlbefinden – vor allem für ein niedriges Wohlbefinden – verantwortlich sind. Niedriges Wohlbefinden des Kindes wird kaum die Armutslage beeinflussen, das Umgekehrte ist dagegen plausibel. Bei Schulnoten und Familienklima vermuten wir ebenfalls einen gerichteten Zusammenhang, wenn

Gerhard Beisenherz

man auch hier eine Rückwirkung nicht wird ausschließen können. Insgesamt bestätigt die Analyse die Vermutung, dass es weiterhin hauptsächlich die Akzeptanz in der Familie und in der Schule ist, die das Wohlbefinden beeinflusst. Die Bedeutung der Gleichaltrigengruppe für das Wohlbefinden ist dagegen in diesem Alter eher noch schwach ausgeprägt. Der Zusammenhang mit der Zahl der Freunde oder der Vereinsmitgliedschaft (s.o.) dürfte daher eher durch die zentralen, intervenierenden Variablen verursacht sein, insbesondere durch die Persönlichkeit des Kindes selbst. Die hier angesprochenen offenen Fragen nach der Bildung der Persönlichkeit des Kindes unter dem Einfluss externer Faktoren und in Abhängigkeit vom Wohlbefinden des Kindes werden dagegen erst nach der Analyse der Längsschnittdaten zu beantworten sein.

Literatur

Antonovsky, A. (1979): Health, stress, and coping: New perspectives on mental and physical well-being. San Francisco

Bacher, Johannes (2002): Einkommensarmut von Kindern und subjektives Wohlbefinden. Bestandsaufnahme und weiterführende Analysen. In: Mansel/Neubauer, S. 173-189

Beisenherz, Gerhard (2001): Kinderarmut in der Wohlfahrtsgesellschaft. Das Kainsmal der Globalisierung. Opladen

Brickman, L./Campbell D. T. (1971): Edonic relativism and planning the good society. In: Apley (Ed.): Adaption-level Theory: A symposium. New York, pp. 287-302

Bucher, Anton A. (1999): Kindheitsglück: Romantischer Anachronismus oder übersehene Realität? In: Neue Sammlung. 39. Jg., Heft 2, S. 399-418

Bucher, Anton A. (2003): Was Kinder glücklich macht. Historische, psychologische und empirische Annäherungen an Kindheitsglück. Weinheim

Bundesministerium für Familien, Senioren, Frauen und Jugend (BMFSFJ) (Hrsg.) (2003): Auf den Anfang kommt es an. Perspektiven zur Weiterentwicklung des Systems der Tageseinrichtungen für Kinder in Deutschland. Berlin

Conger, R./Elder, G. (1994): Families in Troubled Times: Adapting to change in rural America. Chicago

Deutsches Jugendinstitut (Hrsg.) (1992): Was tun Kinder am Nachmittag? Ergebnisse einer empirischen Studie zur mittleren Kindheit. München

Duncan, G./Brooks-Gunn, J. (Eds.) (1999): Consequences of Growing Up Poor. New York

Elder, G. H. Jr./Nguyen, T. V./Caspi, A. (1985): Linking Family Hardship to Children's Lifes. In: Child Development 56 (3), S. 361-375

Herzberg,,Irene (1997): Schwierige Kindheit. In: DISKURS 1/97, S. 8-15

Hock, Beate/Holz, Gerda/Wüstenhöfer, Werner (2000): Frühe Folgen – langfristige Konsequenzen: Armut und Benachteiligung im Vorschulalter. Frankfurt a.M.

Honig, Michael-Sebastian/Lange, Andreas/Leu, Hans Rudolf (Hrsg.) (1999): Aus der Perspektive von Kindern. Zur Methodologie der Kindheitsforschung.Weinheim/ München

House, J. S. (1998): Age, work and well-being: Toward a broader view. In: Schaie, K. W./Schooler, C. (Eds.): Impact of work on older adults. New York

Kahn, R. L./Juster, F. Th. (2002): Well-Being: Concepts and Measures. In: Journal of Social Issues, vol. 58, no. 4, pp. 627-644

Kahneman, D./Diener, E./Schwarz, N. (Eds.) (1999): Well-being: The foundations of hedonic psychology. New York

Klöckner, Christian A./Beisenkamp, Anja/Schröder, Richard (2002): Das LBS-Kinderbarometer. In: LBS-Initiative Junge Familie (Hrsg.): Kindheit 2001 - Das LBS-Kinderbarometer. Opladen, S. 21-45

Klöckner, Christian A./Stecher, Ludwig/Zinnecker, Jürgen (2002): Kinder und ihre Wohnumgebung. In: LBS-Initiative Junge Familie (Hrsg.): Kindheit 2001 – Das LBS-Kinderbarometer. Opladen, S. 275-298

Lang, Sabine (1985): Lebensbedingungen und Lebensqualität von Kinder. Frankfurt/M.

LBS-Initiative Junge Familie (Hrsg.) (2002): Kindheit 2001 – Das LBS-Kinderbarometer. Opladen

Mayr, Toni/Ulich, Michaela (2002): Wohlbefinden im späten Kindes- und frühen Jugendalter – Wie erleben Kinder/Jugendliche Familie, Freunde und Schule? In: LBS-Initiative Junge Familie (Hrsg.) Kindheit 2001 – Das LBS-Kinderbarometer. Opladen

Raverns-Sieberer, U./Bullinger, M. (1998): Assessing the heath related quality of life in chronically ill children with the German KINDL: First psychometric and content-analytical results. Quality of Life research, vol. 4, no. 7

Resnick, M. (2002): Rethinking Learning in the Digital Age. In: Kirkman, G.: The global Information Technology Report: Readiness for the networked World. Oxford

Seeligman, M.E.P./Czikszentmihalyi, M. (2000): Positiv psychology: An introduction. In: American Psychologist, 55, pp. 5-14

Silbereisen, Rainer K./Zinnecker, Jürgen (Hrsg.) (1999): Entwicklung im Sozialen Wandel. Weinheim

Van Praag, B. M. S./Frijters, P. (1999): The measurement of welfare and well-being. The Leyden approach. In: Kahneman u.a., a.a.O.

Venhoven,R. (1991): Questions on happiness: Classical topics, modern answers, blind spots. In: Strak, F. u.a. (Eds): Subjective well-being: An interdisziplinary perspective. p. 16ff. Oxford

Walper, Sabine (1999): Auswirkungen von Armut auf die Entwicklung von Kindern. Expertise zum 10. Kinder und Jugendbericht. In: Lepenies u.a. (Hrsg.): Kindliche Entwicklungspotentiale. Normalität, Abweichung und ihre Ursachen. DJI Materialien zum 10. Kinder und Jugendbericht. München

Ware, J. E./Sherbourne, C. D. (1992): The MOS 36-item, short form health survey (SF-36): Conceptual framework and item selection. Medical Care 30. S. 473-483

Weinert, Franz E. (Hrsg) (1998): Entwicklung im Kindesalter. Weinheim

Wilk, Lotte/Bacher, Johannes (Hrsg.) (1994): Kindliche Lebenswelten. Eine Sozialwissenschaftliche Annäherung. Opladen

Yeung Wei-Jun, Jean/Linver, Miriam R. (2000): Mediators of Income Effects on Young Children´s Development. Paper presented at Northwestern University JCPR Conference May 18, 2000. Washington DC

Zapf, Wolfgang (1999): Gesellschaftliche Wohlfahrt und Sozialberichterstattung. Erfahrungen und Möglichkeiten, in: Gerhards, J./Hitzler, R (Hrsg.): Eigenwilligkeit und Rationalität sozialer Prozesse. Festschrift zum 65. Geburtstag von Friedhelm Neidhardt, S. 46-60, Leipzig

Zinnecker, Jürgen (1996): Kinder im Übergang. Ein wissenschaftlicher Essay. In: apuz
    B11/ 1996, S. 2-10
Zinnecker, Jürgen/Silbereisen, Rainer K. (1998): Kindheit in Deutschland. Aktueller
    Survey über Kinder und ihre Eltern. 2. Aufl. Weinheim/München

Sabine Walper/Eva-Verena Wendt
Nicht mit beiden Eltern aufwachsen – ein Risiko?
Kinder von Alleinerziehenden und Stieffamilien

1. Einleitung

In den vergangenen vierzig Jahren hat sich in vielen westlichen Industrienationen ein beträchtlicher Wandel familialer Lebensformen vollzogen. Galten die 1960er Jahre – nach Zeiten mit einem hohen Anteil kriegsbedingter Verwitwung, hoher Kindbettsterblichkeit der Frauen und auch insgesamt geringer Lebenserwartung – als Blütezeit der Kernfamilien, in denen Kinder bei ihren verheirateten leiblichen Eltern aufwuchsen, so trägt mittlerweile die steigende Instabilität von Ehen dazu bei, dass ein nicht unbeträchtlicher Anteil der Kinder die Trennung und Scheidung der Eltern erlebt und somit die Haushaltsgemeinschaft mit einem Elternteil verliert. Im Jahr 2001 waren in Deutschland 153.519 Kinder von den insgesamt 197.498 geschiedenen Ehen betroffen, verglichen mit nur 67.281 Kindern, die im Jahr 1960 eine Scheidung der Eltern miterlebten. Und auch Im Folgejahr 2002 steigerte sich nochmals die Zahl der Scheidungen auf 204.214 (Statistisches Bundesamt 2004). Hinzu kommen noch jene Kinder, deren Eltern zunächst in einer nichtehelichen Partnerschaft lebten und sich zur Trennung entschieden. Auch deren Zahl, die nicht von der amtlichen Statistik erfasst wird, dürfte beträchtlich gestiegen sein, haben doch nichteheliche Lebensgemeinschaften   deutlich an zahlenmäßigem Gewicht gewonnen. Innerhalb der Zeit zwischen 1972 und 2000 ist in den alten Bundesländern die Zahl der Kinder in nichtehelichen Lebensgemeinschaften – allerdings einschließlich Stief-, Pflege- und Adoptivkinder – von 25 Tausend auf 371 Tausend gestiegen und beträgt nun bundesweit 624 Tausend (Engstler/Menning 2003). Da nichteheliche Lebensgemeinschaften eine noch höhere Instabilität aufweisen als Ehen, trägt auch dies dazu bei, dass eine Trennung der Eltern zur Erfahrung von immer mehr Kindern gehört.

Wenngleich nach wie vor der weit überwiegende Teil der Kinder in Kernfamilien aufwächst, stellen Ein-Elternteil-Familien doch eine bedeutsame Minderheit dar. Legt man die Mikrozensus-Daten des Jahres 2001 zugrunde, dann steht 14,5% der Haushalte mit unmündigen Kindern ein alleinerziehender Elternteil vor, der ohne Partner lebt (Statistisches Bundesamt 2002, vgl. Schneewind/ Walper, in Druck). In der überwiegenden Mehrzahl (86%) handelt es sich hierbei um alleinerziehende Mütter. Wie schon angedeutet, sind Ein-Eltern-Familien jedoch eine weniger homogene Gruppe, als man auf den ersten Blick vermuten könnte (Schneider u.a. 2001). Schon hinsichtlich ihres Entstehungshintergrundes bestehen bedeutsame Variationen. Überwiegend entstehen Ein-Elternteil-Familien nach einer Trennung oder Scheidung der leiblichen Eltern (in Westdeutschland 63%, in Ostdeutschland 58%), gefolgt von lediger Elternschaft (18% in Westdeutschland, 28% in Ostdeutschland), während der Tod des Ehepartners im Vergleich zum letzten Jahrhundert heute seltener zur Biographie Alleinerziehender gehört (19% in West- und 14% in Ostdeutschland; vgl.

Schwarz/Noack 2002). Aber auch die aktuelle Lebenssituation Alleinerziehender und deren Kinder erweist sich als durchaus heterogen, nicht zuletzt im Hinblick auf die Verfügbarkeit und Einbeziehung des anderen Elternteils in die Erziehung der Kinder. Dabei mag die Ein-Eltern-Familie nur eine zeitbegrenzte Zwischenstation im Verlauf der Familienentwicklung sein.

Ein nicht unbeträchtlicher Anteil der Kinder alleinerziehender Eltern erlebt im Verlauf seiner Entwicklung eine neue Partnerschaft eines oder beider Elternteile. Entsteht eine Haushaltsgemeinschaft desjenigen Elternteils, bei dem das Kind lebt, mit einem neuen Partner, so werden die Kinder Teil einer *primären Stieffamilie*. Nach Schätzungen auf Basis des Mikrozensus werden immerhin 13% aller Kinder in Westdeutschland und 18% in Ostdeutschland in einer ehelichen Stieffamilie volljährig (Schwarz 1995) . Für Jugendliche aus Scheidungsfamilien schätzt Schwarz (1995), dass etwa die Hälfte von ihnen durch Wiederheirat desjenigen Elternteils, bei dem sie leben, einen Stiefvater oder (seltener) eine Stiefmutter erhalten; die verbleibenden 25% (alte Bundesländer) und 40% (neue Bundesländer) leben mit einem nichtehelichen Partner der Mutter bzw. des Vaters zusammen. Auch ein Drittel der Kinder lediger Mütter erlebt die Heirat der Mutter mit einem neuen Partner. Diese Zahlen übertreffen den Anteil von Stieffamilien, die auf der Basis des Familiensurveys des Deutschen Jugendinstituts ermittelt worden waren (Bien/Hartl/Teubner 2002). Hier ergab sich – allerdings für Familien mit Kindern aller Altersgruppen – ein Anteil von 7% Stieffamilien an der Gesamtheit der Haushalte mit Kindern. Etwa zwei Drittel dieser primären Stieffamilien sind verheiratet, während das restliche Drittel in einer nichtehelichen Lebensgemeinschaft lebt.

Solche Variationen der Familienkonstellation wurden aus sozialisationstheoretischer Perspektive lange als defizitäre Abweichungen vom „Normalitätsentwurf" der Kernfamilie betrachtet. Vor allem Ein-Eltern-Familien wurden mit Skepsis betrachtet, sah man doch in der Präsenz beider Eltern als Rollenmodell und als arbeitsteilig kooperierende Erziehungspersonen die unabdingbare Voraussetzung für eine positive Persönlichkeits- und Kompetenzentwicklung der Kinder (vgl. Amato 2000). Stieffamilien wären zwar in dieser Hinsicht im Vorteil, verdanken ihr negatives Image aber nicht nur Märchen und Mythen, sondern auch der Annahme, dass das Engagement für leibliche Kinder größer sein mag als für Stiefkinder (Popenoe 1994).

Im Folgenden sollen die Entwicklungsbedingungen in Ein-Eltern- und Stieffamilien näher beleuchtet werden. Angesichts ihres zahlenmäßigen Übergewichts konzentrieren wir uns hierbei auf Familien mit alleinerziehender Mutter einerseits und Stiefvater-Familien andererseits. Wir geben zunächst einen Überblick über zentrale theoretische Perspektiven und wesentliche empirische Befunde anderer Untersuchungen, um anschließend anhand der Daten des Kindersurveys die Befindlichkeit und Verhaltensentwicklung von Kindern aus unterschiedlichen Familienkonstellationen vergleichen zu können. Hierbei soll nicht nur aufgezeigt werden, in welchen Bereichen sich Unterschiede in der Entwicklung abzeichnen, sondern wir werden auch der Frage nachgehen, durch welche Faktoren und Prozesse diese Unterschiede erklärbar sind.

2. Ein-Elternfamilien als Risiko-Konstellation?

Mit Blick auf die Situation der Kinder in Ein-Eltern-Familien hat sich die empirische Forschung überwiegend auf die Entwicklungsbedingungen und Besonderheiten von Scheidungskindern konzentriert, während die anderen Gruppen deutlich seltener für sich betrachtet wurden (Amato 2000; Hetherington/Kelly 2002; Hetherington/Stanley-Hagan 1999; Pryor/Rodgers 2001; vgl. auch Walper 2002b). Dies gilt umso mehr für Deutschland, wo die Situation von Kindern in Ein-Eltern-Familien insgesamt weitaus weniger erforscht ist als die Lage alleinerziehender Eltern (Schneider u.a. 2001). Eine Ausnahme stellt hier die Studie von Napp-Peters (1985) dar, die neben Scheidungskindern auch Kinder lediger Mütter und Halbwaisen einbezogen hat. Untersuchungen über die Entwicklungsrisiken und -chancen von Kindern aus Trennungsfamilien liegen zwar mittlerweile auch im deutschsprachigen Raum vor (Schick 2002; Schmidt-Denter 2000; Walper/Schwarz 1999), aber die überwiegende Mehrzahl einschlägiger Studien stammt aus den USA.

Die verfügbaren Befunde dokumentieren, dass die Lebensbedingungen in Ein-Eltern-Familien einer Reihe von Belastungsfaktoren unterliegen, die auch die Entwicklungschancen der Kinder tangieren. Insbesondere in der Scheidungsforschung hat sich eine stresstheoretische Perspektive durchgesetzt, die es erlaubt, die Vielfalt relevanter Aspekte der Lebensbedingungen von Scheidungsfamilien in den Blick zu nehmen und der resultierenden Variabilität kindlicher Reaktionen Rechnung zu tragen (Amato 2000; Schwarz/Noack 2002; Walper 2002a). Fünf Gruppen von Stressoren werden in der Scheidungs-Stress-Bewältigungs-Perspektive in den Vordergrund gestellt (Amato 2000): (1) der Mangel an finanziellen Ressourcen, (2) Probleme in der Beziehung zwischen den getrennt lebenden Eltern, (3) Belastungen und Beeinträchtigungen der Erziehungskompetenz desjenigen Elternteils, der mit den Kindern zusammen lebt, (4) mangelnder Kontakt und fehlendes erzieherisches Engagement des getrennt lebenden Elternteils und (5) mögliche weitere Veränderungen der Lebensumstände durch Umzug, Schulwechsel oder das Wegbrechen des Freundeskreises.

Gut dokumentiert ist, dass die finanziellen Ressourcen Alleinerziehender, vor allem in Familien mit alleinerziehender Mutter, in der Regel deutlich unter dem liegen, was Kernfamilien zur Sicherung eines angemessenen Lebensstandards zur Verfügung steht (Andreß/Lohmann 2000; Hanesch u.a. 1994). So ist jedes vierte Kind in Ein-Eltern-Familien von Einkommensarmut betroffen (siehe erster Armuts- und Reichtumsbericht der Bundesregierung, BMA 2001). Dies spiegelt auch die Sozialhilfestatistik: Ende 1997 waren unter den Haushalten alleinerziehender Mütter mit minderjährigen Kindern 22% in den alten und 25% in den neuen Bundesländern Bezieher von laufender Hilfe zum Lebensunterhalt (Zimmermann 2001). Demgegenüber ist das Risiko, auf Sozialhilfe angewiesen zu sein, unter Ehepaaren mit minderjährigen Kindern nur rund halb so hoch (12,9% in den alten und 11,9% in den neuen Bundesländern). Alleinerziehende machen mittlerweile 60% aller Sozialhilfebezieher aus, was deutlich über deren Anteil an der Bevölkerung liegt. In einem Armutshaushalt zu leben ist mit vielfältigen Risiken für die Entwicklung der Kinder verbunden, die von gesundheitlichen Belastungen über Beeinträchtigungen der Sozialbeziehungen und des Selbstwertgefühls bis hin zu erhöhtem Problemverhalten und Nachteilen für die intellektuelle Entwicklung reichen (Bolger u.a. 1995; Duncan/Brooks-Gunn 1997; Klocke/Hurrelmann 1995; Mielck 1998; vgl. auch Walper 1999). Inwieweit finanzielle Knappheit allerdings für die Entwicklungsnachteile von Kindern aus Ein-Eltern-Familien verantwortlich sind, ist insgesamt unklar. Während einige Studien aufzeigen, dass die Hälfte der vermehrten Probleme von Kindern aus Ein-Eltern-Familien auf die geringeren ökonomischen Ressourcen zurückzuführen sind (z.B. McLanahan 1999), spielen finanzielle Faktoren nach anderen Befunden eine deutlich untergeordnete Rolle (Schmidt-Denter 2001; Simons 1996).

Von unstrittig zentraler Bedeutung ist demgegenüber die Qualität der Familienbeziehungen, sowohl zwischen den Eltern als auch zwischen Eltern und Kindern (Amato 2000; Hetherington/Stanley-Hagan 1999; Walper 2002b). Konflikte zwischen den Eltern haben sich sowohl in Kern- als auch in Trennungsfamilien als wesentlicher Risikofaktor für die Entwicklung der betroffenen Kinder erwiesen (Fincham 1998; Reis/Meyer-Probst 1999; Walper/Gerhard 2003). Allerdings sind die Beziehungen zwischen den leiblichen Eltern in Scheidungsfamilien durchschnittlich stärker belastet als in Kernfamilien, und dieses erhöhte Risiko für Probleme zwischen den Ex-Partnern liefert eine wesentliche Erklärung für das erhöhte Problemverhalten und die stärkeren psychischen Beeinträchtigungen unter Scheidungskindern, verglichen mit Kindern aus Kernfamilien (z.B. Schick 2002). Für die Kinder sind diese Probleme zwischen den Eltern nicht zuletzt deshalb so belastend, weil oftmals das elterliche Erziehungsverhalten in Mitleidenschaft gezogen wird, da negative Emotionen aus der Interaktion mit dem (ehemaligen) Partner in die Interaktion mit den Kindern getragen werden (Erel/ Burman 1995; Graf 2002; Krishnakumar/Buehler 2000). Gerade das

Erziehungsverhalten der Eltern ist jedoch für die Entwicklung der Kinder wesentlich, profitieren die Kinder doch in ihrer Kompetenz- und Verhaltensentwicklung von der elterlichen Zuwendung und einfühlsamen Unterstützung, zumal wenn sie mit altersangemessenen Anforderungen und mittlerer Kontrolle
gepaart ist (Schneewind 2002). Angesichts der vielfältigen familiären und beruflichen Anforderungen, mit denen Alleinerziehende in aller Regel konfrontiert
sind, ist eine solche kindzentrierte Erziehung jedoch oftmals nur schwer zu leisten. Zumindest in den ersten Phasen nach einer Trennung leidet häufig das Erziehungsverhalten Alleinerziehender, wird inkonsistent, weniger zuwendungs-
voll, und die Eltern sind schlechter über Belange ihrer Kinder informiert
(Hetherington 1993; Schmidt-Denter u.a. 1995). Längerfristig scheint sich allerdings das Erziehungsverhalten alleinerziehender Mütter weitgehend zu stabili-
sieren und weist kaum Beeinträchtigungen auf, während die Beziehung getrennt
lebender Väter zu ihren Kindern stärker durch eine Trennung beeinträchtigt wird
(Coiro/Emery 1998).

Eine Trennung der Eltern führt in etwa einem Viertel der Fälle auf Dauer zu
einem Kontaktabbruch zwischen dem getrennt lebenden Elternteil (in der Regel
ist dies der Vater) und dem Kind bzw. den Kindern (Schneider u.a. 2001).
Wenngleich in dem reduzierten Kontakt zum getrennt lebenden Elternteil oftmals der entscheidende Belastungsfaktor für Scheidungskinder gesehen wird,
scheint dies jedoch weniger für deren Befindlichkeit ausschlaggebend zu sein.
Nach Befunden einer amerikanischen Meta-Analyse (Amato/Gilbreth 1999)
haben Variationen in der Kontakthäufigkeit zum getrennt lebenden Vater einen
vernachlässigbaren Einfluss auf die Befindlichkeit der Kinder, während die
Qualität des väterlichen Erziehungsverhaltens durchaus einen bedeutsamen Beitrag liefert. Engagiert sich der getrennt lebende Vater im Sinne einer autoritati-
ven Erziehung, so profitieren die Kinder hiervon merklich. Wie erwähnt ist allerdings gerade die Vater-Kind-Beziehung durchaus vulnerabel für trennungsbe-
dingte Belastungen.

Angesichts der aufgezeigten Risikofaktoren mag es nicht verwundern, dass
Kinder aus Ein-Eltern-Familien und speziell Scheidungskinder durchschnittlich
erhöhte Belastungen ihrer Befindlichkeit und ihrer Verhaltensentwicklung aufweisen (Amato 2000; Hetherington/Stanley-Hagan 1999; Walper 2002). Allerdings
sind die Nachteile moderat, und nicht alle Studien finden längerfristig oder durch-
gängig eine größere Belastung seitens der Kinder und Jugendlichen aus Tren-
nungsfamilien (Reis/Meyer-Probst 1999; Schmidt-Denter 2000; Walper 2002a).
Hierbei scheinen weniger historische Trends einer zunehmenden Akzeptanz von
Scheidungen eine Rolle zu spielen (Amato 2001), als vielmehr die Variationen in
Ausgangsbedingungen und Bewältigungsressourcen der Betroffenen.
Keineswegs alle beobachtbaren Nachteile von Scheidungskindern sind auf die
Trennung und hieraus resultierende Belastungsfaktoren zurückzuführen, sondern

manche Entwicklungsbeeinträchtigungen haben ihren Ursprung in Lebensumständen, die einer Trennung der Eltern vorausgehen (vgl. Schwarz 1999; Walper 2002b). Vor allem Jungen scheinen im frühen Alter auf Partnerschaftsprobleme sensibel zu reagieren und tragen ihre erhöhte Belastung aus der Vorphase der Trennung möglicherweise auch in die Zeit nach der elterlichen Trennung mit hinein (Block/Block/Gjerde 1986; Cherlin u.a. 1991; Hetherington 1993). Allerdings ist die Befundlage zu geschlechtstypischen Unterschieden in den Belastungen der Kinder aus Trennungsfamilien keineswegs konsistent (Amato 2001; Emery/ Forehand 1994). Auch die Frage, ob jüngere Kinder stärker durch eine Trennung der Eltern belastet werden, ist nicht einhellig zu beantworten. Es sprechen durchaus einige Befunde dafür, dass eine frühe Trennung der Entwicklung der Kinder vermehrt abträglich ist (Allison/Furstenberg 1989; Schmidt-Denter 2001), nicht zuletzt, weil im Vorschulalter noch kein angemessenes Verständnis der elterlichen Trennung entwickelt werden kann und die Kinder in der Gefahr stehen, sich selbst für das Scheitern der elterlichen Partnerschaft mit verantwortlich zu sehen (Kurdek/Blisk/Siesky 1981). Andere Daten wiederum legen eher qualitative Unterschiede in den Reaktionen nahe, wobei jüngere Kinder vermehrt durch Verlustängste belastet werden, während ältere Kinder eher an der erzieherischen Verantwortung des scheidenden Elternteils zweifeln und mit Wut bis Empörung reagieren können (Wallerstein/Kelly 1980).

3. Stieffamilien als Chance?

Die Gründung einer Stieffamilie dürfte seitens der Eltern in aller Regel mit der Hoffnung verbunden sein, nicht nur selbst Rückhalt und Unterstützung in dieser Partnerschaft zu erhalten, sondern auch den Kindern eine bessere familiäre Geborgenheit geben zu können. Für die Kinder bedeutet dies jedoch eine neuerliche Veränderung der Familiensituation, die nicht selten eher skeptisch gesehen wird, da sie auch mit Verlusten, zumindest mit Unwägbarkeiten verbunden ist (Hetherington/Jodl 1994; Walper/Wild 2002). Während aus Perspektive der familiären Ressourcen die Gründung einer Stieffamilie in der Regel eine Verbesserung der finanziellen Situation mit sich bringt und der Stiefelternteil auch als Erziehungsperson und Interaktionspartner der Kinder neue Erfahrungsmöglichkeiten eröffnet, erweist sich doch das Zusammenwachsen von Stieffamilien als ein anforderungsreicher, komplexer Prozess (Coleman/Ganong/Fine 2000). Eingespielte Routinen stehen zur Disposition, der zuvor alleinerziehende Elternteil muss nun mit dessen Partner geteilt werden, und nicht zuletzt werden familiäre Autoritäten und Entscheidungsbefugnisse neu verteilt, wobei der Einfluss der Kinder eher abnimmt.

Als besonders sensibler Bereich erweist sich die Übernahme der elterlichen Rolle seitens des Stiefelternteils. Da die soziale Elternschaft nicht auch biologisch fundiert ist und der Stiefelternteil in der Regel erst Teil der Familie wird, nachdem sich wichtige Entwicklungsschritte der Kinder vollzogen haben, ist er wesentlich auf die Vermittlung und Autorisierung durch den leiblichen Elternteil angewiesen. Frühzeitige Versuche, ins Erziehungsgeschehen einzugreifen, scheitern nicht selten an der Verweigerung der Kinder, die sich diesen Versuchen der Einflussnahme entziehen (vgl. Walper/Wild 2002). Vor allem wenn die Kinder das Jugendalter erreicht haben, scheint es den Stiefeltern schwer zu fallen, den Zugang zu den Kindern zu finden und von ihnen als Autoritätsperson akzeptiert zu werden (Hetherington/Jodl 1994). Zudem begünstigt das Fehlen gesellschaftlicher Normen für die Rolle als Stiefvater oder Stiefmutter Unklarheiten und Unsicherheiten der Betroffenen, die oftmals erst im Zusammenleben sichtbar werden und zuvor kaum antizipiert wurden (vgl. Walper/Wild 2002).

Allerdings ist auch vor einer einseitig pathologisierenden Sichtweise von Stieffamilien zu warnen. In einer Studie des Deutschen Jugendinstituts zeigten sich keine größeren Probleme oder Distanzen in der Beziehung zum Stiefvater als zum getrennt lebenden Vater, selbst wenn man nur jene Kinder betrachtet, die mindestens monatlichen Kontakt zum getrennt lebenden Vater haben (Beckh/ Walper 2002). Vor- und Nachteile von Stieffamilien scheinen sich insofern die Waage zu halten, als Stiefkinder im Vergleich zu Kindern aus Ein-Eltern-Familien weder besser noch schlechter gestellt sind, wenn man unterschiedliche Aspekte ihrer Entwicklung gegenüber stellt (Amato 1994). Die durchschnittlich beobachtbaren Entwicklungsbelastungen – die ebenso wie bei den Kindern mit alleinerziehendem Elternteil eher moderat ausfallen – scheinen auf anderen Faktoren zu beruhen. Nach Befunden von McLanahan (1999) spielen finanzielle Belastungen keine Rolle in der Erklärung von Verhaltensauffälligkeiten der Stiefkinder, wohl aber Beeinträchtigungen der Familiendynamik.

Hierbei scheinen mögliche Probleme in der Beziehung zwischen Stiefvätern und ihren Kindern keineswegs nur ein Eingewöhnungsphänomen darzustellen und mit der Zeit per se geringer zu werden (vgl. Walper/Wild 2002). Im Gegenteil sprechen die Daten einer deutschen Längsschnittstudie sogar dafür, dass Probleme mit der Zeit insgesamt zunehmen, eine Entwicklung, die jedoch bei genauerer Betrachtung auf jene Familien beschränkt ist, in denen der Stiefvater ein autoritäres Erziehungsverhalten an den Tag legt und die Partnerschaft wenig harmonisch ist (Graf/Walper 2002). In der genannten Studie waren diese Negativentwicklungen nicht prägnant genug, um sich auch in generellen Nachteilen der Stiefkinder hinsichtlich ihrer Befindlichkeit, ihrer Peerbeziehungen oder ihrer Aggressivität niederzuschlagen. Hier erwiesen sich Kinder aus Stieffamilien als ebenso unauffällig wie Kinder alleinerziehender Mütter (Walper 2002a).

4. Fragestellung und Methode

4.1 Fragestellung

Erkenntnisse zu möglichen Entwicklungsbelastungen von Kindern aus Ein-Eltern-Familien und aus Stieffamilien sind in Deutschland nach wie vor rar. Das Kinderpanel des Deutschen Jugendinstituts bietet die Möglichkeit, unterschiedliche Aspekte der Befindlichkeit und Verhaltensentwicklung von Kindern aus Kernfamilien, aus Familien mit alleinerziehender Mutter und aus Stieffamilien vergleichend gegenüberzustellen. Hierbei soll auch geprüft werden, ob mögliche Effekte der Familienstruktur alters- und geschlechtshomogen sind, oder ob sich bei Jungen im Vergleich zu Mädchen deutlichere Nachteile der Mutterfamilien ausmachen lassen, und/oder ob Vorteile einer Kernfamilie bei jüngeren Kindern stärker ausgeprägt sind als bei älteren Kindern. Allerdings ist hierbei zu beachten, dass der Altersbereich der Kinder begrenzt ist, da das Kinderpanel in seiner ersten Welle insgesamt nur Kinder im Vor- und Grundschulalter erfasst.

Ob Scheidungskinder von stärkeren Belastungen betroffen sind als Kinder lediger Mütter, kann anhand der Teilstichprobe von Kindern aus Mutterfamilien näher geprüft werden. Hier wird erwartet, dass Scheidungskinder stärkere Beeinträchtigungen ihrer Befindlichkeit und Verhaltensentwicklung aufweisen als Kinder lediger Mütter, da in diesen Familien das Risiko für Beziehungsprobleme – insbesondere in Interaktion zwischen den Ex-Partnern – erhöht sein dürfte. Für Stieffamilien fehlen bedauerlicherweise die Informationen über die vorherige Familienbiographie, so dass für diese Gruppe keine entsprechenden Analysen möglich sind.

Soweit sich Unterschiede zwischen Kindern aus unterschiedlichen Familienformen ausmachen lassen, soll darüber hinaus geprüft werden, inwieweit finanzielle Probleme der Familie hierfür den Ausschlag geben. Wie erwähnt wurde, ist die Befundlage in diesem Punkt nicht eindeutig, sondern legt teilweise keine markante Rolle ökonomischer Unterversorgung nahe, während andere Daten dafür sprechen, dass die geringeren finanziellen Ressourcen eine maßgebliche Rolle in der Genese von Entwicklungsproblemen der Kinder aus Ein-Eltern-Familien spielen. Diejenigen Befunde, die eher gegen einen nennenswerten Einfluss ökonomischer Ressourcen sprechen, sind jedoch zumindest teilweise nicht aussagekräftig, da in den entsprechenden Analysen nicht nur die finanzielle

Situation, sondern gleichzeitig auch andere Faktoren, insbesondere die Qualität
der Familienbeziehungen als Einflussfaktor geprüft wurden. Da sich ökonomische Belastungen zumeist vermittelt über Beeinträchtigungen der Familienbeziehungen auf die Kinder auswirken, mag der Einfluss der Familiendynamik durchaus indirekte Effekte der finanziellen Ressourcen verdecken.

4.2 Stichprobe

Die Daten stammen aus der ersten Welle des Kinderpanels, mit dem auf Basis
einer umfangreichen Repräsentativstichprobe die Lebenssituation und die Entwicklung von Kindern im Kindergarten- und Grundschulalter untersucht wird.
Pro Familie wurde ein Zielkind erfasst, das sich bei Beginn des Kinderpanels
entweder im Kindergartenalter (jüngere Gruppe) oder im Grundschulalter (ältere
Gruppe) befand. Befragt wurden die Mütter der Kinder und – wenn möglich –
auch deren leibliche Väter sowie die Schulkinder (im Alter von 8 bis 10 Jahren),
die etwa die Hälfte der Stichprobe ausmachen. Bei den Kleinkindern existieren
nur Angaben der Eltern. Der Altersdurchschnitt der vorliegenden Stichprobe
liegt bei 7,04 Jahren (SD = 1,53; Range: 4,08 bis 10,83 Jahre).

Von den insgesamt N = 2.190 Kindern, die an der ersten Befragung im Rahmen des Kinderpanels teilnahmen, wurden für die hier verfolgten Fragestellungen n = 1.971 in die Analysen einbezogen, für die vollständige Daten vorliegen.
Nicht berücksichtigt sind hierbei Adoptiv- und Pflegekinder sowie die geringe
Anzahl von Kindern, die bei einem alleinerziehenden Vater aufwachsen. Tabelle
1 gibt einen Überblick über wesentliche Charakteristika der Stichprobe in Gegenüberstellung der zentralen Vergleichsgruppen.

In unseren Analysen werden vier Familienformen miteinander verglichen, in
denen die Kinder zum Zeitpunkt der Befragung leben. Mit 78,3% der befragten
Kinder lebt die große Mehrzahl in einer Kernfamilie, während nur 9,3% der
Fälle in einer Stieffamilie und 12,4% bei ihrer alleinerziehenden Mutter leben.
Stieffamilien wurden anhand der Kindschaftsverhältnisse aller Kinder in der
Familie bestimmt, wobei in einer beträchtlichen Zahl der Fälle auch ein gemeinsames Kind der Eltern das Zielkind war. In diesen Fällen entspricht der Kindschaftsstatus des Zielkindes dem von Kindern in Kernfamilien. Entsprechend
wurde bei Stieffamilien zusätzlich berücksichtigt, ob das Zielkind ein gemeinsames Kind der Stiefeltern (4,5%) oder aber das leibliche Kind nur einen Elternteils ist (4,8%). In der vorliegenden Stichprobe sind Jungen und Mädchen
gleichmäßig auf die vier Familientypen verteilt (χ^2 = 5,39, df = 6, n.s.), während
es bei den Altersgruppen in den Stieffamilien mit Stiefkind eine Abweichung
gibt: Diese Familienform findet sich seltener unter den jüngeren und häufiger
unter den älteren Kindern (χ^2 = 46,56, df = 6, p = .000).

Tab.1:   Charakteristika der Stichprobe

	Kernfamilien N (%)	Stieffamilien Zielkind ist gemein- sames Kind N (%)	Stief- familien Zielkind ist Stiefkind N (%)	Mutter- familien N (%)	Gesamt N (%)
Geschlecht Kind					
Jungen	849 *(51,6)*	52 *(54,7)*	59 *(57,8)*	125 *(48,1)*	1085 *(51,6)*
Mädchen	795 *(48,4)*	43 *(45,3)*	43 *(42,2)*	135 *(51,9)*	1016 *(48,4)* *(6 Angaben* *fehlend)*
Altersgruppe					
Kleinkind	887 *(53,8)*	60 *(63,2)*	35 *(34,3)* [b]	129 *(49,4)*	1111 *(52,7)*
Schulkind	762 *(46,2)*	35 *(36,8)*	67 *(65,7)* [a]	132 *(50,6)*	996 *(47,3)*
% verheiratet	95,9	85,3	33,3	---	80,4
Mittelwert des *Äquivalenz-* *einkommens* *nach OECD*	1280,30	1070,94	1133,85	955,65	1223,85 *(25 Angaben* *fehlend)*
N Gesamt	1649 *(78,3)*	95 *(4,5)*	102 *(4,8)*	261 *(12,4)*	2107 *(100)*

[a] = χ^2-Test: Anzahl signifikant höher als erwartet
[b] = χ^2-Test: Anzahl signifikant geringer als erwartet

Da auch der ökonomische Status der Familien in die Analysen miteinbezogen wird, wurde mit einer univariaten Varianzanalyse geprüft, inwiefern sich das Pro-Kopf-Einkommen (zur Berechnung s.u.) in den vier betrachteten Familientypen unterscheidet. Tatsächlich ist der Effekt hochsignifikant (F = 28,35, df = 3, p < .001). Die Mittelwerte sind in Tabelle 1 zur Stichprobenbeschreibung wiedergegeben. Wie dort ersichtlich ist, sind Kernfamilien erwartungsgemäß finanziell hochsignifikant besser gestellt als Mutterfamilien (p < .001), aber auch als Stieffamilien mit einem gemeinsamen Kind (p = .004). Sie verfügen auch tendenziell über ein höheres Einkommen als Stieffamilien mit einem Stiefkind (p = .069). Die beiden Stieffamilientypen unterscheiden sich nicht, und auch Stieffamilien mit gemeinsamem Kind haben (vermutlich aufgrund der höheren Kinderzahl) keinen finanziellen Vorteil gegenüber den Mutterfamilien (jeweils p > .50). Stieffamilien mit einem Stiefkind sind hingegen finanziell besser gestellt als die Mutterfamilien (p = .042).

4.3 Variablen

Als Indikatoren der kindlichen Entwicklung wurden fünf Variablen herangezogen, die im Methoden-Kapitel (Alt/Quellenberg in diesem Band) näher beschrieben sind: Sie informieren über externalisierendes Problemverhalten (7 Items), internalisierendes Problemverhalten (6 Items), motorische Unruhe (3 Items), positives Selbstbild (5 Items) und sozial-kognitive Aufgeschlossenheit (5 Items). Tabelle 2 beinhaltet Beispiel-Items zu den einzelnen Skalen.

Tab. 2:   Indikatoren der psychischen und sozialen Befindlichkeit der Kinder

Skala	Datenquelle	Beispielitem	Alpha
Internalisierendes	Selbstauskunft des Kindes	Ich bin manchmal ängstlich.	.62
Problemverhalten	Einschätzung der Mutter	Ihr Kind ist manchmal ängstlich.	.70
Externalisierendes	Selbstauskunft des Kindes	Ich raufe gern.	.68
Problemverhalten	Einschätzung der Mutter	Ihr Kind rauft gerne.	.77
Motorische Unruhe	Selbstauskunft des Kindes	Ich bin zappelig.	.56
	Einschätzung der Mutter	Ihr Kind ist zappelig.	.72
Positives Selbstbild	Selbstauskunft des Kindes	Ich finde mich o.k.	.50
	Einschätzung der Mutter	Ihr Kind findet sich o.k.	.62
Soziale und kognitive Aufgeschlossenheit	Selbstauskunft des Kindes	Ich lerne gerne neue Kinder kennen.	.50
	Einschätzung der Mutter	Ihr Kind lernt gerne neue Kinder kennen	.60

Die Antworten erfolgten auf der Skala 1 = ja, 2 = eher ja, 3 = eher nein, 4 = nein

Zur Erfassung der finanziellen Ressourcen der Familie wurde auf das äquivalenzgewichtete Pro-Kopf-Einkommen zurückgegriffen. Hierbei handelt es sich um einen Indikator, der das Haushalts-Netto-Einkommen durch die Anzahl der Personen im Haushalt dividiert. Die einzelnen Personen gehen hierbei (nach der neuen OECD-Skala) mit unterschiedlicher Gewichtung ein. Nur der erste Erwachsene wird mit dem Faktor 1 gewertet, weitere Erwachsene gehen mit dem Faktor 0,5 ein und Kinder bis 15 Jahren werden mit dem Faktor 0,3 gewichtet.

5. Ergebnisse

5.1 Vergleich der Entwicklung von Kindern aus Kern-, Mutter- und Stiefvaterfamilien

Um zu prüfen, inwieweit sich Unterschiede in der Entwicklung von Kindern aus Kernfamilien, Familien mit alleinerziehender Mutter und Stiefvaterfamilien ausmachen lassen, wurden multivariate Varianzanalysen mit dem vierstufigen Faktor Familienform berechnet. Als zusätzliche Faktoren gingen hierbei das Geschlecht der Kinder sowie deren Alter ein. Hinsichtlich des Alters wurde die jüngere Gruppe der 5- bis 6-Jährigen mit der älteren Gruppe der 8- und 9-Jährigen verglichen. Diese Gegenüberstellung war allerdings nur anhand der Angaben der Mütter möglich, da Selbstauskünfte der Kinder ausschließlich für die ältere Gruppe erfasst wurden. Wir beginnen die Ergebnisdarstellung zunächst mit den Befunden auf Basis der mütterlichen Einschätzungen und wenden uns anschließend den Selbstauskünften der Kinder zu.

Einschätzungen der kindlichen Entwicklung aus Sicht der Mütter

Tabelle 3 gibt einen Überblick über die Befunde der dreifaktoriellen multivariaten Varianzanalyse. Soweit sich die Effekte der einbezogenen Faktoren Familienform, Alter und Geschlecht oder deren Interaktion auf multi- oder univariater Ebene als signifikant erwiesen, sind die jeweiligen F-Werte sowie die Effektstärken (eta^2) wiedergegeben. Tatsächlich zeigt sich ein multivariat hochsignifikanter Effekt der Familienkonstellation ($F = 3.51$, $p < .001$), der auf Unterschiede im externalisierenden Problemverhalten ($p < .05$) und vor allem in der motorischen Unruhe ($p < .001$) zurückzuführen ist. Die Effektstärken sind allerdings schwach ($eta^2 = .01$ und .02). Tabelle 4 zeigt die jeweiligen Gruppenmittelwerte. Wie ersichtlich, weisen Kinder aus Kernfamilien jeweils die niedrigsten Werte im externalisierenden Problemverhalten und in motorischer Unruhe auf. Hinsichtlich der motorischen Unruhe sind es vor allem die Stiefkinder, für die deren Mütter deutlich erhöhte Werte berichten.

Tab. 3:   Effekte des Familientyps, des Alters und des Geschlechts auf die Ent-
          wicklung der Kinder aus Sicht der Mütter (F-Werte und Effektstärken)

	Multi-variat F (eta²)	Externalis. Problem-verhalten F (eta²)	Internalis. Problem-verhalten F (eta²)	Motor. Unruhe F (eta²)	Positives Selbst-bild F (eta²)	Sozial-kogn. Aufgeschlos-senheit F (eta²)
Familientyp	3.51*** (.01)	3.57* (.01)	ns	16.79*** (.02)	ns	ns
Altersgruppe	2.17+ (.01)	ns	ns	ns	8.50** (.00)	ns
Geschlecht	7.96*** (.02)	23.44*** (.01)	ns	7.73** (.00)	3.16+ (.00)	14.67*** (.01)
Familientyp x Altersgruppe	2.27** (.01)	8.02*** (.01)	ns	3.34* (.01)	ns	ns
Familientyp x Geschlecht	1.50* (.00)	ns	ns	ns	ns	2.23+ (.00)
Altersgruppe x Geschlecht	ns	ns	ns	ns	ns	ns
Familientyp x Altersgruppe x Geschlecht	ns	ns	ns	ns	ns	ns

ns = nicht signifikant, * p < .05, ** p < .01, *** p < .001

Tab. 4:   Gruppenmittelwerte zur Entwicklung der Kinder nach Angaben der
          Mütter in Abhängigkeit vom Familientyp und Alter der Kinder
          (Standardabweichungen in Klammern)

		Kern-familien	Stieffamilien mit gem. Kind	Stieffamilien mit Stiefkind	Mutter-familien
Externalisier. Problemverhalten	Gesamt	1.11 (.58)	1.23 (.71)	1.22 (.63)	1.19 (.61)
	Vorschulkind	1.07 (.57)	1.07 (.70)	1.18 (.62)	1.25 (.61)
	Schulkind	1.00 (.56)	1.38 (.71)	1.27 (.63)	1.14 (.61)
Motor. Unruhe	Gesamt	1.32 (.79)	1.54 (.86)	1.74 (.86)	1.60 (.83)
	Vorschulkind	1.39 (.78)	1.35 (.86)	1.70 (.92)	1.66 (.84)
	Schulkind	1.25 (.81)	1.73 (.86)	1.79 (.83)	1.53 (.83)
Soz.-kogn. Auf-geschlossenheit	Gesamt	2.35 (.44)	2.31 (.42)	2.30 (.45)	2.34 (.51)
	Jungen	2.30 (.59)	2.15 (.68)	2.30 (.60)	2.27 (.60)
	Mädchen	2.41 (.55)	2.47 (.69)	2.30 (.65)	2.41 (.63)

„Vorschulkind" indiziert die jüngere Gruppe, unabhängig vom Besuch einer Vorschule.

Wenngleich sich das Alter per se als irrelevant erweist – lediglich hinsichtlich
des positiven Selbstbildes sind ältere Kinder gegenüber den jüngeren im Vorteil
(M = 2.66 vs. 2.57, p < .01) – moderiert doch das Alter die Effekte des Familien-

typs. Wie Tabelle 3 zu entnehmen, ist der Interaktionseffekt von Familientyp und Alter sowohl multivariat (F = 2.27, p < .01) als auch univariat für das externalisierende Problemverhalten (p < .001) und die motorische Unruhe (p < .05) signifikant (vgl. Abb. 1 und 2). Betrachtet man die Mittelwerte in Tabelle 4, so zeigt sich, dass vor allem bei gemeinsamen Kindern in Stieffamilien die Belastungen aus Sicht der Mütter mit dem Alter zunehmen. Hinsichtlich des externalisierenden Problemverhaltens sind im Schulalter die gemeinsamen Kinder in Stieffamilien am auffälligsten, gefolgt von Stiefkindern und Kindern alleinerziehender Mütter, während sich in der jüngeren Altersgruppe die gemeinsamen Kinder in Stieffamilien nicht von Kindern in Kernfamilien unterscheiden. Ähnlich verhält es sich mit der motorischen Unruhe, die allerdings unter den Schulkindern bei beiden Arten von Kindern in Stieffamilien gleichermaßen erhöht ist. Die Kinder alleinerziehender Mütter nehmen im Schulalter jeweils eine Mittelposition zwischen den Kindern aus Kernfamilien (mit niedrigsten Werten) und Stiefkindern (mit höchsten Werten) ein. Unter den jüngeren Kindern erweisen sich demgegenüber die Kinder alleinerziehender Mütter als stärker belastet, vor allem hinsichtlich ihres externalisierenden Problemverhaltens.

Abb. 1:　　Externalisierendes Problemverhalten aus Sicht der Mütter in Abhängigkeit vom Familientyp und Alter der Kinder

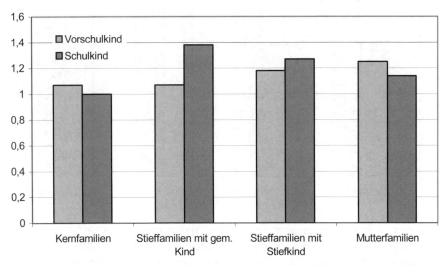

Die Geschlechtsunterschiede sind hochsignifikant (multivariat F = 7.96, p < .001). Sowohl das externalisierende Problemverhalten als auch die motorische

Unruhe fällt jeweils bei Jungen höher aus als bei Mädchen. Demgegenüber sind Mädchen hinsichtlich ihrer sozial-kognitiven Aufgeschlossenheit den Jungen überlegen (siehe Tab. 4). Obwohl der signifikante Interaktionseffekt von Familientyp und Geschlecht darauf hinweist, dass die Unterschiede der Kinder je nach Familienform für Jungen und Mädchen nicht identisch ausfallen, sind diese Divergenzen doch moderat und nur auf die sozial-kognitive Aufgeschlossenheit beschränkt (p < .10). Jungen aus Stieffamilien, die ein gemeinsames Kind der Stiefeltern sind, zeigen dabei die geringste sozial-kognitive Aufgeschlossenheit, gefolgt von den Jungen aus Mutterfamilien, die jedoch beinahe denselben Wert erreichen wie Jungen aus Kernfamilien und Stieffamilien mit Stiefkind. Bei den Mädchen haben Stiefkinder aus Stieffamilien die geringste sozial-kognitive Aufgeschlossenheit, gefolgt von den Mädchen aus Mutter- und Kernfamilien, die sich ihrerseits in dieser Hinsicht nicht unterscheiden sondern eine gleichermaßen höhere sozial-kognitive Aufgeschlossenheit aufweisen. Mädchen, die ein gemeinsames Kind der Stiefeltern sind, erreichen die höchste sozial-kognitive Aufgeschlossenheit.

Abb. 2:   Motorische Unruhe aus Sicht der Mütter in Abhängigkeit vom Familientyp und Alter der Kinder

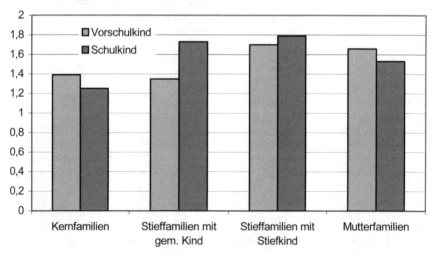

Als Zwischenfazit ist demnach festzuhalten, dass Kinder aus Kernfamilien nach Einschätzung ihrer Mütter in manchen Bereichen, aber nicht durchgängig im Vorteil sind. Sie weisen weniger häufig externalisierendes Problemverhalten und motorische Unruhe auf als die Kinder in anderen Familienkonstellationen. Unter den Kindern im Vorschulalter zeigen diejenigen stärkere Verhaltensauffälligkeiten, die nicht bei beiden leiblichen Eltern leben. Aus Sicht der Mütter sind Stiefkinder und Kinder alleinerziehender Mütter in jüngerem Alter stärker belastet als Kinder, die in Kernfamilien oder in einer Stieffamilie, dort aber als gemeinsames Kind beider Partner, aufwachsen. Stieffamilien per se scheinen vor allem im Schulalter zu einem problembelasteten Entwicklungskontext zu werden. Dass es gerade die gemeinsamen Kinder sind, die hier besonders auffällig sind, verwundert, könnte aber darauf hinweisen, dass es nicht so sehr der individuelle Kindschaftsstatus ist, der zählt, sondern der gesamte Familienkontext.

Selbsteinschätzungen der älteren Grundschulkinder

Wie stellen sich nun die Effekte des Familientyps dar, wenn man die Selbstauskünfte der Schulkinder heranzieht? Da hier nur eine Altersgruppe vertreten ist, wurden analog zu den vorherigen Analysen zweifaktorielle Varianzanalysen durchgeführt (mit dem vierstufigen Faktor Familienform und dem zweistufigen Faktor Geschlecht). Wie Tabelle 5 zu entnehmen ist, ergibt sich auch hier ein hochsignifikanter Effekt der Familienform (multivariat $F = 3.28$, $p < .001$). Die Effektstärke ist sogar höher als bei den Analysen zu Angaben der Mütter ($eta^2 = .02$ versus $.01$), und die Unterschiede betreffen weitere Bereiche der kindlichen Entwicklung.

Tab. 5: Effekte des Familientyps und des Geschlechts auf die Entwicklung der Kinder nach deren Selbsteinschätzung (F-Werte und Effektstärken)

	Multi-variat	Externa-lisier. Problem-verhalten	Interna-lisier. Problem-verhalten	Motori-sche Unruhe	Positives Selbstbild	Sozial-kogn. Aufgeschlos-senheit
	F (eta^2)	F (eta^2)	F (eta^2)	F (eta^2)	F (eta^2)	F (eta^2)
Familientyp	3.28*** (.02)	6.02*** (.02)	2.93* (.01)	9.19*** (.03)	2.86* (.01)	ns
Geschlecht	6.34*** (.03)	4.92* (.01)	10.69*** (.01)	10.04** (.01)	ns	ns
Familientyp x Geschlecht	n.s.	ns	ns	ns	ns	ns

ns = nicht signifikant, $^* p < .05$, $^{**} p < .01$, $^{***} p < .001$

Signifikante Effekte des Familientyps bestehen auch in den Selbstauskünften der Kinder für externalisierendes Problemverhalten und motorische Unruhe (jeweils $p < .001$), aber ebenfalls für internalisierendes Problemverhalten und das positive Selbstbild (jeweils $p < .05$). Wie die Mittelwerte in Tabelle 6 zeigen, weisen Kinder, die als gemeinsames Kind in einer Stieffamilie leben, die höchsten Werte im externalisierenden Problemverhalten und der motorischen Unruhe auf, während bezüglich des internalisierenden Problemverhaltens vor allem die Stiefkinder in Stieffamilien auffallen (siehe auch Abb.3). Erstaunlicherweise sind Stiefkinder aber auch diejenigen, die das höchste positive Selbstbild berichten. Die Befunde für Stiefkinder weisen also nicht alle in die gleiche negative Richtung.

Abb. 3: Externalisierendes und internalisierendes Problemverhalten, motorische Unruhe und positives Selbstbild aus Sicht der Kinder in Abhängigkeit vom Familientyp

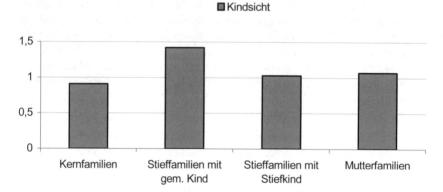

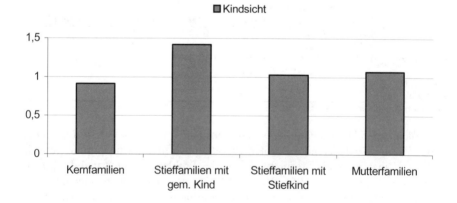

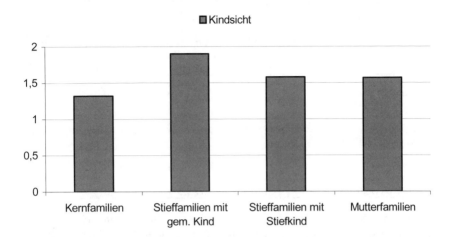

Motorische Unruhe

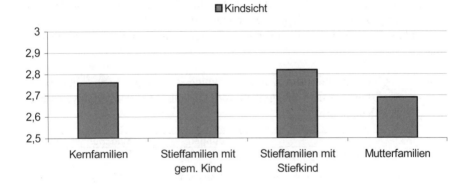

Positives Selbstbild

Kinder mit alleinerziehender Mutter geben mehr ausagierendes Verhalten an als Gleichaltrige aus Kernfamilien: im externalisierenden Problemverhalten und in der motorischen Unruhe übertreffen sie die Kinder aus Kernfamilien signifikant. Bezüglich ihres internalisierenden Problemverhaltens sind sie allerdings unauffällig. Das positive Selbstbild ist für die Kinder alleinerziehender Mütter nur im Vergleich zu den Stiefkindern beeinträchtigt, während der Unterschied zu den Kernfamilien nicht signifikant ist.

Tab. 6:   Gruppenmittelwerte zur Entwicklung der Kinder nach deren Selbst-
            auskünften in Abhängigkeit vom Familientyp (Standardabweichungen
            in Klammern)

	Kernfamilien	Stieffamilien mit gemeins. Kind	Stieffamilien mit Stiefkind	Mutter-familien
Externalisierendes Problemverhalten	0.91 (.59)	1.42 (.68)	1.03 (.62)	1.07 (.64)
Internalisierendes Problemverhalten	1.54 (.64)	1.50 (.65)	1.77 (.65)	1.61 (.68)
Motorische Unruhe	1.32 (.83)	1.90 (.99)	1.58 (.82)	1.57 (.86)
Positives Selbstbild	2.76 (.31)	2.75 (.31)	2.82 (.31)	2.69 (.35)

Auch in den Selbstauskünften der Kinder sind Geschlechtsunterschiede markant
($p < .001$) und betreffen einerseits das externalisierende Problemverhalten und
die motorische Unruhe, die bei den Jungen erhöht sind, andererseits das internalisierende Problemverhalten, bei dem die Mädchen die höheren Werte aufweisen
(vgl. Tab. 7). Differenzielle Effekte der Familienform für Jungen und Mädchen
finden sich jedoch nicht, d.h. die berichteten Unterschiede zwischen den Kindern
aus unterschiedlichen Familienformen betreffen Jungen und Mädchen gleichermaßen.

Tab. 7:   Gruppenmittelwerte zur Entwicklung der Kinder nach deren Selbst-
            auskünften in Abhängigkeit vom Geschlecht (Standardabweichungen
            in Klammern)

	Jungen	Mädchen
Externalisierendes Problemverhalten	1.14 (.62)	0.98 (.59)
Internalisierendes Problemverhalten	1.48 (.64)	1.72 (.62)
Motorische Unruhe	1.75 (.83)	1.44 (.87)

Damit bestätigt sich auch in den Selbstauskünften der Kinder, dass Stieffamilien
einen eher problematischen Entwicklungskontext darstellen. Vor allem die Kinder, die als gemeinsames Kind in einer Stieffamilie aufwachsen, zeigen im Vergleich zu den Kindern aus anderen Familienformen stärkere Verhaltensauffälligkeiten im Bereich des externalisierenden Problemverhaltens und der motorischen
Unruhe. Kinder aus Kernfamilien sind demgegenüber in diesen Bereichen besonders im Vorteil.

Bevor wir auf die Frage eingehen, ob die berichteten Unterschiede im Verhalten der Kinder aus unterschiedlichen Familienformen auf vergleichbare Unterschiede in den finanziellen Ressourcen zurückzuführen sind, sollen zunächst noch mögliche Variationen innerhalb der Familien mit alleinerziehender Mutter geprüft werden.

5.2 Effekte einer elterlichen Trennung und lediger Elternschaft im Vergleich

Um zu prüfen, ob der Entstehungshintergrund der Familien mit alleinerziehender Mutter für die Verhaltensentwicklung der Kinder relevant ist, wurde eine multivariate Varianzanalyse berechnet, die sich nun auf die Mutterfamilien beschränkt und drei Gruppen vergleicht: Kinder mit noch verheirateten, aber dauerhaft getrennt lebenden Eltern (n = 74), Kinder mit geschiedenen Eltern (n = 105) und Kinder mit lediger Mutter (n = 69). Weitere Faktoren waren das Alter und Geschlecht der Kinder, und abhängige Variablen waren – wie zuvor – die genannten fünf Indikatoren der kindlichen Entwicklung.

Weder in den Analysen zu Angaben der Mütter noch in den Auswertungen der kindlichen Selbstauskünfte zeigen sich Vor- oder Nachteile einer der Gruppen der Mutterfamilien. Der Familientyp erbringt keinen signifikanten Effekt, weder multivariat noch univariat. Auch die Interaktionseffekte des Familientyps mit dem Alter oder Geschlecht der Kinder sind nicht signifikant.

Demnach sind die berichteten Nachteile von Kindern aus Familien mit alleinerziehender Mutter weitgehend homogen, jedenfalls im Hinblick auf die vorausgegangene Familienentwicklung. Wenngleich man erwarten könnte, dass eine Scheidung der Eltern mit stärkeren Belastungen für die Kinder verbunden ist als das Aufwachsen bei einer ledigen Mutter, findet diese Vermutung keine Bestätigung in unseren Daten. Allerdings ist zu berücksichtigen, dass wir keine Informationen darüber haben, welcher Anteil der Kinder lediger Mütter zunächst in einer nichtehelichen Lebensgemeinschaft beider Eltern aufgewachsen ist und somit doch Zeuge der elterlichen Trennung geworden ist.

5.3 Erklären ökonomische Unterschiede den Effekt der Familienkonstellation?

Inwieweit verändern sich nun die Befunde zum Effekt der Familienkonstellation, wenn die unterschiedlichen finanziellen Ressourcen der Familien in Rechnung gestellt werden? Um diese Frage zu beantworten, wurden die in Abschnitt 5.1 berichteten Analysen wiederholt, wobei jeweils das äquivalenzgewichtete Pro-Kopf-Einkommen der Familie als Kovariate einbezogen ist. Wie in der Stichprobenbeschreibung ersichtlich wurde, unterscheiden sich die drei Familientypen tatsächlich hochsignifikant hinsichtlich des verfügbaren Pro-Kopf-Einkommens, wobei Kernfamilien am besten und Familien mit alleinerziehender Mutter am schlechtesten gestellt sind. Sofern die jeweilige Einkommenssituation für die berichteten Unterschiede zwischen Kindern aus Kern-, Mutter- und Stieffamilien ausschlaggebend sind, sollten sich die Effekte der Familienkonstellation reduzieren, sobald der Einfluss des Einkommens kontrolliert ist.

Einschätzungen der kindlichen Entwicklung aus Sicht der Mütter

Betrachtet man zunächst die Angaben der Mütter, so finden unsere Vermutungen nur sehr bedingt Bestätigung in den Daten. Tabelle 8 zeigt die F-Werte der einzelnen Effekte. Tatsächlich hat das Pro-Kopf-Einkommen einen hochsignifikanten Effekt auf die Entwicklung der Kinder, der sich in fast allen betrachteten Bereichen ihres Verhaltens, ihrer Befindlichkeit und ihrer Kompetenzen negativ niederschlägt. Wie die Koeffizienten für den Effekt der Kovariate Einkommen anzeigen, sind das externalisierende und internalisierende Problemverhalten sowie die motorische Unruhe jeweils umso höher, je geringer das Pro-Kopf-Einkommen ist. Die sozial-kognitive Aufgeschlossenheit steigt mit dem Einkommen. Unerwartet ist, dass das positive Selbstbild in niedrigen Einkommensgruppen höher ausfällt. Die Einkommenseffekte fallen also für das Selbstbild und die sozial-kognitive Aufgeschlossenheit gegenläufig aus, obwohl beide Indikatoren positiv korreliert sind ($r = .50$, $p < .001$).

Am ausgeprägtesten sind die Nachteile eines geringen Einkommens hinsichtlich der motorischen Unruhe, bei der die höchsten Effektstärken bestehen ($eta^2 = .02$). Im (multivariaten) Gesamteffekt fällt der Einfluss des Einkommens viermal so hoch aus wie der Einfluss des Familientyps ($eta^2 = .04$ vs. $.01$).

Trotz des deutlichen Effekts, den das Einkommen auf die motorische Unruhe hat, reduziert dies nicht die Unterschiede zwischen den einzelnen Familienformen. Der Effekt des Familientyps bleibt fast unverändert ($eta^2 = .01$). Wohl aber reduziert sich der Effekt des Familientyps auf das externalisierende Problemverhalten (von $eta^2 = .01$ auf $.00$), so dass der Familientyp nun nur noch marginal signifikant ist, ein Effekt, der angesichts der Stichprobengröße zu vernachlässigen ist.

Tab. 8: Effekte des Familientyps, des Alters, des Geschlechts und des Äquivalenzeinkommens auf die Entwicklung der Kinder aus Sicht der Mütter (F-Werte und Effektstärken)

	Multi-variat $F (eta^2)$	Externalis. Problem-verhalten $F (eta^2)$	Internalis. Problemver-halten $F (eta^2)$	Motorische Unruhe $F (eta^2)$	Positives Selbstbild $F (eta^2)$	Sozial-kogn. Aufgeschlos-senheit $F (eta^2)$
Äquivalenz-einkommen	14.79*** (.04)	6.33*** (.01)	2.44** (.00)	43.73*** (.02)	7.39** (.00)	5.21* (.00)
Familientyp	2.72*** (.01)	2.54+ (.00)	ns	12.74*** (.02)	ns	ns
Altersgruppe	ns	ns	ns	ns	5.58* (.00)	ns
Geschlecht	7.72*** (.02)	25.09*** (.01)	ns	7.66** (.00)	3.49+ (.00)	14.67*** (.01)
Familientyp x Altersgruppe	1.77* (.01)	5.79*** (.01)	ns	ns	ns	ns
Familientyp x Geschlecht	ns	ns	ns	ns	ns	2.23+ (.00)
Altersgruppe x Geschlecht	ns	ns	ns	ns	ns	ns
Familientyp x Altersgruppe x Geschlecht	ns	ns	ns	ns	ns	ns

ns = nicht signifikant, * p < .05, ** p < .01, *** p < .001

Der Interaktionseffekt von Familientyp und Alter ist insgesamt zwar kaum verringert, ist nun aber nur noch auf externalisierendes Problemverhalten beschränkt. Für die motorische Unruhe wird er statistisch unbedeutend.

Tab. 9: Motorische Unruhe der Kinder aus Sicht der Mütter in Abhängigkeit vom Familientyp und Alter, kontrolliert für das Pro-Kopf-Einkommen der Familie

		Kern-familien	Stieffamilien mit gem. Kind	Stieffamilien mit Stiefkind	Mutter-familien
Externalisierendes Problemverhalten	Gesamt	1.12 (.58)	1.23 (.72)	1.25 (.63)	1.18 (.62)
	Vorschulkind	1.23 (.58)	1.12 (.71)	1.21 (.61)	1.23 (.61)
	Schulkind	1.01 (.56)	1.35 (.72)	1.23 (.64)	1.13 (.62)
Motorische Unruhe	Gesamt	1.34 (.80)	1.52 (.87)	1.76 (.85)	1.57 (.83)
	Vorschulkind	1.39 (.79)	1.37 (.88)	1.77 (.87)	1.61 (.84)
	Schulkind	1.28 (.80)	1.67 (.82)	1.76 (.85)	1.52 (.82)

Betrachtet man die adjustierten Mittelwerte in Tabelle 9, so wird ersichtlich, dass nach wie vor die Schulkinder, die als gemeinsames Kind in Stieffamilien leben, hinsichtlich ihres externalisierenden Problemverhaltens am auffälligsten sind, gefolgt von den Stiefkindern in Stieffamilien. Am unauffälligsten erweisen sich Kinder aus Kernfamilien, während die Kinder aus Mutterfamilien hier eine Mittelposition einnehmen. Diese Befunde decken sich mit den oben berichteten Befunden zu den Einflüssen des Familientyps, legen also nahe, dass das Einkommen einen überwiegend eigenständigen Einfluss auf die Verhaltensentwicklung der Kinder ausübt und die Effekte des Familientyps unberührt lässt.

Selbsteinschätzungen der älteren Grundschulkinder

Wie stellen sich nun die Befunde dar, wenn man die Selbsteinschätzungen der Kinder heranzieht? Tabelle 10 zeigt die Effekte des Familientyps und des Geschlechts auf die fünf Indikatoren der kindlichen Entwicklung, nunmehr unter Kontrolle der Einkommensunterschiede. Wiederum ist das Alter kein Faktor mehr, da sich diese Analysen auf Schulkinder beschränken.

Tab. 10: Effekte des Familientyps und des Geschlechts auf die Entwicklung der Kinder aus eigener Sicht, kontrolliert für das Pro-Kopf-Einkommen der Familie (F-Werte und Effektstärken)

	Multi-variat $F (eta^2)$	Externalis. Problem-verhalten $F (eta^2)$	Internalis. Problem-verhalten $F (eta^2)$	Motorische Unruhe $F (eta^2)$	Positives Selbstbild $F (eta^2)$	Sozial-kogn. Aufgeschlos-senheit $F (eta^2)$
Äquivalenz-einkommen	2.59* (.01)	6.33*** (.01)	3.13+ (.00)	2.83+ (.00)	ns	6.86** (.01)
Familientyp	3.01*** (.02)	5.41*** (.02)	3.19* (.01)	7.07*** (.02)	3.03* (.01)	ns
Geschlecht	6.33*** (.03)	5.30* (.01)	10.70*** (.01)	9.44** (.01)	ns	2.97+ (.00)
Familientyp x Geschlecht	ns	ns	ns	ns	ns	ns

ns = nicht signifikant, * p < .05, ** p < .01, *** p < .001

Für die Selbsteinschätzungen der Kinder scheint die finanzielle Situation der Familie weniger ausschlaggebend zu sein als für die Angaben der Mütter. Zwar zeigt sich auch hier ein signifikanter Effekt des Einkommens (multivariat F = 2.59, p < .05), aber die Effektstärke ist insgesamt deutlich schwächer (eta^2 = .01) als es bei den Angaben der Mütter der Fall war (eta^2 = .04, s.o.). Am ausgeprägtesten sind die Effekte auf das externalisierende Problemverhalten und die sozial-kognitive Aufgeschlossenheit der Kinder (jeweils eta^2 = .01), während die motorische Unruhe der Kinder aus eigener Sicht kaum durch die finanzielle

Situation bestimmt ist (eta^2 = .00, p < .10). So mag es auch nicht verwundern, dass die Unterschiede je nach Familientyp weitestgehend erhalten bleiben, wenn man die finanzielle Situation der Familie in Rechnung stellt. In keinem der Entwicklungsbereiche fallen die Effekte der Familienform schwächer aus als in den oben berichteten Analysen (siehe Abschnitt 5.1.2).

6. Diskussion

Insgesamt sprechen die berichteten Befunde dafür, dass Kernfamilien ein günstigeres Entwicklungsmilieu für die Kinder bieten als Stieffamilien und Familien alleinerziehender Mütter. Allerdings ist nicht zu verkennen, dass die Effekte insgesamt eher schwach ausfallen. Dass sie größtenteils hochsignifikant sind, ist nicht zuletzt eine Folge der beträchtlichen Stichprobengröße. Die Effektstärken verdeutlichen, wie gering der Anteil erklärter Varianz ist, der auf den Familientyp zurückzuführen ist. Damit sind die Befunde insgesamt im Einklang mit der Forschungslage, die auch für eher moderate bis schwache negative Effekte einer elterlichen Trennung und weitgehend vergleichbare Konsequenzen des Aufwachsens in einer Stieffamilie sprechen (Amato 2001; vgl. auch Walper/Wild 2002).

Interessanterweise divergieren die Perspektiven der Mütter und Kinder hinsichtlich jener Entwicklungsbereiche, die durch die Familienform tangiert sind. Während die Mütter aus Nicht-Kernfamilien vor allem in deutlich sichtbaren Bereichen des Problemverhaltens erhöhte Werte berichten, sind nach Angaben der Kinder auch weniger sichtbare Bereiche ihrer Entwicklung betroffen, nämlich ihre Befindlichkeit, wie sie durch das Selbstwertgefühl und internalisierendes Problemverhalten indiziert wird. In diesen Domänen sind Kinder offensichtlich die besseren Informanten, denn diese Bereiche ihrer Erfahrung sind Außenstehenden – und offensichtlich auch den Müttern – weitaus schwerer zugänglich.

Fragt man nun, welche der Familienformen die größeren Belastungen für Kinder birgt, so sind für die beiden hier einbezogenen Altersgruppen unterschiedliche Antworten zu geben. Unter den jüngeren Kindern sind aus Sicht der Mütter vor allem jene Kinder stärker von Belastungen betroffen, die nicht mit beiden leiblichen Eltern zusammenleben. Gemeinsame Kinder aus Stieffamilien scheinen in dieser Entwicklungsphase noch wenig von den Besonderheiten ihrer Familienform zu spüren. Nach unseren Befunden bringt erst das Schulalter spezifische Belastungen dieser Gruppe der Kinder mit sich, die in vermehrten Verhaltensauffälligkeiten sichtbar werden. Vermutlich werden sich die Kinder erst in dieser Phase des Sonderstatus ihrer Familie bewusst. Die naheliegende Erklärung, dass die stärkeren finanziellen Belastungen dieser Familien für das erhöhte

Problemverhalten der gemeinsamen Kinder in Stieffamilien ausschlaggebend sind, hat sich hier nicht bestätigt.

Neben den moderaten Nachteilen von Stiefkindern, die sich hier mehr nach den Angaben der Mütter als in der Selbsteinschätzung der Kinder bestätigen, weisen die berichteten Daten jedoch auch einen überraschenden Befund aus: Stiefkinder geben ein unerwartet positives Selbstbild an, das sogar das Selbstwertgefühl Gleichaltriger aus Kernfamilien übertrifft. Dieser Vorteil könnte zunächst darauf hinweisen, dass Stiefkinder durchaus von dieser besonderen Familienform profitieren. Allerdings bildet dieser Befund für das Selbstwertgefühl eine gewisse Ausnahme, denn hinsichtlich ihres Problemverhaltens und ihrer sozial-kognitiven Kompetenzen sehen sich die Stiefkinder nicht generell in einem günstigeren Licht als Gleichaltrige aus Kernfamilien dies tun. Zudem wird das höhere Selbstwertgefühl von Stiefkindern nicht in den Angaben der Mütter bestätigt und entspricht auch nicht den Befunden anderer Studien. Laut der von Amato (1994) durchgeführten Metaanalyse haben Stiefkinder gemeinhin ein signifikant niedrigeres Selbstwertgefühl als Kinder aus Kernfamilien, unterscheiden sich allerdings nicht von Kindern in Ein-Eltern-Familien. Insofern ist das erhöhte Selbstwertgefühl von Stiefkindern im Kinderpanel sicher zunächst mit Vorsicht zu interpretieren. Dies gilt umso mehr, als die Einzelangaben der Kinder zu ihrem Selbstwertgefühl vergleichsweise heterogen sind, die Skalengüte also eher schwach ausfällt. Mit diesen Einschränkungen ließe sich das höhere Selbstwertgefühl der Stiefkinder auch dahingehend deuten, dass sie die Meisterung der besonderen Anforderungen in ihrer Familiensituation vielleicht sogar mit einem gewissen Stolz verbinden – oder besonderen Wert darauf legen, ihren Stolz zu wahren.

Dass anforderungsreiche Lebenslagen keineswegs zwangsläufig zu Beeinträchtigungen des Selbstwertgefühls der Kinder beitragen, sondern sogar einen gegenteiligen Effekt haben mögen, zeigt sich auch für die finanziell belasteten Familien, in denen zumindest die Mütter ihren Kindern ein höheres positives Selbstbild zuschreiben. Dieser ebenfalls unerwartete Befund könnte darauf hinweisen, dass die Mütter in finanziell belasteten Lebenslagen ihre Kinder in besonderem Maße anerkennen und ihnen so eine stärkere – vielleicht kompensatorische – Unterstützung zukommen lassen. Dem wäre in weiterführenden Analysen zum Erziehungsverhalten dieser Mütter nachzugehen.

Wenngleich andere Studien die Heterogenität von Familien mit alleinerziehender Mutter herausstellen (Schneider u.a. 2001), bildet sich dies in den vorliegenden Daten doch nicht ab, wenn man Kinder verheiratet getrennt lebender, geschiedener und lediger Mütter vergleichend gegenüberstellt. Zwischen diesen Gruppen lassen sich keine Unterschiede in der kindlichen Entwicklung ausmachen. Allerdings muss in Rechnung gestellt werden, dass die Betrachtung des Familienstands nur einen groben Hinweis auf jene Unterschiede gibt, die eigentlich interessieren würden: die Frage, ob die Kinder eine Trennung der Eltern erlebt haben und möglicherweise auch noch heute mit Konflikten oder Antagonismen zwischen den Eltern konfrontiert sind. Wenngleich dies bei Scheidungskindern und Kindern aus getrennten Ehen eher zu erwarten ist, mag doch auch in Familien mit ledigen Müttern eine Haushaltsgemeinschaft mit dem leiblichen Vater in die Brüche gegangen sein und Probleme zwischen den Eltern können nicht minder fortdauern.

Die hier vorgelegten Analysen konnten nur einen kleinen Bereich jener Fragen beantworten, die auf der Hand liegen. Unberücksichtigt blieb der Kontakt der Kinder zum getrennt lebenden Elternteil, und auch das Familienklima wurde hier nicht näher als einer jener Faktoren analysiert, die Nachteile von Kindern aus Trennungsfamilien erklären könnten. Wie die Studie von Schneider u.a. (2001) aufzeigt, scheinen alleinerziehende Mütter doch häufig das Klima in ihrer Familie als gespannt zu erleben, und auch auf das höhere Risiko von Belastungen der Familienbeziehungen in Stieffamilien wird in verschiedenen Untersuchungen hingewiesen (vgl. Walper/Wild 2002). Dem nachzugehen bleibt zukünftigen Auswertungen der vorliegenden Daten überlassen. Immerhin liefern die berichteten Daten auf breiter Basis wichtige Einblicke in die Entwicklungsbedingungen von Kindern aus unterschiedlichen Familienkonstellationen und geben erstmals auch Auskunft über Kinder, die nach ihrem Kindschaftsstatus in einer Kernfamilie, also bei beiden leiblichen Eltern aufwachsen, mit Bezug auf ihre Geschwister jedoch in einer Stieffamilie leben. Dass gerade diese Kinder im Schulalter Entwicklungsbelastungen aufweisen, verdeutlicht, wie hilfreich eine genauere Analyse der Familienkonstellation ist. Gerade für die Familienberatung liefert dies wichtige Hinweise, zumal gezielte Angebote für Stieffamilien noch rar sind.

Literatur

Allison, P. D./Furstenberg, F. F., Jr. (1989): How marital dissolution affects children: variations by age and sex. Developmental Psychology, 25, pp. 540-549

Amato, Paul R. (1994): The implications of research findings on children in stepfamilies. In Booth, A./Dunn, J. (Eds.), Stepfamilies: Who benefits? Who does not? Hillsdale, N.J., pp. 81-87

Amato, Paul R. (2000): The consequences of divorce for adults and children. Journal of Marriage and the Family, 62, pp. 1269-1287

Amato, Paul R. (2001): Children of divorce in the 1990s: An update of the Amato and Keith (1991) meta-analysis. Journal of Family Psychology, 15 (3), pp. 355-370

Amato, Paul R./Gilbreth, J. (1999): Nonresident fathers and children's well-being: A meta-analysis. Journal of Marriage and the Family, 61, pp. 557-573

Andreß, Hans Jürgen/Lohmann, H. (2000): Die wirtschaftlichen Folgen von Trennung und Scheidung. Band 180 der Schriftenreihe des Bundesministeriums für Familie, Senioren, Frauen und Jugend. Stuttgart

Beckh, K./Walper, Sabine (2002): Stiefkinder und ihre Beziehung zu den Eltern. In: Bien W./Hartl A./Teubner M. (Hrsg.): Stieffamilien in Deutschland. Eltern und Kinder zwischen Normalität und Konflikt. Opladen, S. 201-228

Bien,Walter/Hartl, Angelika/Teubner, Markus (2002): Einführung: Stieffamilien in Deutschland. In Bien W./Hartl A./Teubner M. (Hrsg.): Stieffamilien in Deutschland. Opladen, S. 9-20

Block, Jack H./Block, J./Gjerde, P. F. (1986): The personality of children prior to divorce: A prospective study. Child Development, 57, pp. 827-840

Bolger, K. E./Patterson, C. J./ Thompson, W. W./Kupersmidt, J. B. (1995): Psychosocial adjustment among children experiencing persistent and intermittend family economic hardship. Child Development, 66, pp. 1107-1129

Cherlin, Andrew J./Furstenberg, Frank F. Jr./Chase-Lansdale, P. L./Kiernan, K. E./Robins, P. K./Morrison, D. R./Teitler, J., O. (1991): Longitudinal studies of effects of divorce on children in Great Britain and the United States. Science, 252, pp. 1386-1389

Coiro, M. J./Emery, R. E. (1998). Do marriage problems affect fathering more than mothering? A quantitative and qualitative review. Clinical Child and Family Psychology Review, 1 (1), pp. 23-40

Coleman, Marilyn/Ganong, L./Fine, M. (2000): Reinvestigating remarriage: Another decade of progress. Journal of Marriage and the Family, 62, pp. 1288-1307

Duncan, Greg J./Brooks-Gunn, Jeanne (Eds.) (1997): The consequences of growing up poor. New York

Emery, Robert E./Forehand, R. (1994): Parental divorce and children's well-being: A focus on resilience. In Haggerty, R. J./Sherrod, L. R./Garmezy, N./Rutter, M. (Eds.): Stress, risk, and resilience in children and adolescents. Cambridge, pp. 64-99

Engstler, Heribert (2001): Die Familie im Spiegel der amtlichen Statistik. Bonn: Bundesministerium für Familie, Senioren, Frauen und Jugend

Engstler, Heribert/Menning, Sonja (2003): Die Familie im Spiegel der amtlichen Statistik. Wiesbaden

Erel, Osnat/Burman, Bonnie (1995): Interrelatedness of marital relations and parent-child-relations: a meta-analytic review. Psychological Bulletin, 118 (1), pp. 108-132

Fincham, F. D. (1998): Child development and marital relations. Child Development, 69 (?), pp. 543-574

Graf, Johann (2002): Wenn Paare Eltern werden. Weinheim

Graf, Johann/Walper, Sabine (2002): Entwicklungsverläufe der Beziehung zwischen Kindern und ihren Stiefvätern. Vortrag gehalten auf dem Kongress der Deutschen Gesellschaft für Psychologie in Berlin, 2002

Hanesch, W. u.a. (1994): Armut in Deutschland. Der Armutsbericht des DGB und des Paritätischen Wohlfahrtsverbands. Reinbek

Hetherington, E. Mavis (1993): An overview of the Virginia longitudinal study of divorce and remarriage with a focus an early adolescence. Journal of Family Psychology, 7, pp. 39-56

Hetherington, E. Mavis/Jodl, K. M. (1994): Stepfamilies as settings for child development. In A. Booth/J. Dunn (Eds.), Stepfamilies. Who benefits? Who does not?. Hillsdale, N. J., pp. 55-79

Hetherington, E. Mavis/Kelly, J. (2002): For better of for worse. Divorce reconsidered. New York

Hetherington, E. Mavis/Stanley-Hagan, M. (1999): The adjustment of children with divorced parents: a risk and resiliency perspective. Journal of Child Psychology and Psychiatry, 40 (1), pp. 129-140

Klocke, Andreas/Hurrelmann, Klaus (1995): Armut und Gesundheit. Inwieweit sind Jugendliche betroffen? Zeitschrift für Gesundheitswissenschaft, 2. Beiheft 1995, S. 138-151

Krishnakumar, A./Buehler, C. (2000). Interparental conflict and parenting behaviors. A meta-analytic review. Family Relations, 49, pp. 25-44

Kurdek, Lawrence A./Blisk, D./Siesky, A. E. (1981): Correlates of children's long-term adjustment to their parents' divorce. Developmental Psychology, 17, pp. 565-579

McLanahan, Sara (1999): Father absence and the welfare of children. In E. M. Hetherington (Ed.), Coping with divorce, single parenting, and remarriage. A risk and resilience perspective. Mahwah, pp. 117-146

Mielck, Andreas (1998): Armut und Gesundheit bei Kindern und Jugendlichen: Ergebnisse der sozial-epidemiologischen Forschung in Deutschland. In A. Klocke/K. Hurrelmann (Hrsg.), Kinder und Jugendliche in Armut. Opaden, S. 225-265

Napp-Peters, Anneke (1985): Ein-Elternteil-Familien. Soziale Randgruppe oder neues familiales Selbstverständnis? Weinheim

Popenoe, David (1994): The evolution of marriage and the problem of stepfamilies: a biosocial perspective. In Booth, A./Dunn, J. (Eds.), Stepfamilies: who benefits? who does not? Hillsdale, N. J., pp. 3-27

Pryor, J./Rodgers, B. (2001): Children in changing families. Life after parental separation. Oxford

Reis, O./Meyer-Probst, B. (1999): Scheidung der Eltern und Entwicklung der Kinder: Befunde der Rostocker Längsschnittstudie. In Walper, S./Schwarz, B. (Hrsg.): Was wird aus den Kindern? Chancen und Risiken für die Entwicklung von Kindern aus Trennungs- und Stieffamilien. Weinheim, S. 49-72

Schick, A. (2002): Behavioral and emotional differences between children of divorce and children from intact families: Clinical significance and mediating processes. Swiss Journal of Psychology, 61, pp. 5-14

Schmidt-Denter, Ulrich (2000): Entwicklung von Trennungs- und Scheidungsfamilien: Die Kölner Längsschnittstudie. In: Schneewind, K. A. (Hrsg.): Familienpsychologie im Aufwind. Brückenschläge zwischen Forschung und Praxis, S. 203-221

Schmidt-Denter, Ulrich (2001): Differentielle Entwicklungsverläufe von Scheidungskindern. In Walper, S./Pekrun R. (Eds.), Familie und Entwicklung. Aktuelle Perspektiven der Familienpsychologie. Göttingen, S. 292-313

Schmidt-Denter, Ulrich/Beelmann, Wolfgang/Trappen, I: (1995): Innerfamiliäre Entwicklungen nach Trennung und Scheidung. Report Psychologie, 20 (3), S. 20-27

Schneewind, Klaus A. (2002): Freiheit in Grenzen - Wege zu einer wachstumsorientierten Erziehung. In: Krüsselberg, H.-G./Reichmann, H. (Hrsg.): Zukunftsperspektive Familie und Wirtschaft. Vom Wert von Familie für Wirtschaft, Staat und Gesellschaft, S. 213-262

Schneider, Norbert F./Krüger, D./Lasch, V./Limmer, Ruth/Matthias-Bleck, H. (2001): Alleinerziehen. Vielfalt und Dynamik einer Lebensform. Weinheim

Schwarz, Beate (1999): Die Entwicklung Jugendlicher in Scheidungsfamilien. Weinheim

Schwarz, Beate/Noack, P. (2002): Scheidung und Ein-Elternteil-Familien. In: Hofer, M./Wild, E./Noack, P. (Hrsg.): Lehrbuch Familienbeziehungen. Eltern und Kinder in der Entwicklung. Göttingen, S. 312-335

Schwarz, Karl (1995): In welchen Familien wachsen die Kinder und Jugendlichen in Deutschland auf? Zeitschrift für Bevölkerungswissenschaft, 20, S. 271-292

Simons, Ronald L. (1996): Understanding differences between divorced and intact families. Stress, interaction, and child outcome. Thousand Oaks

Statistisches Bundesamt (2002): Weitere Zunahmen der Scheidungen im Jahr 2001. Pressemitteilung vom 27.08.2002.
    http://www.destatis.de/presse/deutsch/pm2002/p3000023.htm (Zugriff am 03.06.2004)

Statistisches Bundesamt (2004): Bevölkerung.
    http://www.destatis.de/basis/d/bevoe/bevoetab1.htm (Zugriff am 03.06.2004)

Wallerstein, J. S./Kelly, J. B. (1980): Surviving the breakup: How children and parents cope with divorce. New York

Walper, Sabine (1999): Auswirkungen von Armut auf die Entwicklung von Kindern. In: Lepenies, A./Nunner-Winkler, G./Schäfer, G. E./Walper, S. (Hrsg.): Kindliche Entwicklungspotentiale. Normalität, Abweichung und ihre Ursachen (Materialien zum 10. Kinder und Jugendbericht, Band 1). München, S. 291-360

Walper, Sabine (2002a): Einflüsse von Trennung und neuer Partnerschaft der Eltern. Ein Vergleich von Jungen und Mädchen in Ost- und Westdeutschland. Zeitschrift für Soziologie der Erziehung und Sozialisation, 22 (1), S. 25-46

Walper, Sabine (2002b): Verlust der Eltern durch Trennung, Scheidung oder Tod. In: Oerter, R./Montada, L. (Hrsg.): Entwicklungspsychologie. 5., vollst. überarb. Aufl. München, S. 818-832

Walper, Sabine/Gerhard, A.-K. (2003): Entwicklungsrisiken und Entwicklungschancen von Scheidungskindern. Neuere Perspektiven und Befunde. Zeitschrift für Rechtspsychologie, 13 (Sonderheft 1), S. 91-113

Walper, Sabine/Schwarz, B. (1999): Was wird aus den Kindern? Chancen und Risiken für die Entwicklung von Kindern aus Trennungs- und Stieffamilien. Weinheim, S. 254

Walper, Sabine/Wild, E. (2002): Wiederheirat und Stiefelternschaft. In: Hofer, M./ Wild, E./Noack, P. (Hrsg.): Lehrbuch der Familienpsychologie. Eltern und Kinder in der Entwicklung. Göttingen, S. 336-361

Zimmermann, G. E. (2001): Formen von Armut und Unterversorgung im Kindes- und Jugendalter. In: Klocke, A./Hurrelmann, K. (Hrsg.), Kinder und Jugendliche in Armut: Umfang, Auswirkungen und Konsequenzen. Opladen/Wiesbaden, S. 55-77

Petra Strehmel
Weniger gefördert?
Elterliche Arbeitslosigkeit als Entwicklungskontext der Kinder

1. Theoretische Überlegungen – empirische Befunde

Der Arbeitsmarkt gehört derzeit zu den Problemen, die die Bundesbürger am meisten beschäftigen. Die Arbeitslosigkeit befindet sich auf einem hohen Niveau, immer mehr Verträge sind zeitlich befristet, die „Ich-AG" als neue Form der Selbständigkeit wird staatlich gefördert. Auf der individuellen Ebene bedeutet dies für Arbeitnehmerinnen und Arbeitnehmer, dass Berufsbiographien diskontinuierlicher werden und von dem Einzelnen eine hohe Flexibilität hinsichtlich des Tätigkeitsbereichs sowie eine große räumliche Mobilität verlangt wird.

Junge Erwachsene, die sich Kinder wünschen oder bereits welche großziehen, haben in der Regel den Wunsch, ihrem Nachwuchs möglichst kontinuierliche und verlässliche Lebensbedingungen zu bieten. Zumindest sollte der Lebensunterhalt gesichert sein. Durch die neuen Verhältnisse am Arbeitsmarkt ist dies jedoch immer weniger gewährleistet. Wenn Eltern arbeitslos werden oder prekär beschäftigt sind, so sind ihre Kinder mitbetroffen. Der Frage, welche Bedeutung Arbeitslosigkeit der Mütter und Väter für die Kinder hat, möchte ich mit den Daten des Kinderpanel nachgehen und in diesem Beitrag einen ersten deskriptiven Überblick über Verteilungen und Zusammenhänge geben.

Nach einigen theoretischen Überlegungen zur Bedeutung der Arbeitslosigkeit für die Betroffenen werde ich die Daten daraufhin analysieren, wie die befragten Eltern Arbeitslosigkeit erleben und inwieweit sich dies in ihrem Befinden, im Familienklima und Erziehungsverhalten niederschlägt. Im nächsten Schritt werden Konsequenzen für die Lebenssituation der Kinder, ihren Schulerfolg, soziales Verhalten und Freizeitaktivitäten sowie Wohlbefinden und Gesundheit untersucht.

Arbeitslosigkeit hat mit den rasanten Veränderungen auf dem Arbeitsmarkt ihr Gesicht verändert, sie gilt bereits seit den 80er Jahren als „unreines Phänomen" (Welzer 1988). Denn Arbeitslosigkeit bedeutet häufig nicht mehr völlige Beschäftigungslosigkeit, vielmehr wechseln Zeiten ohne Erwerbsarbeit mit geringfügigen und ungesicherten Beschäftigungsverhältnissen, ehrenamtlicher Arbeit und der Teilnahme an Ausbildungs- oder Beschäftigungsmaßnahmen. Im Sinne einer differentiellen Arbeitslosenforschung werden verschiedene Gruppen von Arbeitslosen untersucht: Männer und Frauen, Junge und Ältere, Eltern und Kinderlose usw. unterscheiden sich im Erleben und Bewältigen der Arbeitslosigkeit.

Längst auch wird Arbeitslosigkeit nicht mehr als stabile Lebenssituation diskutiert, sondern einzelne Phasen des „Arbeitslosigkeitsprozesses" werden im Hinblick auf ihre kurz- und langfristigen sozialen, psychischen und gesundheitlichen Folgen hin analysiert (Wacker 2002). Nach den Befunden der psychologischen Arbeitslosenforschung kann auch schon berufliche Unsicherheit und die

Antizipation von Arbeitslosigkeit psychische und gesundheitliche Beeinträchtigungen nach sich ziehen (Faltermaier u.a. 2002) In jedem Fall bleibt die Arbeitslosigkeit ein Merkmal des beruflichen Lebenslaufs und kann dabei auch langfristig den weiteren Verlauf der Berufsbiographie wie auch die Persönlichkeitsentwicklung der Betroffenen entscheidend beeinflussen. Die Betroffenen müssen sich mit neuen beruflichen Anforderungen, möglicherweise mit sozialem Abstieg und schlechteren Arbeitsbedingungen auseinandersetzen. Das Verlassen der Arbeitslosigkeit kann neue, auch belastende Lebensveränderungen nach sich ziehen, die die ganze Familie betreffen, zum Beispiel, wenn der Wohnort gewechselt werden muss.

Statusverlust und Stigmatisierung, ökonomische Einbußen und „Zukunftslosigkeit" sind für die meisten Arbeitslosen gravierende Probleme, die Identität und Lebensentwürfe in Frage stellen und Handlungsspielräume für die Gestaltung der eigenen Biographie einschränken. In der psychologischen Arbeitslosigkeitsforschung gilt es als gesicherter Befund, dass Arbeitslosigkeit bei den Betroffenen zu einem negativen psychischen Befinden führt. Die Kausalität, die damit impliziert ist, wurde in einer neueren Metaanalyse empirisch untermauert (Paul/Moser 2001).

Arbeitslosigkeit wirkt sich in der Regel in allen Lebensbereichen aus. Die Betroffenen müssen sich mit finanziellen Einschränkungen und wirtschaftlicher Unsicherheit auseinandersetzen, der Beruf verliert seine Bedeutung als Identität stiftender Bereich, als Quelle von Selbstachtung, Selbstvertrauen und Kompetenzgefühl. Berufliche Ziele sind in Frage gestellt und müssen möglicherweise neu überdacht oder aufgegeben werden. Kontakte zu früheren Kollegen brechen schnell ab, und Arbeitslose ziehen sich ihrerseits aus ihrem sozialen Netzwerk zurück, schränken gesellschaftliches Engagement ein und verlieren „schleichend" wichtige „social-support"-Funktionen auch aus ihrem engeren Freundes- und Bekanntenkreis (vgl. Strehmel 1993a). Ein weiterer Problemkreis ist die endlos zur Verfügung stehende Zeit. Der Tagesablauf ist nicht mehr vorstrukturiert durch Arbeitszeiten, Pausen, Zeit in der Familie und für Freizeitaktivitäten, sondern muss selbst strukturiert werden.

Viele Arbeitslose geraten in der Auseinandersetzung mit ihrer Situation in psychische Teufelskreise, bei denen sich motivationale, emotionale, kognitive und aktionale Prozesse entwickeln, die letztlich zu Orientierungslosigkeit und beruflichem Desinteresse, zu Passivität und Apathie, zur Einschränkung der Handlungsfähigkeit, dem Gefühl eigener Hilflosigkeit, Depressivität, dem Verlust des Selbstvertrauens und zu sozialer Isolation führen können (vgl. Strehmel/Ulich 1998). Diese psychischen Folgen betreffen nicht nur den beruflichen Bereich, sondern die Persönlichkeitsentwicklung der Betroffenen insgesamt und damit auch das Erziehungsverhalten.

Arbeitslosigkeit wird von Frauen und Männern unterschiedlich erlebt. Frühere Annahmen, Frauen erlebten Arbeitslosigkeit als „weniger schlimm", unterstellten ein traditionelles Frauenbild, nach dem insbesondere Mütter das Fehlen oder den Verlust des Arbeitsplatzes durch die „Alternativrolle" der Hausfrau und Mutter kompensieren könnten. Dieses Bild erweist sich zunehmend als überholt. Die meisten jungen Frauen absolvieren mittlerweile eine qualifizierte Berufsausbildung, bei fast allen hat die Erwerbstätigkeit einen festen Platz in ihrer Lebensplanung, selbst wenn sie eine Zeitlang familiären Aufgaben den Vorrang einräumen möchten (vgl. Keddi u.a.1999). Der zeitweilige Verzicht auf Erwerbsarbeit, wenn Kinder zu versorgen sind, ist häufig nicht freiwillig, sondern bedingt durch die immer noch schwierige Vereinbarkeit von Familie und Beruf, solange die Kinder klein sind, und durch nach wie vor herrschende Vorurteile, dass berufstätige Mütter ihre Kinder vernachlässigen. Fthenakis u.a. (2002) zeigen mit einer Längsschnittuntersuchung, bei der sie junge Paare über Jahre nach der Geburt eines Kindes begleiteten, dass nicht-erwerbstätige Mütter eher depressive Symptome entwickeln. Mütter, die keine Stelle finden, die sie mit ihren Familienaufgaben vereinbaren könnten, definieren sich möglicherweise eher nicht als arbeitslos, sondern als Hausfrau und Mutter, da diese Rolle weniger stigmatisiert und gesellschaftlich bis zu einem gewissen Alter der Kinder akzeptiert ist.

Das Erleben der Arbeitslosigkeit hängt auch davon ab, welche Qualität die Tätigkeit in der vorherigen Stelle hatte, wieviel Autonomie und welche Lernchancen sie bot und mit welchen sozialen Erfahrungen sie verbunden war (vgl. Mohr 1993). Waren die Erfahrungen eher negativ, so kann das Arbeitslos-Werden auch entlastende Aspekte haben. Dennoch bedeutet Arbeitslosigkeit oder der Verzicht auf Erwerbstätigkeit den Verlust eines wichtigen Erfahrungsbereichs und vor allem existentieller Sicherheit. Die Versorgungsehe ist angesichts steigender Scheidungszahlen kein verlässliches Modell mehr. Und begründet durch hohe Mieten und Lebenshaltungskosten für Familien schlägt sich ein fehlendes (zweites) Gehalt negativ in der Lebensqualität für die Kinder nieder. Väterliche Arbeitslosigkeit mag wegen der immer noch höheren Löhne für Männer und den dadurch bedingten höheren finanziellen Verlusten bei Arbeitslosigkeit zunächst gravierender erscheinen. Doch auch Frauen erleben Arbeitslosigkeit als sehr belastend und dies kann Auswirkungen auf das Klima in der Familie und die Interaktion mit den Kindern haben.

Zu den Folgen von Arbeitslosigkeit für die Kinder liegen wenige und uneinheitliche Befunde vor. Ältere Studien untersuchten Arbeitslosigkeit in Verbindung mit Armut. Eindrucksvoll und auch in neuerer Zeit wieder diskutiert (vgl. Wacker 2001) zeigte die Untersuchung der „Arbeitslosen von Marienthal" (Jahoda u.a. 1975), wie Familien, die von Arbeitslosigkeit betroffen waren, resignative und apathische Haltungen entwickelten und sich aus dem öffentlichen Leben zurückzogen. Akribische empirische Messungen zeigten, wie die finanzielle Situation die Qualität des Pausenbrots für die Kinder, ihre Kleidung und die Nutzung von Bibliotheken beeinflusste. Elder (1974) zeigte in seiner Längsschnittuntersuchung der „Kinder der Weltwirtschaftskrise", welche langfristigen Folgen elterliche Arbeitslosigkeit für die Entwicklung der Kinder hatte, je nachdem, ob es sich um Mädchen oder Jungen handelte und in welchem Alter die Kinder zur Zeit der Wirtschaftskrise waren (zusammenfassend Elder 2003).

Die Armutslagen zu Beginn des vergangenen Jahrhunderts sind jedoch aufgrund des veränderten Lebensstandards heute kaum zu vergleichen mit gegenwärtigen Problemlagen. Dennoch sind überwiegend Kinder von Armut betroffen (Arbeiterwohlfahrt Bundesverband 2000; BMFSFJ 1998) und diese ist häufig durch elterliche Arbeitslosigkeit verursacht (Beisenherz 2002). Armut geht in neuerer Zeit häufig einher mit Beeinträchtigungen in der Sozialentwicklung und einem geringeren Bildungserfolg der Kinder (im Überblick Walper 1999). Amerikanische Längsschnitt-Studien haben gezeigt, dass Armut in der frühesten Kindheit gravierende Konsequenzen für die Entwicklung der kognitiven Leistungsfähigkeit und den Schulerfolg hat, die Folgen reichen bis ins Erwachsenenalter hinein (Duncan/Brooks-Gunn 1997).

Wirkungen elterlicher Arbeitslosigkeit für die Kinder ergeben sich nach diesen Überlegungen einerseits aus der schlechteren materiellen Situation der Familien, andererseits aus dem beeinträchtigten psychischen Befinden der Eltern. Elterliche Depressivität und Demoralisierung dürften häufig einhergehen mit einem weniger sensiblen Erziehungsverhalten. Für die Untersuchung der Zusammenhänge zwischen elterlicher Arbeitslosigkeit und kindlicher Entwicklung werde ich demgemäß folgenden Fragen nachgehen:

- Wie viele und welche Eltern sind arbeitslos? Dies wird entlang soziodemographischer Variablen (Geschlecht, Familienkonstellation, Einkommen) und Ausstattungsmerkmalen der Familien untersucht. Dabei werden jeweils arbeitslose Mütter und Väter mit Erwerbstätigen und aus anderen Gründen nicht-erwerbstätigen Eltern verglichen.
- Wie erleben Eltern die Arbeitslosigkeit und welche Zusammenhänge zeigen sich mit dem Erziehungsverhalten? Indikatoren für das Erleben sind das Ausmaß an Demoralisierung, Sorgen, familiäre Belastungen und der subjektive Gesundheitszustand. Das Erziehungsverhalten kann nur grob über Strategien bei Streit mit den Kindern erfasst werden.
- Welche Zusammenhänge zeigen sich mit kindlichen Merkmalen wie Bildungserfolg der Kinder, Freizeitverhalten, Wohlbefinden und Gesundheit?

2. Operationalisierung der Variablen

Soziodemographische Variablen

Die *Erwerbssituation der Eltern* wurde für Mütter und Väter differenziert erfasst und in einer Variablen mit den Ausprägungen „erwerbstätig", „arbeitslos" und „nicht erwerbstätig aus anderen Gründen" zusammengefasst. Zusätzlich wurde nach der Dauer der Erwerbstätigkeit gefragt.

Für Geschlecht, Familienstand und Einkommen sowie den Armutsstatus liegen standardisierte Operationalisierungen vor (vgl. Alt in diesem Band).

Zur Erfassung der *materiellen Voraussetzungen für die Spiel- und Freizeitaktivitäten* der Kinder wurden die Väter nach der Ausstattung der Haushalte bzw. dem Besitz des Kindes gefragt. Abgefragt wurden Bücher, Spiele, Sportgeräte, elektronische Unterhaltungsmedien, PCs und Internet, Lernsoftware und pädagogisch sinnvolles Spielzeug wie Lego oder Puzzles.

Persönlichkeitsmerkmale und psychisches Befinden der Eltern

Hier standen als Indikatoren zur Verfügung: Demoralisierung, die Sorgen der Eltern, familiale Belastungen als Merkmale des psychischen Befindens, Selbstwirksamkeit und Persönlichkeitsmerkmale als Indikatoren seelischer Gesundheit sowie der subjektive Gesundheitszustand als grobe Messung des körperlichen Befindens.

Demoralisierung gilt als ein unspezifischer Indikator für psychisches Leiden und ist gekennzeichnet durch ein Gefühl der Entmutigung und Niedergeschlagenheit, der Hilflosigkeit und Hoffnungslosigkeit, einem niedrigen Selbstwertgefühl und einem negativen psychischen und körperlichen Befinden (vgl. Dohrenwend u.a. 1980). Dohrenwend und MitarbeiterInnen entwickelten im Rahmen der epidemiologischen Forschung eine Demoralisierungsskala. Die deutsche Übersetzung dieses Instruments wurde in einer repräsentativen Stichprobe von Rehm und Mitarbeitern (Rehm u.a. 1988) validiert. Im Kinderpanel wurde eine Kurzform mit acht Items herangezogen, deren Reliabilität über .7 liegt und damit zufriedenstellend ist. Die Items lauteten zum Beispiel „Wie oft hatten Sie das Gefühl, dass nichts so wird, wie sie es sich wünschten?"; „Wie oft kam es vor, dass Sie das Gefühl hatten, alles sei sinnlos?" oder: „Wie oft hatten sie das Gefühl, im Leben ganz versagt zu haben?". Die Antworten wurden auf vierstufigen Skalen mit Ausprägungen von „fast immer" (1) bis „nie" (4) erfasst.

Sorgen wurden von Müttern und Vätern für verschiedene Bereiche abgefragt in der Form: „Ich mache mir um meine Arbeitsstelle" (unsere Finanzen, die Schulleistungen meines Kindes,...) „keine Sorgen" (1) bis „große Sorgen" (4).

Selbstwirksamkeit wurde bei Müttern und Vätern mit der Schwarzer-Skala erfasst (vgl. Alt/Quellenberg in diesem Band).

Persönlichkeitsmerkmale der Eltern sind operationalisiert durch eine Auswahl von elf Items zur Selbstbeschreibung ähnlich wie bei den Kindern (vgl. Wahl in diesem Band sowie Gloger-Tippelt/Vetter in Band 2), z.B. „Ich bin gern mit anderen zusammen", „Ich fühle mich manchmal unsicher" oder „Ich bin stolz auf das, was ich geschafft habe.".

Der *subjektive Gesundheitszustand* wurde mit einem Einzelitem erfasst: Die Frage „Wie schätzen Sie insgesamt Ihre Gesundheit ein?" wurde auf einer Notenskala von sehr gut (1) bis ungenügend (6) beurteilt.

Familiale Merkmale und Erziehungsverhalten der Eltern

Familiale Belastungen wurden durch eine Skala in Anlehnung an Schneewind (vgl. Alt/Quellenberg in diesem Band) mit einer Liste möglicher Probleme erfasst, die jeweils mit ja oder nein zu beantworten waren, z.B. „Probleme durch unerledigte Aufgaben im Haushalt", „Schulprobleme" oder „Probleme durch zu wenig Geld in der Familienkasse". Die angegebenen Probleme wurden in einem Summensscore zusammengefasst.

Das *Familienklima* wurde mit sechs Items erfasst, die jedoch keine hinreichend reliable Skala ergaben. Daher wurden hier Einzelitems analysiert.

Das *Erziehungsverhalten* lässt sich grob aus Fragen zum Streitverhalten erschließen. Beide Eltern wurden gefragt, wann sie zuletzt Streit mit ihrem Kind hatten, weil es etwas nicht machen wollte, das die Eltern forderten, worum es dabei ging und wie sie damit umgingen. Die Kinder selbst wurden nach ihrem Verhalten bei einem solchen Streit mit der Mutter gefragt bzw. bei einem Konflikt um etwas, das sie gerne gekauft haben wollten. Die Items lauteten zum Beispiel „Hast Du nachgegeben, um weiteren Streit zu vermeiden?", „Hast Du Deine Mutter so lange genervt, bis sie Dich in Ruhe gelassen hat?" oder „Hast Du versucht, mit Deiner Mutter ganz vernünftig zu reden?" Diese Items wurden jeweils mit ja oder nein beantwortet. Für die Auswertung werden die Daten aus der Perspektive der Kinder genutzt.

Indikatoren für Aktivitäten und Befinden der Kinder

Hier geht es um Merkmale des Freizeitverhaltens, des Bildungserfolgs (Schulleistungen) und des Befindens der Kinder (Wohlbefinden, Selbstwirksamkeit, Einschätzung des Gesundheitszustands).

Zur Überprüfung der *Freizeitaktivitäten* der Kinder wurden Items zu den Spiel- und Freizeitaktivitäten herangezogen: Die Schulkinder wurden gefragt, was sie am Nachmittag nach der Schule unternehmen (z.B. sich mit Freunden treffen, Schwimmen gehen, im Einkaufszentrum spielen...).

Die *Schulleistungen* wurden durch Selbsteinschätzungen der Kinder sowie Urteile der Eltern für einzelne Schulfächer jeweils vierstufig erfasst.

Das *Wohlbefinden* der Kinder in verschiedenen Lebensbereichen wurde grob durch die mütterliche Einschätzung erfasst: „Wie wohl fühlt sich (Zielkind) in der Familie (Schule, mit seinen Freundinnen und Freunden, in der Nachbarschaft, insgesamt)?" Dies wurde auf einer vierstufigen Skala von „sehr wohl" (1) bis „überhaupt nicht wohl" (4) erhoben.

Differenzierter wurde das Wohlbefinden mit kurzen Skalen für die verschiedenen Lebensbereiche operationalisiert. Die Items hießen zum Beispiel „Ich bin gerne mit meiner Familie zusammen", „In meiner Familie geht jeder seinen eigenen Weg", „Ich bin gerne in der Schule" oder „Der Unterricht macht mir Spaß". Für das Wohlbefinden in der Familie sowie in der Schule ergaben sich nach Item-analysen folgende Kurzskalen mit gerade noch akzeptablen Reliabilitätskoeffizienten: :

- Wohlbefinden in der Familie (3 Items, Cronbachs Alpha = .53)
- Wohlbefinden in der Schule (7 Items, Cronbachs Alpha = .64)

Selbstwirksamkeitserwartungen der Kinder als Indikator für seelische Gesundheit wurden über Mütter und Väter erhoben mit einer modizifizierten Schwarzerskala (vgl. Alt/Quellenberg in diesem Band).

Die *körperliche Gesundheit* der Kinder wurde – analog zur Einschätzung der eigenen Gesundheit bei den Müttern und Vätern – mit einer sechsstufigen Notenskala erfasst („Wie schätzen Sie die körperliche Gesundheit Ihres Kindes ein?" von „sehr gut" (1) bis „ungenügend" (6).

Auswertung

Ziel der Auswertung war es, einen Überblick darüber zu erhalten, in welchen Bereichen Kinder von der Arbeitslosigkeit ihrer Eltern tangiert sind. Da die meisten abhängigen Variablen nicht als Intervallskalen interpretierbar sind und Verteilungsannahmen multivariater Verfahren nicht erfüllen, wurden nichtparametrische Methoden eingesetzt. Für den Vergleich zwischen den Gruppen der Erwerbstätigen, der Arbeitslosen und der aus anderen Gründen nicht erwerbstätigen Mütter und Väter kamen Rangvarianzanalysen nach Kruskal und Wallis zur Anwendung (vgl. Siegel 1976). Bei diesem Verfahren werden Rangsummen verschiedener Gruppen (definiert als unabhängige Stichproben) miteinander verglichen, mit der H-Statistik wird ermittelt, ob sie sich signifikant voneinander unterscheiden. Referiert werden die Ergebnisse danach, ob sie mindestens auf dem 5%-Niveau signifikant sind. Dabei wird bewusst auf die genaue Beschreibung der jeweiligen Rangsummen in den verschiedenen Gruppen verzichtet, die Befunde werden vielmehr entsprechend ihrer inhaltlichen Bedeutung „übersetzt".

Diese ersten Analysen blenden komplexere Konstellationen, die einer differentiellen Arbeitslosenforschung erst gerecht würden, und prozessuale Aspekte wie
die Dauer der Arbeitslosigkeit weitgehend aus und generieren stattdessen weiterführende Fragestellungen, die in späteren Auswertungsgängen aufgegriffen
werden können.

3. Ergebnisse

3.1 Welche Eltern waren arbeitslos?

Zunächst sollen die Lebenslagen der Familien mit arbeitslosen Müttern oder
Vätern kurz skizziert werden: Der Erwerbsstatus wird differenziert nach den
Kinderkohorten sowie nach Ost und West bei Vätern und Müttern dargestellt.
Nur kurz wird auf den Bildungshintergrund und den Familienstand eingegangen,
ausführlicher dagegen auf Zusammenhänge zwischen Arbeitslosigkeit und Einkommen bzw. Betroffenheit oder Gefährdung durch Armut. Schließlich wird
beschrieben, wie sich die materielle Basis der Familien im Alltag der Kinder in
der Ausstattung durch Spielzeug, Medien und Sportgeräte widerspiegelt.

Erwerbsstatus

Insgesamt gaben 48,2% der befragten Mütter an, erwerbstätig zu sein, 6,6%
waren arbeitslos und 45,2% gingen aus anderen Gründen keiner Erwerbstätigkeit
nach. Bei der jüngeren Kinderkohorte waren erwartungsgemäß weniger Mütter
erwerbstätig, nämlich 43,7%, während 49,8% angaben, aus anderen Gründen als
Arbeitslosigkeit nicht erwerbstätig zu sein. Bei den Schulkindern waren 53,2%
der befragten Mütter erwerbstätig und nur noch 40,2% arbeiteten aus anderen
Gründen nicht, waren also vermutlich bei ihren Kindern zu Hause. Insgesamt lag
die Arbeitslosenquote in der Stichprobe unter dem Bundesdurchschnitt, doch
zeigten sich Unterschiede zwischen Ost- und Westdeutschland auch hier. Tabelle 1 zeigt den Erwerbsstatus der Mütter differenziert nach dem Alter der Kinder
und alten vs. neuen Bundesländern. Erwartungsgemäß sind Frauen im Osten
häufiger erwerbstätig und bleiben seltener aus anderen Gründen zu Hause. Ihre
Arbeitslosenquote liegt jedoch deutlich über der Quote westdeutscher Frauen.

Abb. 1:　Erwerbsstatus der Mütter nach Kinderkohorte (in %)

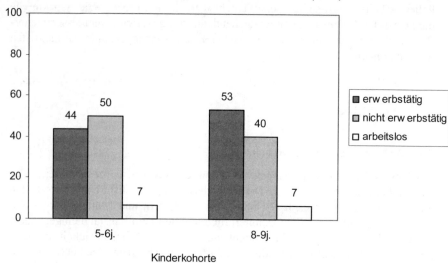

Kinderkohorte

Anzahl der Fälle: n=2151, Kohorte mit 5-jährigen Kindern: n=1131, Kohorte mit 8-jährigen Kindern: n=1020; Quelle: DJI 1. Welle Kinderpanel, eigene Berechnungen

Tab. 1:　Mütterlicher Erwerbsstatus

Kinderkohorte	Erwerbsstatus	Ost	%	West	%	Ges.	%
Kindergartenkind	erwerbstätig	83	51,9	411	42,3	494	43,7
	arbeitslos	38	23,8	36	3,7	74	6,5
	aus anderen Gründen nicht erwerbstätig	39	24,4	524	54,0	563	49,8
Schulkind	erwerbstätig	105	61,8	438	51,5	543	53,2
	arbeitslos	33	19,4	34	4,0	67	6,6
	aus anderen Gründen nicht erwerbstätig	32	18,8	378	44,5	410	40,2

Bei den befragten Vätern zeigte sich kaum ein Unterschied zwischen den Kinderkohorten. 93,7% der 1297 befragten Väter waren erwerbstätig, nur 46 (3,5%) gaben an, arbeitslos zu sein, und lediglich 36 (2,8%) waren aus anderen Gründen nicht erwerbstätig. Auch hier war die Arbeitslosenquote im Osten deutlich höher: Im Osten gaben 14 der 201 befragten Männer (ca. 7%) an, arbeitslos zu sein, im Westen 32 (2,9%).

Insgesamt ergibt sich daraus nur eine kleine Stichprobe arbeitsloser Eltern: 46 Väter und 141 Mütter. Wegen der Bedeutung des Themas und erheblicher Forschungslücken erscheint es aber lohnend, diese Gruppe gesondert zu betrachten.

Bildung und Familienstand arbeitsloser Eltern

Im Hinblick auf den *Bildungsstand* zeigt sich, dass Väter ohne Abschluss bzw. mit Haupt- oder Realschulabschluss bei den Arbeitslosen überrepräsentiert sind, während Väter mit Hochschulreife eher einen Arbeitsplatz haben. Bei den Frauen bestätigen sich bekannte Muster: Hier sind es vor allem niedrig qualifizierte Frauen, die nicht erwerbstätig sind, d.h. die bei den Kindern zu Hause bleiben oder arbeitslos sind. Je höher der Bildungsabschluss, desto eher sind die Mütter erwerbstätig.

Abb. 2:   Erwerbsstatus der Mütter nach Familienstand (in %)

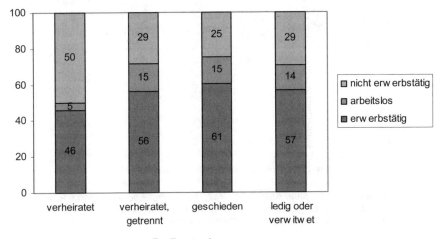

Anzahl der Fälle: n=2151, verheiratet: n=1711, verh. getrennt n=98, geschieden n=157, ledig oder verwitwet: n=184. Quelle: DJI, 1. Welle Kinderpanel, eigene Berechnungen

Der *Familienstand* der Frauen stand in einem deutlichen Zusammenhang mit dem Erwerbsstatus. Von den verheirateten Frauen waren weniger als die Hälfte (45,7%) erwerbstätig, nur jede zwanzigste (4,5%) gab an, arbeitslos zu sein, und knapp die Hälfte war aus anderen Gründen als der Arbeitslosigkeit nicht erwerbstätig. Von den getrennt lebenden und ledigen Frauen gaben immer noch mehr als ein Viertel (jeweils 28%) an, aus anderen Gründen nicht erwerbstätig zu sein, bei den geschiedenen Frauen waren es weniger als jede vierte (24,8%).

Von den arbeitslosen Müttern waren etwas über die Hälfte (54,6%) verheiratet, in der Gesamtstichprobe waren es mehr als drei Viertel (79%), damit waren die Verheirateten bei den Arbeitslosen deutlich unterrepräsentiert. 10,6% der Arbeitslosen lebten getrennt, 15,6% waren ledig und 16,3% geschieden, der Rest verwitwet. Daraus ergibt sich, dass alleinerziehende Mütter in der Gruppe der arbeitslosen Frauen überrepräsentiert sind.

Abb. 3: Erwerbsstatus der Mütter nach Bildungsstand (in %)

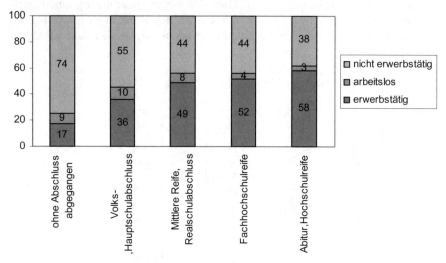

Anzahl der Fälle: n=2131, ohne Abschluss n=47, Hauptschulabschluss n=462, Realschulabschluss n=865, Fachhochschulreife n=158, allgemeine Hochschulreife n=598
Quelle: DJI, 1. Welle Kinderpanel, eigene Berechnungen

Einkommen und Armut

Es zeigt sich wie erwartet, dass Arbeitslosigkeit mit einem hohen Armutsrisiko einhergeht (vgl. Beisenherz 2001): Mehr als jede vierte Familien mit einem arbeitslosen Vater im Osten musste mit weniger als 1000,-€ im Monat auskommen, im Westen waren dies weniger als ein Fünftel. Waren die Mütter arbeitslos, so verfügten über zwei Fünftel (44,2%) der befragten Haushalte im Osten über weniger als 1000,- €, im Westen waren es „nur" gut ein Viertel (27,4%).

Tabelle 2 zeigt, in welch hohem Ausmaß Familien mit arbeitslosen Müttern oder Vätern von Armut betroffen oder gefährdet sind (zu den Armutsdefinitionen siehe Alt sowie Beisenherz in diesem Band), im Osten stärker als im Westen und in Familien mit arbeitslosen Vätern in höherem Maß als bei arbeitslosen Müttern.

Tab. 2: Armutslagen der Familien mit arbeitslosen Vätern oder Müttern

Armut	Ost	West
Familien mit arbeitslosen Vätern (in %)		
armutsbetroffen	46	31
armutsgefährdet	77	56
armutsnah	92	69
Familien mit arbeitslosen Müttern (in %)		
armutsbetroffen	38	17
armutsgefährdet	55	25
armutsnah	71	46

Im Osten bringt die Arbeitslosigkeit der Väter bei 9 von 10 Familien zumindest die Nähe zur Armut mit sich, fast die Hälfte sind akut von Armut betroffen. Im Westen ergaben sich weniger starke Zusammenhänge, doch auch hier leiden fast ein Drittel der betroffenen Familien unter Armut, zwei Drittel geraten zumindest in armutsnahe Lebenslagen.

Auch mütterliche Arbeitslosigkeit bedeutet für die Kinder häufig, dass sie in Armut aufwachsen, auch hier ist die Betroffenheit im Osten stärker als im Westen. Doch auch im Westen kommt fast die Hälfte der Familien mit arbeitslosen Müttern in armutsnahe Lebenslagen, fast ein Fünftel ist aktuell von Armut bedroht.

Materielle Ausstattung

Eklatante Unterschiede zeigten sich je nach dem Erwerbsstatus der Eltern in der materiellen Ausstattung: Sowohl in den Haushalten wie auch im Besitz der Kinder arbeitsloser Mütter oder Väter fanden sich weniger Spielmaterialien, Sportgeräte, Unterhaltungs- und Lernmedien. Tabelle 3 zeigt an ausgewählten Items die relativen Häufigkeiten, zu denen die betreffenden Dinge in Haushalten mit arbeitslosen Vätern vorhanden sind.

Tab. 3: Ausstattung der Haushalte nach Erwerbsstatus der Väter (Vorhandensein in %)

Gegenstand	Erwerbstätige	Arbeitslose	Aus anderen Gründen nicht erwerbstätig
PC	87	63	69
Internet	71	35	56
Sachbücher	87	65	78
Musikinstrumente	57	30	50
Lernsoftware	73	48	53
Lego	95	74	94
Puzzles	96	87	94

Anzahl der Fälle: n=1234-1290, erwerbstätig: n=1197-1208, arbeitslos: n=44-46, aus anderen Gründen nicht erwerbstätig n=36); Quelle: DJI, 1. Welle Kinderpanel, eigene Berechn.

Die Tabelle zeigt, dass Arbeitslosigkeit einhergeht mit einem häufigeren Fehlen von Medien und Spielmaterial, die Kindern Lernchancen bieten und manchmal Voraussetzung sind für die soziale Integration der Kinder. Auch die Haushalte mit Vätern und Müttern, die aus anderen Gründen als Arbeitslosigkeit keiner Erwerbsarbeit nachgingen, erweisen sich als schlechter ausgestattet, sei es ebenfalls bedingt durch materielle Not, aus pädagogischen Erwägungen heraus oder weil erwerbstätige Eltern zum Beispiel aus ihrer Erfahrung im Berufsleben eher die Notwendigkeit einer EDV-Ausstattung ihrer Kinder sehen. Ein PC ist beispielsweise in Haushalten, in denen die Mütter arbeitslos oder aber wegen der Kinder nicht erwerbstätig sind, seltener vorhanden.

Festzustellen ist jedoch, dass die Haushalte mit erwerbstätigen Vätern in beinahe allen abgefragten Punkten am besten ausgestattet waren. Kinder arbeitsloser Väter wie auch arbeitsloser Mütter, aber auch insbesondere nicht erwerbstätiger Mütter standen weniger häufiger Computer, Lernsoftware, Sachbücher und pädagogisch sinnvolle Spielsachen zur Verfügung. Dies kann als eine Benachteiligung durch geringere kulturelle Teilhabe und weniger Lernchancen in Feldern, die auch für die schulische Bildung relevant werden, interpretiert werden.

Zusammenfassend: Der Anteil Arbeitsloser in der Stichprobe ist gegenüber dem Bundesdurchschnitt unterrepräsentiert, nur 141 Mütter und 46 Väter gaben an, arbeitslos zu sein. Entsprechend vorsichtig sind die Ergebnisse zu interpretieren.

Die Erwerbsbeteiligung der Mütter wie auch die Arbeitslosenquote unterscheidet sich zwischen Ost- und Westdeutschland, Mütter jüngerer Kinder waren weniger häufig erwerbstätig, im Westen war dieses Muster erwartungsgemäß stärker ausgeprägt. Bei den Vätern zeigten sich ebenfalls Unterschiede zwischen Ost und West in der Arbeitslosenquote, nur ein geringer Teil war aus anderen Gründen als Arbeitslosigkeit nicht erwerbstätig. Im Bildungsniveau sowie im

Familienstand zeigen sich bekannte Muster: Eltern mit besserer Schulbildung besitzen eher einen Arbeitsplatz. Insbesondere alleinerziehende Frauen waren von Arbeitslosigkeit betroffen.

Arbeitslosigkeit von Müttern und Vätern geht einher mit einem drastisch erhöhten Armutsrisiko. Das geringere Einkommen der von Arbeitslosigkeit betroffenen Familien findet seine Entsprechung in der durchwegs schlechteren materiellen Ausstattung der Haushalte mit Dingen, die für das Spielen und Lernen sowie für die soziale Integration der Kinder von Bedeutung sind. Dies hat unmittelbare Konsequenzen für die Kinder: Wie schon bei den Familien in Marienthal leidet die kulturelle Teilhabe und beeinträchtigt die Kinder in ihren Lern- und Entwicklungschancen. Mittelfristig wird es von Interesse sein, ob Auswirkungen der Arbeitslosigkeit im Bildungserfolg und in der Persönlichkeitsentwicklung sichtbar werden.

3.2   Wie erleben arbeitslose Mütter und Väter ihre Situation?

Im Folgenden geht es um die Frage, wie die Eltern ihre Arbeitslosigkeit erleben und bewältigen. Dazu wird analysiert, inwieweit Arbeitslose sich von anderen Eltern in Indikatoren für ihre seelische und körperliche Gesundheit (operationalisiert über Demoralisierung, Selbstwirksamkeit und subjektiven Gesundheitsstatus) sowie in ihren Sorgen und familialen Belastungen unterscheiden. Außerdem wird untersucht, wie arbeitslose Mütter und Väter sich bei Konflikten mit ihren Kindern auseinandersetzen und ob sie sich darin von anderen Eltern unterscheiden.

Erwerbslose Mütter und Väter waren signifikant höher demoralisiert als die Eltern in den anderen Gruppen, d.h. sie fühlten sich in höherem Maße entmutigt und niedergeschlagen, hilflos und hoffnungslos. Waren die Väter arbeitslos, so wiesen auch ihre Partnerinnen einen höheren Demoralisierungswert auf, d.h. es zeigte sich ein Generalisierungseffekt in die Familie hinein. Umgekehrt – bei arbeitslosen Müttern – war dieser Effekt nicht zu beobachten, d.h. ihre Partner waren nicht stärker demoralisiert (Kruskal-Wallis-Rangvarianzanalysen, jeweils p<.001). Bei Familien, die von Armut betroffen waren, zeigten sich die Effekte in verschärfter Form: Bei multiplen Belastungen durch Arbeitslosigkeit und finanzielle Not entwickelten die Eltern noch stärkere Gefühle der Niedergeschlagenheit, hatten das Gefühl, versagt zu haben und fühlten sich ihrem Schicksal hilflos ausgesetzt.

Analog zu den Demoralisierungswerten schätzten sich arbeitslose Mütter und Väter auch in einigen Persönlichkeitsmerkmalen anders ein als Erwerbstätige oder aus freien Stücken nicht erwerbstätige Eltern. Arbeitslose Väter fühlten sich stärker als andere traurig, allein und unsicher, ihre Partnerinnen gaben ebenfalls in höherem Maß an, manchmal traurig zu sein. Auch arbeitslose Mütter fühlten sich eher traurig und allein, jedoch nicht unsicherer als die übrigen befragten Frauen.

Im Hinblick auf die Selbstwirksamkeitserwartungen, die als Indikator für seelische Gesundheit gelten, ergab sich bei den Müttern ein interessanter Effekt: Erwerbstätige Mütter wiesen signifikant höhere Werte auf als beide Gruppen nicht-erwerbstätiger Mütter, so dass mütterliche Erwerbstätigkeit als protektiver Faktor für die seelische Gesundheit der Frauen in Erscheinung tritt.

Bei den Vätern zeigten sich keine Unterschiede hinsichtlich ihrer Selbstwirksamkeit zwischen den Gruppen. In der Einschätzung ihrer eigenen Gesundheit unterschieden sich arbeitslose Mütter und Väter nicht von den anderen Gruppen.

Abb. 4:   Sorgen der Mütter nach väterlichem Erwerbsstatus

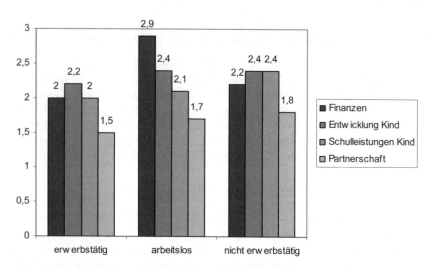

Anzahl der Fälle: n=979-1290, erwerbstätig: n= 918-1210, arbeitslos: n=35-45, aus anderen Gründen nicht erwerbstätig n=25-36 (kleine n bei Schulleistungen); Quelle: DJI, 1. Welle Kinderpanel, eigene Berechnungen

Welche Sorgen machten sich arbeitslose Eltern im Vergleich zu anderen Gruppen und welche Probleme in der Familie berichteten sie? Wie nicht anders zu erwarten, hatten arbeitslose Eltern signifikant mehr Sorgen als andere (jeweils Kruskal-Wallis-Rangvarianzanalysen). Arbeitslose Väter machten sich mehr Sorgen um die Finanzen (p<.001), die Entwicklung ihres Kindes (p<.05) und dessen Schulleistungen(p<.01). Ihre Partnerinnen machten sich ebenfalls mehr Sorgen um die Finanzen (p<.001).

Arbeitlose Mütter unterschieden sich noch deutlicher als die Väter von den nicht-erwerbslosen Gruppen: Auch ihnen machten die Finanzen, sowie die Entwicklung und die Schulleistungen der Kinder mehr Sorgen als erwerbstätigen Frauen (jeweils p<.001). Sie machten sich aber auch eher Gedanken um ihre Partnerschaft (p<.05). Ihre Partner machten sich mehr als andere Väter Sorgen um ihre eigene Arbeitsstelle (p<.05), das Geld (p<.01), sowie Entwicklung und Schulleistungen der Kinder (jeweils p<.05).

Abb. 5:   Sorgen der Mütter nach mütterlichem Erwerbsstatus

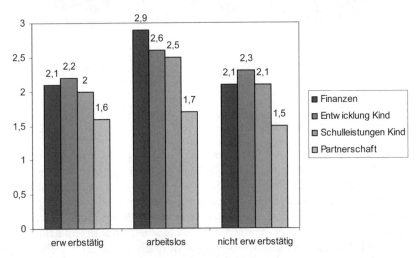

Anzahl der Fälle: n=1615-2143, erwerbstätig: n=915-1035, arbeitslos: n=107-140, aus anderen Gründen nicht erwerbstätig n=728-968 (kleine n bei Schulleistungen)
Quelle: DJI, 1. Welle Kinderpanel, eigene Berechnungen

Arbeitslose Väter berichteten häufiger über Probleme in der Familie wegen größerem beruflichem Stress, Schulproblemen der Kinder und zu wenig Zeit zum Abschalten. Ihre Partnerinnen berichteten ebenfalls über mehr Probleme im Miteinander der Familiemitglieder.

Arbeitslose Mütter gaben mehr gesundheitliche Probleme der Kinder und mehr beruflichen Stress ihrer Partner an. Auch sie hatten das Gefühl, dass die Familie zu wenig Zeit zum Abschalten habe. Über Schulprobleme und Geldmangel klagten sie hingegen signifikant weniger als die anderen Gruppen (jeweils p<.001). Ihre Partner nahmen ebenfalls mehr Anspannung und Hektik (p<.001) und zu wenig Zeit zum Abschalten in der Familie (p<.01) wahr und erlebten das Verhalten der Kinder häufiger als problematisch.

Abb. 6:   Probleme in der Familie aus Sicht der Mütter nach mütterlichem Er-
           werbsstatus

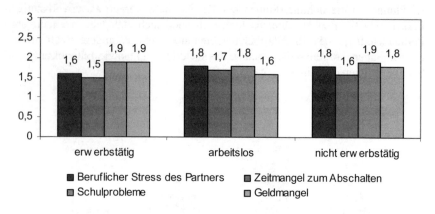

Anzahl der Fälle: n=2142-2144; erwerbstätig: n=1017-1032, arbeitslos: n=141, aus anderen
Gründen nicht erwerbstätig n=968-969; Quelle: DJI, 1. Welle Kinderpanel, eigene Berechn.

Zusammenfassend lässt sich festhalten, dass arbeitlose Eltern in ihrem psychischen Befinden beeinträchtigt sind und sich mehr Sorgen machen als andere
Eltern. Arbeitslosigkeit bringt mehr familiäre Belastungen und Spannungen in
den Familien mit sich, auch die Partnerinnen oder Partner der jeweils betroffenen Elternteile sind tangiert. Sie fühlen sich stärker demoralisiert, Sorgen und
familiäre Probleme treten häufiger auf, gesundheitliche Beeinträchtigungen
zeigen sich hingegen nicht. Arbeitslose Eltern machen sich zwar mehr Sorgen
um die Schulleistungen ihrer Kinder und um die Finanzen, berichten aber seltener als die anderen Gruppen von Schulproblemen oder Problemen in der Familie
durch Geldmangel. Hier scheinen Bewältigungsstrategien der Eltern zu greifen.

Im weiteren Verlauf der Untersuchung wird zu klären sein, ob sich Belas-
tungsmuster verfestigen oder verändern und nachhaltigen Einfluss auf die Persönlichkeitsentwicklung der Eltern und deren Erziehungsverhalten haben. Dies
wird auch vom weiteren Verlauf der Erwerbsbiographien der Eltern abhängen.

3.3   Worin unterscheiden sich Kinder arbeitsloser Eltern von anderen Jungen und Mädchen?

Es stellt sich die Frage, inwieweit sich die Belastungen und Sorgen arbeitsloser
Eltern in den Aktivitäten und Entwicklungsmerkmalen der Kinder niederschlagen. Inwiefern unterscheiden sich Kinder arbeitsloser Mütter oder Väter in ihrem

Freizeitverhalten, in ihren schulischen Leistungen, im Wohlbefinden und in ihrer Gesundheit von anderen Kindern?

Im Freizeitverhalten unterschieden sich Kinder arbeitsloser Väter nicht von anderen Kindern. Anders jedoch, wenn die Mütter arbeitslos waren: Dann gingen die Kinder weniger häufig zum Schwimmen oder ins Kino, d.h. sie verzichteten eher auf Aktivitäten, die mit Kosten verbunden waren.

Die schulischen Leistungen von Kindern arbeitsloser Väter sind nach den Angaben der Kinder ebenso gut wie die von Kindern erwerbstätiger Väter. Kinder von Vätern, die aus anderen Gründen als Arbeitslosigkeit nicht erwerbstätig waren, schätzten sich in der Rechtschreibung schlechter ein (p=.001), hatten eher das Gefühl, dass ihre Eltern mit ihren schulischen Leistungen unzufrieden seien (p<.05) und sie mehr lernen müssten als andere Kinder (p=.01). Die Väter selbst unterschieden sich nicht in ihren Einschätzungen der schulischen Leistungen ihrer Kinder.

Abb. 7:   Kontakte zu Bildungsinstitutionen nach mütterlichem Erwerbstatus

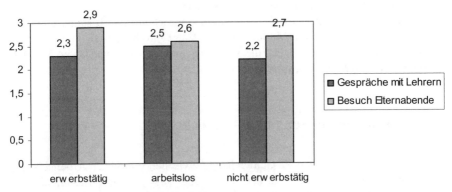

Anzahl der Fälle: n=1048; erwerbstätig n=561-562, arbeitslos: n= 67, aus anderen Gründen nicht erwerbstätig n=420 (nur auf Schulkinder bezogen)
Quelle: DJI, 1. Welle Kinderpanel, eigene Berechnungen

Kinder arbeitsloser Mütter schätzten sich in ihrer Rechtschreibleistung schlechter ein als andere Kinder, Sie hatten eher das Gefühl, dass ihre Eltern mit den Leistungen unzufrieden seien (p<.05), dass sie mehr lernen müssten als andere Kinder (p<.05) und dass sie mehr Probleme hätten, im Unterricht mitzukommen (p<.01). Ihre Mütter schätzten ihre Leistungen im Lesen, Rechtschreiben (jeweils p<.001) und Rechnen ebenso wie in Heimat- und Sachkunde und Musik (jeweils p<.05) schlechter ein. Sie führten mehr Gespräche mit den Lehrerinnen oder Lehrern, besuchten aber weniger Elternabende (Abb. 7). Sie machten sich also (s.o.) mehr Sorgen um das schulische Fortkommen ihrer Kinder, schätzten es problematischer ein und setzten sich aktiv damit auseinander. Ihre Partner unterschieden sich hinsichtlich ihrer Einschätzungen zu den schulischen Leistungen ihrer Kinder nicht von anderen Vätern.

In ihrem Wohlbefinden sowie in dem von den Müttern eingeschätzten Gesundheitszustand unterschieden sich Kinder arbeitsloser Mütter und Väter nicht von anderen. Sowohl in der Familie wie auch in der Schule fühlten sie sich ähnlich wohl wie die Kinder erwerbstätiger Eltern und solcher, die aus anderen Gründen nicht erwerbstätig waren.

Im Hinblick auf die Persönlichkeitsmerkmale der Kinder zeigten sich jedoch interessante Effekte beim Vergleich nach dem Erwerbstatus der Mütter und Väter: Die Selbstwirksamkeitserwartungen ihres Kindes schätzen beide Eltern am höchsten ein, wenn die Mutter erwerbstätig ist. Erwerbslosigkeit, sei sie nun bedingt durch Arbeitslosigkeit oder den Verzicht auf Erwerbsarbeit, geht einher mit von Müttern ($p<.001$) und Vätern ($p<.01$) übereinstimmend niedriger eingeschätzten Selbstwirksamkeitserwartungen der Kinder. Wie schon bei den Müttern selbst scheint die mütterliche Erwerbstätigkeit sich positiv auf die Entwicklung dieses Persönlichkeitsmerkmals auszuwirken.

Beim Vergleich der Gruppen nach dem väterlichen Erwerbstatus zeigte sich die Tendenz, dass sowohl Mütter wie auch Väter ihre Kinder als impulsiver und aggressiver einschätzten, wenn die Väter aus anderen Gründen als der Arbeitslosigkeit nicht erwerbstätig waren (jeweils $p<.05$).

4. Zusammenfassung und Ausblick

Es zeigen sich deutliche Zusammenhänge zwischen elterlicher Arbeitslosigkeit und dem Befinden der Eltern, aber nur wenige und moderate Zusammenhänge zwischen elterlicher Arbeitslosigkeit, schulischen Leistungen und kindlichen Entwicklungsindikatoren. Arbeitslosigkeit bei den Müttern ging deutlicher mit Problemen einher. Möglicherweise gelingt es den Eltern trotz Niedergeschlagenheit, Sorgen und Belastungen in der Familie ein positives Familienklima zu erhalten, zumindest eines, das sich vom auch nicht immer nur positiven Klima anderer Familien nicht in negativer Weise unterscheidet. Die Kinder bereiten zwar zusätzlich Sorgen, wenn das Geld knapp und die Existenz nicht gesichert ist. Doch erzwingen Kinder, insbesondere Schulkinder, zumindest zeitweise einen festen Tagesrhythmus, fordern von den Eltern eine gewisse Disziplin und sind außerdem häufig für die Eltern eine Quelle positiver Emotionen jenseits der Alltagsbelastungen. Die Kinder arbeitsloser Eltern können aber auch mit ihren Bedürfnissen zu kurz kommen, denn die Demoralisierung der Eltern äußert sich weniger in Aggressionen als vielmehr in gedrückter Stimmung. Aufmerken lässt der Befund, dass Kinder arbeitsloser Eltern wie auch ihre Mütter die schulischen Rechtschreibleistungen häufiger negativ einschätzen als dies in Familien Erwerbstätiger der Fall ist. Dies mag damit korrespondieren, dass nicht erwerbstätige Mütter häufiger über einen niedrigen Bildungsabschluss verfügen und ihre Kinder weniger sprachlich fördern können.

Mütterliche Erwerbstätigkeit geht mit höheren Selbstwirksamkeitserwartungen der Mütter wie auch der Kinder einher. Selbstwirksamkeit gilt als Indikator für die seelische Gesundheit. Die oft geschmähte mütterliche Erwerbstätigkeit erweist sich hier als protektiver Faktor. Der freiwillige oder erzwungene Verzicht der Mütter auf Erwerbstätigkeit geht nicht nur einher mit einem niedrigeren Selbstvertrauen der Mütter und Kinder, sondern wiederum mit einem niedrigeren Bildungsstand der Mütter und schlechteren Ausstattungsmerkmalen in der Familie (s.o.). Hier muss die Bildungspolitik gegensteuern, um die Kinder aus bildungsfernen Milieus nicht weiter zu benachteiligen.

Dieser erste grobe Überblick über Korrelate elterlicher Arbeitslosigkeit mit sozioökonomischen Merkmalen der Familien, dem Befinden der Eltern und kindlichem Verhalten und Erleben zeigt einerseits, wie sich Problemkonstellationen z.B. durch Armut und Ausstattungsdefizite für die Kinder ergeben können. Andererseits zeichnen sich im Querschnitt bereits einige Konsequenzen für das Verhalten und Erleben der Kinder und ihren Bildungserfolg ab. Kinder arbeitsloser Eltern wachsen im Vergleich mit Kindern Erwerbstätiger häufiger in Armut auf, verfügen über weniger pädagogisch sinnvolles Spielzeug, werden weniger sprachlich gefördert und sie erleben mehr als andere eine gedrückte Stimmung der Eltern und Spannungen in ihren Familien. Erst die Längsschnittanalysen werden zeigen, welche Konsequenzen dies langfristig für ihre Bildungs- und Entwicklungschancen nach sich zieht.

Literatur

Arbeiterwohlfahrt Bundesverband (Hrsg.) (2000): Gute Kindheit – schlechte Kindheit. Armut und Zukunftschancen von Kindern und Jugendlichen. Bonn

Beisenherz, Gerhard (2001): Kinderarmut in der Wohlfahrtsgesellschaft. Das Kainsmal der Globalisierung. Opladen

BMFSFJ (1998): Zehnter Kinder- und Jugendbericht. Bericht über die Lebenssituation von Kindern und die Leistungen der Kinderhilfen in Deutschland. Bonn: Deutscher Bundestag, Drucksache 13/11368

Dohrenwend, B./Shrout, P. E./Egri, G./Mendelsohn, F. E. (1980): Nonspecific Psychological Distress and Other Dimensions of Psychopathology. Archives of General Psychiatry, 37, pp. 1229-1236

Duncan, G. J./Brooks-Gunn, Jeanne (Eds.) (1997): Consequences of Growing Up Poor. New York

Elder, Glen, Jr. (1974): Children of the Great Depression. Social Change in Life Experience. Chicago

Elder, Glen Jr. (2003): Work in Lives: The Interplay of Project and Biography. In Bolder/ Witzel (Hrsg.): Berufsbiographien. Beiträge zu Theorie und Empirie ihrer Bedingungen, Genese und Gestaltung. Opladen, S. 51-59

Faltermaier, Toni/Mayring, P./Saup, W./Strehmel, P. (2002): Entwicklungspsychologie des Erwachsenenalters. 2. überarbeitete und erweiterte Aufl. Stuttgart

Fthenakis, Wassilios/Kalicki, B./Paetz, G. (2002): Paare werden Eltern. Die Ergebnisse der LBS-Familien-Studie. Opladen

Jahoda, Marie/Lazarsfeld, Paul./Zeisel, H. (1933, 1975): Die Arbeitslosen von Marienthal. Frankfurt/M.

Keddi, Barbara/Pfeil, Patricia/Strehmel, P./Wittmann, Svendy (1999): Lebensthemen junger Frauen. Die andere Vielfalt weiblicher Lebensentwürfe. Opladen

Mohr, Gisela (1993): Frauenerwerbslosigkeit: Spekulationen und Befunde. In Mohr, G. (Hrsg.): Ausgezählt. Theoretische und empirische Beiträge zur Psychologie der Frauenerwerbslosigkeit. Weinheim, S. 17-48

Paul, Karsten/Moser, Klaus (2002): Negatives psychisches Befinden als Wirkung und als Ursache von Arbeitslosigkeit. In: Zempel J./Bacher J./Moser K. (Hrsg.): Erwerbslosigkeit. Ursachen, Auswirkungen und Interventionen. Opladen, S. 83-110

Rehm, Jürgen/Witzke, W./Fichter, M./Eiberger, T./Koloska, R. (1988): Was messen psychiatrische Skalen? Ein empirischer Vergleich. Diagnostica, Bd. 34, S. 3

Strehmel, Petra (1993a): Soziale Netzwerke in diskontinuierlichen Erwerbsbiographien – Veränderungen in subjektiv erlebten Belastungen und Unterstützungs-potentialen. In: Laireiter A. (Hrsg.): Soziales Netzwerk und soziale Unterstützung. Konzepte, Methoden und Befunde. Bern, S. 167-178

Strehmel, Petra (1993b): Erwerbslosigkeit hochqualifizierter Frauen.. In: Mohr G. (Hrsg.): Ausgezählt. Theoretische und empirische Beiträge zur Psychologie der Frauenerwerbslosigkeit. Weinheim, S. 153-186

Strehmel, Petra/Ulich, Dieter (1991): Belastende Lebensveränderungen und Entwicklung: Eine Follow-Up-Studie über Auswirkungen von Arbeitslosigkeit. Schweizerische Zeitschrift für Psychologie, 50 (1), S.63-76

Strehmel, Petra/Ulich, Dieter (1998): Arbeitslosigkeit als Entwicklungskrise im frühen und mittleren Erwachsenenalter. In: Oerter R./Montada L. (Hrsg.), Entwicklungspsychologie. Weinheim, S. 1088-1093

Wacker, A. (2002): Marienthal und die sozialwissenschaftliche Arbeitslosenforschung – ein historischer Rück- und Ausblick. In: Zempel, J./Bacher J./Moser K. (Hrsg.): Erwerbslosigkeit. Ursachen, Auswirkungen und Interventionen. Opladen, S. 397-414

Walper, Sabine (1999): Auswirkungen von Armut auf die Entwicklung von Kindern. In: Lepenius A./Nunner-Winkler, G./Schäfer E./Walper S.: Kindliche Entwicklungspotentiale. Normalität, Abweichung und ihre Ursachen. München, S. 291-350

Welzer, Harald (1988): Nach dem Studienabschluss. Arbeitslosigkeit und Berufsanfang als Transition. Zeitschrift für Sozialisationsforschung und Erziehungssoziologie 8 (3), S. 182-199

David Steinhübl
Sag mir, wo du wohnst ...
Risiken und Ressourcen unterschiedlicher Räume für Kinder

1. Einleitung und theoretischer Hintergrund

Eine ganze Welt von Eindrücken und Einflüssen umgibt uns und unsere Kinder tagtäglich und überall – nicht nur die soziale Umwelt von Familie, Freundeskreis und Institution, sondern ebenso die physisch-räumliche Umwelt. Jedes Kind wohnt in einer Wohnung, einer Straße, einer Stadt, einer Region, einem Land und muss sich mit gebauter Umwelt bzw. den sogenannten räumlich-dinghaften Faktoren seiner Umgebung auseinandersetzen.

So ist es leicht nachzuvollziehen (aber schon schwieriger nachzuweisen), dass es für die individuelle Entwicklung und Sozialisation einen Unterschied macht, ob Kinder in einem grünen Villenviertel am Stadtrand, in einem Hochhausappartement einer tristen Trabantenstadt, im Altbauviertel der dicht bebauten Innenstadt oder auf dem Bauernhof eines kleinen Dorfs aufwachsen.[1] Die subjektiven Räume, das heißt die Raumvorstellungen in den Köpfen der Kinder, sind ohne Frage in den oben beschriebenen Wohnräumen unterschiedlich,[2] ebenso die Erfahrungen, die mit diesen Räumen verknüpft sind. Doch was sind das für Erfahrungen und Wirkungen der physisch-materiellen Räume und wie stark sind sie?

Physisch-räumliche Umwelt gibt es nicht nur in Gestalt von Wohn- oder Spielräumen. Es existieren auch regionale Raumunterschiede, z.B. zwischen Gebieten mit vielfältigen raumbezogenen (Sozial-)Problemen und Gebieten ohne diese Probleme. Auch das legt räumlich unterschiedliche Konsequenzen für Kinder nahe.[3] Dies um so mehr, da sich (sozial-)räumliche Disparitäten in Deutsch-land in vielen Bereichen zur Zeit eher verschärfen als ausgleichen.[4]

---

[1] Forschungen hierzu einschließlich der Nachweise bestimmter Effekte finden sich mittlerweile recht zahlreich (vgl. auch folgende Ausführungen). Somit kann mit Engelbert/Herlth (2002, S. 111) zusammenfassend gesagt werden: „Als Fazit der sozialökologisch orientierten Forschungsarbeiten zur Bedeutung der räumlich-dinghaften Umwelt kann festgehalten werden, dass auch räumliche Merkmale handlungs- und entwicklungsrelevant sind, dass „Raumwirkung" aber stets im Zusammenhang mit einer sinnhaft strukturierten und damit sozial überformten Raumwahrnehmung und Raumnutzung, [...], gedacht werden muss."

[2] Natürlich sind sie nicht nur bezogen auf z.B. Villenviertel und Dorf unterschiedlich, sondern auch um Individuum zu Individuum im Villenviertel. Doch in dieser Arbeit soll es primär um erstere Unterschiede gehen.

[3] Auch wenn, wie Nauck (1995, S. 172) richtigerweise betont, regionale Raumwirkungen auf Kinder wohl in der Regel indirekt, das heißt über die Eltern wirken, da jüngere Kinder selbst noch keine Beziehung zur Region entwickelt haben.

[4] Das lässt sich z.B. sehr schön an der räumlich sehr unterschiedlichen, überzufälligen Verteilung der Arbeitslosigkeit und der Bildungschancen für Kinder ablesen (vgl. z.B. PISA und Bertram/Hennig 1995, S. 290ff.). Eine Hauptursache hierfür ist wohl die sogenannte „selektive Migration". Auf mehreren Ebenen, das heißt sowohl lokal und regional

Für die vorliegende Arbeit steht die Tatsache im Mittelpunkt, dass physisch-räumliche Umwelt – ob in der buchstäblich harten Realität moderner Urbanität oder der Realität der biologischen, „natürlichen" Umwelt – immer vorhanden und immer wirksam ist. Dabei spielt es keine Rolle, ob räumliche und soziale Umwelt sich gegenseitig beeinflussen, bedingen, oder ob Raum (hier v.a. die physisch-materielle Facette) gar ohne raumgenerierendes, rauminterpretierendes Subjekt nicht existiert.[5] Denn hier geht es um die Wirkung von bestimmten Räumen bzw. Raumelementen auf Entwicklung und Sozialisation von Kindern. Das heißt, auch wenn Raum in der Vorstellung des Menschen bzw. als sozialer Prozess entsteht, sind es nicht nur die Menschen, sondern auch die (physischen) Objekte, die die unterschiedlichen Vorstellungen und damit auch die unterschiedlichen Wirkungen von Raum bedingen. Der Prozess der Raumentstehung, die Genese von persönlich erlebter räumlicher Umwelt ist ein relativer Prozess. Relativ sowohl bezogen auf das Subjekt (den Menschen) als auch bezogen auf das Objekt (den hier im Vordergrund stehenden räumlich-dinghaften Raumfaktoren). Wirkung erzielt Raum nicht nur in der Vorstellung des Subjekts (also durch Phantasie, Vorstellung und Kreativität), sondern auch aus der Beziehung zur spezifischen materiellen Existenz von Objekten (also der körperlichen, emotionalen und geistigen Erfahrung und Interpretation von Materie).

Daher ist es unverzichtbar, die Objekte des Raums verstärkt in den Blick zu nehmen. Nicht zuletzt auch deshalb, weil diese Objekte vom Subjekt, das heißt vom Menschen gestaltet sind. Der Mensch baut Häuser, Straßen und Spielplätze und gestaltet in unserem Kulturkreis selbst die „natürliche" Umwelt, das heißt die Natur. Somit schafft sich der Mensch seine räumliche Umwelt in mehrfacher Hinsicht selbst. So stellt sich die Frage von oben, etwas verändert, erneut: *Welche Räume machen was mit uns bzw. mit unseren Kindern?* Eine Teilantwort auf diese Frage folgt direkt aus obigen theoretischen Befunden: *Räumliche Umwelt atmet den Geist seiner Urheber.*

Indem jemand etwas baut oder gestaltet, wandelt er subjektiven Raum zu objektivem. Er schafft Raum zu einem bestimmten Zweck, mit einem bestimmten Ziel und deshalb mit einer bestimmten Wirkung. Eine künstliche Umwelt, geschaffen mit bestimmten Absichten, wirkt anders als eine künstliche Umwelt, geschaffen mit anderen Absichten. Und deshalb wirkt ein Autobahnkreuz in

---

als auch global wandern Menschen dorthin, wo es für sie im Moment weniger Probleme zu geben scheint. Dieses Phänomen führt nicht nur im Osten Deutschlands zu massiven Problemen, auch die Stadt/Umland-Problematik und innerstädtische Segregationstendenzen verschärfen sich dadurch zunehmend (zu Letzterem vgl. insbesondere Deutsches Jugendinstitut 2002, S. 7 u. S. 279).

[5] Absolutes/absolutistisches/dualistisches vs. relatives Raumkonzept. Vgl. z.B. Löw (2001, S. 263f.) und B. Werlen (1999).

mehrerlei Hinsicht anders als ein Park, und eine Jugendstilvilla anders als ein Hochhausappartement.[6]
Wenn das aber so ist, gibt die Absicht bzw. Absichtslosigkeit der Urheber von physisch-räumlicher Umwelt wichtige Anhaltspunkte für die Wirkungen dieser Räume.[7] Das wiederum heißt, dass es nicht ausreicht, neutral räumliche Unterschiede (z.B. die Quantität von Spielplätzen) festzustellen, wenn die Qualität von Räumen so stark mit der menschlichen Existenz verknüpft ist.

Anders formuliert: Das Ziel einer raumbewussten (einschließlich wirkungsbewussten) Forschung muss sein, besonders im Zusammenhang mit Kindern, (potentielle) Raumwirkungen zu bewerten, damit bestimmte Wirkungen verstärkt oder abgeschwächt werden können[8]. Daher wird hier der Ressourcen- und Risikobegriff eingebracht. Physisch-materieller Raum, durchaus verflochten mit anderen Wirkungsbereichen, ist entweder Ressource oder Risiko (oder neutral). Eine solche Bewertung verleugnet nicht die individuell unterschiedliche Wirkung bestimmter Ressourcen oder Risiken, aber er liefert Anhaltspunkte für die Beurteilung und Einflussnahme auf die räumliche Lage der Kinder in Deutschland.

Damit sind die theoretischen Ansatzpunkte der vorliegenden Arbeit kurz angerissen. Für diese habe ich auf verschiedene Forschungsrichtungen bzw. Forschungsergebnisse von Autoren aus verschiedenen Wissenschaftsdisziplinen zurückgegriffen (vgl. folgende Fußnote und Literaturverzeichnis), auf die theoretisch stärker Interessierte verwiesen seien.[9]

---

[6] Millionen Urlauber und Wochenenderholungspendler suchen jedes Jahr den „Einfluss" natürlicher bzw. naturnaher Landschaft, indem sie die großen Natur- und Waldgebiete aufsuchen. Angesichts der von jedem erlebbaren und erlebten Wirkung dieser Räume erhebt sich die Frage, warum dem im Zusammenhang mit dem Wohn- und Lebensraum des Menschen bisher so wenig Beachtung geschenkt wird.

[7] Schon seit den 70er Jahren gibt es zahlreiche Untersuchungen bezüglich der Gestaltung von Kinderspielplätzen und ihrer Wirkung auf die Kinder (bzw. der Bespielfähigkeit). Sie zeigen sehr schön den oben formulierten Zusammenhang. Erwachsene Planer mit wenig kinderorientierten Absichten und Zielen, z.B. Haftungsausschluss und Versicherungsfähigkeit, schaffen tote, das heißt die Spielkreativität der Kinder einschränkende oder gar verhindernde Spielplätze, die deshalb nicht angenommen werden (vgl. Ledig / Nissen / Kreil 1987, S. 54f.).

[8] Was dann die Aufgabe der Eltern, Pädagogen, Sozialarbeiter und Politiker ist.

[9] Namentlich auf die sozialökologische Tradition von Soziologie und Geographie mit z.B. Bronfenbrenner 1976/1981/2000, Blinkert 1993/2000, Engelbert/Herlth 1986, zusammenfassend Engelbert/Herlth 2002 und Ledig/Nissen/Kreil 1987, ausgewählte psychologisch-erziehungswissenschaftliche Arbeiten zur Bedeutung von Natur und Naturerfahrungen für die psychische Entwicklung von Kindern (Gebhard1994), wichtige raumtheoretische Ausführungen aus Soziologie und Geographie (Löw 2001 und Werlen 1999) und nicht zuletzt die gute institutionelle Forschungstradition am Deutschen Jugendinstitut bezogen auf regionale bzw. räumliche Aspekte im Zusammenhang mit Kindern (Bertram/Bayer/ Bauereiß 1993; Bauereiß/Bayer/Bien 1997; Bruhns/Mack 2001; Leu 2002; Nauck/ Bertram 1995).

Aus dem Gesagten können zusammenfassend folgende Forschungsfragen abgeleitet werden:
1. Was kann unter raumbezogenen Ressourcen/Risiken verstanden werden?
2. Wie wirken sich diese Ressourcen und/oder Risiken auf die Entwicklung, die Sozialisation und das allgemeine Wohl unserer Kinder aus?

Bei der Definition räumlicher Ressourcen und Risiken gilt es zu beachten, dass insbesondere jüngere Kinder in vielfältiger Weise von räumlichen Restriktionen betroffen sind. Sie sind vielfach in ihrem Raumverhalten von den Eltern abhängig und haben dadurch in der Regel einen viel geringeren räumlichen Aktionsradius. Kinder sind weniger mobil und können nicht selbst raumwirksame Entscheidungen (z.B. Umzug) treffen. Auf der anderen Seite erleichtert dies unter Umständen die Definition, da der zeitliche Einfluss der durch den Wohnort bedingten Umgebung auf das Kind größer wird. Darüber hinaus sind Kinder stärker als Erwachsene in der Lage, sich Räume mithilfe ihrer Phantasie zu schaffen oder vorhandene Raumstrukturen und Raumfunktionen gemäß ihren Bedürfnissen umzuinterpretieren (vgl. Ledig/Nissen/Kreil 1987, S. 13ff.). Damit können Kinder suboptimale räumliche Gegebenheiten bis zu einem gewissen Grad pufferartig auffangen. Dennoch gibt es zweifellos Grenzen dieser Fähigkeit. Und diese Grenzen werden desto schneller erreicht sein, je mehr Belastungen bzw. Risiken gleichzeitig auf das Kind wirken.

Will man Aussagen über räumliche Ressourcen bzw. Risiken für Kinder machen, muss des Weiteren klar sein, was als Ressource und damit als positiver Umstand, und was als Risiko und damit als negativer Umstand verstanden wird. Gleichzeitig muss auch definiert werden, warum diese Umstände als negativ bzw. positiv angesehen werden. Das heißt, es muss nachvollziehbar sein, welcher kindlichen Entwicklung, Sozialisation und welchem Wohlbefinden bestimmte Umstände entgegenkommen bzw. -wirken. Doch was ist gut für „das Kind" und was ist schlecht? Welche Raumwirkung ist erwünscht, welche unerwünscht und welche tolerierbar?

Auf diese über die Zeiten und Kulturen der Erde sehr unterschiedlich beantwortete Frage wird hier folgende Antwort gegeben: Ein optimaler Lebensraum für Kinder ist dadurch gekennzeichnet, dass er Kindern die Möglichkeit gibt, sich zu entdecken (in Spiel und sozialer Interaktion), sich gemäß ihrer Anlagen, Begabungen und Interessen zu entwickeln und zu lernen, sich allein, mit den Eltern sowie mit Peers und Freunden zu beschäftigen und selbstverantwortliches, soziales Handeln einzuüben. Hierfür sollte der Lebensraum, das heißt: die physisch-räumliche Umwelt, möglichst vielgestaltig sein und vielfältige Funktionen übernehmen können.[10] Das Kind (in seiner biologischen, psychologischen und soziologischen Vielfalt) muss wählen können, ob und wie es Räume und

---

[10] Vgl. z.B. Bundesministerium für Familie, Senioren, Frauen und Jugend (1998, S. 56).

ihre Ausstattung nutzt. Dabei sind Räume, z.B. naturnahe oder urbane Räume, per se weder schlechter noch besser. Sie werden es erst durch die Möglichkeiten, die sie Kindern unter obigen Prämissen eröffnen oder nicht eröffnen.

Raum wirkt jedoch nicht nur in der Form des direkten Wohn- und Lebensraumes, sondern auch subtiler, indirekter. Dies hängt damit zusammen, dass es unterschiedliche, sich überlagernde Raumebenen gibt. Neben der Mikroebene, unter der hier der Wohnraum und das direkte Wohnumfeld verstanden wird, gibt es das Umfeld der Stadt bzw. der Gemeinde, das Umfeld des Kreises bzw. der Region, und in Deutschland gar noch großräumigere Betrachtungsebenen wie Bundesland oder Ost-West. Die Vermittlung von Wirkungen, die Übertragung von Effekten subjektiver Rauminterpretation wird auf diesen anderen Ebenen zunehmend diffus, vor allem da die Ebenen nicht voneinander unabhängig sind, sondern sich ihrerseits beeinflussen (Mehrebenenproblematik).

Dennoch ist es sowohl notwendig als auch fruchtbar, die Herausforderung der Mehrdimensionalität des Raumes anzunehmen und zu versuchen, Unterschiede, das heißt Raumressourcen und Raumrisiken, auch auf ganz unterschiedlichen Ebenen auf das Kind herunterzubrechen. So wird es möglich, Räume bzw. räumliche Bedingungen zu vergleichen und unabhängig von einer bestimmten Einzelstudie mit dem Individuum zu verknüpfen.

Zu diesem Zweck wurde eine Reihe von räumlichen Indikatoren gebildet, die diese unterschiedlichen Ebenen und ihre (potentiellen) Einflüsse auf Kinder fassbar machen sollen.

2. Methodisches Vorgehen

Aus methodischen Gründen wurden bei der hier thematisierten 1. Welle die 5- bis 6-jährigen Kinder und die 8- bis 9-jährigen Kinder zusammengefasst (und im Folgenden als „Kinder" beschrieben). Das heißt, für die Indikatorenbildung auf der untersten räumlichen Ebene wurde angenommen, dass der Nahraum bestehend aus Wohnung und nächstem Wohnumfeld (Nachbarschaft) die meisten physisch-räumlich relevanten Elemente enthält und für potentielle Wirkungen (Ressourcen und Risiken) hauptverantwortlich ist. Zu einem späteren Zeitpunkt können unter Zuhilfenahme der Paneldaten dann u.U. auch Altersverläufe nachgezeichnet werden.[11]

---

[11] Für jüngere Kinder gelten die weiter oben angeführten räumlichen Restriktionen relativ stark, mit zunehmendem Alter nimmt das ab. Somit haben unterschiedliche Altersgruppen unterschiedliche Aktionsräume und werden somit unterschiedlich räumlich beeinflusst (vgl. auch Bacher/Wenzig 2002, S. 130).

Für die Bildung der raumbezogenen Indikatoren wurden Variablen herangezogen, die die oben dargelegten Prämissen zum Wohl der Kinder widerspiegeln bzw. die Ableitung von Ressourcen- oder Risikoaspekten ermöglichen. Allerdings muss dabei beachtet werden, dass im Kinderpanel zur Wohnung und zum Wohnumfeld z.T. nur die Väter befragt wurden.[12] Da das Kind im Zentrum der raumbezogenen Betrachtungen steht, wäre es theoretisch hilfreich, die Bewertungen räumlicher Umstände direkt von den Kindern vornehmen zu lassen. Praktisch ist dies aber trotz der vorgenommenen direkten Befragung von Kindern nur sehr begrenzt sinnvoll.[13] Alternativ wurden die Eltern, einschlägige Literatur und eigene Einschätzungen als Quellen gewählt. Methodisch heißt dies, dass die erhobenen Daten zur Wohnung und zum Wohnumfeld sowie weitere externe Daten zu theoretisch begründeten, aus Sicht der Kinder bewerteten Indikatoren gebündelt wurden. Im Wesentlichen wurden drei raumbezogene Indikatoren gebildet:

1) Wohnsituation (Wohnung und Wohnumfeld)[14]
2) Urbanität
3) Soziale und wirtschaftliche Situation der Region

Die bewerteten Raumindikatoren „Wohnsituation" und „Region" bilden zusammen mit dem unbewerteten Dichteindikator Urbanität sowie den Raumebenen Bundesland und Ost/West (einschließlich der deutschlandweiten Gesamtbetrachtung)[15] das räumliche Beobachtungsmodell für die Kinder im Kinderpanel. Die verschiedenen Raumebenen umhüllen dabei das Individuum, das heißt das Kind, in einem Zwiebelschalenmodell (zur Indikatorenbildung und -fundierung vergleiche Methodenbeitrag in diesem Band).

Für die folgenden Auswertungen lassen sich daher folgende räumliche Ebenen unterscheiden:

Mikroebene: Wohnsituation (Wohnung und Wohnumfeld)

---

[12] Die Väter, die nicht mit dem Kind in einem Haushalt leben, wurden ausgeschlossen (47 Fälle=3,7%). Für die 2. Welle werden die Wohnungs- und Wohnumfeldfragen den Müttern gestellt. Eventuelle Verzerrungseffekte, auch eventuelle selektive Antwortausfälle bei den Vätern, können voraussichtlich gut kontrolliert werden, da sich die Wohn- und Wohnumfeldsituation (außer bei Umzug) in der Regel kaum verändert und so die Angaben der Mütter (2. Welle) mit den passenden Väterangaben (1. Welle) verglichen werden können.

[13] Aufgrund deren geringer Abstraktions- und Differenzierungsfähigkeit bezogen auf räumliche Umstände.

[14] Es wurden auch getrennte Indikatoren zur Wohnung und zum Wohnumfeld gebildet. Leider müssen diesbezügliche Ergebnisdifferenzierungen hier unberücksichtigt bleiben.

[15] Derzeit sind eine Reihe von Bestrebungen im Gange, Daten für einen EU-weiten Vergleich der Lebenssituationen von Kindern aufzubereiten bzw. zu erheben. In der vorliegenden 1. Welle des Kinderpanels kann darauf jedoch noch kein Bezug genommen werden.

Mesoebene: Stadt/Land-Gegensatz (Urbanität)
               Region (soziale und wirtschaftliche Situation)
Makroebene: Bundesland
               Ost/West
               Gesamtdeutschland

In der vorliegenden Studie erhielt die Mikroebene besonderes Gewicht. Damit kann eine Betrachtung der räumlichen Gegebenheiten von unten nach oben vorgenommen werden, die sowohl auf der Mikroebene des Individuums, der Mesoebene von Stadt und Region wie auch auf der Makroebene von Bundesland und Ost/West Aussagen über Disparitäten und etwaige Einflüsse (Risiken und/oder Ressourcen) zulässt. Das bedeutet, dass hier auf den unteren Ebenen direkt an den Aussagen der Betroffenen angesetzt wird und die Distanz nach und nach erhöht wird. Auf der Makroebene sind dann auch dadurch bessere Bezüge zum Individuum zu erwarten, dass die Betrachtung durch die Zwischenebenen nachvollziehbarer wird.

3. Ergebnisse

3.1 Basisverteilungen und Risiko- und Ressourcenbewertung

Im Folgenden zunächst eine kurze Darstellung der Basisverteilungen, sowohl der Ausgangsvariablen – einschließlich deren Verteilung und Bewertung hinsichtlich des Risiko- und Ressourcenaspekts – als auch auf den räumlichen Ebenen.

Mikroebene Wohnung

68% der Kinder leben in Ein- oder Zweifamilienhäusern. Die übrigen 32% verteilen sich auf größere Wohnhäuser: 24% der Kinder in Gebäuden mit zwei bis zehn Haushalten, 5% bei elf bis zwanzig Haushalten und 3% bei über zwanzig Haushalten im Gebäude.[16] Positiv bewertet[17] wurde hier das Ein- bis Zweifamilienhaus, neutral bis negativ die zunehmende Zahl von Haushalten im Wohngebäude.

57% aller Kinder leben in Eigenheimen oder Eigentumswohnungen, 43% in Mietwohnungen oder gemieteten Häusern.[18] Eigentum wurde leicht positiv,

---

[16] N: 1279.

[17] Alle Variablenausprägungen, deren Bewertung nicht durch die Befragten selbst vorgenommen wurde, wurden anhand Vergleichszahlen aus der Literatur und/oder eigenen Erwägungen eingestuft.

[18] N: 1297.

Miete leicht negativ eingestuft. Der bauliche Zustand von Wohnung oder Haus wird meist als „gut" bis „sehr gepflegt"[19] angegeben. Guter Zustand ist nachvollziehbarerweise Ressource, schlechter Zustand Risiko.

Die Ausstattung, im Einzelnen Küche, sanitäre Anlagen, Heizung, Geräumigkeit, Raumaufteilung, Garten/Balkon und Medienanschlüsse, ist laut den Angaben der Befragten sogar noch ein wenig besser als der bauliche Zustand.[20] Nur eine Minderheit berichtet über ernstere Ausstattungsprobleme. Die Einstufung erfolgte wie beim Zustand der Wohnung.

Abb. 1:   Anzahl der Kinderzimmer nach Kohorte (in %)

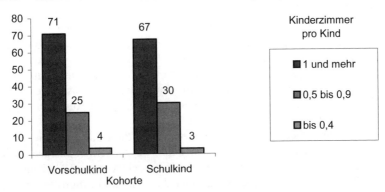

Anzahl der Fälle: n=1276; Vorschulkind: n=652, Schulkind: n=624
Quelle: DJI, 1. Welle Kinderpanel, eigene Berechnungen

Die Wohnung der Kinder ist im Schnitt 124 qm groß.[21] Das macht bei einer durchschnittlichen Haushaltsgröße von etwas über 4 Personen (davon 2,2 Kinder) pro Haushaltsmitglied ca. 30 qm (bei sehr großer Streuung[22]). Die Verteilung wurde in Gruppen unterteilt und Enge als Risiko, viel Platz als Ressource gedeutet. Auskunft über das individuelle Platzangebot der Kinder geben die Antworten auf die Frage, wie viele Räume ausschließlich oder überwiegend als Kinderzimmer zur Verfügung stehen.

---

[19] N: 1278; Median 2; Durchschnitt 1,8 bei vierstufiger Skala von 1 = sehr gepflegt bis 4 = stark renovierungsbedürftig.
[20] Bei einer Skala von 1 = sehr gut bis 4 = sehr schlecht ergaben sich Mittelwerte, die nur sehr geringfügig schwankten (von 1,6 bis 1,8; N: 1212-1281). Aufgrund der geringen Streuung und aus Gewichtungsgründen wurden die 7 Ausstattungsteilvariablen zu einem Ausstattungsunterindikator gebündelt.
[21] N: 1266; Median 120 qm, Minimum 30 qm, Maximum 700 qm.
[22] Minimum 5 qm/P, Maximum 140 qm/P.

Zunächst kann die kohortenspezifische Unterteilung vernachlässigt werden, da es keine bedeutsamen Unterschiede gibt (dies gilt im Übrigen auch für die meisten anderen Variablen).[23] Insgesamt besitzen gut zwei Drittel der Kinder eines oder mehrere eigene Zimmer[24]. Das heißt, knapp ein Drittel aller Kinder besitzt kein Zimmer für sich allein. Angesichts der weiter oben dargelegten Bedeutung, die ein eigenes Zimmer für die Entwicklung der Kinder hat, zeigen sich hier Optimierungsmöglichkeiten.[25] Analog zur Einteilung in Abbildung 1 wurde die Risiko- und Ressourcenbewertung vorgenommen: eigenes Zimmer = Ressource, zu zweit im Zimmer = Risiko, zu dritt im Zimmer = starkes Risiko.

Mikroebene Wohnumfeld

Die „Umweltbelastung"[26] über Lärm und Abgase wird von den Befragten als insgesamt „eher gering" eingestuft.[27] Folgerichtig scheint die Situation bezogen auf die Umwelt verhältnismäßig gut zu sein. Die diesem Ergebnis zugrundeliegenden zwei Teilfragen zur Beurteilung der Lärm- und Abgasbelastung wurden aufgrund ihrer hohen Korrelation zu einem Umweltindikator zusammengefasst.[28] Die Risiko- bzw. Ressourcenbewertung erfolgte analog zur Ausstattungsvariable.

Die Verkehrssicherheit für die Kinder wird, wie die Umweltsituation, als insgesamt „eher gut" eingeschätzt.[29] Dies ist kaum verwunderlich, hängen die Variablen doch recht eng zusammen.[30] Das heißt, je schlechter die Verkehrssicherheit erscheint, desto schlechter wird auch die Umweltsituation bewertet (und

---

[23] Meistens sind die Ergebnisse, wie hier beim Kinderzimmer, nicht signifikant. Sind sie signifikant, sind sie selten bedeutsam.

[24] Die Väterangaben lassen zunächst auf knapp drei Viertel optimal versorgte Kinder schließen. Zieht man allerdings die Angaben der Kinder selbst hinzu und gleicht lediglich die konträren Angaben vorsichtig an, erhält man die etwas realistischere Zahl von gut zwei Dritteln (angeglichen wurden 4% der Schulkinder).

[25] Obwohl sich die Kinderzimmer-Versorgung in den letzten zwei Jahrzehnten, verglichen mit den Zahlen von Herlyn/Herlyn (1983, S. 58ff.), deutlich verbessert hat.

[26] Im Fragebogen finden sich leider nur indirekte Angaben zur „natürlichen" Umwelt, das heißt Angaben zur Lärm- und Abgasbelastung (hier: „Umweltbelastung"). Allerdings ist, im Zusammenhang mit Wohnung und Wohnumfeld, die Belastung der natürlichen Umwelt nicht von deren Qualität zu trennen. Daher gehe ich davon aus, dass eine niedrige Umweltbelastung der Wohnung mit einer höheren natürlichen Umweltqualität einhergeht und umgekehrt.

[27] Durchschn. 3,2; Median 3 bei einer Skala von 1 = sehr groß bis 4 = sehr gering; N: 1276.

[28] Spearman's Rho 0,74.

[29] Mittelwert und Median 2,0 (auf einer vierstufigen Skala von 1 = sehr gut bis 4 = sehr schlecht); N: 1282.

[30] Spearman's Rho -0,4.

umgekehrt). Dementsprechend erfolgte die Bewertung wie oben. Für 76% der Kinder sind ungefährdete, nahegelegene Spielmöglichkeiten vorhanden (Ressourcenbewertung), für 24% der Kinder nicht (Risiko).[31] Es waren nur ja/nein-Antworten möglich, trotzdem ist der Anteil der Kinder, die offenbar nicht ungefährdet in der Nähe der Wohnung spielen können, überraschend hoch, vor allem, wenn man die Wichtigkeit des Spiels für die kindliche Entwicklung bedenkt.

Die Bebauungsdichte als letzte Variable des Indikators „Wohnsituation" wurde aus den Milieudaten der Firma Microm[32] ermittelt. Die dort erfassten Bebauungsformen wurden in fünf Dichtegruppen eingeteilt und bezüglich Ressource/Risiko bewertet (niedrige Dichte = Ressource, hohe Dichte = Risiko). Demnach wohnen 39% der Kinder in sehr gering bis eher gering verdichteter Bebauung, 20% der Kinder finden sich in der Mittelkategorie, 41% in den Zonen höherer Bebauungsdichte.[33]

Mikroebene Wohnsituation

Die beschriebenen Variablen und Unterindikatoren zur Wohnung und zum Wohnumfeld wurden zum Indikator „Wohnsituation" vereinigt. Dieser Indikator liefert damit die Gesamtbewertung nach Risiko- und Ressourcenlage auf der untersten physisch-räumlichen Ebenen (Mikroebene).

Abb. 2: Die Wohnsituation der Kinder (Wohnung und Wohnumfeld, in %)

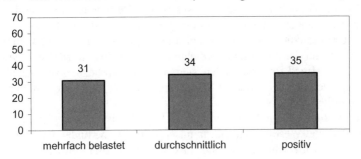

Anzahl der Fälle: n=1034; Quelle: DJI, 1. Welle Kinderpanel, eigene Berechnungen

---

[31] N: 2182 (laut Mütterangaben).
[32] Die Firma Microm bietet kommerziell Daten zu kleinräumigen Wohnmilieus in ganz Deutschland an. Damit kann für alle befragten Personen die Zugehörigkeit zu diesen Wohnmilieus ermittelt werden, die sich aus durchschnittlich 10 Wohneinheiten zusammensetzen.
[33] N: 1950.

Insgesamt lebt nach diesem Indikator knapp ein Drittel der Kinder (31%) unter mehrfach risikobelasteten[34] Wohn- und Wohnumfeldbedingungen, das heißt mit multiplen Risiken. Immerhin 35% leben jedoch auch in positiven Umständen, das heißt mit multiplen Ressourcen (34% leben „durchschnittlich").

Mesoebene Urbanität

Zur Ermittlung der Urbanität, das heißt der Unterschiede zwischen Stadt und Land, wurde aus Einwohnerzahl und Fläche der Gemeinden die Bevölkerungsdichte berechnet. Der „harten" Zahl Bevölkerungsdichte wurde bewusst der Vorzug gegeben vor Stadt-Land-Kategorisierungen, die Zentralitätsaspekte und/oder politische Grenzziehungen berücksichtigen.[35] Die Kinder unserer Stichprobe leben in Gemeinden mit einer durchschnittlichen Dichte von 1026 E/qkm (Median 708 E/qkm). Dabei reicht die Einwohnerdichte von 45 E/qkm bis 3897 E/qkm. Aufgrund der großen Streuung und der starken Differenz von Median und arithmetischem Mittel (Schiefe) orientierte sich die Gruppierung des Indikators eher am Median. Die Kinder unserer Stichprobe verteilen sich auf die gebildeten Gruppen wie folgt:

Wiederum gibt es keine nennenswerten Unterschiede zwischen den Kohorten, daher genügt die Betrachtung der Gesamtverteilung. 28% der Kinder leben in Gemeinden geringer Verdichtung, 37% in solchen mittlerer Dichte und 35% in stark verdichteten Bereichen. Zur Einordnung dieser Verteilung liegen leider keine Vergleichszahlen vor, da die Stadt-Land-Verteilung von Familien mit Kindern nicht unbedingt mit der Verteilung der Gesamtbevölkerung übereinstimmt. Grundsätzlich ist jedoch auffällig, dass die Landbevölkerung am schwächsten und die mittelstark verdichteten Gemeinden am stärksten vertreten sind. In der Mittelkategorie finden sich nahezu sämtliche Stadtumland- und Stadtrandgemeinden der größeren Städte, die ja in der Regel für Familien überdurchschnittlich attraktiv sind.

Eine für die weiteren Auswertungen wichtige Basisverteilung ist die Urbanität nach Ost- und Westdeutschland. In unserer Stichprobe finden sich diesbezüglich deutliche Unterschiede. So sind im Osten die gering verdichteten Gebiete weniger als halb so häufig wie im Westen. Ähnliches gilt für die stark verdichteten Bereiche, die nur zwei Drittel der Gesamthäufigkeit aufweisen[36]. Das heißt,

---

[34] Die Kategoriebenennung „mehrfach belastet" wurde gewählt, um die Problematik multipler Risiken (die mit ziemlicher Sicherheit belastende Wirkung haben) deutlich zu machen.

[35] Trotzdem gibt es zwischen diesen Kategorisierungen und der Bevölkerungsdichte einen engen Zusammenhang (Spearman's Rho 0,82 bzw. 0,84). Datenquelle war das Bundesamt für Bauwesen und Raumordnung (BBR) für das Jahr 2000.

[36] Die in Berlin geführten Interviews liegen nicht getrennt nach Ost- und Westberlin vor, daher wurde Berlin als Ganzes dem Westen zugeschlagen.

die Gemeinden mittlerer Dichte sind im Osten fast doppelt so stark vertreten wie im Westen.[37] Gleichzeitig leben im Westen mehr Kinder in stark verdichteten Zonen als in Gebieten mittlerer Verdichtung (37% zu 32%). Wie oben bereits angedeutet fehlen für die Grundgesamtheit unserer Stichprobe Vergleichszahlen, so dass nicht sicher ist, ob Familien mit Kindern im Osten tatsächlich unterschiedlich wohnen (bzw. durchschnittlich verdichtete Gebiete eben häufiger sind) oder ob es zu Verzerrungen gekommen ist.[38]

Abb. 3:   Verteilung der Kinder in Stadt und Land (in %)

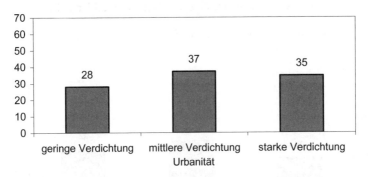

Anzahl der Fälle: n=2190; Quelle: DJI, 1. Welle Kinderpanel, eigene Berechnungen

Aufgrund zu niedriger Fallzahlen ist es nicht möglich, einen Vergleich der Urbanität nach Bundesländern vorzunehmen. Dies deshalb, weil die Dichteberechnung, genauso wie die Quotenstichprobe, auf Gemeinden (bzw. Kreisen) und nicht auf Befragten basiert. Da die Befragten aus nur etwa 100 Gemeinden in Deutschland stammen, gibt es für einige Bundesländer nur sehr wenige Urbanitätsziffern.

Mesoebene Soziale und wirtschaftliche Situation der Region

Die nächsthöhere räumliche Ebene nach Stadt und Land ist die Region, hier: die Kreise und kreisfreien Städte. Häufig wird versucht, erhobene Individualdaten auf die Kreisebene zu aggregieren. Das führt jedoch in der Regel zu erheblichen Verzerrungen bzw. Verlusten an Aussagekraft, da Kreise intern viel zu heterogen sind. Trotzdem wäre es sehr hilfreich, kreisbezogene Aussagen machen zu

---

[37] Bei weitgehender Repräsentativität der Stichprobe nach Bundesländern, BIK und politischer Gemeindegrößenklassifizierung.
[38] Nach BIK und politischer Gemeindeklassifizierung sind ländliche Gemeinden im Osten in unserer Stichprobe nur leicht unterrepräsentiert. Bezogen auf alle Deutschen lassen sich aber keine derart großen Urbanitätsunterschiede zwischen Ost und West ausmachen.

können, da viele Vergleichsdaten nur auf Kreisebene vorliegen und die Kreise ein wichtiges räumliches Bindeglied zur nächstniedrigeren und nächsthöheren Ebene darstellen. Ein Ausweg aus diesem Dilemma ist die Bildung eines kreisbezogenen Indikators, der nicht von Individualdaten abhängig ist, der aber Inhalte vereint, die zum einen überhaupt einen Einfluss auf die befragten Individuen versprechen, und die zum zweiten möglichst homogen wirken, so dass dieser Einfluss über die befragten Personen, die in diesem Kreis wohnen, auch nachweisbar bleibt. Hier wurde daher ein Indikator berechnet, der aus verschiedenen kommunalen Sozial- und Wirtschaftsquoten einen gewissermaßen atmosphärischen Regionaleinfluss im Sinne eines Regionalklimas abbilden soll.

Abb. 4:   Die soziale und wirtschaftliche Situation der Region (Kinder in den Kreisen, in %)

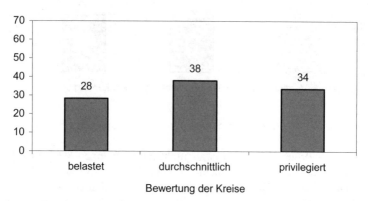

Anzahl der Fälle: n=2102; Quelle: DJI, 1. Welle Kinderpanel, eigene Berechnungen

Anders als bei den Indikatoren zur Wohnsituation liegen diesem Indikator amtliche Daten[39] zugrunde, die eine bewertende Unterteilung zunächst erleichtern. So erfordert erst die Gruppierung des additiven Indexes Bewertungen.[40] Das hat den großen Vorteil, dass diese Bewertungen, je nach zugrundeliegender Fragestellung, leicht angepasst werden können. Grundsätzlich folgte die Bewertung, die Risiko- und Ressourcenperspektive, hier dem Median der Quoten. Zur allgemeinen Minimierung der Bewertungsproblematik wurden wiederum nur drei Gruppen gebildet. Es zeigt sich folgende Verteilung:

---

[39] BBR 1998-2001.
[40] So gibt es z.B. keinen Kreis mit 0% Arbeitslosigkeit, das heißt theoretisch könnten alle Kreise diesbezüglich negativ bewertet werden. Das machte natürlich wenig Sinn.

28% der befragten Kinder wohnen in risikobelasteten Regionen, 38% in durchschnittlichen und 34% in privilegierten (Ressourcen-)Regionen. Damit ein Kreis
als „belastet" gilt, muss er bezogen auf die vier (bzw. fünf) eingegangenen Quoten in mehrfacher Hinsicht ernste Probleme haben, das heißt deutlich „schlechter" als der Gesamtmedian abschneiden. Bei der Interpretation muss beachtet
werden, dass obige Verteilung nur Regionen beinhaltet, in denen auch befragte
Kinder bzw. Familien leben. Das heißt, zwar kann der Indikator mühelos für alle
Regionen Deutschlands gebildet werden, die Verteilung der bewerteten Regionen richtet sich jedoch zwangsläufig nach den entsprechenden Befragten bzw.
der Repräsentativität der Stichprobe.

Makroebene Bundesland

Aufgrund des Quotendesigns unserer Stichprobe sind die Bundesländer mit recht
unterschiedlichen Befragtenzahlen vertreten. Bei 2190 Befragten insgesamt ist
z.B. Nordrhein-Westfalen mit 507 (23,2%), Sachsen-Anhalt mit 64 (2,9%) und
Bremen gar nur mit 23 Befragten (1,1%) vertreten. Daran wird deutlich, warum
im Folgenden selten Aussagen auf Länderebene getroffen werden können, sondern nur vereinzelt für Ländergruppen.

Makroebene Ost-West

In unserer Stichprobe leben 15% der Kinder in den östlichen Bundesländern,
85% im Westen. Diese Verhältniszahlen gilt es zu berücksichtigen, will man
Aussagen im Hinblick auf Ost-West-Unterschiede treffen, insbesondere wenn
auch gesamtdeutsche Betrachtungen damit korrespondieren. Andererseits ist es
unbefriedigend, Ost-West-Differenzen auszumachen, aber nicht zu wissen, worauf diese beruhen. Anders ausgedrückt: Die politische Raumebene Ost/West ist
zunächst nicht mit Inhalt gefüllt und der häufig gebetsmühlenartige Spruch, dass
es halt im Osten anders ist als im Westen, hilft nicht weiter. Auch das Heranziehen ökonomischer Vergleichszahlen ist u.U. zu eindimensional. Ausweg aus
diesem Dilemma sind die gebildeten Raumindikatoren. Diese scheinen in der
Lage zu sein, in mehrerlei Hinsicht Ost-West-Differenzen abbilden zu können.
Damit rückt in den Blick, dass es auch im Westen ähnlich schlechte Verhältnisse
gibt wie „im Osten" (und umgekehrt). Und so können die tatsächlichen Probleme in ihrer Vielschichtigkeit in den Blick kommen, die im Gegensatz zur geo-
graphischen Lage verändert werden können.

3.2 Die räumliche Situation der Kinder auf Basis der Indikatoren

Im Folgenden wird die Frage untersucht, wie die dargestellten Raumebenen untereinander zusammenhängen (Kreuztabellierung) und was das für die Lebenslagen der Kinder bedeutet. Danach kann dann untersucht werden, inwieweit Zusammenhänge mit und Beziehungen zu verschiedenen Dimensionen kindlichen Lebens und Erlebens vorhanden sind und welche Folgerungen hinsichtlich von Wirkungen der physisch-räumlichen Umwelt aus diesen Zusammenhängen gezogen werden können.

Abb. 5:   Wohnsituation der Kinder in Ost- und Westdeutschland (in %)

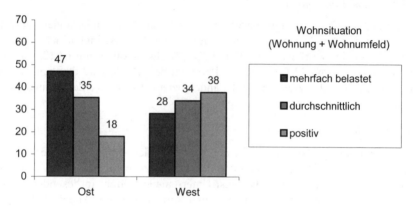

Anzahl der Fälle: n=1034; Ost: n=149, West: n=885; p≤0.001
Quelle: DJI, 1. Welle Kinderpanel, eigene Berechnungen

Abbildung 5 zeigt, dass der Anteil der mehrfach risikobelasteten Wohnlagen für Kinder im Osten fast doppelt so hoch ist wie im Westen (47% zu 28%). Analog sind positive Wohnumstände (Ressourcen) nur etwa halb so häufig. So schlagen die nach wie vor starken Differenzen zwischen Ost und West auch im Zusammenhang mit der Wohnsituation von Kindern durch bzw. werden durch diesen Indikator recht deutlich abgebildet.

Auch zwischen den Bundesländern gibt es deutliche Differenzen der Qualität der Wohnsituation. Neben den meisten östlichen Bundesländern, angesichts der oben beschriebenen Verhältnisse wenig überraschend, schneiden insbesondere die Stadtstaaten schlechter ab als der Schnitt. Leider sind die Fallzahlen für mehrere Bundesländer bereits so niedrig, dass keine weitergehenden Aussagen über die relative Wohn- und Lebensqualität der Länder getroffen werden können.

Bezogen auf die Situation der Region (Mesoebene) erkennt man zunächst den Zusammenhang mit der Wohnsituation (Mikroebene). So nimmt der Anteil mehrfach risikobelasteter Wohnlagen mit zunehmender Güte der Regionen ab (von 42% auf 25%). Gleichzeitig steigt der Anteil positiver Wohnlagen an (von 22% auf 43% bzw. 37%). Somit ist z.B. das Risiko der Kinder in belasteten Regionen größer, mit negativen Wohnlagen konfrontiert zu werden, als in privilegierten Regionen. Dies hängt allerdings auch mit der unterschiedlichen Verteilung von risikobelasteten Wohnlagen in Stadt und Land (siehe unten) zusammen. Das heißt, ein Stück weit ist der Zusammenhang zwischen Region und Wohnlage der Kinder dadurch bedingt, dass stark verdichtete Städte gleichzeitig mehr belastete Wohnlagen für Kinder aufweisen.

Abb. 6:   Wohnsituation der Kinder nach sozialer und wirtschaftlicher Lage der Region (in %)

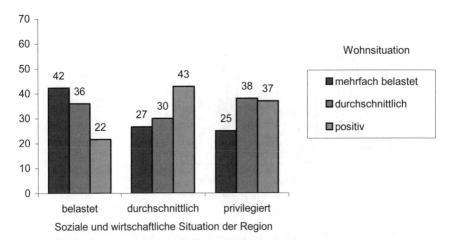

Anzahl der Fälle: n=996; belastet: n=273, durchschnittlich: n=398, privilegiert: n=325; p≤0.001 Quelle: DJI, 1. Welle Kinderpanel, eigene Berechnungen

Trotzdem bleibt ein Zusammenhang, der allerdings realistischerweise nicht sehr stark ausgeprägt ist. In risikobelasteten Regionen finden sich daher nach wie vor zahlreiche positive Wohnlagen, und umgekehrt kann man in privilegierten Regionen durchaus Pech mit der Wohnsituation haben. Doch nimmt die Tatsache einer Kovariation mit Verdichtung nichts von der Brisanz des Befundes, dass es offenbar Zusammenhänge zwischen „atmosphärischen Regionalbedingungen" und individuellen kleinräumigen Wohnlagen gibt. Diese Beziehungen gilt es genauer zu durchleuchten.

Von allen Kindern auf dem Land (Kategorie „geringe Verdichtung") leben lediglich 13% in mehrfach risikobelasteten Wohnsituationen, aber 52% in positiven. Umgekehrt sind es in Großstädten (Kategorie „starke Verdichtung") 46% in
problematischen und nur 24% in Ressourcenlagen. Angesichts von 28% Kindern
auf dem Land und 35% in Großstädten insgesamt[41] (vgl. Kapitel Urbanität) ist
die Chance, in schwierige Verhältnisse zu geraten, auf dem Land überproportional niedrig, dagegen in den Großstädten erhöht. Dass trotzdem so wenige Kinder
in Zonen geringer Verdichtung zu finden sind (historisch gesehen eine recht
neue Entwicklung), hat sehr wahrscheinlich mit dem schlechten Angebot an
Arbeitsplätzen und der geringen kulturellen und sozialen Attraktivität ländlicher
Regionen für Erwachsene zu tun.

Abb. 7:   Urbanität und Wohnsituation der Kinder (in %)

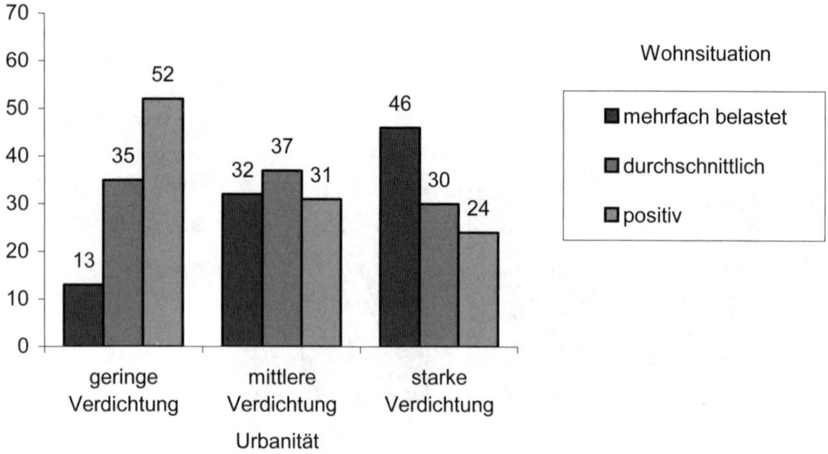

Anzahl der Fälle: n=1034; mehrfach belastet: n=315, durchschnittlich: n=353, positiv:
n=366; p≤0.001; Quelle: DJI, 1. Welle Kinderpanel, eigene Berechnungen

Interessant ist ferner, dass ostdeutsche Gemeinden mittlerer Dichte, relativ gesehen, mit Abstand am häufigsten mehrfach risikobelastete Wohnbedingungen für
Kinder aufweisen.[42] Insgesamt gesehen leben jedoch die meisten mehrfach risi-

---

[41] Laut BBR ist die Verteilung der drei Urbanitätsgruppen in Deutschland 35% zu 35% zu
30%. Damit scheinen Familien mit Kindern deutlich andere Wohnpräferenzen zu haben
als die Gesamtbevölkerung.
[42] Dies kann evt. auch darauf zurückgeführt werden, dass Ostberlin nicht mehr getrennt
ausgewiesen wird.

kobelasteten Kinder in den stark verdichteten Städten Westdeutschlands (45% aller mehrfach risikobelasteten Kinder).

Man erkennt die starken Verteilungsunterschiede unterschiedlich situierter Regionen in Stadt und Land. In den Gebieten geringer Verdichtung (Land) sind lediglich 8% der Kreise belastet (48% privilegiert), während sich dieses Verhältnis in stark verdichteten Räumen (Stadt) umkehrt. Jetzt sind es 47% risikobelastete Kreise und nur noch 24% privilegierte (Ressourcen-)Kreise. So sind es offensichtlich die stark verdichteten Städte, die am stärksten mit den gängigen kommunalen Problemen wie chronische Finanznot, hohe Arbeitslosigkeit und schrumpfendes Gewerbesteueraufkommen zu kämpfen haben, bei gleichzeitig explodierenden Kosten durch mehr sozial Schwächere und das Vorhalten vielfältiger Infrastruktur. Diese Situation wird durch den Regionalindikator gut abgebildet.

Abb. 8:   Urbanität und soziale und wirtschaftliche Lage der Region (in %)

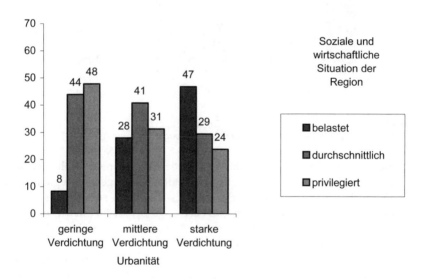

Anzahl der Fälle: n=2102; geringe Verdichtung: n=613, mittlere: n=799, starke: n=650; p≤0.001; Quelle: DJI, 1. Welle Kinderpanel, eigene Berechnungen

Spannend ist daher die Frage, ob auch der Regionalindikator (neben dem Wohnindikator) die Ost/West-Unterschiede widerspiegelt.

Bezogen auf den Regionalindikator stellt sich die Lage im Osten noch gravierender dar als auf der Mikroebene der Wohnsituation: mehr als doppelt so viele

risikobelastete Regionen im Osten wie im Westen (50% zu 24%). Nur 14% der
Kreise mit Befragten im Osten können als privilegiert gelten, gegenüber 37% im
Westen. Dies ist umso aufschlussreicher, da Wohn- und Regionalindikator völlig
unterschiedliche Dinge messen. Zwar kovariieren beide, aber nicht sehr stark.
Wie schon bei der Urbanität können stichprobenbedingt keine regionalen Aus-
sagen zum Bundesland getroffen werden.

Abb. 9:   Soziale und wirtschaftliche Lage der Region in Ost- und West-
          deutschland (in %)

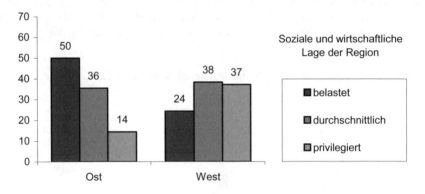

Anzahl der Fälle: n=2102; West: n=1770, Ost: n=332; p≤0.001
Quelle: DJI, 1. Welle Kinderpanel, eigene Berechnungen

Zusammenfassend lässt sich sagen: Sowohl der Indikator zur Wohnsituation als
auch der Indikator zur sozialen und wirtschaftlichen Lage der Region eröffnen
ein räumlich sehr differenziertes Bild. Dieses Bild ist in sich stimmig und lässt
sich gut mit bekannten Befunden, z.B. zur Lage in Ost und West, in Einklang
bringen. Dies ist um so wichtiger, da die Einschätzung der Wohnsituation auf
Individualdaten und die der regionalen Lage auf „harten" amtlichen Daten beruht. Die Beziehung zwischen beiden Indikatoren und zum Dichte-Indikator
Urbanität ist keineswegs selbstverständlich. Ebenfalls nicht selbstverständlich
ist, dass aus den Daten des Wohnindikators für Kinder Rückschlüsse auf die
unterschiedlichen Lebensbedingungen in Ost und West ermöglicht werden. Offenbar ist der Wohnindikator gleichzeitig in der Lage, Aussagen über die Belastung von Kindern und die Differenzen in Ost und West zu machen.[43] Ähnliches

---

[43] Dies wird nachvollziehbarer, wenn man sich die Unterschiede zwischen Ost und West
bezogen auf diverse Einzelvariablen, die in die Wohnindikatorbildung eingingen, vor
Augen führt.

gilt auch für den Regionalindikator, wenngleich auf unterschiedlicher Ebenen. Dies macht die dauernde Ost/West-Differenzierung zu Relativierungszwecken ein Stück weit überflüssig. Inwieweit die Indikatoren selbst z.b. von der ökonomischen Situation der Haushalte (die bekanntermaßen in Ostdeutschland prekärer ist) abhängen, wird weiter unten beleuchtet.

Zu den anderen Raumebenen, vor allem zur Urbanität gibt es ebenfalls klare Beziehungen, die jedoch immer unter dem Blickwinkel der Kinder gesehen werden müssen. Die Stadt ist nicht per se schlechter oder riskanter als das Land, wie oft pauschaliert wird. Vielmehr gibt es ein ganzes Bündel von Einzeleinflüssen, die Stadt (hoch verdichtet) im Schnitt belastender für Kinder werden lässt. Obwohl solche Einzeleinflüsse damit in höher verdichteten Gebieten häufiger sind als in gering verdichteten, hat dies weniger mit der Dichte selbst, als mit den jeweiligen Risikoeinflüssen zu tun. Starke Verdichtung ist Indiz des höheren Belastungsrisikos für Kinder, das aus den Einzeleinflüssen resultiert, aber nicht automatisch diese Einflüsse verursacht. Dies wird besonders deutlich, wenn man sich die Lage in Ost und West anschaut. Hier treten plötzlich Einflüsse viel stärker in den Vordergrund, die zwar mit den hier beschriebenen Indikatoren gut abgebildet werden können, viel weniger jedoch mit der nackten Urbanität.[44] Dies ist angesichts der Grobheit des Rasters Bevölkerungsdichte für die vorliegende Fragestellung auch kaum verwunderlich. Es zwingt jedoch zu einer allgemeinen Feststellung:

Will man mit raumbezogenen Betrachtungen Aufschluss über soziale Sachverhalte von Individuen gewinnen, kommt es sehr stark darauf an, welche Raumebene man verwendet und in welcher Beziehung diese zur Fragestellung und zu den befragten Personen steht.

Auch bloße räumliche Differenzierungen von sozialen Daten verzerren und vergröbern unter Umständen das Bild derart, dass man dem Fehlschluss erliegen kann, Raum bzw. räumliche Bedingungen hätten keinen oder nur einen geringen Einfluss auf den untersuchten Gegenstand. Dabei ist der Einfluss nur vielschichtiger als es ein politischer oder städtisch-ländlicher Raum abbilden könnte.[45] Diese Vielschichtigkeit wird hier mit den zwei unterschiedlichen Ansätzen der beiden Risiko/Ressourcen-Indikatoren erfasst, die das Ziel haben, etwas über die Güte des Lebens für Kinder auszusagen, jedoch einmal von der Individualebene, das andere Mal von der Regionalebene ausgehen.

---

[44] Vergleiche z.B. den Befund, dass im Osten die Gebiete mittlerer Dichte, relativ gesehen, riskanter für Kinder sind als die hochverdichteten.

[45] Natürlich kann es trotzdem sinnvoll oder nötig sein, über vergröberte Raumverteilungen (z.B. nach Bundesländern) Tendenzen aufzuzeigen, die vielleicht in der politischen Einflusssphäre liegen. Doch für individuell oder personenbezogen adäquate Maßnahmen ist diese Sichtweise wenig hilfreich.

Bezogen auf den Risiko- bzw. Ressourcenaspekt heißt dies, dass es für weiterführende Wirkungsuntersuchungen wesentlich mehr Sinn macht, Raum zu operationalisieren (wie es hier anhand der Indikatoren geschehen ist), um Zusammenhänge und Wirkungen handfesten Risiken und Ressourcen zuordnen zu können und Verbesserungen für die Kinder zu ermöglichen, als nur abstrakte Raumebenen wie Ost/West zu Differenzierungszwecken zu benutzen.

3.3 Die soziodemographische Situation der Kinder auf Basis der Indikatoren

Im Folgenden werden ausgewählte soziodemographische Variablen und Indikatoren zu den räumlichen Indikatoren bzw. zu den abstrakten Raumebenen in Beziehung gesetzt. Diese Vorgehensweise gibt einen ersten Überblick, zum einen über potentielle Hintergrundfaktoren, zum anderen über die lebenslagenspezifische Differenzierungskraft der Indikatoren. Das heißt, es werden erste Anhaltspunkte für die eingangs gestellte Frage nach dem Wirkungszusammenhang bezogen auf die physisch-räumlichen Risiko- und Ressourcenbetrachtungen gesammelt.

Aufgrund der Datenlage bzw. der erweiterten Möglichkeiten ab der zweiten Welle beschränkt sich die Ergebnisdarstellung hier auf die Beschreibung von (Wirkungs-)Zusammenhängen bzw. Kovariationen und den Ausblick auf mögliche Ansatzpunkte für weiterführende Analysen. Nur im Einzelfall werden mögliche Kausalbeziehungen angedeutet.

Wichtiges Merkmal, das die Lebenssituation von Kindern über Wohnung und Wohnumfeld indirekt mit beeinflussen kann, ist die ökonomische Lage der Eltern. Die Frage lautet also, inwieweit die risikobelasteten bzw. positiven Lebensumstände von Kindern mit dem Einkommen der Eltern zusammenhängen. Hierzu wurde untersucht, wie sich das Äquivalenzeinkommen nach OECD-Berechnung[46] zu den gebildeten Indikatoren verhält.

Auf der Mikroebene von Wohnung und Wohnumfeld gibt es deutliche Zusammenhänge zwischen der Wohnsituation und dem Einkommen. Der Mikroebenenindikator weist einen Korrelationskoeffizienten von 0,34 (Spearman's Rho) zum Einkommen auf. Das heißt: Je höher das Einkommen, desto besser die Wohnsituation für die Kinder, bzw. je niedriger, desto schlechter.

Bei derart hohen linearen Interdependenzen ist es spannend, sich die realen Verteilungen der Kinderwohnlagen in den verschiedenen Einkommensgruppen

---

[46] Haushaltseinkommen (netto) pro Person im Haushalt, wobei Kinder und Erwachsene mit unterschiedlichen Gewichten in die Berechnung eingehen (neue OECD-Skala).

anzuschauen. Damit die Darstellung klarer wird, wurden die ursprünglich fünf Einkommensgruppen auf drei reduziert.

Von allen Personen, deren Äquivalenzeinkommen dem des „ärmsten" Viertels der Gesamtbevölkerung Deutschlands (nach OECD-Skala) entspricht, wohnen über die Hälfte (53%) in für Kinder mehrfach risikobelasteten Lagen und nur 13% in positiven Ressourcenlagen. Auf der gegenüberliegenden Einkommensseite das spiegelverkehrte Bild: Nur 12% aus der Gruppe des äquivalenzbereinigt „reichsten" Bevölkerungsviertels wohnen „schlecht", dafür 50% in für Kinder sehr positiven Umständen.

Abb. 10: Wohnsituation der Kinder verschiedener Einkommensgruppen (in %)

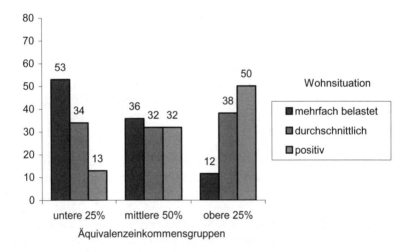

Anzahl der Fälle: n=997; untere 25%: n=139, mittlere 50%: n=554, obere 25%: n=304; p≤0.001; Quelle: DJI, 1. Welle Kinderpanel, eigene Berechnungen

Zwischen Stadt und Land gibt es überraschend geringe Unterschiede im Äquivalenzeinkommen. Der Zusammenhang von Einkommen mit Wohnlage und Wohnlage mit Urbanität setzt sich praktisch nicht bis zum Verhältnis Einkommen/Urbanität durch.

Kaum besser ist der Zusammenhang von regionaler Lage und Einkommen (Korrelation 0,1). Nur die extremen Einkommensgruppen (sehr niedrig und sehr hoch bei der 5er-Gruppierung) lassen sich in den entsprechend schlecht bzw. gut bewerteten Regionen überproportional häufig antreffen.

In Ost und West ist das Einkommensgefälle erwartungsgemäß immer noch recht hoch. Der Anteil der Geringstverdiener (unterste Gruppe bei 5er-Skala) ist im Osten doppelt so groß wie im Westen, während der Anteil der Höchstverdiener nur wenig mehr als halb so groß ist. Auch der oben gefundene Zusammenhang Einkommen/Wohnsituation findet sich in Ost und West in vergleichbarer Stärke. Dies ist bezüglich der regionalen Lage anders.[47] Der starke Zusammenhang von persönlichem Einkommen und regionaler Lage im Osten (im Westen ist kein Zusammenhang vorhanden) lässt Raum für tiefergehende (zukünftige) Analysen.

Mit dem Einkommen ist ein wichtiger Ansatzpunkt zur Verbesserung der tatsächlichen Wohnsituation der Kinder ausgemacht. Dieser Befund ist angesichts der Diskussion um das „Armutsrisiko Kind" und die daraus resultierende potentielle Gefährdung der Stabilität der sozialen Sicherungssysteme nicht überraschend. Alarmierend sind indes die nicht so offensichtlichen Folgen für die Kinder, wie z.b. die hier gefundenen prekären Wohnlagen.

Trotz seiner Wichtigkeit kann das Einkommen die Unterschiede der Lebenslagen von Kindern keineswegs 1:1 abbilden, vor allem auf der Mesoebene der Region nicht (umgekehrt gilt das Gleiche). Ergänzende Einflussfaktoren sind zu identifizieren. Zu beachten ist ferner die indirekte Wirkung von Geld im Gegensatz z.b. zur direkten Wirkung der Wohnverhältnisse auf die Kinder. Das heißt, es würde für die Kinder physisch-räumlich nichts verändern, wenn ihre Eltern mehr Geld zur Verfügung hätten. Erst wenn diese das Geld in eine bessere Wohnlage bzw. einen Umzug investierten, würde sich für die Kinder etwas ändern. Es wäre auch interessant zu klären, wann Eltern in welchem Umfang Geld zum Wohl ihrer Kinder investieren und ob es in diesem Zusammenhang vielleicht Informationsdefizite oder gar bestimmte Prioritätensetzungen von Eltern aus bestimmten sozialen Kreisen gibt, wobei durchaus nicht primär sozial schwächere Kreise gemeint sind. So ist zu fragen, warum immerhin 12% der „Besserverdienenden" in einem Umfeld wohnen, das für Kinder mehrfach risikobelastet ist, oder warum 36% der durchschnittlich verdienenden (was insgesamt hinsichtlich der Zahl der Kinder die stärkste Gruppe darstellt) dasselbe tun, während es die übrigen 64%, trotz gleichen Äquivalenzeinkommens, in dieser Hinsicht besser machen.

Einen anderen Blickwinkel eröffnet die soziale Schicht[48] der Eltern. Nicht nur das oben beschriebene Einkommen, sondern auch Bildung und Beruf gingen hierbei ein. Der Zusammenhang zwischen sozialer Schicht und Wohnsituation ist schwächer als beim Einkommen, aber immer noch deutlich vorhanden

---

[47] Zusammenhang (Spearman's Rho) Haushaltseinkommen und soziale und wirtschaftliche Situation der Region: Ost: 0,3; West 0,0; Gesamt 0,1!
[48] Hierbei handelt es sich um einen Indikator von G. Beisenherz (vergleiche seinen Beitrag in diesem Band).

(Spearman's Rho 0,27). Höhere Schicht geht also tendenziell mit einer besseren Wohnsituation für Kinder einher.

Zwischen Urbanität und Schicht ist der Zusammenhangseffekt gleich gering wie beim Einkommen, und auch bei einem Vergleich nach den Regionen, bzw. der sozialen und wirtschaftlichen Situation der Region beschränkt sich ein sehr schwacher positiver Zusammenhang wie schon beim Einkommen auf die Extremgruppen (allgemein nur 0,08[49]). Auch die Ost/West-Betrachtung erbringt nichts Neues.

Wie erwähnt ging das Einkommen auch in die Schichtvariable ein. Folglich gilt es zu prüfen, inwieweit die Schichteffekte tatsächliche Schichteffekte sind und nicht lediglich Einkommenseffekte. Kontrolliert man das Einkommen, verschwinden die beobachteten Zusammenhänge bei nahezu allen räumlichen Indikatoren bzw. Raumebenen praktisch gänzlich. Insgesamt erbringt die Betrachtung der sozialen Schicht der Eltern keine Erkenntnisse bezüglich der räumlichen Situation der Kinder bzw. der Haushalte, die über Einkommensdisparitäten hinausgehen. Folglich scheint für raumbezogene Fragestellungen die ökonomische Situation die anderen Schichtdimensionen zu überlagern.

Die nächste klassische soziodemographische Variable ist die Bildung. Sie ging zwar zum Teil auch in die Schichtvariable ein, doch eine getrennte Betrachtung scheint zweckmäßig. Zunächst wurde ein grober Bildungsindikator für die Mutter gebildet[50] mit den Kategorien „kein Abschluss", „Volks-/Hauptschulabschluss", „Mittlere Reife/Realschulabschluss", „FH-Reife/Hochschulreife", „FH-/Hochschulabschluss". Dieser Indikator korreliert recht hoch mit der sozialen Schicht (Spearman's Rho 0,64) und mit dem Äquivalenzeinkommen (Spearman's Rho 0,39), interessanterweise auch hochsignifikant mit der Wohnsituation der Kinder (Spearman's Rho 0,18). Prozentual heißt das, dass der Anteil der Kinder in mehrfach risikobelasteten Wohnlagen mit steigender Bildung (der Mutter) linear abnimmt (von 87% auf 24%). Gleichzeitig steigt der Anteil der Kinder in positiven Wohnlagen (von 0%[51] auf 41%).

Dieser eindeutige Befund muss einerseits relativiert werden, andererseits wirft er neue Fragen auf: Wie erwähnt korreliert das Einkommen ebenfalls mit der Bildung. Kontrolliert man nun das Einkommen, verschwindet der Bildungseffekt auf die Wohnsituation der Kinder. Es scheint also keinen eigenständigen Bildungseffekt auf die Wohnlage der Kinder zu geben. Bedacht werden muss jedoch die Tatsache, dass das Einkommen auch von der Bildung abhängt und

---

[49] Spearman's Rho-Korrelationen.

[50] Die Effekte bei Mutter und Vater sind identisch, aufgrund der höheren Fallzahl wurde daher die Mutter genommen.

[51] Die absoluten Zahlen zur Kategorie „kein Abschluss" (87% bzw. 0%) dürfen angesichts niedriger Fallzahlen nicht überbewertet werden.

nicht nur (über eine intergenerationale Betrachtung) umgekehrt.[52] Das heißt, höchstwahrscheinlich ist die Bildung längerfristig ein weiterer wichtiger Ansatzpunkt zur Verbesserung der (Wohn-)Lage der Kinder – über den Umweg der Erhöhung des Einkommens durch bessere Bildung.

In Stadt und Land, bezogen auf die regionale Lage und in Ost und West existieren Differenzen. Diese weisen jedoch nicht auf eine bestimmte Richtung oder Qualität hin, sondern scheinen recht zufällig bzw. durch andere als diese räumlichen Ebenen bestimmt zu sein. In den Bundesländern sieht die Sache anders aus, jedoch sind in mehreren Ländern die Fallzahlen wiederum so gering, dass fundierte Aussagen noch nicht möglich sind.

Gibt es Auffälligkeiten in der Familienstruktur bei der Betrachtung der raumbezogenen Lebenslagen von Kindern? Diese Frage lässt sich anhand einiger weniger Strukturkomponenten gut beantworten: der Kinderzahl und der Partnerschafts- bzw. Familienform.

Bei der Kinderzahl ergeben sich räumlich entweder keine Effekte oder Effekte, die so schwach sind, dass es wenig fruchtbar erscheint, diese zu interpretieren. Die Familienform lässt sich sehr differenziert betrachten (vgl. Abb. 11 u. 12. Im Zusammenhang mit der räumlichen Fragestellung dargestellt werden nur die Typisierungen „verheiratet" und „nichteheliche Lebensgemeinschaft" (NEL).[53]

Man erkennt deutliche Verteilungsunterschiede bezüglich der für Kinder unterschiedlich riskanten bzw. förderlichen Wohnlagen. Nichteheliche Lebensgemeinschaften verzeichnen im Vergleich zu den Verheirateten eine stark erhöhte Exposition gegenüber mehrfach risikobelasteten Lagen. Inwieweit dies auf Übergangs- oder Einkommenseffekten oder auf eigenständigen Wirkungszusammenhängen beruht, kann hier nicht geklärt werden.

Ergänzend ist darauf hinzuweisen, dass Stiefkind- bzw. Stieffamilienkontexte innerhalb dieser zwei Hauptgruppen Unterschiede zu den „Normalversionen" aufweisen, die so stark sind, dass sie die Diskrepanzen zwischen den Hauptgruppen zum Teil überwiegen. Z.B. weisen verheiratete Stieffamilien schlechtere Wohnlagen für Kinder auf als „normale" NEL. Zum Teil rührt dies daher, dass Stieffamilienverhältnisse häufiger mit niedrigen Einkommensgruppen (die

---

[52] So hat der Einfluss von Bildungsabschlüssen auf das Einkommen zwar abgenommen, nicht aber der Einfluss von Bildung auf die Bildung der nachfolgenden Generation. Wie nicht nur PISA zeigt, ist die bildungsbezogene intergenerationale Segregation sogar noch stärker geworden (gar nicht zu reden von evt. genetischen Bildungs-Transmissionseffekten). Spannend wäre daher eine Betrachtung, die die Zeitperspektive einschließt und die auch Gegeneffekte (z.B. der Wohnlage auf den Bildungserfolg) prüft.

[53] Die interessante Gruppe der Alleinerziehenden muss aus der Betrachtung ausscheiden, da zur Wohnlage überwiegend nur die Väter befragt wurden. Es gibt jedoch Grund zu der Annahme, dass die Wohnsituation der Kinder von Alleinerziehenden noch deutlich schlechter ist als die der NEL.

schlechtere Wohnverhältnisse für Kinder bieten) einhergehen als mit höheren Einkommensgruppen.

Abb. 11: Wohnsituation der Kinder ausgewählter Partnerschaftsformen (in %)

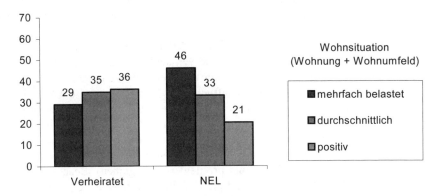

Anzahl der Fälle: n=1025; verheiratet: n=952 NEL: n=73; p≤0.001
Quelle: DJI, 1. Welle Kinderpanel, eigene Berechnungen

Abb. 12: Partnerschaftsformen in Stadt und Land (in %)

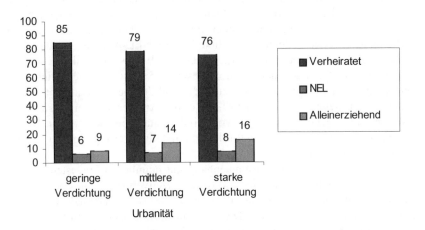

Anzahl der Fälle: n=2189; geringe Verdichtung: n=614, mittlere: n=815, starke: n=760; p≤0.001; Quelle: DJI, 1. Welle Kinderpanel, eigene Berechnungen

Während die Zahl der Verheirateten mit zunehmender Urbanität leicht abnimmt und die der NEL fast gleich bleibt, sind es die Alleinerziehenden, deren Anteil sich fast verdoppelt. Offenbar bietet die Stadt zum einen noch die besten Chancen für Alleinerziehende und bedeutet zum anderen die geringsten sozialen Kosten. Auf der anderen Seite ist die Stadt mit ihren vielfältigen „Möglichkeiten" vielleicht auch ein Stück weit selbst für entsprechende Familienformen verantwortlich.

Im Gegensatz zur Mikroebene sind die Verteilungsunterschiede von Stieffamilien zu Kernfamilien in Stadt und Land vernachlässigbar. Wirksam ist hauptsächlich der oben beschriebene Effekt der Familienform (verheiratet vs. NEL). Bezogen auf die soziale und wirtschaftliche Lage der Region ist die Verteilung ähnlich wie bei der Urbanität. Diesmal steigt der Anteil der Verheirateten linear mit zunehmenden Ressourcen der Region (von 73% auf 84%), während der Anteil der NEL sinkt (von 10% auf 4%). Die Gruppe der Alleinerziehenden ist in risikobelasteten Regionen deutlich am stärksten vertreten (17% gegenüber 11 bzw. 12% in durchschnittlichen und privilegierten Regionen). Beachtet werden muss dabei jedoch die Urbanität und die Ost/West-Verteilung. Kontrolliert man beide, zeigt sich ein Verteilungsmuster, das auf mehrere unterschiedliche Einflüsse hindeutet. Die Beachtung der Stiefverhältnisse erbringt keine weiteren Aufschlüsse.

Auf der Ebene der Bundesländer ist der Anteil der Verheirateten in den Stadtstaaten Deutschlands niedriger als in den Flächenländern (und der Anteil der Alleinerziehenden höher). Jedoch gibt es auch einen gegenläufigen Ost/West-Effekt. Die meisten Länder im Osten haben ebenfalls niedrigere Verheiratetenquoten, jedoch wesentlich höhere NEL-Anteile (zusätzlich zu höheren Alleinerziehendenanteilen). Im Detail: Im Osten ist der Anteil der NEL zweieinhalbmal so hoch wie im Westen (15% zu 6%), der Alleinerziehendenanteil ebenfalls höher (18% zu 12%) und der Verheiratetenanteil dementsprechend niedriger (67% zu 82%). Bei der Auswertung zeigte sich, dass bestimmte räumliche Lebenslagen von Kindern stark mit bestimmten Betreuungslagen kovariieren. Eine ausführliche Darstellung erfolgt im Aufsatz zur Kinderbetreuung in Band 2.

Ein weiterer Bereich im Zusammenhang mit räumlichen Fragestellungen ist die Freizeit. So unterscheidet sich z.B. das Freizeitverhalten von Großstadtkindern stark von dem der Kinder auf dem Land. Und es gibt erstmals auch Differenzen zwischen den Kohorten. Die Fallzahlen sind dadurch aber für einige Fragestellungen schon recht klein, so dass der Freizeitbereich zu diesem Zeitpunkt hier nicht vertieft werden kann. Es gibt aber Hinweise darauf, dass sich z.B. die sportliche Betätigung je nach Wohnlage ändert (schlechtere Wohnlage = weniger sportliche Betätigung), passend zu den Befunden weiter unten zur Internalisierung.

Abb. 13: Wohnsituation und Migrationshintergrund (in %)

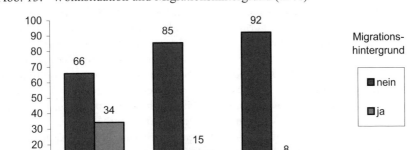

Anzahl der Fälle: n=1034; mehrfach belastet: n=319, durchschnittlich: n=354, positiv: n=361; p≤0.001; Quelle: DJI, 1. Welle Kinderpanel, eigene Berechnungen

Wie verteilen sich Kinder mit Migrationshintergrund[54] im Raum bzw. in unterschiedlich bewerteten Räumen?

Je schlechter die Wohnsituation für Kinder, desto höher ist der Anteil der Kinder mit Migrationshintergrund. Obwohl die grundsätzliche Schlechterstellung von Menschen mit Migrationshintergrund nach diversen Merkmalen (Einkommen, Bildung, soziale Schicht etc.) bekannt ist, überrascht doch die Eklatanz der Benachteiligung von Kindern mit Migrationshintergrund, was die Wohnlage anbelangt.[55] Wenig überraschend ist dafür hauptsächlich das Einkommen verantwortlich. Interessanterweise sind Kinder mit Migrationshintergrund aus den gehobenen Einkommensgruppen seltener in schlechten Wohnlagen anzutreffen als Kinder ohne Migrationshintergrund. Achten Eltern mit Migrationshintergrund eher auf das Wohl ihrer Kinder als Eltern ohne Migrationshintergrund – wenn sie die finanziellen Möglichkeiten dazu haben?

Auch bei steigender Verdichtung (Stadt-Land-Gegensatz) steigt der Anteil von Kindern mit Migrationshintergrund (von 14% auf 30%), jedoch nicht mit zunehmender Belastung der Regionen (nach sozialer und wirtschaftlicher Lage). Dies ist durchaus folgerichtig, denn zunächst kann der Status einer Region kaum einen Migrationshintergrund verursachen. Des Weiteren ist damit aber auch die

---

[54] Migrationshintergrund beim Kind gilt als vorhanden, wenn entweder Mutter, Vater oder beide einen Migrationshintergrund aufweisen.
[55] Diese wird noch größer, wenn man bedenkt, dass in den wohnmäßig benachteiligten neuen Bundesländern viel weniger Kinder mit Migrationshintergrund leben.

andere, politisch brisantere Interpretationsrichtung widerlegt: Für Unterschiede
der sozialen und wirtschaftlichen Situation der Region sind die Menschen mit
Migrationshintergrund laut vorliegenden Zahlen[56] nicht verantwortlich (auch
nicht über die Mobilität bzw. über soziale Folgekosten für die Kommunen durch
„zu viele" Migranten). Dies wird deutlich, wenn man sich die Verteilung von
Kindern mit Migrationshintergrund in den Bundesländern anschaut. Im regional
schlechter gestellten Osten gibt es nur extrem wenige Migranten. Doch auch
wenn man nur Westdeutschland anschaut, fällt der hohe Migrantenanteil in „besser gestellten" Ländern wie Bayern und Baden-Württemberg auf.[57]

Die Auswertungen dieses Kapitels haben gemeinsam, dass sie zwar die Beziehungen zwischen den Raumebenen und den betrachteten Variablen aufdecken
können und Wirkungszusammenhänge wahrscheinlich werden lassen, Kausalbeziehungen jedoch schwierig bestimmt werden können. Dies deshalb, weil sowohl zwischen den betrachten Raumindikatoren als auch zwischen den soziodemographischen Variablen, die mit den Raumindikatoren in Beziehung gesetzt
wurden, Abhängigkeiten und Wechselwirkungen bestehen (vgl. Kapitel 3.2). So
bestehen komplexe direkte und indirekte Effekte gleichzeitig (auf verschiedenen
Ebenen der räumlichen Betrachtung), die nicht nur in eine Richtung weisen,
sondern u.U. gleichzeitig in beide Richtungen. So ist es z.B. wahrscheinlich,
dass regionale Disparitäten Einfluss auf die Mikroebene nehmen, indem z.B.
mangels Geld Infrastrukturmaßnahmen für Kinder nicht mehr durchgeführt
werden oder die depressivere Grundstimmung zu Lethargie führt. Gleichzeitig
kann die regionale Lage Anzeiger für Ungleichgewichte auf der Mikroebene
sein, z.B. über einen höheren Anteil sozial Schwächerer in schlechteren Wohnlagen. Eine solche wechselseitige Abwärts- bzw. Aufwärtsspirale liefert auch die
Erklärung für die seit Jahrzehnten beobachtbare Verfestigung bzw. Verstärkung
regionaler Disparitäten, weitgehend unabhängig von der Farbe der „verantwort-
lichen" politischen Partei.

Wir hoffen, über diese Komplexität zu einem späteren Zeitpunkt, unter Einbeziehung der Panelergebnisse der zweiten und dritten Welle, detailliertere Aussagen machen zu können. In jedem Fall wäre es fahrlässig, die Wirkung des
physisch-materiellen Raumes bzw. von Raumstrukturen, v.a. auf sensiblere,

---

[56] Offen ist zur Zeit noch, ob vielleicht bestimmte (evt. sozial schwächere) Migran-
tengruppen in unserer Stichprobe unterrepräsentiert sind. Diese Frage wird jedoch in
Bälde durch die Ausländerzusatzerhebung zum Kinderpanel geklärt werden können.

[57] Vielleicht zeigt sich hierin auch die Tendenz der räumlichen Netzwerkbildung von
Migranten, die zu einer gerichteten Verstärkung ehemals zufälliger Verteilungsdifferen-
zen führt, und zwar dorthin wo sich bessere Chancen (z.B. auf Arbeitsplätze) eröffnen
und schon ehemalige Landsleute wohnen. Diese Netzwerkbildung führt jedoch offenbar
keineswegs zum Niedergang der entsprechenden Regionen, eher ist das Gegenteil der
Fall.

abhängigere Kinder nicht ernst zu nehmen, auch wenn sie indirekt erfolgt und von Drittvariablen (ohne direkten Einfluss) verursacht wird. So ist es vielleicht das Geld, das sowohl für schlechte regionale Bedingungen sorgt (wobei Geldmangel sich in Städten stärker auswirkt als auf dem Land), als auch direkt die Wohnchancen der Eltern und Kinder bestimmt. Doch nicht Geldscheine haben eine tatsächliche Wirkung auf Befindlichkeit, Sozialisation und Entwicklung von Kindern, sondern die realen räumlichen Gegebenheiten.

Zur weiteren Erhellung dieses Befunds werden im Folgenden Zusammenhänge zwischen Raum und individuellen Befindlichkeiten bzw. sozialen Umständen der Kinder genauer untersucht.

3.4 Befindlichkeit, Psyche und soziale Lage der Kinder auf der Basis der Indikatoren

Sind die Raumindikatoren in der Lage, psychische und familiale Befindlichkeiten oder gar schulische Leistungen zu diskriminieren? Bildet der physisch-materielle Raum entsprechende Risiken und Ressourcen ab oder wirkt er gar risiko- und ressourcenbildend?

Der erste Bereich, dessen Untersuchung darüber Aufschluss geben soll ist die soziale Integration[58] der Kinder. Die grundsätzliche Frage lautet hier: Lässt sich ein unterschiedlicher Grad der Integration auch räumlich festmachen?[59]

Betrachtet werden hierzu nur direkt befragte Kinder der älteren Kohorte. Tatsächlich besteht ein hochsignifikanter Zusammenhang zwischen der Wohnsituation der Kinder und der Höhe der Integration.

Von allen gering integrierten Kindern leben 43% in mehrfach risikobelasteten Wohnlagen. Bei den hoch Integrierten sind es nur 21%. Allgemein formuliert: Je besser die kindbezogene Wohnsituation, desto höher ist der Grad der sozialen Integration. Und dieser Effekt ist unabhängig vom Einkommen, von der Partnerschaftsform der Eltern, der institutionellen Betreuung der älteren Kohorte und dem Migrationshintergrund:[60] Die kindbezogene Wohnsituation gibt also tendenziell Auskunft über die Höhe der sozialen Integration der Kinder (und umgekehrt). Und zwar in der Form, dass Kinder in Ressourcen-Wohnlagen eine

---

[58] Dabei handelt es sich um einen von Goia entwickelten (vergleiche Beitrag in diesem Band), hier leicht angepassten Indikator.

[59] Und sind so vielleicht Anhaltspunkte für eine zielgerichtete Integrationspolitik ermittelbar?

[60] Ein Migrationshintergrund hat sowohl Einfluss auf soziale Integration als auch auf die Wohnsituation. Trotzdem bleibt der Effekt der Wohnsituation auf die soziale Integration bei Kontrolle des Migrationshintergrundes erhalten.

signifikant höhere soziale Integration aufweisen (und umgekehrt). Auf allen übrigen räumlichen Ebenen existieren keine signifikanten Zusammenhänge.

Abb. 14: Wohnsituation und soziale Integration (in %)

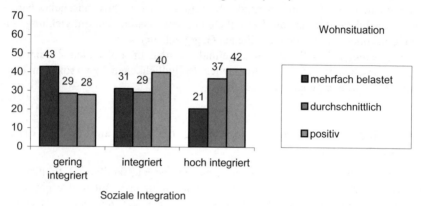

Anzahl der Fälle: n=523; gering integriert: n=108, integriert: n=201, hoch integriert: n=214; p≤0.001; Quelle: DJI, 1. Welle Kinderpanel, eigene Berechnungen

Im Fragebogen wurde sowohl die Mutter (über das Kind) als auch das Kind selbst gefragt, wie wohl es sich in der Nachbarschaft fühlt. Dargestellt werden im Folgenden die Angaben der Mutter (die weitgehend den Angaben des Kindes entsprechen).

Erster Befund: Das Wohlbefinden der Kinder nimmt mit sinkender Belastung der Wohnsituation zu (von 26% auf 41% in der Kategorie „sehr wohl"), und gleichzeitig nimmt das Unwohlsein ab (von 45% auf 18% in der Kategorie „ü-ber-haupt nicht wohl"). Soll die Mutter das Wohlbefinden des Kindes nicht auf die Nachbarschaft beziehen, sondern ganz allgemein angeben, reduziert sich der dargestellte Zusammenhang, er bleibt aber nach wie vor signifikant.

Eine andere Seite des Wohlbefindens der Kinder ist die Gesundheit. Erhoben wurde zunächst die Einschätzung des allgemeinen kindlichen Gesundheitszustands, dann das Vorhandensein einer Reihe von chronischen Krankheiten und Entwicklungsstörungen, z.B. Asthma, ernste Seh- oder Hörstörung, Depression etc. Dabei fanden sich keinerlei signifikante Differenzen bezogen auf die räumlichen Ebenen, weder beim allgemeinen Gesundheitszustand;[61] noch bezüglich

---

[61] Auf einer Schulnotenskala von 1-6 lagen die Angaben insgesamt immer zwischen 1,6 und 1,7 bei konstant niedrigen Standardabweichungen und weisen demnach wenig Diskriminierungspotential auf. Offenbar sind die Kinder allesamt kerngesund (laut den Angaben der Mütter).

des grundsätzlichen Vorhandenseins einer chronischen Krankheit bzw. Entwicklungsstörung oder bezogen auf einzelne Krankheitsbilder. Einzige Ausnahmen waren der schwache Trend zu einer geringeren Häufigkeit von Atemwegserkrankungen im Osten Deutschlands und eine auf den ersten Blick den Erwartungen widersprechende größere Häufigkeit von Atemwegserkrankungen in positiven Wohnlagen. Dabei stellt sich jedoch die Frage, ob auf diese in der Vergangenheit diagnostizierte chronische Krankheit schon eine Reaktion in Form eines Umzugs erfolgt ist. Dies lässt sich leider nicht klären.

Auch das Familienklima[62] wurde nach räumlichen Gesichtspunkten untersucht. Dabei finden sich auf allen Ebenen keine bedeutsamen Effekte. Offenbar besitzen weder die Wohnsituation der Kinder, noch Urbanität oder regionale Sozial- und Wirtschaftsaspekte eine direkte Verbindung zum Erleben des Familienklimas.

Untersucht wurden auch mögliche Zusammenhänge der Raumebenen mit psychischen bzw. emotionalen Kategorien wie Selbstwirksamkeit, soziale und kognitive Aufgeschlossenheit, Demoralisierung, Externalisierung, motorische Unruhe und Internalisierung. Dabei gibt es zum Teil interessante Effekte. Exemplarisch wird im Folgenden die Internalisierung dargestellt, während für eine ausführlichere Betrachtung der anderen Variablen auf einen späteren Zeitpunkt verwiesen werden muss.

Eindeutig ist der entsprechende Zusammenhang bei der „Internalisierung" (vgl. Abschnitt „Persönlichkeitsindikatoren" bei Alt/Quellenberg in diesem Band) bezogen auf die Wohnsituation der Kinder, nicht aber auf städtischer, regionaler oder noch großräumigerer Ebene. Die Mutter bzw. ihre Angaben über das Kind weisen hierbei die deutlichsten Unterschiedseffekte auf: So nehmen die von der Mutter wahrgenommenen Internalisierungstendenzen des Kindes mit steigender Risikobelastung der Wohnlage tendenziell zu. Dies wird besonders bei den Extremen deutlich. In mehrfach risikobelasteter Wohnlage ist der Anteil der laut Mutter stark internalisierten Kinder mehr als dreimal so hoch wie in positiven Wohnlagen (5,1% zu 1,3%). Die Zahl der überhaupt nicht internalisierten Kinder beträgt analog in riskanten Wohnlagen nur ein Drittel von der in ressourcengeprägter Wohnumgebung (2,1% zu 5,8%). Offenbar gibt es doch zwar schwache, aber vorhandene Effekte der Wohnlage auf emotionale bzw. psychische Eigenschaften der befragten Kinder (aus Sicht der Mutter).

Für die ältere Kohorte, die als einzige bisher zur Schule geht, liegen noch keine Schulnoten vor. Daher wurden für die Analyse des Schulbereichs „wei-

---

[62] Der Indikator Familienklima wurde aus dem Familiensurvey übernommen. Eine Beschreibung findet sich im Methodenbeitrag dieses Bandes (Alt/Quellenberg).

che" schulbezogene Variablen herangezogen und auf räumliche Implikationen untersucht.

Abb. 15: Angst, in der Schule Fehler zu machen, und Wohnsituation (in %)

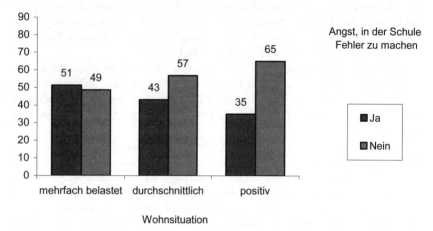

Anzahl der Fälle: n=524; mehrfach belastet: n=154, durchschnittlich: n=167, positiv: n=203; p≤0.01; Quelle: DJI, 1. Welle Kinderpanel, eigene Berechnungen

Die einzige räumliche Ebene, auf der erwähnenswerte Ergebnisse auftauchen, ist die Ebene der konkreten Wohnsituation des Kindes. Kinder in schlechter Wohnlage sagen signifikant häufiger,

- dass sie mehr als andere lernen müssen, um im Unterricht mitzukommen,
- dass sie Probleme im Unterricht haben,
- dass sie sich im Unterricht langweilen,
- dass ihre Eltern mit ihren Schulleistungen nicht zufrieden sind und
- dass sie oft Angst haben, Fehler zu machen.

Man erkennt, wie der Anteil der Kinder, die in der Schule Angst haben, Fehler zu machen, mit der Belastung der Wohnsituation linear zunimmt (von 35% auf 51%), während die Kinder, die keine Angst haben, seltener werden (von 65% auf 49%). Abgesehen von diesem Trend, dessen Ursachen und mögliche Hintergrundvariablen vorerst noch unerforscht bleiben müssen, überrascht die absolute Höhe des Angstanteils doch negativ (bzw. lässt sofort an PISA denken).

## 4.	Zusammenfassung und Schluss

Die oben dargestellten Ergebnisse der ersten Welle des Kinderpanels sollten einen ersten Überblick über die Bandbreite kindlichen Lebens und Erlebens bezogen auf unterschiedliche räumliche Ebenen vermitteln. Es konnte gezeigt werden, dass es eine ganze Reihe von Zusammenhängen gibt, die oftmals ein überaus komplexes Muster von wechselseitigen, direkten und indirekten Effekten offenbaren. Insbesondere müssen die Beziehungen der räumlichen Ebenen untereinander immer im Blick gehalten werden, um nicht einerseits Fehlschlüssen zu unterliegen und andererseits auch keine subtileren Effekte zu übersehen. Dies wird vor allem für die zweite und dritte Erhebungswelle wichtig, die die Möglichkeit eröffnet, Entwicklungsverläufe nachzuzeichnen und u.U. kausale Aussagen zu machen. Für einige der oben beschriebenen Raumindikatoren dient die zweite Welle außerdem dazu, die Fallzahl zu erhöhen, um die dargestellten Ergebnisse zusätzlich zu validieren.

Das vorliegende Indikatorendesign mit seiner Untersuchung von räumlichen Risiken und Ressourcen bzw. deren potentiellen Auswirkungen bietet wichtige Fingerzeige beim Finden räumlich wirksamer Ansatzpunkte zur Verbesserung der Lage der Kinder; vor allem, wenn es darum gehen soll, (multiple) Belastungen für Kinder zu vermeiden. Kinder, die gleichzeitig einer ganzen Reihe von problematischen Umständen ausgesetzt sind, also Schwierigkeiten und Probleme nicht mehr als Herausforderungen wahrnehmen können, werden mit an Sicherheit grenzender Wahrscheinlichkeit in ihrem Wohlbefinden und ihrer Entwicklung beeinträchtigt. Potentielle (multiple) Belastungen existieren dabei nicht nur auf der physisch-materiellen Raumebene, sondern auch in anderen Feldern wie Schule, Familie und Peers – je nach Situation wirken diese risikoverstärkend, ausgleichend oder ressourcenbildend.

Die Bewertung als Risiko bzw. Ressource erfolgte bereits bei der Indikatorenbildung. Im Sinne einer zusammenfassenden Risikoabschätzung, die wahrscheinlich auch ein Stück weit eine Wirkungsabschätzung ist, kann gesagt werden: Leben im Osten und/oder in stark verdichteten Gebieten ist ein Risiko, weil dort riskante Lagen für Kinder gehäuft auftreten.

Ein geringes Haushaltseinkommen, geringe Bildung, ein niedriger sozialer Status und ein Migrationshintergrund der Eltern sind zusätzliche Risiken, weil sie gemeinsam mit riskanten Wohn- und Regionallagen auftreten bzw. diese verstärken oder verursachen (das Gleiche gilt für die Ressourcenwirkung der jeweiligen Gegenstücke). Es reicht jedoch in der Folge nicht, sich auf die entsprechenden soziodemographischen bzw. sozialen Faktoren zu konzentrieren. Denn die *Wirkungsvermittlung* auf das Wohl und die Entwicklung von Kindern verläuft in erheblichem Maße über physisch-materielle Umweltstrukturen. Dies zeigt sich in der Differenzierungskraft dieser Strukturen, sogar hinsichtlich psychisch-emotionaler Befindlichkeiten der Kinder.

Es bleibt die Frage, wo am besten anzusetzen ist, will man Entwicklung und Lage der Kinder positiv beeinflussen. Gibt es bereits nachhaltige Verbesserungen, wenn man räumliche Risiken reduziert und Ressourcen ausbaut, z.B. für mehr und bessere Spielmöglichkeiten sorgt, oder müssen gleichzeitig soziale und ökonomische Faktoren bedacht werden?

Ich denke, der wichtigste und gleichzeitig effektivste Ansatz zur Verbesserung der Lage der Kinder ist die Information aller Beteiligten (Eltern, Lehrer, Sozialarbeiter, Politiker) über die Risiken und Ressourcen bestimmter konkreter, zu Beginn dieser Arbeit dargestellter Umstände, einschließlich deren gegenseitiger Abhängigkeiten und potentieller Wirkungen. Dies wurde mit der vorliegenden Arbeit angegangen.

Auch wenn es sich insgesamt um ein komplexes Beziehungs- und Wirkungsgeflecht handelt, ist es ferner sicherlich sehr vorteilhaft, so viele Elemente des Geflechts wie möglich positiv zu beeinflussen bzw. entsprechende Risiken zu minimieren. Dabei scheint es weder möglich noch sinnvoll zu sein, *den* Haupteinflussfaktor zu identifizieren. Stattdessen bietet das zweipolige Indikatorendesign zwei Hebel, an denen man ansetzen kann: Risiko und Ressource.

Eine weitere Stärke des vorliegenden Indikatorendesigns ist seine flexible Verwendbarkeit bzw. Übertragbarkeit. Denn wenn die beschriebene Bewertung zahlenmäßig überschaubarer räumlicher Strukturen wichtige Aussagen zur Lage von Kindern ermöglicht bzw. die räumliche Lage der Kinder differenziert wiedergibt, ermöglicht das zum einen die Übertragbarkeit auf andere Räume (z.B. andere europäische Staaten), zum anderen die relativ unkomplizierte Übertragbarkeit der Indikatoren auf andere Studien (z.B. SOEP und DJI-Familiensurvey).

Allgemein können die vorliegenden (und zukünftigen) Befunde als Antwortmöglichkeit auf die Frage verstanden werden, was getan werden kann, damit es möglichst vielen Kindern möglichst gut geht und sie in kinderfreundlichen Umgebungen aufwachsen. Kinderfreundlich heißt dabei keineswegs steril, überbehütet oder möglichst naturnah. Kinderfreundlich heißt, dass die Umwelt (die hier vor allem physische Umwelt ist) optimale Möglichkeiten zu „reizvoller", vielgestaltiger, multioptionaler und selbstgesteuerter Entwicklung bietet. Dabei ist es für Kinder durchaus kein Schaden, wenn Gefahren erkannt und gemeistert werden müssen. Das dürfen jedoch keine Gefahren sein, die das Kind überfordern bzw. nicht erkannt werden können. Dabei gilt es besonders, die mehrfach belasteten Kinder auszumachen und gezielt zu unterstützen, nicht erst durch massive Jugendschutzmaßnahmen, sondern bereits im Vorfeld durch Ausschaltung oder Reduzierung von Risikofaktoren. Gefragt sind hierbei sowohl die Eltern als auch die Politik. Mit vereinten Kräften sollte es so möglich sein, tatsächlich etwas zum Wohle der Kinder zu tun und damit ein tragfähiges Fundament für die Gesellschaft von morgen zu schaffen.

Literatur

Bacher, Johann/Wenzig, Claudia (2002): Sozialberichterstattung über die Armutsgefährdung von Kindern. In: Leu, Hans Rudolf (Hrsg.): Sozialberichterstattung zu Lebenslagen von Kindern. Opladen, S. 111-137

Bauereiss, Renate/Bayer, Hiltrud/Bien, Walter (1997): Familienatlas II. Lebenslagen und Regionen in Deutschland. Karten und Zahlen. Opladen

Bayer, Hiltrud/Bauereiss, Renate (2002): Amtliche Statistik als Basis für die Darstellung regionaler Unterschiede in den Ressourcen für den Kinderalltag. In: Leu (Hrsg.): Sozialberichterstattung zu Lebenslagen von Kindern. Opladen, S. 205-252

Bertram, Hans (1993): Sozialberichterstattung zur Kindheit. In: Markefka/Nauck (Hrsg.): Handbuch der Kindheitsforschung. Neuwied, S. 91-108

Bertram. Hans/Bayer, Hiltrud/Bauereiss, Renate (1993): Familienatlas: Lebenslagen und Regionen in Deutschland. Karten und Zahlen. Opladen

Bertram, Hans/Hennig, Marina (1995): Das katholische Arbeitermädchen vom Lande: Milieus und Lebensführung in regionaler Perspektive. In: Nauck/Bertram (Hrsg.): Kinder in Deutschland. Opladen, S. 267-293

Blinkert, Baldo (1993): Aktionsräume von Kindern in der Stadt. Eine Untersuchung im Auftrag der Stadt Freiburg. FIFAS-Schriftenreihe Band 2. Pfaffenweiler

Blinkert, Baldo (1997): Aktionsräume von Kindern auf dem Land. Eine Untersuchung im Auftrag des Ministeriums für Umwelt und Forsten Rheinland-Pfalz. FIFAS-Schriftenreihe Band 5. Pfaffenweiler

Blinkert, Baldo (2000): Sozialökologische Kinderpolitik als „Raumpolitik". In: Grundmann/Lüscher (Hrsg.): Sozialökologische Sozialisationsforschung. Konstanz, S. 289-303

Bronfenbrenner, Urie (1981): Die Ökologie der menschlichen Entwicklung. Natürliche und geplante Experimente. Stuttgart

Bronfenbrenner, Urie (2000): Ein Bezugsrahmen für ökologische Sozialisationsforschung. In: Grundmann/Lüscher (Hrsg.): Sozialökologische Sozialisationsforschung. Konstanz, S. 79-90

Bruhns, Kirsten/Mack, Wolfgang (Hrsg.) (2001): Aufwachsen und Lernen in der Sozialen Stadt. Kinder und Jugendliche in schwierigen Lebensräumen. Opladen

Bundesministerium für Familie, Senioren, Frauen und Jugend (Hrsg.) (1998): 10. Kinder- und Jugendbericht. Bonn

Bundesminister für Raumordnung, Bauwesen und Städtebau (Hrsg.) (1978): Zusammenhang von gebauter Umwelt und sozialem Verhalten im Wohn- und Wohnumweltbereich. Schriftenreihe Städtebauliche Forschung Heft 62. Bonn-Bad Godesberg

Deutsches Jugendinstitut (2002): Zahlenspiegel. Daten zu Tageseinrichtungen für Kinder, Kindertageseinrichtungen in Stadtteilen mit besonderem Entwicklungsbedarf. München

Deutscher Kinderschutzbund/Burghardt, Christa/Kürner, Peter (Hrsg.) (1994): Kind und Wohnen. Opladen

Engelbert, Angelika (1986): Kinderalltag und Familienumwelt. Eine Studie über die Lebenssituation von Vorschulkindern. Frankfurt/M./New York

Engelbert, Angelika/Herlth, Alois (1993): Sozialökologie der Kindheit: Wohnung, Spielplatz und Straße. In: Markefka/Nauck (Hrsg.): Handbuch der Kindheitsforschung. Neuwied, S. 403-415

Engelbert, Angelika/Herlth, Alois (2002): Sozialökologische Ansätze. In: Krüger/Grunert (Hrsg.): Handbuch Kindheits- und Jugendforschung. Opladen, S. 99-116

Gebhard, Ulrich (1994): Kind und Natur. Die Bedeutung der Natur für die psychische Entwicklung. Opladen

Glatzer, Wolfgang/Noll, Heinz-Herbert (Hrsg.) (1995): Getrennt vereint. Lebensverhältnisse in Deutschland seit der Wiedervereinigung. Frankfurt/M./New York

Grundmann, Matthias/Lüscher, Kurt (Hrsg.) (2000): Sozialökologische Sozialisationsforschung. Ein anwendungsorientiertes Lehr- und Studienbuch. Konstanz

Grundmann, Matthias/Fuss, Daniel/Suckow, Jana (2000): Sozialökologische Sozialisationsforschung: Entwicklung, Gegenstand und Anwendungsbereiche. In: Grundmann/Lüscher (Hrsg.): Sozialökologische Sozialisationsforschung. Konstanz, S. 17-76

Herlyn, Ingrid/Herlyn, Ulfert (1983): Wohnverhältnisse in der Bundesrepublik. 2. Aufl. Frankfurt/M./New York

Hoffmeyer-Zlotnik, Jürgen H. P. (1994): Regionalisierung von Umfragen. In: ZUMA Nachrichten Nr. 34, 18. Jg., Mannheim, S. 35-57

Hüttenmoser, Marco (1996): Kein schöner Land. In: Und Kinder Nr. 54, 16. Jg, S. 21-49

Joos, Magdalena (1995): Selektive Kontexte. Umwelten von Kindern und Erwachsenen in Ost- und Westdeutschland. In: Nauck/Bertram (Hrsg.): Kinder in Deutschland. Opladen, S. 171-204

Krüger, Heinz-Hermann/Grunert, Cathleen (Hrsg.) (2002): Handbuch Kindheits- und Jugendforschung. Opladen

LBS-Initiative Junge Familie (2002): Kindheit 2001 – Das LBS-Kinderbarometer. Was Kinder wünschen, hoffen und befürchten. Opladen

Ledig. Michael/Nissen, Ursula/Kreil, Mathilde (1987): Kinder und Wohnumwelt. Eine Literaturanalyse zur Straßensozialisation. Weinheim/München

Leu, Hans Rudolf (Hrsg.) (2002): Sozialberichterstattung zu Lebenslagen von Kindern. Opladen

Limbourg, Maria/Flade, Antje (1999): Mobilität im Kindes- und Jugendalter. Opladen

Löw, Martina (2001): Raumsoziologie. Frankfurt/M.

Markefka, Manfred/Nauck, Bernhard (Hrsg.) (1993): Handbuch der Kindheitsforschung. Neuwied

Nauck, Bernhard (1995): Sozialräumliche Differenzierung der Lebensverhältnisse von Kindern in Deutschland. In: Glatzer/Noll (Hrsg.): Getrennt vereint. Frankfurt/M./New York, S. 165-202

Nauck, Bernhard/Bertram, Hans (Hrsg.) (1995): Kinder in Deutschland. Lebensverhältnisse von Kindern im Regionalvergleich. Opladen

Rauschenbach, Brigitte/Wehland, Gerhard (1989): Zeitraum Kindheit. Zum Erfahrungsraum von Kindern in unterschiedlichen Wohngebieten. Heidelberg

Werlen, Benno (1999): Sozialgeographie alltäglicher Regionalisierungen. Band 1: Zur Ontologie von Gesellschaft und Raum, 2. Aufl. Stuttgart

Christian Alt/Holger Quellenberg
Daten, Design und Konstrukte
Grundlagen des Kinderpanels

1. Daten, Design und Konstrukte

1.1 Anliegen der Studie

Das Projekt „Chancen und Risiken beim Aufwachsen von Kindern in Deutschland" ist eine durch das Bundesministerium für Familie, Senioren, Frauen und Jugend geförderte Studie. Diese wurde im Jahr 2001 als Sozialberichterstattung über Kinder in ihren Familien begonnen. Damals war angedacht, auf der Basis des Familiensurveys, welcher insbesondere den Wandel und die Entwicklung familialer Lebensformen durch replikative Studien abbildet, die besondere Perspektive der Kinder in eine eigene Sozialberichterstattung aufzunehmen. Die üblicherweise gewählte Perspektive der Erwachsenen auf soziale Strukturen und sozialökologische Rahmenbedingungen sollte mit dieser Studie durch Fragestellungen nach den spezifischen Lebensbedingungen von Kindern ergänzt werden. Im Vordergrund stand das Interesse, jene Bedingungen herauszufinden, die Kinder in ihrer Entwicklung fördern oder gefährden. Damit stehen zwei Fragen im Vordergrund unseres Forschungsprojektes:

1. Wie wachsen Kinder im Kontext von Familie, Peers und Schule auf?
2. Welchen Einfluss hat die Lebenslage von Kindern auf ihre personalen und sozialen Ressourcen, auf ihr Wohlbefinden und damit auf die Entwicklung ihrer sozialen Kompetenzen?

Entspringt die erste Frage eher einer soziologischen Forschungstradition, so verweist die zweite Fragestellung auf typische psychologische Interessen. Diese Zweiteilung findet sich auch im Fragebogen wieder. Hier wurde ein möglichst breites Spektrum soziologischer, sozialdemographischer und infrastruktureller Fragen verbunden mit Fragen nach Beziehungen, nach den persönlichen Befindlichkeiten oder Eigenschaften von Kindern und ihren Eltern bis hin zu Fragen nach Konfliktverarbeitung und Gesundheit der von uns interviewten Personen.

Im Einzelnen sind folgende Themen abgefragt worden:

a) sozioökologische Ressourcen, z.B. Einkommen, Wohnungsausstattung, Nahumfeld,

b) infrastrukturelle Ressourcen, wie Schulen oder Kinderbetreuungseinrichtungen,

c) „Räume oder Plätze", in denen Kinder selbst aktiv werden können, innerhalb und außerhalb der eigenen Wohnung,

d) soziale Ressourcen, wie familiale Netze und Freundschaftsnetzwerk der Kinder, aber auch der Erwachsenen,

e) persönliche Ressourcen wie Temperament, Selbstwirksamkeit, Selbstwertgefühl, aber auch Gesundheit und psychisches Empfinden ebenso wie Copingstrategie oder Bullying im Schulkontext.

1.2 Design der Studie

Immer dann, wenn man an der Entwicklung bestimmter Fähigkeiten Interesse zeigt, ist man methodisch auf die Analyse von Paneldaten auf Individualebene angewiesen. Da für uns das Aufwachsen im Kontext von Peers, Familie und Schule von zentraler Bedeutung ist, haben auch wir uns für eine Längsschnittuntersuchung entschieden. Da wir gleichzeitig den Übergang vom Kindergarten in die Schule, wie aber auch den Übergang von der Grundschule in die Sekundarstufe in den Focus nehmen wollten, wählten wir neben dem Paneldesign auch noch einen Kohortenansatz. So sollten die von uns zufällig gezogenen Kinder zum einen der Altersgruppe der 5- bis 6-Jährigen angehören, zum anderen aber der Altersgruppe der 8- bis 9-Jährigen. Für alle diese Kinder gilt, dass wir deren Mütter obligatorisch mitbefragen wollten, deren Väter aber nur dann, wenn diese auch die entsprechende Bereitschaft zeigten. Es lässt sich unschwer erkennen, dass die 5- bis 6-jährigen Kinder zu den oben erwähnten Themen nicht mit einem standardisierten Fragebogen befragt werden können, allein schon, weil sie auf Grund ihres Alters bei längeren standardisierten Befragungen Konzentrationsschwächen aufweisen bzw. ihre Antworten als wenig valide und reliabel angesehen werden. Daher wurden in dieser Altersgruppe die Fragen der kindspezifischen Themen bei der Mutter abgefragt (Proxyinterviews). Es handelt sich dabei insbesondere um die Fragen zur Kinderbetreuung, zu den individuellen und persönlichen Ressourcen und den Freundschaftsnetzwerken, die von der Mutter zusätzlich zu beantworten waren. Damit ergibt sich folgendes Design unserer Studie:

Abb. 1: Studiendesign des DJI-Kinderpanels

Alter des Zielkinds	1. Welle 4. Quartal 2002	2. Welle 2. Quartal 2004	3. Welle 2. Quartal 2005
11 – 12			Mutter Vater Kind
9 – 11		Mutter Vater Kind	
8 – 9	Mutter (1042)* Vater (658) Kind (1042)		Mutter Vater Kind
6 – 8		Mutter Vater (Proxy)	
5 – 6	Mutter(1148)** Vater (678) (Proxy)		

( ) Anzahl durchgeführter Interviews * inklusive 11 alleinerziehende Väter ** inklusive 8 alleinerziehende Väter; Quelle DJI, 1. Welle Kinderpanel, eigene Berechnungen

1.3 Die Realisierung der Stichprobe

Die gesamte Befragung stand vor dem Problem, die Kinder und ihre Eltern nicht allzu sehr zu belasten und trotzdem möglichst viele Informationen zur Lebenssituation der Kinder zu erheben. Dabei sollten idealerweise auch die verschiedenen Perspektiven der Familienmitglieder erfasst, also manche Informationen mehrfach erhoben werden.

Wie bereits ausgeführt, wurde bei den 5- bis 6-jährigen Kindern gänzlich auf eine direkte Befragung verzichtet. Stattdessen wurden die entsprechenden Informationen bei dieser Kohorte im Mütter-Fragebogen ermittelt.

Die Befragung von 8- bis 9-jährigen Kindern wurde dagegen als unproblematisch betrachtet. Allerdings hat deren Aufmerksamkeit Grenzen. Erfahrungsgemäß liegen diese bei 20 bis 30 Minuten, was sich im Pretest und der Pilotstudie auch bestätigte. Nach dieser Zeitspanne drohen die Antworten beliebig zu werden. Daher war die Befragungsdauer der Kinder streng zu begrenzen (auf die Interviewdauer und ihre Auswirkungen wird später noch eingegangen).

Eine parallele Befragung mit mehreren Interviewern wäre unter rein methodischen Gesichtspunkten ideal gewesen, da so eine gegenseitige Kontrolle und Absprache der Familienmitglieder untereinander verhindert worden wäre. Aus unserer Erfahrung heraus erschien dies jedoch absolut unrealistisch: Es dürfte nur wenige Eltern geben, die ihr Kind alleine einem ihnen unbekannten Menschen übergeben, um es unbeaufsichtigt befragen zu lassen. Zudem zeigen frühere Versuche mit parallelen Interviews, dass nicht in allen Haushalten mehrere Räume für Interviews zur Verfügung stehen (mehrere gleichzeitig stattfindende Interviews in einem Raum sind schon akustisch unmöglich zu realisieren). Vielfach fehlt es tatsächlich an solchen Räumen oder die Bewohner halten sie gegenüber Fremden nicht für präsentabel. Hinzu kommen grundsätzliche Bedenken, gleich mehrere Unbekannte in die eigene Wohnung zu lassen. Eine parallele Befragung hätte daher den Feldzugang erheblich erschwert.

Selbst bei einem sehr kurzen Kinder-Interview hätte sich bei einer sequentiellen mündlich-persönlichen Befragung von Kind, Mutter und Vater durch einen einzelnen Interviewer eine Verweildauer des Interviewers in den Familien der älteren Kohorte ergeben, die kaum zumutbar gewesen wäre. Dabei ist die Frage, ob die Interviews an einem oder an mehreren Terminen stattfinden, zunächst zweitrangig. Da die Befragung in der älteren Kohorte nicht anders gestaltet werden sollte als in der jüngeren, schied für beide Kohorten aus den genannten Gründen eine sequentielle Befragung von Kind, Mutter und Vater aus.

Folgerichtig wurden nur die Kinder und die Mütter von einem einzelnen Interviewer mündlich-persönlich befragt. Die Befragung des Vaters sollte mit einem schriftlichen Drop-off-Fragebogen erfolgen. Alle wesentlichen Informationen wurden im Kinder-Interview oder im Mütter-Interview erhoben. Der schriftliche

Drop-off-Fragebogen für Väter diente zur Ergänzung dieser Informationen und wurde als verzichtbar angesehen. Als ausreichend galt dementsprechend in der Kohorte der 5- bis 6-jährigen Kinder ein einzelnes Interview, nämlich das Mütter-Interview. In der Kohorte der 8- bis 9-jährigen Kinder galten zwei Interviews als ausreichend, nämlich ein Kinder-Interview und ein Mütter-Interview.

1.4 Interviewdauer

Im Durchschnitt dauerten die Interviews mit Müttern und alleinerziehenden Vätern 58,5 Minuten (Standardabweichung 17,8). Da die Mütter der jüngeren Kohorte stellvertretend für ihre Kinder befragt wurden, war deren Interview ein paar Minuten länger als bei den Müttern der älteren Kohorte. Die Mütter der jungen Kohorte wurden im Schnitt 61,5 Minuten befragt (Standardabweichung 19,8). Bei den Müttern der jüngeren Kohorte dauerte das Interview durchschnittlich 55,6 Minuten (Standardabweichung 14,7).

Die Interviews mit den 8- bis 9-jährigen Kindern dauerten im Schnitt 42,8 Minuten (Standardabweichung 13,3). Die zu Anfang angesprochene ‚Grenze' von 45 Minuten wurde in rund 30% der Fälle überschritten. Zur Konzentration der befragten Kinder, die in der Pilotstudie von den Interviewern beurteilt wurde, finden sich in der Hauptstudie leider keine Angaben. Allerdings konnten die Interviewer zur Antwortbereitschaft des Kindes im Interviewverlauf Angaben machen. Lediglich bei 5,2% der Kinder-Interviews, die mehr als 45 Minuten dauerten, wurde von den Interviewern angegeben, die Antwortbereitschaft sei „anfangs gut, später schlechter" gewesen (bei den Interviews bis 45 Minuten wurde dies in 3,4% der Fälle angegeben). Allerdings wurde bei den längeren Interviews auch in 2,2% der Fälle behauptet, die Antwortbereitschaft der Kinder sei „anfangs schlecht, später besser" geworden. Dies wurde bei den kurzen Interviews nur in 0,8% der Fälle so eingeschätzt. Generell zeigt sich hier vor allem, dass Veränderungen des Antwortverhaltens eher bei längeren Interviews wahrgenommen werden – egal in welche Richtung. Ein Beleg für die nachlassende Konzentration der Kinder findet sich nicht.

2. Die Datenlage

2.1 Ausschöpfung und realisierte Interviews

Im Laufe der Feldphase wurden 2.197 Adressen von 5- bis 6-jährigen Kindern und 2.231 Adressen von 8- bis 9-jährigen Kindern eingesetzt, zusammen also 4.428 Adressen. Bereits bei den neutralen Ausfällen zeigen sich leichte Unterschiede zwischen den Kohorten. Mit 7,7 % weisen die älteren Kinder eine geringere Quote neutraler Ausfälle auf als die jüngeren Kinder mit 9,5 %. Als Ursache für diesen Unterschied ist zum einen die bei den jüngeren Kindern höhere Quote von Sprachschwierigkeiten zu nennen. Zum anderen sind bei jüngeren Kindern aber auch mehr Adressen-Probleme aufgetreten bzw. waren die 5- bis 6-jährigen Zielkinder an den uns vorliegenden Adressen häufiger unbekannt (vgl. Tab. 1).

Tab. 1:   Ausschöpfungsstatistik

	Gesamt		Kohorte 5- bis 6- Jährige [1]		Kohorte 8- bis 9- Jährige [2]	
	n	%	n	%	n	%
Bruttostichprobe	4.428	100,0	2.197	100,0	2.231	100,0
Zielkind unbekannt	295	6,7	160	7,3	135	6,1
Zielkind zu jung oder zu alt	4	0,1	3	0,1	1	>0,0
Keine Verständigung mit Kontaktperson möglich (Sprachprobleme)	81	1,8	46	2,1	35	1,6
Neutrale Ausfälle insgesamt	**380**	**8,6**	**209**	**9,5**	**171**	**7,7**
Bereinigte Bruttostichprobe	**4.048**	**100,0**	**1.988**	**100,0**	**2.060**	**100,0**
Nicht erreicht	442	10,9	210	10,6	232	11,3
Eine der Zielpersonen ist vorübergehend krank	34	0,8	18	0,9	16	0,8
Eine der Zielpersonen ist dauerhaft krank	6	0,1	3	0,2	3	0,1
Eine der Zielpersonen ist geistig oder körperlich behindert	6	0,1	3	0,2	3	0,1
Eltern oder Haushaltsmitglied verweigern	192	4,7	62	3,1	130	6,3
Eine der Zielpersonen verweigert	1.032	25,5	496	24,9	536	26,0
Sonstige Ausfallgründe	42	1,0	20	1,0	22	1,1
Kein endgültiger Feldstatus	76	1,9	26	1,3	50	2,4
Systematische Ausfälle insgesamt	**1.830**	**45,2**	**838**	**42,2**	**992**	**48,2**
Abbruch des Interviews	10	0,2	2	0,1	8	0,4
Vollständig durchgeführtes Interview	2.208	54,5	1.148	57,7	1.060	51,5
Realisierte Interviews	**2.218**	**54,8**	**1.150**	**57,9**	**1.068**	**51,9**

[1] Es gilt der Rücklauf-Code der Mutter.
[2] Es gilt der Rücklauf-Code des Kindes.

Die Unterschiede sind nicht sehr groß und sollten daher nicht überinterpretiert werden. Allerdings bietet sich eine Erklärung an: In beiden angesprochenen Differenzen zeigt sich der Effekt des Schulbesuchs der 8- bis 9-jährigen Kinder, welcher Familien immobil macht. Wer die Schule als kommunale Einrichtung nutzen will, meldet seinen Wohnsitz in der betreffenden Kommune möglicherweise eher an als jemand, der solche Einrichtungen nicht nutzt.

Bei den Zuwanderer-Familien hat die ältere Kohorte im Schnitt mehr Deutschkenntnisse. Tendenziell werden diese Kenntnisse den Eltern weitergegeben. Außerdem können die älteren Kinder auch bei Interviews eher als Übersetzer dienen (wegen ihrer Deutschkenntnisse, wegen ihrer Lesefähigkeiten und wegen ihres höheren Alters). In diesem Zusammenhang lohnt es sich, die 127 Fälle zu analysieren, in denen beim mündlichen Interview mit Müttern und alleinerziehenden Vätern übersetzt werden musste. In Haushalten der älteren Kohorte wurde lediglich in 17 von 67 Fällen durch ein Kind übersetzt (das sind 25,4%). Zwar ist unklar, wer dieses Kind ist und ob es sich um das Zielkind handelt. Auffällig ist jedoch, dass in den Haushalten der älteren Kohorte in 32 von 60 Fällen durch ein Kind übersetzt wurde (das sind 53,3%), also doppelt so häufig.

Eine Betrachtung der systematischen Ausfälle zeigt ebenfalls erhebliche Unterschiede zwischen den Kohorten. Mit 48,2 % weisen die 8- bis 9-Jährigen und ihre Eltern weit mehr systematische Ausfälle auf als die 5- bis 6-Jährigen und deren Eltern (42,2% der Bruttostichprobe dieser Kohorte). Eine differenziertere Analyse der systematischen Ausfälle deutet auf die Verweigerungen der Eltern bzw. eines Haushaltsmitglieds und auf das Fehlen eines endgültigen Feldstatus als Ursache dieser Differenz hin. Hier zeigen sich die größten Unterschiede zwischen den Kohorten (vgl. Tab. 1). Dabei kann ein fehlender endgültiger Feldstatus in vielen Fällen als Vorstufe einer Verweigerung gewertet werden: der Interviewer wird immer wieder vertröstet.

Die Ursache dieser höheren Verweigerungsquote dürfte darin zu sehen sein, dass in der älteren Kohorte auch das Kind selbst mündlich persönlich befragt werden sollte. Wie nicht anders zu erwarten war, erschwerte diese zusätzliche Zumutung an die Befragten-Haushalte offensichtlich den Feldzugang. Darin ist jedoch noch kein prinzipielles Argument gegen die Befragung von Kindern zu sehen. Jede zusätzliche Forderung an die Befragten hätte den Feldzugang ebenfalls weiter erschwert.

Die höhere Quote systematischer Ausfälle in der älteren Kohorte zeigt sich entsprechend im Prozentsatz realisierter Interviews. Die bereinigte Ausschöpfungsquote bei den 8- bis 9-jährigen Kindern und ihren Eltern ist mit 51,9% deutlich niedriger als in der jüngeren Kohorte (57,9%), in der weniger systematische Ausfälle zu verzeichnen waren. Insgesamt ist die bereinigte Ausschöpfungsquote mit 54,8 % für eine Face-to-face-Befragung als sehr gut zu bewerten (vgl. Tab. 1).

Die genannten Quoten beziehen sich alle auf die Kinder bzw. in der jüngeren Kohorte stellvertretend auf die Mütter der Zielkinder. Obwohl es sich um eine Kinderstichprobe und nicht um eine Haushaltsstichprobe oder eine Familienstichprobe handelt, ist auch die Betrachtung auf Familienebene interessant. Es konnten insgesamt bei 2.251 Kindern mindestens ein Interview mit ihnen selbst, der Mutter oder dem Vater durchgeführt werden (beim Vater handelt es sich nicht notwendigerweise um ein Haushaltsmitglied). Das sind 55,6% der bereinigten Bruttostichprobe. Davon sind allerdings nur in 2.185 Familien die Interviews auswertbar und vollständig. Das sind 54,0% der bereinigten Bruttostichprobe. Vollständig meint hier, dass in der jüngeren Kohorte mindestens das Mütter-Interview und in der älteren Kohorte mindestens das Kinderinterview und das Mütter-Interview vorliegen.

Die Panelbereitschaft wurde ausschließlich im Fragebogen für Mütter und alleinerziehende Väter erhoben. Mit 84,4% liegt sie ausgesprochen hoch. Dies zeigt das insgesamt starke Interesse der Befragungsteilnehmer am Gegenstand der Untersuchung.

2.2 Bruttostichprobe und realisierte Fälle

Für den Vergleich von Grundgesamtheit, Bruttostichprobe und realisierten Fällen wird selbstverständlich wieder die Teilnahmebereitschaft der Kinder der älteren Kohorte sowie der Mütter der jüngeren Kohorte zugrundegelegt. Die Abweichungen zwischen der Grundgesamtheit und der eingesetzten Bruttostichprobe bewegen sich bei der Bundeslandverteilung in einem vernachlässigbaren Rahmen. Dies gilt insbesondere vor dem Hintergrund des Stichprobendesigns, das eine vergleichsweise geringe Zahl von 100 Gemeinden für die Erhebung vorsah.

Die Grundgesamtheit der 1. Welle des Kinderpanels bilden Kinder im Alter von 5 bis 6 bzw. 8 bis 9 Jahren, die in Privathaushalten auf dem Gebiet der Bundesrepublik Deutschland leben. Als zulässige Geburtszeiträume wurden die Monate 10.1993 bis 09.1994 und 10.1996 bis 09.1997 festgelegt. Nach ausgiebiger Diskussion und Würdigung unterschiedlicher Stichprobenvarianten im Hinblick auf statistische Sicherheit und Machbarkeit fiel die Entscheidung für eine Personenstichprobe aus den Einwohnermelderegistern. Ein wichtiger Vorteil einer Personenstichprobe auf Basis von Einwohnermeldedateien liegt darin, dass jede Person der Grundgesamtheit die gleiche Inklusionswahrscheinlichkeit hat und dass die Zielpersonen vorab kontaktiert werden können. Noch entscheidender ist jedoch, dass für die Verweigerer und die nicht erreichbaren Zielpersonen Informationen über Alter, Geschlecht, Nationalität und Wohnort vorliegen, die es grundsätzlich erlauben, Selektivitätsanalysen durchzuführen. Diese Vorteile wiegen die mit einer Personenstichprobe aus Einwohnermeldedateien verbundenen Nachteile (höhere Kosten und die notwendige Vorlaufzeit) bei weitem auf.

Insgesamt wurden aus 105 Sample Points in 100 Gemeinden durch die Einwohnermeldeämter Adressen gezogen. Dabei wurde das folgende Zufallsverfahren verwendet: Aus der Gesamtzahl der Kinder, die zur Grundgesamtheit gehören, geteilt durch die Zahl der gewünschten Adressen ergibt sich das Ziehungsintervall. Aus der nach dem Nachnamen alphabetisch sortierten und dann durchnumerierten Liste wurde zunächst die Nummer einer Adresse zwischen 1 und dem Ziehungsintervall zufällig ausgewählt. Von der Nummer dieser Adresse ausgehend wurden dann die Nummern der weiteren Adressen ermittelt, indem jeweils zur vorhergehenden Nummer das ganzzahlig gerundete Ziehungsintervall hinzugezählt wurde.

Für jeden Sample Point wurden jeweils 100 Adressen gezogen, die jedoch nicht alle Verwendung fanden, sondern in mehrere Teilstichproben zerlegt wurden, die jede für sich genommen ein repräsentatives Abbild der Grundgesamtheit darstellen (1. Teilstichprobe: 44 Adressen; 2. und 3. Teilstichprobe: je 10 Adressen pro Sample Point).

Insgesamt mussten zwei Gemeinden der ursprünglichen Auswahl durch andere ersetzt werden. In einer Gemeinde fanden sich nur sieben Kinder aus den gewünschten Altersgruppen, so dass eine Anonymisierung nicht mehr gewährleistet war. Aus datenschutzrechtlichen Gründen kam eine Bearbeitung folglich nicht in Frage. Eine weitere kleine Gemeinde musste ersetzt werden, da die Lieferung von Adressen verweigert wurde bzw. man sich zur Stichprobenziehung gemäß der von uns gewünschten Parameter nicht in der Lage sah. In einigen weiteren Gemeinden war die oben beschriebene Grundgesamtheit zu gering. Hier musste mit einem erheblich reduzierten Adressansatz gearbeitet werden.

Da die Stichprobenziehung über die Einwohnermeldeämter erfolgte, standen zu Beginn der Befragung nicht mehr Informationen zur Verfügung als die Adresse, das Geschlecht, das Alter und teilweise (soweit diese Information von den Einwohnermeldeämtern geliefert wurde) die Nationalität der solchermaßen ausgewählten Zielkinder. Insbesondere lagen grundsätzlich keine Informationen zur Familienkonstellation vor. Es war also unklar, ob das Zielkind Geschwister hat und ob es in einer vollständigen Familie lebt oder ob es sich um eine so genannte Patchwork-Familie handelt. Dementsprechend war auch unklar, ob überhaupt zwei Elternteile befragt werden konnten oder ob es sich bspw. um einen Haushalt mit einem alleinerziehenden Elternteil handelt. Möglichst beim ersten Kontakt sollte daher auf dem Kontaktprotokoll notiert werden, mit wem das Zielkind zusammenlebt. Das Kontaktprotokoll diente nicht nur dazu, die Arbeit der Interviewer und ihre Kontakte zu den Befragten zu dokumentieren und damit für eine möglichst vollkommene Transparenz des Feldgeschehens zu sorgen. Für die Interviewer war das Kontaktprotokoll zugleich Entscheidungshilfe und Wegweiser für ihre Tätigkeit. Dementsprechend befand sich auf dem Kontaktprotokoll eine Liste mit möglichen Familienkonstellationen, in der die richtige angekreuzt werden sollte. Direkt daneben standen für jede Familienkonstellation Anweisungen, welche Person mit welchem Fragebogen befragt werden sollte.

- Wohnte das Kind mit seinen biologischen Eltern, mit Pflege-, Adoptiv oder Stiefeltern zusammen, sollte die Mutter mit dem Mütter-Fragebogen und der Vater mit dem Väter-Fragebogen befragt werden.
- Lebte das Kind bei seinem alleinerziehenden Vater, sollte der Vater mit dem Mütter-Fragebogen – eigentlich „Mündlicher Fragebogen für Mütter und alleinerziehende Väter" – befragt werden. Dies geschah vor dem Hintergrund der bereits erwähnten Entscheidung, die wesentlichen Informationen im Mütter-Fragebogen zu erheben und den Väter-Fragebogen als zwar wichtige, aber notfalls dennoch verzichtbare Ergänzung anzusehen.
- Hatte der alleinerziehende Vater eine neue Partnerin, hing die Verwendung der Fragebögen davon ab, wie lange diese Partnerin das Zielkind schon kannte und wie kompetent sie dementsprechend Auskunft über dessen Lebenssituation geben konnte.
- Lebte die aktuelle Partnerin seit mindestens einem Jahr beim Vater, wurde sie mit dem Mütter-Fragebogen befragt und der Vater mit dem Väter-Fragebogen.
- Waren die Erfahrungen der neuen Partnerin mit dem Zielkind vom zeitlichen Umfang her noch zu gering, wurde nur der Vater mit dem Fragebogen für Mütter und alleinerziehende Väter befragt.
- Bei alleinerziehenden Müttern und ihren Partnern wurde eine solche Einschränkung nicht getroffen. Da der Väter-Fragebogen als Informationsquelle im Vergleich zum Mütter-Fragebogen nicht ganz so zentral ist, sollten die neuen Partner der alleinerziehenden Mütter den Väter-Fragebogen auch dann ausfüllen, wenn sie weniger als ein Jahr mit der jeweiligen Mutter des Zielkindes zusammenlebten.
- Bei alleinerziehenden Müttern ohne aktuellen Partner schließlich wurde der beim Zielkind lebende Elternteil mit dem Mütter-Fragebogen befragt. Zugleich wurde die Mutter nach der Adresse des anderen Elternteils gefragt. Falls der Vater noch lebte, falls seine Adresse weitergegeben wurde und falls diese im gleichen Ort oder nahe bei der des Zielkindes lag, erhielt der Vater den schriftlichen Väter-Fragebogen vom Interviewer zeitnah zur Befragung von Mutter bzw. Kind vorbeigebracht. Bei auswärtigen Adressen schickte infas dem Vater den Väter-Fragebogen später per Post zu.

2.3 Beschreibung der realisierten Stichprobe

Aus den von infas gelieferten Daten mussten einige Interviews nachträglich ausgeschlossen werden. Je nachdem, welcher Kohorte das Zielkind angehört, waren unterschiedliche Interviewkombinationen gültig. Bei Kindern der jüngeren Kohorte musste mindestens ein Elternteil befragt werden, bei Kindern der älteren Kohorte zusätzlich auch das Kind selbst.

Nach diesen Kriterien liegen für 2190 Zielkinder auswertbare Interviewkombinationen vor. Je nach Kombination konnten ein bis drei Interviews durchgeführt werden, die Anzahl der durchgeführten Interviews beträgt 4586. Tabelle 2 liefert eine Übersicht über die Zusammensetzung der realisierten Stichprobe.

Tab. 2:   Realisierte Interviewkombinationen

Kohorte	Informationen von...	n
Kleinkind	der Mutter	462
	dem alleinerziehenden Vater	8
	Mutter und Vater	678
	Gesamt	1148
Schulkind	dem Schuldkind und der Mutter	373
	dem Schulkind und dem alleinerziehenden Vater	11
	dem Schulkind und beiden Elternteilen	658
	Gesamt	1042
Gesamt		2190

3. Ausgewählte Konstrukte zur Bestimmung der Lebenslage der Kinder

Die Studie verfolgt einen doppelten Zweck: Zum einen versucht sie – im Sinne einer Sozialberichterstattung – Lebenslagen von Kindern differenziert zu beschreiben. Zum anderen werden Einflüsse unterschiedlicher Lebenslagen auf die Persönlichkeitsentwicklung der Kinder nachgezeichnet.
Speziell geht es um die Fragen:
a) Was fördert Kinder in ihrer psychosozialen Entwicklung? Unter welchen Voraussetzungen entwickeln sie Fähigkeiten, soziale Beziehungen aufzubauen und aufrecht zu erhalten, sich in Gruppen zu orientieren und zu positionieren, gemeinsam mit anderen Probleme zu lösen und Konflikte zu bewältigen, soziale Unterstützung zu geben oder zu nutzen?
b) Welche Risikofaktoren sind für die Kompetenzentwicklung von Kindern von Bedeutung? Welche Konstellationen bergen die Gefahr, dass Kinder in ihrer persönlichen und sozialen Entwicklung (z. B. Schulerfolg, persönliche Interessenentfaltung) eingeschränkt werden oder Problemverhalten entwickeln (z. B. Aggressivität, Krankheiten, abweichendes Verhalten)?

Wichtige Sozialisationsinstanzen in der Kindheit sind die Familie, Gleichaltrigen-gruppen und Institutionen wie Kindergarten, Hort und Schule. Diese Lebensberei-che stellen spezifische Anforderungen an die Kinder und bieten Handlungsspiel-räume und Lernchancen. In den Lebensbereichen soll der Blick insbesondere auf sozioökonomische (materielle) Ressourcen, Infrastrukturen und soziale Ressour-cen gerichtet werden. Die Entwicklungsprozesse sollen im Zusammenhang mit den Übergängen zwischen Institutionen, d. h. vom Kindergarten in die Grundschule sowie von der Grundschule in die Sekundarstufe I untersucht werden.

Der *theoretische Bezugsrahmen* basiert auf einer entwicklungstheoretischen Perspektive (Lazarus u.a.; Brandtstädter u.a), z.b. auf Coping-Ansätzen, auf sozialen Lerntheorien (Bandura; Seligman) auf Ansätzen zur Entwicklung alters-spezifischer Fähigkeiten im gesellschaftlichen Kontext (z. B. Silberei-sen/Zinnecker) und auf der Annahme, dass die Entwicklung von Kompetenzen von der frühen Kindheit bis in die Pubertät (und weiter) in lebensphasen-, lebenslagen- und institutionenspezifischen Settings (Weber 1997) verläuft. Allgemeine Ansätze wie die Coping-Theorie oder die soziale Lerntheorie können als Modu-le/Strukturgeber für gegenstandsspezifische Ansätze (bezogen auf Familie, Kitas, Schule usw.) ausgearbeitet werden. Außerdem können darüber hinaus spezifische Ansätze zur Familienentwicklung (Fthenakis; Schneewind; Walper usw.) berück-sichtigt werden. Das zugrundeliegende Entwicklungsverständnis geht von einem Subjekt aus, das sich aktiv mit seiner jeweiligen sozialen, gesellschaftlichen und kulturellen Umwelt auseinandersetzt. Zum einen wird davon ausgegangen, dass Entwicklungsphasen sich nicht nur durch das chronologische Lebensalter, sondern vor allem durch sozial definierte Altersphasen (z. B. Schulalter bzw. die Zugehö-rigkeit zu Institutionen) kennzeichnen lassen. Zum anderen gehen wir davon aus, dass Bildungsanlässe und Bildungsgelegenheiten durch spezifische Anforderungen im Rahmen von Übergängen, durch Lebensereignisse oder Lebenslagen, sowie durch pädagogische Maßnahmen, z.B. in Institutionen gegeben sind. Die dabei möglichen Entwicklungen hängen eng zusammen mit den wahrgenommenen per-sönlichen, materiellen, infrastrukturellen und sozialen Ressourcen und den im Verlauf der Sozialisation erworbenen Kompetenzen zur Nutzung dieser Ressour-cen. Untersucht werden soll, wie Kinder die vielfältigen Herausforderungen beim Schuleintritt bzw. beim Übertritt in die Sekundärstufe I erleben und bewältigen.

Zu diesem Zwecke wurde eine Reihe von Indikatoren und Konstrukten gebil-det, die von der Kinderbetreuung bis zum sozialen Kapital der Kinder und ihrer Eltern, von der Bedeutung der Region bis hin zum Einfluss der sozialen Schicht, von den individuellen Dispositionen bis hin zu den Eigenschaften der sozialen Netzwerke einen weiten *range* an Bedingungen abstecken, die die Situation der Kinder und ihrer Familien abbilden sollen.

3.1 Das Äquivalenzeinkommen

Das Äquivalenzeinkommen wird zunächst jeweils aus den Daten des Mütterfrage-
bogens und den Daten des Väterfragebogens berechnet. Ein gesamtes Einkommen
der Familie wird dann durch Vergleich beider Äquivalenzeinkommen ermittelt.
Bei Abweichungen zwischen beiden Einkommen werden die diejenigen Angaben
verwertet, die vom Alleinverdiener oder Hauptverdiener in der Familie stammen.
Zur Berechnung des Äquivalenzeinkommens muss die Zahl der Kinder bis 14
Jahre, die Zahl der Kinder über 14 Jahre und die weitere Anzahl von Erwachsenen
im Haushalt aus den Angaben in den Fragebögen ermittelt werden.

Zunächst berechnen wir die Gesamtzahl der im Haushalt lebenden Kinder
durch Abzählen. Danach wird ermittelt, wie viele Kinder davon über 14 Jahre alt
sind. Im nächsten Schritt wird geprüft, ob die Zahl der Kinder unter 14 wenigstens
größer gleich eins ist. Ist dies nicht der Fall, wird der Wert für die Zahl der Kinder
im Haushalt um eins erhöht, da dann offensichtlich das Ziel-Kind (das Kind, welches in dem Design der Studie ausgewählt werden sollte) in der Liste der Kinder
nicht aufgeführt wurde. Im nächsten Schritt wird die Anzahl der Erwachsenen im
Haushalt ermittelt, wobei die Auskunft gebende Person nicht mitgezählt wird, da
diese als Haushaltsvorstand im Äquivalenzfaktor mit dem Faktor eins bedacht
wird. Die Anzahl der sonstigen Erwachsenen im Haushalt muss wenigstens null
sein und darf nicht negativ werden. Ergibt sich hier der Wert - 1, so wurde bei der
Angabe der Personen im Haushalt offensichtlich von der Auskunft geben Person
ihre eigene nicht mitgezählt. Daher wird ein Wert von - 1 durch hinzuzählen einer
weiteren Person korrigiert.

Nachdem so die Zahl der Erwachsenen, die Anzahl der Kinder über 14 Jahren
und die Zahl der Kinder unter 14 Jahren ermittelt ist, werden die Äquivalenzfakto-
ren nach der OECD-Konvention, und zwar sowohl nach der alten als auch nach
der neuen, berechnet. Nach der alten Konvention werden weitere Erwachsene und
Kinder über 14 Jahre mit dem Faktor 0,7 und jüngere Kinder mit dem Faktor 0,5
berücksichtigt. Nach der neueren Konvention werden sonstige Erwachsene und
Kinder über 14 mit dem Faktor 0,5 und jüngere Kinder mit dem Faktor 0,3 berücksichtigt.

3.2 Persönlichkeitsindikatoren[1]

Ziel der Fragen zur Persönlichkeit war es, Aspekte, wie das Temperament bzw. die
emotionale Befindlichkeit erfassen zu können. Nach unseren theoretischen Vorüberlegungen und einer umfangreichen Suche nach bereits existierenden Skalen
war einerseits klar, dass keine der schon vorhandenen Skalen das Spektrum an
Merkmalen abdeckte, das wir über diesen Bereich erfahren wollten. Andererseits

---

[1] Siehe auch Beitrag Wahl im Band I

war in der beschränkten Interviewzeit kein weiteres Instrument realisierbar. Daher wählten wir die – allerdings andere Probleme implizierende – Lösung, eine *neue Skala* zu bilden. Ihre 30 Items wurden von unterschiedlichen Quellen angeregt, vor allem von der *Child Behavior Checklist – CBCL* (Achenbach/Edelbrock 1981), den *Temperamentsskalen* von Windle/Lerner (1986) bzw. deren deutscher Kurzversion (Schwarz/Rinker 1998), der *Leipziger Längsschnittstudie* (Zentralinstitut für Jugendforschung 1986 ff.), allerdings teilweise umformuliert und ergänzt durch weitere ähnliche Items, wie sie in Persönlichkeits- bzw. Temperamentsskalen immer wieder auftauchen. Etliche der Items mussten so umgeformt werden, dass sie in ein einheitliches zweipoliges Skalen-Schema mit jeweils vier Merkmals-ausprägungen passten („trifft voll und ganz zu/trifft eher zu/trifft eher nicht zu/trifft überhaupt nicht zu"). Diese Skala wurde den Grundschulkindern in zwei getrennten Blöcken zu je 15 Items zur Beantwortung vorgelegt, um Ermüdungserscheinungen vorzubeugen. Die Mütter und Väter sollten die Skala in entsprechender Umformulierung für die Persönlichkeitsmerkmale ihrer Kinder im Ganzen beantworten.

Diese neu zusammengestellte Skala umfasst ein ganze Reihe von Dimensionen, die in der Beschreibung und Analyse von Persönlichkeitsmerkmalen allgemein akzeptiert werden. Dazu gehören Aspekte wie Ärger/Wut, Aggressivität, Dominanz bzw. Submission, Extra- und Introversion, Ängstlichkeit, Unsicherheit, Trauer/Depressivität, Hyperkinetik, Impulsivität, Konzentrationsfähigkeit, Empathie, Kreativität, Intelligenz, Wohlbefinden/Happiness und Selbstwert. Eine anschließende *Faktorenanalyse* ergab neben den theoretisch erwarteten Dimensionen einige *zusammenfassende Faktoren:*[2]

- *Externalisierung* (Wut, Launenhaftigkeit, Störung anderer, Aggressivität – Cronbachs Alpha = .68 bis .80). Dabei gingen folgende Fragen in den Indikator mit ein: raufe gern/Spaß am Ärgern anderer/falle anderen auf die Nerven/ werde leicht sauer/fange oft Streit an/bin oft wütend auf andere/bin oft launisch

- *Motorische Unruhe* (Zappeligkeit, Impulsivität – Cronbachs Alpha = .55 bis .75). Dabei gingen folgende Fragen in den Indikator mit ein: bin zappelig/ kann nicht lange stillsitzen, 1 Item Impulsivität: handle oft ohne nachzudenken

- *Internalisierung* (Unsicherheit, Ängstlichkeit, Traurigkeit, Schüchternheit, Einsamkeit – Cronbachs Alpha = .62 bis .70). Dabei gingen folgende Fragen in den Indikator mit ein: manchmal ängstlich/manchmal traurig/fühle mich manchmal allein/manchmal unsicher/schüchtern/habe manchmal Angst vor fremden Kindern

---

[2] In Klammern die für die Kinder, Mütter und Väter errechneten Reliabilitätskoeffizienten *Cronbachs Alpha*. Je näher diese dem Wert 1 kommen, umso stärker ist die Konsistenz der Items, die in den jeweiligen Index eingehen.

- *Soziale und kognitive Aufgeschlossenheit* (Offenheit für neue Kinder, Empathie, Kreativität, rasche Auffassungsgabe[3] – Cronbachs Alpha = .50 bis .60). Dabei gingen folgende Fragen in den Indikator mit ein: merke, wenn es Freunden schlecht geht/habe viele Ideen/lerne gerne neue Kinder kennen/Einfühlungsvermögen/begreife schnell

- *Positives Selbstbild* (sich okay finden, gute Laune, Stolz auf eigene Leistung, Neugier – Cronbachs Alpha = .50 bis .64). Dabei gingen folgende Fragen in den Indikator mit ein: finde mich ok/stolz auf das Geschaffte/meist gut gelaunt/probiere gern Neues/lache gern

Dabei traten leicht unterschiedliche Gewichtungen bei einzelnen Faktoren auf, je nach Geschlecht und Befragungsperson (8- bis 9-jährige Kinder über sich, Mütter und Väter über die Kinder). Bei der folgenden Ergebnisdarstellung werden wegen der besseren Vergleichbarkeit diese kleinen Unterschiede ignoriert und einheitliche, zusammenfassende Indizes gebildet. Ein gekürztes Persönlichkeitsinventar mit denselben Hauptdimensionen wie bei den Kindern wurde auch für die *Mütter und Väter selbst* erhoben.

3.3 Selbstwirksamkeit[4]

Wer kann diese überdauernden charakteristischen Merkmale und Verhaltensweisen feststellen, können die Kinder sich selbst einschätzen oder müssen wir Auskünfte bei den Eltern einholen? Wie stimmen die Selbsteinschätzungen der Kinder mit denjenigen ihrer Mütter oder Väter überein? Gehen bestimmte Persönlichkeitsmerkmale mit bestimmten Verhaltensproblemen der Kinder einher und wie wirken sich beide auf schulische Merkmale aus? Zu den aufgeworfenen Fragen werden einige markante Forschungsbefunde als Hintergrund zu der Befragung im Kinderpanel berichtet.

Für Erwachsene wird heute häufig auf ein Modell der Persönlichkeit Bezug genommen, das als *Big Five* bezeichnet wird. Es beruht auf einer schrittweisen, aus Eigenschaftslisten gewonnenen Persönlichkeitsbeschreibung und umfasst die folgenden fünf übergeordneten Merkmalsgruppen:
- Neurotizismus oder emotionale Instabilität (nervöse Ängstlichkeit, Erregtheit)
- Extraversion (Geselligkeit, geringe Schüchternheit, Impulsivität)
- Liebenswürdigkeit, Verträglichkeit (Wärme, Hilfsbereitschaft, Toleranz)
- Gewissenhaftigkeit (Ordentlichkeit, Beharrlichkeit, Zuverlässigkeit)

---

[3] Unabhängig davon, welche Art von Faktorenanalyse man rechnet (z.B. unter Vorgabe unterschiedlicher Zahlen von Faktoren), es ergibt sich immer wieder eine Kombination von sozialer Aufgeschlossenheit, Empathie und Anzeichen für Kreativität und rascher Auffassungsgabe, d.h. Korrelationen von *sozial-emotionalen* und *kognitiven* Aspekten. Populär verallgemeinert: Kognitive, emotionale und soziale Intelligenz gehen zu einem bemerkenswerten Anteil Hand in Hand.

[4] Siehe auch den Beitrag von Glogger-Tippelt in Band 2

■   Offenheit für kulturelle und intellektuelle Erfahrungen (Gebildetheit, Kreativität, Gefühl für Kultur) (Costa/McGrae in Asendorpf 1999, S.129).

Dieses Fünf-Faktoren-Modell der Persönlichkeit bei Erwachsenen konnte unter Einbeziehung von Eltern-, Lehrer- und Peerbeschreibungen auch für Kinder und Jugendliche faktoriell reproduziert (Ehrler/Evans/McGhee 1999) und zusätzlich durch Zusammenhänge mit unabhängigen Beobachtungen über das Sozialverhalten der Kinder validiert werden. Die Zusammenhänge zwischen Persönlichkeitsmerkmalen und Verhaltensbeobachtungen erwiesen sich im Alter von 4 bis 6 Jahren (Erzieherurteil), 10 Jahren (Elternurteil) und 12 Jahren (Eltern- und Peerurteil) als konsistent. Eine den *Big Five* entsprechende faktorielle Struktur konnte auch mit Hilfe der umfassenden Beschreibung der kindlichen Persönlichkeit durch das California-Child-Q-Sort Verfahren (CCQ) von Block/Block (1983) festgestellt werden. Benutzt man faktorenanalytisch abgesicherte Skalen, so ergeben sich auch die sogenannten *Little Five* und zusätzlich zwei weitere faktorielle Merkmalsbereiche, und zwar Reizbarkeit (Empfindlichkeit, Neigung zu Wutausbrüchen und Weinen) und ein Faktor der positiven Aktivität, der in den Big Five in dem Bereich der Extraversion enthalten war, wie eine umfangreiche Studie an 12- bis 13-jährigen Jungen in den USA ergab (John u.a. 1994, S. 170). Auch deutsche Befunde gehen daher inzwischen von einem empirisch begründeten Modell von mindestens fünf Persönlichkeitsdimensionen der *Little Five* bei Kindern aus (Asendorpf/van Aken 2003b). *Selbstwirksamkeit* oder generalisierte Kompetenzerwartung wird ebenfalls als stabiles Persönlichkeitsmerkmal gesehen, bisher wurde es jedoch überwiegend bei Erwachsenen untersucht. Damit ist die generalisierte Überzeugung angesprochen, Handlungen selbst bestimmen und angestrebte Ziele auch bei Schwierigkeiten erreichen zu können. Selbstwirksamkeit ist positiv verbunden mit Selbstwertgefühl, Optimismus, internaler Kontrolle und Neugier. Negative Zusammenhänge konnten mit Pessimismus, Ängstlichkeit, Schüchternheit, Depressivität und Einsamkeit festgestellt werden (Schwarzer 2000, S. 190). Im Kontext der genannten fünf Faktoren könnte Selbstwirksamkeit auch bei Kindern von Bedeutung sein.

3.4   Raum- oder Regionalisierungsindikator

In der Sozialforschung ist es nichts Neues, dass der Raum, z.B. das Stadtviertel, die Region oder das Bundesland, ein wichtiges Kriterium der Betrachtung darstellt. Dennoch spielte vor allem der physische Raum[5] lange Zeit eine marginale Rolle, da ihm ein eigenständiger Einfluss oft abgesprochen wurde. Und das, obwohl sich das gesamte soziale und gesellschaftliche Leben im realen, fassbaren Raum ab-

---

[5] Naturraum und gebaute Umwelt (relativ stabil). In der sozialökologischen Literatur auch räumlich-dinghafte Umweltfaktoren genannt.

spielt. Jeder Mensch, jedes Kind wohnt und lebt in einer Wohnung, einer Straße, einer Stadt, einer Region. Und all diese räumlichen Ebenen können das Leben und Erleben des Individuums beeinflussen – mal subtiler und indirekter, mal direkter.

Ziel dieser Betrachtung ist es, Räume und Regionen zu identifizieren, in denen das Leben und Aufwachsen von Kindern mit größeren Risiken bzw. mit größeren Chancen verbunden ist. Hierfür wird, wenn möglich, die Sicht des Kindes eingenommen. Kinder sind aufgrund ihrer Abhängigkeit und des damit verbundenen geringen Aktionsradius in der Regel viel stärker von räumlichen Restriktionen beeinflusst als Erwachsene. Kinder sind weniger mobil und können in der Regel nicht selbst raumwirksame Entscheidungen (z.B. Umzug) treffen. Auf der anderen Seite sind Kinder stärker als Erwachsene in der Lage, sich Räume mit Hilfe ihrer Phantasie zu schaffen bzw. vorhandene Raumstrukturen und Raumfunktionen gemäß ihren Bedürfnissen umzuinterpretieren.

Ausgehend von diesen Überlegungen wurden Indikatoren auf mehreren räumlichen Ebenen gebildet, die zusammen mit den abstrakten Raumebenen wie West/Ost das Individuum, hier das Kind, ähnlich einem Zwiebelschalenmodell umhüllen. Besonderes Gewicht erhielt in der vorliegenden Studie die Wohnungs- und Wohnumfeldsituation. Damit kann eine Betrachtung der räumlichen Gegebenheiten von unten nach oben vorgenommen werden, die sowohl auf der Mikroebene des Individuums, der Mesoebene von Stadt und Region wie auch auf der Makroebene von Bundesland und Ost/West Aussagen über Disparitäten und etwaige Einflüsse oder Risiken zulässt.[6] Die Indikatorenbildung ist zusätzlich ein Ausweg aus dem Dilemma der sonst üblichen politischen Regionalisierung auf der Basis von Kreis- und Gemeindegrenzen. Vor allem bei den ‚Schalen‘, die näher am Zwiebelkern der Individualebene liegen, gibt es schnell entweder Datenschutzprobleme oder die politische Einteilung kann aufgrund kleinräumiger Heterogenität nicht mehr mit dem interessierenden ‚Subjekt‘, über das man räumliche Aussagen machen will, in Beziehung gesetzt werden.

Das bedeutet für die hier vorgenommene Indikatorenbildung, dass auf den unteren Ebenen direkt an den Aussagen der Betroffenen angesetzt wird und die Distanz nach und nach erhöht wird. Auf der Makroebene sind dann auch dadurch bessere Bezüge zum Individuum zu erwarten, dass die Betrachtung durch die anderen Ebenen nachvollziehbarer wird.

---

[6] Dies auch, weil durch die Klärung der Bezüge zwischen den Schalen es leichter möglich ist, den Beitrag der einzelnen Ebenen zu bestimmen und Anhaltspunkte zu erhalten, welche Einflüsse direkt oder indirekt auf die Kinder wirken.

Die Betrachtungsebenen sind im Einzelnen:

Mikroebene: Wohnung und Wohnumfeld (Beide werden zu einem Mikroge-
                    samtindikator ‚Wohnsituation' zusammengefasst.)
Mesoebene: Stadt/Land-Gegensatz (Urbanität)
                    Region (soziale und wirtschaftliche Situation)
Makroebene: Bundesland
                    Ost/West

Die Indikatoren sind im Einzelnen:

Wohnung:

In die Indikatorbildung gingen Angaben ein zur Miet- bzw. Eigentumssituation der
Wohnung, zur Art der Wohnung (Anzahl der Wohneinheiten pro Haus), zum Zustand und zur Ausstattung der Wohnung (über 7 Teilvariablen), zur Kinderzim-
merquote pro Kind und zur Größe der Wohnung (qm pro Haushaltsmitglied).

Wohnumfeld:

Hier wurden die Angaben der Befragten zur Umweltsituation der Wohnung (Lärm
und Abgase), zur Verkehrssicherheit, zu den Spielmöglichkeiten in der Nähe und
zur Dichte der Bebauung des Quartiers berücksichtigt.

Stadt/Land-Gegensatz (Urbanität):

Zur Ermittlung der Urbanität wurde aus Einwohnerzahl und Fläche der Gemeinden
die Bevölkerungsdichte (Einwohner pro km²) berechnet. Der ‚harten' Zahl der
Bevölkerungsdichte wurde bewusst der Vorzug gegeben vor Stadt-Land-
Kategorisierungen, die Zentralitätsaspekte und/oder politische Grenzziehungen
berücksichtigen.[7]

---

[7] Für ein Kind ist es unwichtig, wie viel Gemeindemitglieder pendeln oder ob es in einer
Gemeinde von nur 2500 Einwohnern lebt, die zwar mangels Eingemeindung politisch ei-
genständig ist, jedoch von der sie umgebenden Großstadt nicht zu unterscheiden ist und
faktisch nichts mit einer durchschnittlichen Gemeinde von 2500 Einwohnern gemeinsam
hat. Trotzdem war die Verteilung der Interviews nach den BIK-Kategorien (Stadt-Land-
Gliederung unter Zentralitätsaspekten) und nach der politischen Gemeindegliederung wichtiges Kriterium bei der Ziehung der deutschlandweit repräsentativen Panel-Stichprobe. Und
natürlich gibt es zwischen diesen Kategorisierungen und der Bevölkerungsdichte einen
engen Zusammenhang (Spearman's Rho 0,82 bzw. 0,84). Dennoch erschien uns die rohe
Dichtezahl nicht nur als ein einfacheres und nachvollziehbareres, sondern unter den kind-
gemäßen Bewertungsaspekten auch als adäquateres Konstrukt. Datenquelle war das Bundesamt für Bauwesen und Raumordnung (BBR) für das Jahr 2000.

Soziale und wirtschaftliche Situation der Region:

In diesen auf der Flächengrundlage der Kreise gebildeten Indikator gingen vier Teilindikatoren ein: eine Kombination aus Abiturientenquote und der Quote der Schulabgänger ohne Abschluss, die Arbeitslosenquote, die Sozialhilfe-Empfänger-quote) und zur kommunalen Finanzsituation die „Gestaltungsquote", das heißt das Verhältnis der kommunalen Schulden zu den Einnahmen.

Diese Indikatoren bzw. die erwähnten Einzelvariablen, aus denen die Indizes bestehen, geben noch keine Auskunft über Risiken oder Chancen bestimmter räumlicher Umstände für die Lebenslagen von Kindern. Denn die Einzelvariablen wurden völlig unterschiedlich gemessen. Will man dem oben erwähnten Anspruch eines einheitlichen, vergleichbaren Zwiebelschalenmodells nachkommen, benötigt man daher Bewertungen, die die Messungen für eine bestimmte Fragestellung vereinheitlichen (hier: das oben erwähnte Ziel der Studie). Unsere Quellen für die Bildung einer einheitlichen Bewertungsskala waren:

- Einschätzungen der Eltern (aus den Befragungsergebnissen)
- Extraktion von Forschungsergebnissen aus der einschlägigen Literatur
- Hineinversetzen in das kindliche Erleben bzw. Umsetzung eigener Kindheits-erfahrungen

Aus diesen Quellen wurde eine 6-stufige Skala (von +2 = stark positiver Einfluss auf Kinder bis -3 = stark negativer Einfluss auf Kinder) gebildet und sämtliche Ausprägungen der Einzelvariablen (für Raumebenen, für die das Sinn machte)[8] wurden auf dieser Skala verortet. Dadurch werden die Antworten hinsichtlich des kindlichen Erlebens vergleichbar. Nachteil dieser Methode ist die unvermeidliche Subjektivität der vorgenommenen Bewertung.

Die Zusammenfassung der Einzelvariablen zu den Indikatoren erfolgte im Wesentlichen über die Aufsummierung und Gruppierung der beteiligten (jetzt vergleichbar bewerteten) Variablen. Dabei gingen die Variablen bzw. die oben beschriebenen Variablengruppen[9] bei der Aufsummierung mit dem gleichen Gewicht in die Indexbildung ein.

Die bewerteten Raumindikatoren bilden zusammen mit den unbewerteten Raumebenen Urbanität, Bundesland sowie Ost/West das räumliche Beobachtungsmodell für die Kinder im Kinderpanel. Angesichts der Diskriminierungskraft der so gebildeten, recht einfachen Indikatoren muss das Fernziel die genauere Abschätzung des Gewichts und der Beziehungen der räumlichen Einflussvariablen untereinander sein, um vielleicht einmal einen Raumeffektindikator bilden zu

---

[8] Natürlich konnten Urbanität oder Bundesland nicht auf diese Weise bewertet werden, sondern hauptsächlich die Mikro-Indikatoren und (mit leichten Modifikationen) der Regionalindikator.

[9] Zum Beispiel wurden die 7 Teilvariablen zur Ausstattung der Wohnung zu einer Ausstattungsvariable zusammengefasst.

können, der mehrere Raumebenen vereint und für unterschiedliche Zielgruppen (Senioren, Jugendliche, Behinderte etc.) modifiziert werden kann.

Schichtindikator

Der soziale Schichtindikator wird durch Summation von drei Hilfsindikatoren gebildet:

> Ausbildungsabschluss
> Einkommen und
> ausgeübter Beruf.

Diese werden in etwa gleich bewertet. Dabei wird der Indikator entsprechend den vorgefundenen empirischen Familienkonstellationen für die Mütter anhand der Angaben aus dem Mütterfragebogen, für die Väter anhand der Angaben aus dem Väterfragebogen und für die Familie anhand beider Indikatoren gebildet. Steht mehr als nur eine Information über die herangezogenen Variablen zur Verfügung, wird jeweils derjenige Indikator ausgewählt, der im Vergleich von Mutter- und Vater-Indikator die höhere soziale Schicht ergibt.

Mit diesem Indikator wird jeder Person ein sozialer Status zugeordnet. Wenn Angaben völlig fehlen, so ergibt sich der Wert Null.

Im Folgenden wird die Bildung des sozialen Schichtindikators anhand der Mütterdaten erläutert. Für die Bildung des Indikators aus den Väterdaten gilt das Gesagte entsprechend.

Die Angaben zum Berufsabschluss werden entsprechend der Vercodung des Ausbildungsabschlusses im Fragebogen mit Werten zwischen 2 und 11 der ersten Hilfsvariablen (Ausbildungsabschluss) zugewiesen. Der Angabe „sonstiger Ausbildungsabschluss" wird der Wert 5 zugeordnet, da genauere Angaben über die Einstufung fehlen. Den niedrigsten Wert weisen wir der Angabe „keinen beruflichen Ausbildungsabschluss" zu. Den höchsten Wert erhält der Hochschulabschluss mit 11 Punkten.

Als zweiten Faktor zur Bildung der sozialen Schicht berücksichtigen wir die Angaben zum Einkommen. Die Hilfsvariable erhält den Wert der Variablen aus dem Fragebogen zugewiesenen. Die Werte dieser Hilfsvariablen reichen von 1 bis 10.

Als dritten Bereich berücksichtigen wir die Angaben über den ausgeübten Beruf. So weit bei dieser Variable eine Angabe gemacht wird, wird die Hilfsvariable durch Multiplikation mit einem Gewichtungsfaktor zwischen 1 und 3 berechnet, der die soziale Hierarchisierung der unterschiedlichen Berufsgruppen berücksichtigt. Dadurch ergeben sich Werte für den Hilfsindikator „Berufliche Schicht" zwischen 1 (ungelernter Arbeiter) und 9 (Freiberufler mit fünf und mehr Mitarbeitern).

Der soziale Schichtindex wird nicht durch die einfache Summation der einzelnen Indizes gebildet, sondern dadurch, dass die Wurzel aus der Summe der Quadrate der drei Hilfsindizes gezogen wird. Dieses Verfahren hat den Vorteil, dass sich der Ausfall einzelner Hilfsvariablen aufgrund fehlender Antworten im Fragebogen nicht so gravierend auf die Bildung des gesamten Indexes auswirkt. Anschließend wird der Schicht-Index, der auf diese Weise gebildet wurde, so recodiert, dass sich eine annähernd symmetrische oder normalverteilte Aufteilung des Samples auf fünf Schichten ergibt, die als Unterschicht, untere, mittlere und obere Mittelschicht und als Oberschicht bezeichnet werden. Der Indikator erweist sich aufgrund der dreidimensionalen Struktur und der Berechnung als Wurzel aus dem Quadrat, also als Länge in einem dreidimensionalen Vektorraum, gegenüber Variationen in den Gewichtungsfaktoren und den Recodierungen als relativ stabil.

Die Verwendung des nicht äquivalenzbereinigten Einkommens im Schichtindikator rechtfertigt sich nach unserer Auffassung letztlich dadurch, dass damit die soziale Wertschätzung von Kindern in der Familie durch das soziale Umfeld indirekt mitberücksichtigt wird. Außerhalb des Bereichs der unteren Schicht(en) sind Kinder inzwischen durchaus ein Faktor im Sozialprestige und damit bei der Schichtangabe zumindest indirekt zu berücksichtigen. Dies zeigt die Differenz zwischen einer reinen ökonomischen Armutsklassifikation, für die der Äquivalenzfaktor entscheidende Bedeutung hat, und einem Schichtindikator, der versucht, horizontale Disparitäten in einem Indikator in eindeutiger Weise abzubilden.

3.5 Soziale Integration

Der Indikator „Soziale Integration in Freundschaftsgruppen", wurde aus mehreren Variablen konstruiert. Er sollte durch einen Wert zwischen 0 (nicht integriert) und 1 (hoch integriert) das Maß der Integration der Kinder in ihre Freundschaftsnetze abbilden. Zur Berechnung wurden deshalb die Werte der Variablen summiert und durch die Anzahl der Variablen dividiert. Durch dieses Vorgehen erhält man für jeden Befragten einen Wert in dem gewünschten Wertebereich zwischen 0 und 1. Folgende Schritte zeigen die genaue Entstehung des Indikators:

1. Aus dem Datensatz wurden zunächst die Kinder der älteren Kohorte („Schulkinder") selektiert. Diese Auswahl war notwendig, weil nur die Schulkinder unmittelbar zu dem Themenkomplex befragt wurden, für Kleinkinder der Indikator also gar nicht berechnet werden kann.
2. In einem zweiten Schritt wurde der Divisor auf Null gesetzt. Das bedeutet, wenn das befragte Kind eine der Fragen, aus denen der Indikator gebildet wurde, nicht beantwortet, dann erhält es für diese Frage den Wert 0. Für die restlichen relevanten beantworteten Fragen erhält es einen Wert von 1. Wenn das Kind auf keine der Fragen, aus denen der Indikator gebildet wurde, ge-

antwortet hatte, wurde es aus dem Datensatz gefiltert.[10] Somit wurde verhindert, dass diejenigen Kinder, die nicht vollständig auf die Integrationsfragen geantwortet hatten, automatisch aus dem Datensatz selektiert werden.

3. Als nächstes mussten die relevanten Codierungen ermittelt und gezählt werden. Dazu wurden alle „ja"-Antworten mit 1 verkodet, als Zeichen für einen Aspekt der vorhandenen Integration.

4. Dieses Vorgehen wurde für alle relevanten Variablen wiederholt.

5. Im vorletzten Schritt wurde der Integrationsindikator durch die Anzahl der tatsächlich beantworteten Fragen[11] geteilt. Damit sollte der Grad ermittelt werden, in dem die Kinder integriert sind.

6. Schließlich wurde ein Histogram mit Standardabweichung und Mittelwert erstellt, um die Ausprägung des Indikators sinnvoll klassifizieren zu können. Die Einteilung in ‚gering integriert‘, ‚integriert‘ und ‚hoch integriert‘ basierte auf der Berechnung: Mittelwert ± Standardabweichung.[12] Aufgrund der rechtsschiefen Verteilung des Indikators, die dazu führte, dass sich die meisten Kinder in dem Bereich „integriert" befanden, hat es sich angeboten, den Bereich „integriert" entweder weiter aufzuteilen oder die Klassifikation des Indikators auf eine andere Weise zu gestalten. Bei den meisten sozialwissenschaftlichen Berechnungen ist es üblich – vorausgesetzt, eine Gewichtung ist nicht möglich – die Skala des Indikators in 10 Prozent- oder 20 Prozent-Perzentile aufzuteilen, um dadurch eine Abstufung der Skala zu erreichen. Dieses Vorgehen wurde nun auch für den Integrationsindikator gewählt. Es wurde zunächst die Aufteilung in die „unteren" 10 Prozent (die am niedrigsten integrierten) und „oberen" 10 Prozent (die am höchsten integrierten) der Befragten vorgenommen. Der mittlere Teil wurde danach in drei gleiche Teile aufgeteilt. Dies waren jeweils ungefähr 25 Prozent der Befragten. Somit ent-

---

[10] In diesem Datensatz haben von 1042 Schulkindern nur lediglich 3 Kinder die Fragen zur Integration   nicht beantwortet.

[11] Wenn das Kind beispielsweise aus den 14 relevanten Integrationsfragen nur 12 beantwortet, dann wird der Integrationsindikator durch 12 geteilt. Somit erhält am Ende jedes Kind einen durchschnittlichen Wert zwischen 0 und +1.

[12] Eine Gewichtung des Indikators war sowohl aus theoretischen als auch aus praktischen Gründen kaum möglich. Aus den Theorien ist nicht ersichtlich, welche Variablen einen höheren und welche einen niedrigeren Integrationswert darstellen. Es ist schwer zu sagen, Hilfeleistung durch Freunde sei wichtiger als die Qualität der Freundschaften. Aus praktischen Gründen wäre es auch höchst kompliziert gewesen, die Gewichtung so herzustellen, dass keine Fehler entstehen, insbesondere wegen der zwei Netzwerkvariablen. Das befragte Kind hatte bei diesen Variablen die Möglichkeit, über maximal 12 Kinder Auskunft zu geben. Daher war es schwer zu entscheiden, wann das Kind besser integriert ist (bei 3 oder 4 Kindern oder sogar mehr?). Aus diesen Gründen wurde auf die Gewichtung verzichtet und die Einteilung durch die oben genannte Rechnung vorgenommen.

stand die Abstufung: 1 = „sehr gering integriert", 2 = „gering integriert", 3 = „mäßig integriert", 4 = „gut integriert" und 5 = „sehr gut integriert".

7. Diejenigen Befragten, die nicht integriert waren, wurden dem Bereich „sehr gering integriert" zugeteilt, weil sie insgesamt nur 1,9 Prozent (N=20) der Befragten repräsentierten und somit als eigene Gruppe für weitere Berechnungen nicht geeignet erschienen.

4. Verwendete Methoden – eine Kurzdarstellung

In diesem Abschnitt werden die in den vorliegenden Bänden angewandten Analysemethoden und statistischen Grundbegriffe in möglichst einfachen Worten beschrieben. Dabei gilt es in erster Linie verständlich zu bleiben. In einzelnen Fällen führt dies zu argen Verkürzungen, die dem Spezialisten ungewohnt erscheinen werden.

Signifikanztest

Grundlegend wird von der Frage ausgegangen, ob die unabhängige Variable (z.b. Geschlecht) einen Einfluss auf die abhängige Variable (z.B. Bildungsstand) hat. Die Nullhypothese postuliert dabei, dass es keinen Unterschied zwischen unabhängiger und abhängiger Variable gibt, während die Alternativhypothese von einem nicht zufälligen Unterschied ausgeht. Mit Hilfe des Signifikanztests wird zwischen diesen beiden Annahmen (Nullhypothese und Alternativhypothese) unterschieden, indem deren Irrtumswahrscheinlichkeiten bestimmt werden. Das Ergebnis (das Signifikanzniveau) drückt das Vertrauen in die Verlässlichkeit eines Testergebnisses aus.

Ein Signifikanztest geht immer von der Annahme aus, dass die Nullhypothese zutrifft. Liegt der errechnete Prüfwert im Annahmebereich, wird die Nullhypothese beibehalten; liegt der errechnete Prüfwert jedoch im Ablehnungsbereich, wird die Nullhypothese zugunsten der Alternativhypothese verworfen. Der bestehende Zusammenhang zwischen den Variablen wird als signifikant bezeichnet. Damit die Nullhypothese nicht fälschlicherweise verworfen wird, ist diese durch das Signifikanzniveau (übliche Alpha-Werte sind: 5%, 1% und 0,1%) abgesichert. Je geringer Alpha gewählt wird, desto abgesicherter ist die Nullhypothese, desto wahrscheinlicher ist es aber auch, eine gültige Alternativhypothese nicht zu erkennen (vgl. Bortz 1999, S. 107-131; Kriz/Lisch 1988, S. 227-231).

Korrelations- und Kontingenzanalyse

Korrelationen geben Auskunft über die Stärke des Zusammenhangs zweier oder mehrerer Variablen. Die Überprüfung erfolgt auf der Basis einer Kreuztabelle. Im Gegensatz zum Signifikanztest geht es darum, eine Maßzahl über die Stärke des Zusammenhangs, den Korrelationskoeffizienten, zu ermitteln. Je nach Messgenauigkeit wird entweder von Korrelationen oder von Assoziations- oder Kontingenzmaßen gesprochen. Korrelationsmaße können generell Werte zwischen -1 und +1 annehmen. Der Wert 1 repräsentiert dabei perfekten negativen oder positiven Zusammenhang zwischen Variablen, der Wert 0 repräsentiert dabei statistische Unabhängigkeit. Korrelationen geben keinen Hinweis darüber, ob die unabhängige Variable auf die abhängige Variable wirkt oder umgekehrt, oder ob sie sich wechselseitig beeinflussen (vgl. Backhaus u.a. 2003, S. 229-257; Bortz 1999, S. 194-227; Kriz/Lisch 1988, S. 146-151).

Varianzanalyse

Die Varianz gibt Auskunft darüber, wie eng oder weit die Daten um einen zentralen Wert (oft der Mittelwert) verteilt sind. Die Varianzanalyse testet die Nullhypothese, ob die Stichproben aus ein und derselben Grundgesamtheit mit einem bestimmten Mittelwert stammen. Ist diese These richtig und sind alle Stichproben aus derselben Grundgesamtheit, dann sind die Daten zufällig zu den einzelnen Stichproben zugeordnet.

Im Unterschied zur beschriebenen einfachen Varianzanalyse werden in das Modell der multivariaten Varianzanalyse weitere Variablen eingeführt. Hier setzt sich die Gesamtvariabilität nicht nur aus Innergruppen- und Zwischengruppenvarianz zusammen. Hinzu tritt eine Wechselwirkung mehrerer Variablen, die ursächlich für die Variabilität der Daten sein kann.

Handelt es sich bei der abhängigen und den unabhängigen Variablen um ordinalskalierte Daten, wird anstelle der Varianzanalyse eine Rangvarianzanalyse (nach Kruskal und Wallis) berechnet.

Der Hauptunterschied zur Varianzanalyse besteht darin, dass Rangplätze ausschließlich über die Stichprobe gebildet werden und nicht von Mittelwerten ausgegangen wird. Es werden keine Voraussetzungen an die Verteilung der Population gestellt (verteilungsfreies Verfahren). Die Nullhypothese lautet, dass die Ränge zufällig verteilt sind, während die Alternativhypothese behauptet, dass die Ränge nicht zufällig, sondern systematisch verteilt sind (vgl. Backhaus u.a. 2003; S. 117-153; Bortz 1999, S. 233-277; Kriz/Lisch 1988, S. 270-272).

Multiple Classification Analysis (MCA)

Eine Erweiterung der Varianzanalyse stellt die „Multiple Classification Analysis (MCA)" dar. Dieses Verfahren schätzt die Stärke des Einflusses der empirisch gefundenen Effekte. Während die Varianzanalyse nur darüber Auskunft gibt, ob ein (vermeintlicher) Unterschied in den Einflussstärken der Faktorstufen eines Faktors existiert, macht es dieses Analyseverfahren möglich, durch die Berechnung der Abweichung der Gruppenmittelwerte vom Gesamtmittelwert einen Hinweis auf die Stärke der Wirkung zu vermitteln (vgl. Backhaus u.a. 2003, S. 141).

CHAID-Analyse

Mit CHAID (Chisquared Automatic Interaction Detector) wird eine gegebene Population im ersten Schritt durch jenen Prädiktor – eine abhängige Variable – in zwei oder auch mehrere voneinander unabhängige Gruppen zerlegt, der die höchste Signifikanz besitzt. Die so erhaltenen Gruppen werden durch weitere Prädiktoren solange in kleinere Untergruppen geteilt, bis keine signifikanten Prädiktoren mehr gefunden werden. Die graphische Darstellung entspricht einem Baumdiagramm. Auf diese Weise werden Prädiktoren, die die abhängige Variable (am besten) erklären, identifiziert. Die CHAID-Analyse ähnelt in ihrem Vorgehen der Clusteranalyse, da in beiden Verfahren eine Population in Subgruppen unterteilt wird. Während die Clusteranalyse jedoch metrisches Skalenniveau voraussetzt, reicht für die CHAID-Analyse ordinales Skalenniveau aus. Die CHAID-Analyse zählt damit wie die Faktorenanalyse zu den struktur-entdeckenden Analyseverfahren (vgl. Bühl/ Zöfel 2000; Magidson 1993; SPSS GmbH Software 2004).

Regressionsanalyse

Die Regressionsanalyse dient zur Beschreibung und Erklärung von Zusammenhängen und ist auch zur Durchführung von Prognosen geeignet. Das Verfahren schätzt eine abhängige Variable in Abhängigkeit von einer oder mehreren unabhängigen Variablen. Die modelltheoretischen Annahmen postulieren einen linearen Zusammenhang zwischen den Variablen. Die empirischen Werte der abhängigen Variable können allerdings nur zum Teil auf den Einfluss der unabhängigen Variable(n) zurückgeführt werden. Unkontrollierte Einflüsse fließen als Fehlerterme in das Modell mit ein. Ziel ist es dabei, diese unsystematischen Störgrößen möglichst klein zu halten (vgl. Backhaus u.a. 2003, S. 45-116; Bortz 1999, S. 174-187; Kriz/Lisch 1988, S. 159f.).

Faktorenanalyse

Die Faktorenanalyse zählt methodisch zu den struktur-entdeckenden Analyseverfahren. Die Faktorenanalyse setzt sich zum Ziel, eine Vielzahl von gegenseitig abhängigen Variablen so zusammenzufassen, dass dabei die Variablen reduziert und gebündelt werden und somit Faktoren entstehen.

Im ersten Schritt der Faktorenanalyse werden die Daten in einer Matrix angeordnet, aus der alle Korrelationen berechnet werden. Damit wird der Varianzanteil geschätzt, den eine Variable an der gemeinsamen Varianz aller Variablen hat. So werden die wichtigsten Faktoren, die einen bestimmten Anteil der Korrelations-matrix erklären können, extrahiert. Das Ergebnis wird einer Rotation des Faktoren-systems unterzogen. Dabei sollen die Faktorladungen (der Zusammenhang zwi-schen einem Faktor und einer Variable) möglichst hoch werden. Ziel ist es, dass eine möglichst große Zahl von Variablen durch einen Faktor möglichst optimal „erklärt" wird, d.h. dass einzelne Faktoren möglichst viel Varianzaufklärung lie-fern. Dieses Ziel wird häufig durch Anwendung der Varimax-Methode erreicht.

Ein der Faktorenanalyse ähnliches Verfahren – die Hauptkomponentenanalyse – unterscheidet sich rechnerisch dadurch, dass auf die Annahme merkmalseigener Varianzen verzichtet wird. Die Hauptkomponentenanalyse behauptet, dass keine Einzelrestvarianz in den Variablen existiert, sondern dass die Varianz einer Vari-ablen vollständig durch die Faktorenextraktion erklärt werden kann (vgl. Backhaus u.a. 2003, S. 259-332; Bortz 1999, S. 495-546; Kriz/Lisch 1988, S. 89f., 113).

Diskriminanzanalyse

Mit Hilfe der Diskriminanzanalyse werden Gruppenunterschiede analysiert. In einer Datenmatrix sollen Variablen gefunden werden, die zur Unterscheidung von Untergruppen beitragen, aber auch neue Objekte möglichst gut den Gruppen zu-ordnen. Es geht darum herauszufinden, ob sich die Gruppen hinsichtlich einer Variablen signifikant voneinander unterscheiden bzw. welche Variablen zur Un-terscheidung zwischen den Gruppen geeignet bzw. ungeeignet sind (vgl. Backhaus u.a. 2003, S. 155-227; Bortz 1999, S. 585-605; Kriz/Lisch 1988, S. 74).

Logistische Regressionsanalyse

Regressionsmodelle wollen eine möglichst einfache Darstellung des Zusammen-hangs zwischen einer abhängigen Variablen und einer Anzahl von unabhängigen Variablen erreichen, sowie die Relevanz einzelner Einflussgrößen beurteilen. Die logistische Regressionsanalyse modelliert dabei jeweils die Wahrscheinlichkeiten, mit denen die Ausprägungen in Abhängigkeit von den erklärenden Variablen auf-treten (vgl. Andreß u.a. 1997, S. 271; Backhaus u.a. 2003, S. 417-477; Menard 2001, S. 75 ff.; Reisinger 1996, S. 23 ff.; Tutz 2000, S. 29 ff.).

Literatur

Achenbach, T. M./Edelbrock, C. S. (1981): Behavior Problems and Competencies. Reported by Parents of Normal and Disturbed Children aged 4 to 16. Monographs of the Society for Research in Child Development 46, Serial No. 188
Andreß, Hans-Jürgen/Hagenaars, Jacques A./Kühnel, Steffen (1997): Analyse von Tabellen und kategorialen Daten. Berlin
Asendorpf, Jens B. (1999): Psychologie der Persönlichkeit, 2. Aufl. Berlin

Asendorpf, Jens B./van Aken, Marcel A.G. (2003b): Validity of big five personality judgments in childhood: a 9 year longitudinal study. In: European Journal of Personality, Jg. 17, S. 1-17

Backhaus, Klaus/Erichson, Bernd/Plinke, Wulff/Weiber, Rolf (2003): Multivariate Analysemethoden. Berlin

Bandura, Albert (1986): Social foundation of thoughts and actions: a social cognitive theory. Engelwod Cliffs

Block, Jeanne H./Block, Jack (1983): The role of ego-control and ego-resiliency in the organzation of behavior. In: Collins (Ed.): Development of cognition, affect, and social relations. The Minnesota Symposia on Child Psychology, Vol. 13. Hillsdale, N. J., pp. 39-101

Bortz, Jürgen (1999): Statistik für Sozialwissenschaftler. 5. vollst. überarb. Aufl. Berlin/Heidelberg

Brandtstädter, Jochen u.a. (1992): Coping with discrepancies between aspirations and achievements in adult development. In Montada, L./Filipp, S./Lerner, M. J. (Hrsg) :Life crisis and experiences of loss in adulthood. Hillsdale, S. 301-319

Bühl, Achim/Zöfel, P. (2000): SPSS – Methoden für die Markt- und Meinungsforschung. München

Ehrler, David, J/Evans, J. Gary/McGhee, Ron L. (1999): Extending big-five theory into childhood. A primiliary investigation into the relationship between big-five personality traits and behavior problems in children. In: Psychology in the Schools, Jg. 36, Heft 6, S. 451-458

Fthenakis, Wassilios E. (1986): Eltern. In: Sarges W./Fricke R.(Hrsg): Psychologie für die Erwachsenenbildung. Göttingen, S.189-192

Kriz, Jürgen/Lisch, Ralf (1988): Methodenlexikon. München/Weinheim

Lazarus, Richard S./Folkman, Susan (1984): Stress, appraisal and coping. New York

Magidson, J./SPSS Inc. (1993): SPSS for Windows CHAID 6.0. Chicago

Menard, Scott (2001): Applied logistic regression analysis. Sage University Papers Series on Quantitative Applications in the Social Sciences, 07-106. Thousand Oaks

Reisinger, Heribert (1996): Goodness-of-fit-Maße in linearen Regressions- und Logit-Modellen. Theorie und Anwendung in der empirischen Marktforschung. Frankfurt a. M.

Schwarz, Beate/Rinker, Burkhard (1998): Temperament. In: Zinnecker, Jürgen/Silbereisen, Rainer K.: Kindheit in Deutschland. Aktueller Survey über Kinder und ihre Eltern. Weinheim, 2. Aufl., S. 159-168

Schneewind, Klaus A. (1992): Familie zwischen Rhetorik und Realität. In: Schneewind, K.A./Rosenstil, L.v. (Hrsg): Wandel der Familie. Göttingen, S. 9-31

Seligman, Martin, E. P. (1979): Erlernte Hilflosigkeit. München

Silbereisen, Rainer/Zinnecker, Jürgen (1996): Kindheit in Deutschland. München

SPSS GmbH Software (2004): AnswerTree http://www.spss.com/de/produkte/answer_tree

Tutz, Gerhard (2000): Die Analyse kategorialer Daten. München

Windle, M./Lerner, R. M.: Reassessing the dimensions of temperamental individuality across the life span. The revised dimensions of Temperament Survey (DOTS-R). In: Journal of Adolescent Research 1, 1986, S. 213-230

Inhaltsübersicht Band 2:
Aufwachsen zwischen Freunden und Institutionen